Das Religionsgespräch als Mittel der konfessionellen und politischen
Auseinandersetzung im Deutschland des 16. Jahrhunderts

Europäische Hochschulschriften

Publications Universitaires Européennes
European University Studies

Reihe III

Geschichte und ihre Hilfswissenschaften

Série III   Series III

Histoire, sciences auxiliaires de l'histoire
History and Allied Studies

Bd./Vol. 165

PETER LANG
Frankfurt am Main · Bern

Marion Hollerbach

Das Religionsgespräch als Mittel der konfessionellen und politischen Auseinandersetzung im Deutschland des 16. Jahrhunderts

PETER LANG

Frankfurt am Main · Bern

CIP-Kurztitelaufnahme der Deutschen Bibliothek

Hollerbach, Marion:

Das Religionsgespräch als Mittel der konfessionel=
len und politischen Auseinandersetzung im Deutsch=
land des 16. [sechzehnten] Jahrhunderts / Marion
Hollerbach. - Frankfurt am Main ; Bern : Lang,
1982.
   (Europäische Hochschulschriften : Reihe 3,
   Geschichte u. ihre Hilfswiss. ; Bd. 165)
   ISBN 3-8204-7015-8
NE: Europäische Hochschulschriften / 03

ISSN 0531-7320
ISBN 3-8204-7015-8
© Verlag Peter Lang GmbH, Frankfurt am Main 1982

Druck und Bindung: fotokop wilhelm weihert KG, darmstadt

"Historia sane istorum colloquiorum vsum habet plane
egregium maximeque laudandi sunt, qui in ea ornanda
operam studiumque ponunt".

Johann Franz Buddeus, Jena 1719.

Inhaltsverzeichnis.

Die vorliegende Arbeit wurde unter dem Titel "Das Religionsgespräch in Deutschland als Mittel der konfessionellen Auseinandersetzungen und der Reichspolitik während des 16.Jahrhun-
derts" im Sommersemester 1981 von der Philosophisch-Histori-
schen Fakultät der Ruprecht-Karls-Universität in Heidelberg
als Dissertation angenommen. Für den Druck wurde sie geringfügig überarbeitet.

Heidelberg, im Februar 1982   Marion Hollerbach

Einleitung.

Immer wieder haben die Reformatoren bei den Auseinandersetzungen
mit den Anhängern des alten Glaubens und mit abweichenden Lehren
in den eigenen Reihen die Disputation bzw. das Religionsgespräch
angeboten - sie waren überzeugt von der Fähigkeit des Wortes Gottes, die Wahrheit des Glaubens allein aus sich heraus zu erweisen. Jedin[1] grenzt das Religionsgespräch von der Disputation be-
grifflich ab; in der Disputation der ersten Jahre der Reformation,
etwa der von Leipzig 1519 und der von Baden 1526 standen sich Theologen gegenüber, die in akademischer Form über ein bestimmtes
theologisches Problem diskutierten: in Leipzig verhandelte Eck
mit Karlstadt und Luther über den Ablaß, in Baden neben anderen
Eck und Oekolampad über das Abendmahl. Verließen die Auseinandersetzungen den "akademischen" Rahmen und wurden sie in politische Entscheidungen einbezogen, so wandelte sich ihr Charakter
zum Religionsgespräch, zeitgenössisch meist "colloquium" genannt.
Der Begriff Religionsgespräch bzw. colloquium ist im Deutschen
wie im Lateinischen gleich unbestimmt, eine Sammelbezeichnung
für eine Fülle von Gesprächsformen, die zunehmend nicht nur von
Theologen, sondern auch von Juristen und Politikern bestimmt und
geprägt wurden.

Religionsgespräche als Forum der theologisch-politischen Auseinandersetzung zwischen den sich bildenden Konfessionen setzten
auf neugläubiger Seite hinreichend gefestigte Kirchengemeinschaf-
ten voraus, die sich auf ein formuliertes und schriftlich festge-
legtes Bekenntnis stützen konnten. Für die Protestanten war die
Ausarbeitung und Übergabe der Confessio Augustana von 1530 der
Zeitpunkt, seit dem diese Voraussetzung erfüllt war.

Im "Religionsgespräch des 16.Jahrhunderts in Deutschland" haben wir eine ungemein vielgestaltige und sehr verbreitete Erscheinung vor uns. In den oberdeutschen Städten, z.B. in Zürich
1523 oder Bern 1528, fanden Religionsgespräche statt, von deren
Ausgang der Übertritt eines ganzen Gemeinwesens zur reformatori-

---

Vgl. Jedin, An welchen Gegensätzen, 50f.

schen Lehre mit allen religiösen und politischen Konsequenzen abhängig gemacht wurde; in späterer Zeit - vor allem nach 1530 -
lieferte eine solche Veranstaltung in jedem Falle den nachträgli-
chen Rechtsgrund für eine schon getroffene Entscheidung. Religionsgespräche fanden hier vor der politischen Öffentlichkeit der
Stadt, der "Bürgergemeinde", oder nur vor dem Rat statt, im Rahmen eines Prozeßverfahrens oder als mehr oder minder formgerechte
Disputation. Schon bei den Auseinandersetzungen Luthers mit Karlstadt im Jahre 1524 finden wir das Religionsgespräch als inner-
evangelisches Forum zur dogmatischen Abgrenzung der entstehenden
protestantischen Kirche von den Außenseitern der neuen Lehre, den
Schwärmern und Täufern, später bei der Abgrenzung zwischen den
evangelischen Konfessionen wie 1529 in Marburg und dann auf dem
langen Weg zum gemeinsamen Bekenntnis, wobei es sich allmählich
in die Institution der evangelischen Synode umwandelt.

Politisch am wichtigsten wurden die Religionsgespräche in den
Auseinandersetzungen der Protestanten mit der alten Kirche nach
1530. Die enge Verbindung zwischen Politik und Religion, die für
das 16. Jahrhundert so charakteristisch ist, führte zu Religionsgesprächen auf Reichsebene, als Versuch, die kirchliche und politische Einheit durch friedlichen Vergleich und durch Übereinkunft
wiederherzustellen: in Hagenau, Worms und Regensburg 1540/41, in
Regensburg 1546 am Vorabend des Schmalkaldischen Krieges und in
Worms 1557 nach dem Religionsfrieden. Alle diese Religionsgespräche waren getreue Spiegelbilder der politischen Situation im Reich
und zugleich der jeweiligen Verfassung der Konfessionen. Bezeichnenderweise war 1557 die Zeit der Reichs-Religionsgespräche vor-
bei - nach dem Augsburger Religionsfrieden fielen die religions-
politischen Entscheidungen in den Territorien.

Die vorliegende Arbeit will einen Beitrag leisten, das "Religionsgespräch" als Phänomen in der theologischen und politischen
Auseinandersetzung zu beschreiben und seine Entwicklung als Institution im politischen Umfeld zu verfolgen. Ausdrücklich ausgeschlossen ist damit eine Würdigung der dogmatischen Inhalte
der Auseinandersetzungen, der theologischen Probleme, über die

zudem zahlreiche Einzelstudien vorliegen. Ferner wurde keine Voll-
ständigkeit bei der Erfassung und Beschreibung der Religionsgespräche erstrebt, sondern versucht, Religionsgespräche auszuwählen,
die für die Entwicklung des Phänomens besonders markant sind und
an diesen das Zustandekommen, den Modus und die Organisation, die
politische Funktion und die Wirkung des Religionsgesprächs in der
Territorialpolitik der ersten Hälfte und dann vor allem in der
Reichspolitik um die Mitte des 16. Jahrhunderts zu untersuchen.

Entsprechend der Aufmerksamkeit, die die Zeitgenossen den
Religionsgesprächen schenkten, sind Quellen reichlich vorhanden:
in den städtischen Archiven, in Briefwechseln von Fürsten, Reformatoren und Anhängern der alten Kirche, in Reichstagsakten
und Berichten von päpstlichen Nuntien und Legaten. Unter den Quel-
lenpublikationen seien besonders die in jüngster Zeit erschienenen Bände der Acta Reformationis Catholicae genannt, die aus dem
Mainzer Erzkanzlerarchiv in Wien und aus süddeutschen Archiven
wichtiges neues Material zur Verfügung stellen. Über viele Religionsgespräche liegen Aufsätze oder Monographien vor. Dabei befassen sich die älteren Arbeiten fast ausschließlich mit den theologischen Fragen, auf oft recht schmaler Quellengrundlage. Seit
etwa zehn Jahren untersuchen verschiedene Arbeiten besonders die
städtischen Religionsgespräche. Zu nennen sind hier neben anderen
Bernd Moeller, der vor allem den oberdeutschen, und Otto Scheib,
der vor allem den norddeutschen Raum untersucht hat; beide widmen
neben den theologischen Inhalten auch dem organisatorischen Ablauf der Gespräche ihre Aufmerksamkeit[1].

Die erste zusammenfassende Darstellung des historischen Problems "Religionsgespräch" findet sich schon 1719 in einer Jenaer
theologischen Dissertation, die Heinrich Conrad Arend abgefaßt
hat[2]. Diese Untersuchung der Geschichte der Kolloquien besitzt
nach dem Vorwort des berühmten Jenaer Theologieprofessors Johann

---

1. Die genauen Titel der im Folgenden zitierten Arbeiten finden
   sich im Literaturverzeichnis.
2. Henr. Conradus Arend: Dissertatio historico-theologica de
   Colloquiis charitativis seculo XVI. per Germaniam irrito
   eventu institutis. Jena 1719.

Franz Buddeus den hervorragenden Nutzen, den Weg zur Eintracht und
zum Frieden in der Christenheit aufzuzeigen[1].Auf 160 Seiten untersucht Arend die Religionsgespräche in drei umfänglichen Kapiteln.
Das erste Kapitel behandelt als den Ursprung der Kolloquia die
Entstehung des Konzils, seine Etymologie und Geschichte von den
Juden und Römern bis zu Konstantin[2], darauf Organisation, Modus
und Verhandlungsgegenstände der Konzilien bis zu dem Zeitpunkt,
an dem "Mos convocandi concilia venit in desuetudinem ex fraudibus pontificum, qui illa variis ex causis praepediverunt, quia
metuerunt"[3]. Nun erscheint Luther, nach dessen Reformation Kolloquien an die Stelle der Konzilien treten[4]. Im Folgenden geht es
um colloquia, "quae vel sunt Anti-Pontifica vel Anti- Calvinisti-
ca vel Anti-Anabaptistica"[5], ihre Notwendigkeit, ihren Nutzen,
die Gründe ihres Scheiterns und die Frage, ob sie zur Herstellung
des kirchlichen Friedens überhaupt brauchbar sind[6]. Das zweite
Kapitel behandelt an zwölf Beispielen die "Historia colloquiorum
charitativorum inter Protestantes et Pontificos frustra institutorum"[7], das dritte Kapitel an zehn Beispielen die Geschichte
von Gesprächen "inter ipsos Protestantes frustra institutorum"[8].

Den Versuch einer zusammenfassenden Darstellung der kirchlichen Unionsversuche v.a. der 40er Jahre machte 1836 Hering,
allerdings auf zu schmaler Quellenbasis. 1879 befaßte sich Pastor
mit der Frage des Religionsgesprächs, sah allerdings die Reformation als Aufstand der protestantischen Fürsten gegen die recht-
mäßigen Ansprüche von Kaiser und Kirche und die Religionsgespräche
dementsprechend als Teil dieser Auseinandersetzungen. Diese Dar-

1. "Colloquia fraterna, rite instituta, ad dissidia, quae circa doctrinae sacrae veritatem suborta sunt, componenda plurimum valere non temere quisquam negaverit". Ebd.,2[v].
2. Vgl. ebd., C.I, §§ I-IV, 2ff.
3. Ebd., § X, 11.
4. "Hisce fraudibus Lutherus se opponit ipsamque reformationem tentat; post quam conciliorum loco colloquia recipiuntur usu". Ebd., § XI, 14.
5. Ebd., 17.
6. Vgl. ebd., §§ XIII ff., 17ff.
7. Die Beispiele erstrecken sich von der Heidelberger Disputa-tion 1518 bis zum Gespräch von Emmendingen 1590. Vgl. ebd., C. II, §§ I-XIII, 33ff.
8. Vgl. ebd., C.III, §§ I-XI, 96ff.

stellung wurde durch die Arbeiten von Moses und Vetter korrigiert.
Ranke stellte in seiner Reformationsgeschichte die milde und
entgegenkommende Haltung der Protestanten gegen die reservierte
und abweisende der katholischen Stände, die die Entscheidung den
weisungsgebundenen päpstlichen Legaten übertrugen. 1936 führte
Stupperich den Humanismus als neuen Gesichtspunkt in die Diskussion ein. Nach seiner Theorie standen die Kräfte, die für die
Einheit der Kirche arbeiteten, d.h. die Stände und der Kaiser,
deutlich unter dem Einfluß humanistischer Ideen. Nach Lortz (1939)
traten die Religionsgespräche als Ersatz an die Stelle des immer
wieder vertagten Konzils; sie hätten zwar die Einheit nicht wiederherstellen können, aber im Interim den Anstoß zu einer bedeu-
tenden Reform der alten Kirche gegeben[1].

An neueren Arbeiten liegen von katholischer Seite Jedins Geschichte des Konzils von Trient (1949) und von evangelischer Seite die Reformationsgeschichte von Bizer (1964) vor. Beide stellen
im Anschluß an Stupperich die Religionsgespräche als einzelne Epi-
soden in der Reformationsgeschichte dar, die unter dem Einfluß
humanistischer Gedanken stehen. 1975 erschien ein kurzer Literatur-
bericht[2] und 1980 eine Sammlung von Vorträgen unter dem anspruchs-
vollen Titel "Die Religionsgespräche der Reformationszeit"[3]. Dieser Ertrag des dritten wissenschaftlichen Symposions für Reformationsgeschichte lieferte keine Synthese des Phänomens, vielmehr eine Reihe von Untersuchungen einzelner Gespräche[4], wobei
erneut die theologischen Probleme im Vordergrund stehen.

Für die Forschungssituation ist bezeichnend, daß die Religionsgespräche in der zweiten Hälfte des 16. Jahrhunderts zumeist
keine monographische Bearbeitung gefunden haben, z.B. die Ge-

---

1. Vgl. Lortz, Die Reformation in Deutschland, 2, 234.
2. Vgl. H.Jedin-R.Bäumer: Erforschung der kirchlichen Reformationsgeschichte. Darmstadt 1975, 136ff.
3. G.Müller (Hg): Die Religionsgespräche der Reformationszeit.
   Gütersloh 1980 (Schriften des Vereins für Reformationsgeschichte, 191).
4. Behandelt werden die Religionsgespräche von Augsburg 1530,
   Leipzig 1534 und 1539, die Verhandlungen von 1540/41, das
   Religionsgespräch von Poissy 1561 sowie die polnischen Gespräche des 16. Jahrhunderts.

spräche von Worms 1557, Maulbronn 1564 oder Altenburg 1568/69,
für die auf die zusammenfassenden Darstellungen bei Heppe und
Wolf und auf die gleichzeitigen Aktenpublikationen zurückgegriffen werden muß.

Ein Wort noch zur Terminologie[1]: Der Begriff "Religionsgespräch"
ist nicht zeitgenössisch; akademische Veranstaltungen wurden im
allgemeinen als "disputatio" bezeichnet, bei den städtischen
Religionsgesprächen variieren die Bezeichnungen stark. Wir lesen
von "gǔt Früntlich gespräch vnnd Disputacion", von "verhöre
und disputation", von einem "christlich, bruderlich und freundlich underrede, gespreche und disputation", von "ain collation,
gespräch, verhör, underred oder disputation, wie man es nemen
sol und mag" (Baden 1526). Im "Edikt von Burgos" verbot der Kaiser 1524 "mit dem mer gemelten der stendt furgenomen Concili
(Speyerer Nationalkonzil) vnd andern disputation, erclerungen
vnd außlegungen, so den Cristlichen glauben betreffen"[2]. Danach
wurde im Reichsgebiet die Bezeichnung Disputation vermieden. In
Nürnberg wollte man keine "zenckische hederische disputacion",
sondern "ein gutlich gesprech und underred". Das liegt aber neben dem kaiserlichen Verbot auch daran, daß unter "disputatio"
eher die scharfe Auseinandersetzung verstanden wurde, die nach
aller Erfahrung zu keiner Verständigung führte, während mit dem
Vorsatz eines "freundlichen Gesprächs" die kompromißbereite
und versöhnliche Haltung angesprochen werden sollte. Auch die
Reichs-Religionsgespräche 1540/41 wechselten noch in ihrer Bezeichnung. Wir finden die Benennung "tag", "dieta seu conventus", "tagfart und handlung", die an die Verbindung mit dem Reichstag erinnert, oder "religionsvergleichung". 1546 dominierte die
Bezeichnung "colloquium", die ausdrücklich in Gegensatz gestellt
wurde zur "weitleufftigere(n) disputation"; diese Bezeichnung
wurde auch in der Folgezeit zum terminus technicus für diese
Reichs-Religionsgespräche. In den späteren Religionsgesprächen

---

1. Die Einzelnachweise vgl. im Verlauf der Arbeit an den entsprechenden Stellen.
2. Förstemann, Neues Urkundenbuch, 206; Karl V. an den Kurfürsten Friedrich von Sachsen, 15.Juli 1524.

- 7 -

in den Territorien wurde von "Disputation", von einer "vertrawte(n) Christliche(n) vnd Brüderliche(n) Conuersation vnd collation", vom "Colloquium" oder auch von einer "collatio" gesprochen.

In der Geschichtsschreibung verwendete Seckendorf 1694 den Begriff "colloquium de religione"[1] als Oberbegriff für die Kolloquien von Augsburg, Hagenau, Nürnberg, Marburg, Regensburg, Worms und Leipzig. In Zedlers Universallexikon findet sich 1733 unter dem Stichwort "colloquium":"...Im besondern Verstande heißt Colloquium ein Religions-Gespräche, wenn die Theologi von zwey widrigen Religionen an einem bestimmten Ort auf Befehl der hohen Landes-Herrschafften zusammen kommen, über die streitigen Glaubens-Articul mit einander disputiren, und sich deswegen zu vergleichen suchen.... Es sind aber fast alle solche Colloquia ohne Nutzen abgelauffen, indem keiner dem andern nachgeben wollen, sondern ein jeder bey seiner Meynung geblieben"[2].

1. V.L.v.Seckendorf: Commentarius Historicus et Apologeticus de Lutheranismo. Leipzig 1694, 64, 351 u.ö.
2. Johann Heinrich Zedler: Großes Vollständiges Universal-Lexikon. Bd.6, Halle und Leipzig 1733, Neudruck Graz 1961, 700.

I. Die Disputation im spätmittelalterlichen Universitäts-
   betrieb.

Die Reformation begann mit der öffentlichen Einladung zu einer
Disputation. Um das theologische Problem des Ablasses, das noch
nicht durch kirchliche Setzung entschieden war[1], auf dem Wege
einer akademischen Disputation zu klären, schlug Martin Luther
am 31.Oktober 1517 95 Thesen an der Wittenberger Schloßkirche
an[2]. "Amore et studio elucidande veritatis hec subscripta dispu-
tabuntur Wittenberge Presidente R.P.Martino Lutther Eremitano
Augustiniano Artium et S. Theologie Magistro eiusdemque ibidem
lectore Ordinario. Quare petit, ut qui non possunt verbis presen-
tes nobiscum disceptare, agant id literis absentes"[3].Er wollte
als Professor der Universität eine Disputation veranstalten und
lud Gelehrte aus dem erreichbaren Umkreis dazu ein. Obwohl die
Thesen nur für fachkundige Theologen bestimmt waren, wurden sie
gegen Luthers Absicht[4] in wenigen Wochen durch den Druck in
ganz Deutschland verbreitet. Die unerwartete Resonanz zeigte,
wie sich hier konkrete Klagen über das Institut und die Praxis
des Ablasses mit alten Strömungen kirchlicher Opposition verei-
nigten.

Eine Disputation als Mittel zur Klärung einer wissenschaftlichen Streitfrage war akademischer Brauch und erklärt sich leicht
aus der Stellung der Disputation im Unterrichtsbetrieb der mittelalterlichen Universität[5]. Schon in der Patristik und Vorscho-

---

1. Zum Problem des Ablasses zu Beginn der Reformationszeit vgl.
   zuletzt G.A.Benrath: In: Theol. Realenzyklopädie Bd.1, Berlin 1977, 347ff.
2. Vgl. an neuerer Literatur zum Problem des Thesenanschlages
   vor allem H.Bornkamm: Thesen und Thesenanschlag Luthers.
   Berlin 1967; und F.Lau: Die gegenwärtige Diskussion um Luthers
   Thesenanschlag. In: Luther-Jahrbuch 34 (1967), 11ff.
3. So die Überschrift in den Thesendrucken. Vgl. WA 1, 233, 1ff.
4. Luther schrieb dazu am 5.März 1518:"Non fuit consilium neque votum eas (=die Thesen) evulgari, sed cum paucis apud
   et circum nos habitantibus (bei Luther habitantes) primum
   super ipsis conferri". WA Br 1, 152, 7ff.
5. Vgl. WA 39,1, X und WA 39,2, XXIII ff; an grundlegender Literatur zur mittelalterlichen Universitätsdisputation vgl.

lastik begegnet die ars disputandi[1]. Die Entwicklung der Disputationstechnik erfolgte im Zusammenhang mit der Ausbildung der scholastischen ·Lehr-und Darstellungsmethode im 12.Jahrhundert, die von dem Wissenschaftsprinzip des "fides quaerens intellectum" Anselms von Canterbury bestimmt war[2]. Die Benutzung der Disputationsmethode für den theologischen Unterricht hing mit der Rezeption der aristotelischen Analytiken, Topik und Sophistik in der abendländischen Scholastik zusammen[3]. Ursprünglich war bei der Disputation das platonisch-augustinische Motiv vorherrschend, die der Seele eingeborene Teilhabe an der Wahrheit im Gespräch zu erkennen; seit dem 12.Jahrhundert setzte sich dann die aristotelische Anschauung vom Erkenntnisprozeß durch: danach galt die Wahrheit als von außen gegeben. Die Dialektik der Disputation wurde zum Erkenntnisverfahren, mit dessen Hilfe die Wahrheit gefunden werden konnte, zu der nach mittelalterlicher Erkenntnislehre ein schriftliches Zeugnis den Zugang bot[4].

In den spätmittelalterlichen Universitäten hatten die Disputa-

---

(5).E.Horn: Die Disputationen und Promotionen an den deutschen Universitäten vornehmlich seit dem 16.Jahrhundert. Leipzig 1893;Kaufmann, Geschichte der deutschen Universitäten,2,369ff; Grabmann, Geschichte der scholastischen Methode,2,13ff; L.Hödl: Artikel:"Quaestio - Quaestionenliteratur". In:LThK 8, 2.Aufl. 1963, 925ff; E.Wolf: Zur wissenschaftsgeschichtlichen Bedeutung der Disputationen an der Wittenberger Universität im 16.Jahrhundert. In: ders: Peregrinatio, Bd.2. München 1965, 38ff, dort weitere Literaturhinweise;vgl. ferner B.Moeller: Scripture, Tradition und Sacrament in the Middle Ages and in Luther. In: E.F.Bruce-G.Rupp (Hgg.): Holy Book and Holy Tradition. Manchester 1968, 113ff; G.Ritter: Die Heidelberger Universität, 1, 181ff; M.Löhr: Die theologischen Disputationen und Promotionen an der Universität Köln im ausgehenden 15.Jahrhundert. Leipzig 1926, 16ff; A.M.Landgraf: Zur Technik und Überlieferung der Disputation. In: Collectanea Franciscana 20 (1950), 173ff; eine zusammenfassende Darstellung der Disputation zuletzt bei G.Hammer: Militia Franciscana seu militia Christi. 2.Teil. In: ARG 70 (1979), 89ff.
1. Vgl. dazu Grabmann 2, 16ff.
2. Vgl. ebd., 4 und 18ff.
3. Das achte Buch der Topik des Aristoteles wurde zum Regelbuch des Disputierens;vgl. Johannes von Salisbury: Metalogicus. In: J.P.Migne: Patrologiae cursus completus. Series Latina. Bd. 199, Paris 1855, 911.
4. Vgl. dazu Moeller, Zwinglis Disputationen 1, 307ff.

tionen in allen Fakultäten ihren festen Platz im Lehrplan. Dementsprechend heben die Statuten der theologischen und juristischen Fakultät der Universität Wittenberg vom 15.November 1508
die Bedeutung der Disputation hervor: "Ipse disputaciones sint
sincere, amice, non clamorose et odiose, magis ad eruendam veritatem quam inanem gloriolam aucupandam accomodate"[1]. Das bezieht
sich einerseits auf den scholastischen Wahrheitsbegriff des geschlossenen Systems: Die Disputation diente im mittelalterlichen
Universitätsbetrieb gemäß der harmonistischen Methode der Scholastik dazu, die Überlegenheit der einheitlichen Wissenschaft
zu beweisen, die alle Differenzen von Kirche und Praxis, von
Theologie und Philosophie, von Schulmeinungen und häretischen
Teilansichten in einer höheren Einheit auflösen konnte. Andererseits erfüllte die Disputation ihren pädagogischen Zweck als
Übung im raschen und korrekten Denken und in der kontroversen
Verteidigung eines Standpunktes sowie als Mittel zur Wiederho-
lung des Vorlesungsstoffes.

Zum Verfahren und zum äußeren Ablauf ist Folgendes zu sagen:
Einer Disputation lagen die vom Vorsitzenden ausgearbeiteten
Thesen (propositiones) zugrunde, gegen die die Opponenten ihre
"argumenta" vorbrachten. Der Vorsitzende verteidigte dann seine
Thesen. In Wittenberg wurde 1521 das Verfahren neu geregelt. Die
theologische Fakultät beschloß, daß in Zukunft nur noch zwei
Disputationsformen angewendet werden sollten, die wöchentliche
Zirkulardisputation (disputatio ordinaria) und die Promotions-
disputation[2]. Demnach fielen jetzt die Quartalsdisputationen
der vier ordentlichen Theologieprofessoren weg, wie sie noch
in der Disputationsordnung der Statuten der theologischen Fakultät in Wittenberg von 1508 festgesetzt waren[3]. Danach mußte

1. W.Friedensburg (Hg): Urkundenbuch der Universität Wittenberg. Teil I (1502-1611). Magdeburg 1926, 37 und fast über-
   einstimmend ebd., 45.
2. "Duo sunt disputacionis ordines: unus hebdomatim suis vesti-
   giis vadit; alter est presidencia eorum qui pro gradibus
   nanciscendis respondent propriumque cursum hic facit".
   Ebd., 110. Vgl. dazu Wolf, Wittenberger Disputationen,40ff.
3. Vgl. Friedensburg, Urkundenbuch (wie Anm.1), 37.

jeder Magister der theologischen Fakultät jährlich einmal
"solenniter" öffentlich disputieren. Diese Disputationen sind
aber wohl schon vor 1517 nicht mehr veranstaltet worden. Außerdem fehlten in Wittenberg von Anfang an die glanzvollen dialek-
tischen Jahresturniere der "disputationes quodlibeticae", die
sich über mehrere Tage erstreckten[1].

Um verbindliche Kriterien zur Kennzeichnung einer Veranstaltung,
die wir unter den Begriff der Disputation fassen, zu gewinnen,
soll hier der "idealtypische" Ablauf einer disputatio ordinaria
beschrieben werden. Der Ablauf war an strikte Formen gebunden,
die zwar an den einzelnen Universitäten unterschiedlich waren,
aber doch im wesentlichen übereinstimmten[2]. Die Artisten veranstalteten an allen Universitäten jede Woche an einem festen Tag
eine öffentliche Disputation der Magister, am Sonntag regelmä-
ßige Disputationen der Baccalare. Jeder Magister mußte in der
disputatio ordinaria der Reihe nach das Präsidium oder die
ordentliche Disputation übernehmen, alle anderen Magister der
Fakultät und die Baccalare waren zur Teilnahme verpflichtet.
Die Aufgabe der Magister war das "arguere"; sie formulierten
zu den Fragen und Thesen, die der präsidierende Magister aufgestellt hatte, Sätze (argumenta, sophismata) und erörterten diese in dialektischer Form. Den Baccalaren oblag das Antworten,
"respondere": die Respondenten mußten zunächst die in den Thesen
verwendeten Begriffe klären (determinare)[3] und dazu alle Begriffe und Argumente sammeln und erklären, die zur sachlichen Erläuterung des Problems dienten.

Im Ablauf der disputatio ordinaria bildeten der Vortrag des
präsidierenden Magisters und die einleitenden Ausführungen der
dazu bestellten Respondenten nur das Vorspiel. Sobald genügend
Magister anwesend waren, beendete der Präsident die Erörterungen
der respondierenden Baccalare. Nun schalteten sich die Magister
mit Gegenargumenten in die Disputation ein, sie "arguierten"

---

1. Eine ausführliche Beschreibung der disputationes quodlibeticae vgl. bei Kaufmann 2, 381ff. und Ritter, 175ff. Es
   handelte sich bei diesen Veranstaltungen mehr um repräsentative Festakte als um wissenschaftliche Arbeit.
2. Vgl. zum Verlauf der Disputation bes. Kaufmann 2, 370ff,
   Ritter, 179ff. und Hammer, Militia Franciscana 2, 94ff.
3. Vgl. Ritter, 185.

oder opponierten. Auf die Einwände und argumenta der Magister
antworteten nun die Respondenten, ebenso andere anwesende Baccalare und Scholaren, wobei der Präsident die Leitung in der Hand
hatte und die Respondenten anleitete. Die Disputation wurde in
der Regel so lange fortgesetzt, bis alle Magister der Reihe nach
opponiert hatten. Gelang es den Respondenten nicht, das Problem
in der These zu lösen (argumentum, quaestionem, argumentorum nodos solvere), so übernahm der Präsident das Amt des Schiedsrichters und klärte abschließend und verbindlich die "argumentorum
nodos".Besonders bei theologischen Disputationen gehörte die
verbindliche Lösung der quaestio zur Aufgabe der Disputierenden[1].
Damit verbunden war immer die feierliche Erklärung, sich mit den
Erörterungen im Rahmen der kirchlich approbierten Lehre zu halten[2]. Wurden einmal Fragen behandelt, die das Dogma betrafen,
wie über die Geheimnisse des Glaubens oder über das Recht des
Staates und der Kirche, so kam es nur darauf an, diese Fragen
formgerecht zu lösen, nicht aber, den Gegner zu Äußerungen und
Bekenntnissen zu verleiten, die ihm gefährlich werden konnten.
Im Beschluß der Greifswalder Artistenfakultät von 1467 hieß es
dazu, Disputieren und Philosophieren geschähe immer "salva semper publica sollemni protestatione orthodoxe fidei catholice"[3];
dies mußte der Disputant ausdrücklich versichern, wenn seine
Schlußfolgerungen sich nach den Regeln der philosophischen
Logik gegen eine kirchliche Lehre wenden müßten, denn alle Disputationen dienten nur der Schulung des Gelehrtennachwuchses.

Zum Reglement gehörte ferner die die Disputation abschließende "determinatio", das verbindliche Endurteil des vorsitzenden
Magisters oder einer anderen Instanz.

Im Verlauf des Spätmittelalters wurde die schriftliche Vorbereitung der mündlichen Disputation, d.h. die Ausarbeitung der
zu verteidigenden Thesen durch den leitenden Magister zusammen

1. Vgl. ebd., 203.
2. Vgl. Moeller, Zwinglis Disputationen 1, 307f; vgl. die
   "Protestationes", mit denen die Leipziger Disputation 1519
   eröffnet wurde, Seitz, 15f., 54.
3. Zit. nach Kaufmann 2, 386f., Anm.3.

mit den Respondenten, immer wichtiger. Im 16. Jahrhundert wurden die Thesen gewöhnlich durch öffentlichen Anschlag oder durch
den Druck allen Teilnehmern an der Disputation bekannt gegeben.
Die umständliche Fragestellung durch den Präsidenten und die
Responsio des Respondenten zu Anfang der Disputation wurde dadurch überflüssig. Nach einer kurzen Ansprache des Präsidenten
wurde sofort mit dem Angriff der Opponenten auf die schriftlich
vorliegenden Thesen begonnen, die der Respondent, unterstützt
durch den leitenden Magister verteidigte. Befreit von den for-
mellen Umständlichkeiten der älteren Zeit, wurde die Disputation
nun zum Kampf entgegengesetzter Meinungen besser geeignet.

Während die ordentlichen Disputationen nicht dazu gedacht waren, Lehren eines Magisters anzugreifen und zu bekämpfen, konnte
dies in außerordentlichen Disputationen geschehen, die zu diesem
speziellen Zweck angesetzt wurden und von der Fakultät besonders
genehmigt werden mußten[1]. Im äußeren Ablauf unterschieden sie
sich nicht von den ordentlichen Disputationen. In der Reformationszeit gewann diese disputatio extraordinaria eine neue Bedeutung, als sie zum Forum wurde, vor dem der Glaubensstreit
in wissenschaftlicher Form ausgetragen wurde. Sie bot den Reformatoren in der Frühzeit der Reformation die Möglichkeit, sich mit
den Vertretern des alten Glaubens im akademischen Rahmen auseinanderzusetzen.

---

1. Vgl. ebd., 377.

II. Die akademische Disputation als Mittel der Auseinander-
setzung zwischen Luther und den Vertretern des alten
Glaubens (1517-1519): Ablaßkontroverse von 1517 und die
Leipziger Disputation (27.Juni-15.Juli 1519).

Aus der im Oktober 1517 angesagten akademischen Disputation
entwickelte sich rasch ein Glaubensaufstand, der nicht nur die
Universitäten, sondern auch Papst und Kaiser zu einer Stellungnahme herausforderte. Luther ging in seiner Forderung nach einer Disputation davon aus, daß über den Ablaß noch keine verbindliche Lehrentscheidung vorlag[1]. Danach gehörte die Ablaßfrage nicht zu den anerkannten kirchlichen Glaubenswahrheiten
und konnte damit frei und kontrovers behandelt werden. Das angemessene Mittel, die dogmatische Richtigkeit einer Lehre festzustellen, war die Disputation. Dieser Sachverhalt lieferte zugleich das theologische Motiv für die Wahl dieser Einrichtung
für die Auseinandersetzung im "Religionsgespräch". Luther war
fest überzeugt, daß in einer Disputation die Wahrheit gefunden
und mit dem Spruch der als Richter geladenen Sachverständigen
eine wissenschaftliche Frage verbindlich entschieden werden könnte.
Als Doktor der Theologie war er nicht nur berechtigt, ein solches
akademisches Schiedsgericht zu veranstalten, um theologische
Streitfragen zu diskutieren und zu entscheiden, sondern fühlte
sich auch unter Berufung auf sein theologisches Doktorat dazu
verpflichtet[2].
 Im Gutachten der Universität Mainz vom 17.Dezember 1517 über
Luthers Thesen[3], wurde Luthers Disputationsrecht, mit dem er
sein Auftreten in der Ablaßfrage begründete, grundsätzlich bestritten. Das Gutachten ging nur auf die wenigen Thesen ein, die
die Macht des Papstes hinsichtlich des Ablasses behandelten, die

---

1. Diese erfolgte erst im November 1518; vgl. dazu unten S.18f,
2. Vgl. Luthers Brief an Albrecht von Mainz vom 31.Okt.1517,
   WA Br 1, 112, 70f. "Doctor S.Theologiae vocatus" und die
   Berufung auf sein "officium" gegenüber Hieronymus von Bran-
   denburg, ebd. 139, 32ff. vom 13.Febr. 1518. Vgl. grundsätzlich
   H.Steinlein: Luthers Doktorat. Leipzig 1912, 36ff.
3. Vgl. F.Herrmann: Das Gutachten der Universität Mainz über
   Luthers Thesen. In: ZKG 23 (1902), 265ff.

aber neben der eigentlichen Ablaßfrage nur von nebensächlicher
Bedeutung waren. Es stellte fest, daß Luthers Thesen mit der herkömmlichen Lehre in Widerspruch stünden und erklärten, eine Disputation oder ein Richterspruch über die dogmatisch entschiedene
Lehre der "potestas summi pontificis" sei nach kanonischem Recht
unzulässig[1]. Eine Verdammung der Ablaßthesen lehnte die Universität ab und empfahl, die päpstliche Entscheidung einzuholen.[2]

Im Gegensatz dazu nahmen Tetzel und die Dominikaner Luthers
Aufforderung zur Disputation an. Damit wurde der Ablaßstreit
mit einem akademischen Streit verbunden, in dem Luther als Haupt
der antischolastischen theologischen Schule an der Wittenberger
Universität mit seinen Thesen auch gegen die scholastisch ausge-
richtete Schulpartei der Dominikaner Stellung nahm. Die zunächst
literarische Kontroverse begann auf dem Provinzialkonvent der
sächsischen Dominikaner in Frankfurt an der Oder, der kurbrandenburgischen Landesuniversität, auf dem Tetzel am 20.Januar 1518
von Wimpina verfaßte Ablaßthesen gegen Luther verteidigte[3].
Der sich anschließende Schriftenkrieg zwischen Luther und seine
Anhängern auf der einen und Tetzel und Eck auf der anderen Seite
führte über verschiedene Etappen im Sommer 1519 zur Leipziger
Disputation.Die literarische Auseinandersetzung wurde nicht in
wissenschaftlichem Stil geführt, sondern einzelne Thesen Luthers
kommentarlos als häretisch verurteilt. Diese Verketzerung verei-
telte Luthers Absicht, die Ablaßfrage mit Hilfe einer Disputation
zu klären. Er war davon ausgegangen, daß er sich im Bereich der
dogmatisch nicht festgelegten akademischen Lehre, der opinio,
bewegte, in der es nur Irrtümer (errores) geben konnte, aber keine Häresien. Mit dem Vorwurf der Ketzerei verwiesen die Dominikaner die Streitfrage in den Bereich der "fides", die der apostolischen Lehrautorität unterstellt und einer Disputation entzogen war[4].

1. "Quod non licet alicui de summi pontificis potestate vel ju-
   dicio judicare vel disputare". Ebd., 267.
2. Vgl. Borth, Die Luthersache, 32.
3. Vgl. W.Köhler (Hg): Dokumente zum Ablaßstreit von 1517. 2.
   Aufl. Tübingen 1934, 128ff.
4. Vgl. Borth, Die Luthersache, 33f.

Im Januar 1518 denunzierten die Dominikaner Luther in Rom we-
wegen des Verdachts der Ketzerei[1]. Damit wurde die Luthersache
aus einer geplanten Disputation zu einem Konflikt mit der Kurie.
Der Papst sah die Angelegenheit zunächst als Lehrstreitigkeit
zwischen Dominikanern und Augustinereremiten an, als Mönchsge-
zänk, und wollte Luthers Orden zu dessen Maßregelung veranlassen. Das ordensinterne Vorgehen gegen Luther scheiterte jedoch
völlig. In Heidelberg[2] erhielt Luther im April 1518 die Gelegenheit zu einer öffentlichen Disputation auf dem Kapitel der
Kongregation seines Ordens, statt zum Widerruf gezwungen oder
als Ketzer nach Rom ausgeliefert zu werden. Luther polemisier-
te in Heidelberg gegen die scholastische Philosophie als die
Feindin jeder wahren Theologie[3]. Er lehnte den Widerruf ab[4]
und betrachtete die Frage unter dem Gesichtspunkt der Wahrung
seines Disputationsrechts gegen die Angriffe der "scholastici
doctores". Diese Haltung wurde ihm durch den Rückhalt an seinem Landesherrn Friedrich dem Weisen möglich, der das Ketzerei-
verfahren als Intrige der Dominikaner zur Ausschaltung eines
unbequemen Gegners ansah und damit als parteiisches Verfahren
ohne Rechtsgrundlage. Luthers Auslieferung nach Rom als an den
"parteiischen Richter" lehnte er beharrlich ab[5].
Mit der Verweigerung des Widerrufs wurde im Juni 1518 der eigentliche Prozeß wegen Ketzereiverdachts eröffnet, dem hier nicht
weiter nachgegangen werden soll[6]. Gegen die Vorladung zum Verhör
nach Rom appellierte Luther am 8.8.1518 an seinen Landesherrn
und bat ihn, bei Papst eine "remissionem seu commissionem causae

---

1. Vgl. Borth, Die Luthersache, 34ff.
2. Vgl. dazu K.Bauer: Die Heidelberger Disputation Luthers. In:
   ZKG 21 (1901), 233ff., 299ff. und H.Boehmer: Der junge
   Luther. 6.durchgesehene Auflage, Stuttgart 1971, 174ff.
3. Vgl. WA 1, 355. Er knüpfte an seine "Disputatio contra
   scholasticam theologiam" vom 4.Sept. 1517 an, vgl. ebd., 224.
4. Vgl. WA Br 1, 160, Brief an Staupitz vom 31. März 1518.
5. Vgl. Borth, Die Luthersache, 47f.
6. Vgl. ebd., 45ff. Die Rekonstruktion der Vorgänge aus der
   Schilderung in Luthers Appellation an Papst und Konzil
   von Okt./Dez. 1518 in WA 2, 28ff.

meae ad partes Alemaniae"[1] zu erwirken, d.h. den Aufschub des
Ketzerprozesses in Rom und dessen Übertragung an eine deutsche
Gelehrteninstanz. Diese deutsche Instanz sollte ein Gelehrtengericht sein, dem die Bischöfe von Würzburg und Freising und eine "unverdächtige", nicht von Dominikanern beherrschte Universität,angehören könnten[2]. Diese Gericht sollte nicht über Luthers
Ketzerei, sondern über die wissenschaftliche Korrektheit seiner
akademischen Lehre entscheiden[3]; seinem Urteilsspruch wollte sich
Luther unterwerfen. Die Forderung, die Luthersache "ad partes
Alemaniae" zu übertragen, entsprach dem Versuch, die kursächsische Auffassung, es handele sich bei dem Streit um eine rein
akademische Auseinandersetzung, auch gegenüber dem schon for-
mell eingeleiteten römischen Ketzerprozeß aufrecht zu erhalten.[4]

Im August 1518 wurde der Prozeß wegen Ketzereiverdachts eingestellt und das Verfahren wegen "notorischer Ketzerei" aufgrund einer erneuten Denuntiation Luthers durch die Dominikaner[5]
eröffnet. Mit der Feststellung des Notoriums galt der Tatbestand
der Ketzerei Luthers als erwiesen; er wurde als "haereticus

---

1. Wa Br 1, 188, 8f; Luthers Brief an Spalatin vom 8.8.1518.
2. Vgl. Spalatins Brief an den kaiserlichen Rat Hans Renner
   von Mitte August 1518, Löscher 2, 445: Spalatin bittet darum, "... die fürgenommene Beschwerung und Citation lassen
   zu beruhen, und die Sache heraus den Bischoffen zu Würtz-
   burg und zu Freisingen,und einer unverdächtigen Universität
   zu verhören zu befehlen. Denn D.Martinus kan alle Universitäten in Deutschen Landen zu Commissarien und Richtern, ausgenommen Erfurt, Leipzig und Franckfurt an der Oder, die
   sich verdächtig gemacht, leiden". Spalatin faßte den Streit
   noch als einen Konflikt der Wittenberger mit den rivalisie-
   renden "scholastischen" Nachbaruniversitäten auf.
3. Vgl. Luthers Brief an Spalatin, WA Br 1, 190, 21ff.vom 28.
   8. 1518: "Haereticus nunquam ero. Errare disputando possum,
   sed statuere nihil volo, porro nec opinionibus hominum cap-
   tivus fieri".
4. Friedrich der Weise begann seine Bekämpfung des Ketzerprozesses im Rahmen der traditionellen Auseinandersetzung mit
   den Ansprüchen der geistlichen kurialen Gerichtsbarkeit;
   er kämpfte besonders gegen die Ladung von Landeskindern vor
   auswärtige geistliche Gerichte; vgl. Kirn, Friedrich d.Wei-
   se, 44ff.
5. Vgl. Borth, Die Luthersache, 48ff.

declaratus"[1]angesehen.

Während Luther noch auf der Durchsetzung seines Disputationsrechts beharrte, stand er in Wirklichkeit nur noch vor der Alternative, bedingungslos zu widerrufen oder als notorischer
Ketzer verurteilt zu werden.

Das Augsburger Verhör durch den Legaten Cajetan vom 12. bis
14. Oktober 1518 brachte weder die von Luther gewünschte Diskussion seiner Lehre noch die von der Kurie erhoffte Auslieferung des Ketzers im Rahmen des Häresieprozesses.[2] Cajetan richtete lediglich am 25.Oktober 1518 ein Gesuch an Friedrich den
Weisen, Luther nach Rom auszuliefern oder ihn des Landes zu verweisen[3]. Luther erklärte dazu[4], er wolle das kirchliche Urteil
anerkennen, verlangte jedoch eine wissenschaftliche Begründung
der Ketzerbezichtigung, d.h. er betrachtete die Kurie wie einen
akademischen Gegner und nicht als entscheidende Urteilsinstanz.

Friedrich der Weise lehnte die Auslieferung ab[5], da über
Luthers Fall kein annehmbares richterliches Erkenntnis vorliege,
er sei nicht gebührend diskutiert[6]. Er erhoffte sich die Klärung
nicht durch die päpstliche Lehrautorität, sondern durch Vertreter der Fachwissenschaft in Deutschland. Ein Häresieverfahren
würde die Entscheidung des Konflikts auf akademischer Ebene nur
verhindern, außerdem den Gegnern der Wittenberger Universität
in die Hände arbeiten. Zudem waren Gelehrtengericht und Disputation für den Kurfürst und die Universität inzwischen zur
Prestigesache geworden[7].

In dieser Situation veranlaßte Cajetan die Kurie zum Erlaß
einer Dekretale über den Ablaß, die die unklare kirchenrechtlich dogmatische Lage beseitigen sollte. Die Dekretale vom
9.November 1518 brachte die fehlende eindeutige Lehrentscheidung. Damit war Luthers Forderung, die Ablaßfrage als wissen-

1. Vgl. Müller, Röm.Prozeß, 61f.
2. Vgl. dazu zuletzt Borth, Die Luthersache, 50ff.
3. Vgl. WA Br 1, 233ff.
4. Vgl. ebd., 236ff. Luther an Friedrich den Weisen, 19./21.
   11.1518.
5. Vgl. ebd., 250f., Friedrich der Weise an Cajetan, 8./18.
   12.1518.
6. "Nondum cognita causa et sufficienter discussa".Ebd., 250,11.
7. Vgl. Borth, Die Luthersache, 55.

schaftliche Schulmeinung zu betrachten und zu diskutieren, unzulässig und sein ganzes Vorgehen, das immer unter dem Vorbehalt einer Entscheidung der päpstlichen Lehrautorität gestanden hatte, wurde hinfällig. Luther beantwortete die veränderte Situation Anfang 1519 mit der Prüfung des rechtlichen Verhältnisses von päpstlicher Lehrautorität und theologischem Doktorat[1]. Er beanspruchte nun,als Lehrer der Theologie, kirchliche und päpstliche Entscheidungen prüfen und verwerfen zu dürfen und unterwarf folgerichtig die Ablaßdekretale denselben Bedingungen wie die Lehren seiner akademischen Gegner. "Und dieweil die Kirche schuldig ist, Ursach ihrer Lehre zu geben..., und verboten manchfältig, daß man nichts annehmen soll, es sei denn probiert..., so mag ich solche Decretal nicht erkennen als ein rechtschaffen und gnugsame Lehre der heiligen Kirchen"[2]. Dogmen , die nur aufgrund der päpstlichen Lehrautorität verkündet wurden, galten ihm nurmehr als "bloßes Wort", nicht als Glaubenswahrheiten, die bedingungslos anerkannt werden mußten.

Die Luthersache hatte sich von ihrem Ursprung als Thesenstreit und akademische Gelehrtendisputation zu einem grundsätzlichen Konflikt um die päpstliche Lehrautorität entwickelt. Vom kurialen Standpunkt war sie eindeutig zur Ketzerbewegung geworden. Luther dagegen versuchte weiterhin, durch wissenschaftliche Auseinandersetzung die kirchliche Lehre auf der Basis der Schrift zu klären und festzustellen. In dieser Beziehung wurde die Leipziger Disputation zum Ersatz für die 1517 nicht zustandegekommene Disputation in Wittenberg, ging aber über die damals zur Debatte gestellten Probleme weit hinaus.

Den Anfang der langen Auseinandersetzungen, die in der Leipziger Disputation[3] beigelegt werden sollten, bildeten die "Obelisci" Johann Ecks[4], kurze Bemerkungen über 18 der 95 Thesen

1.Vgl. ebd., 94ff.
2.WA Br 1,307,48ff. Luther an Friedrich den Weisen, 13./19.1. 1519; vgl. Borth, Die Luthersache,62.
3.Zur Leipziger Disputation vgl. noch immer H.Boehmer: Der junge Luther, 6.Aufl. Stuttgart 1971, 223ff.
4.Vgl. Löscher 2,63; enthalten in Luthers "Asterisci" WA 1, 281ff., vgl. zum Ganzen Wiedemann, 75ff.

Luthers[1]. Luther, erbost über den scharfen Ton und die vorgebrachten Anklagen[2], antwortete Ende März[3] mit seinen ;Asterisci"[4].
Da er danach zum Generalkapitel nach Heidelberg aufbrach und Eck
nicht antwortete, wäre die Auseinandersetzung eingeschlafen,
hätte sich nicht Karlstadt eingeschaltet[5]. Dieser sah in Ecks
Vorgehen gegen Luther eine Beleidigung der theologischen Fakultät in Wittenberg, als deren Dekan er sich zur Wehr setzte. Am
9.Mai schlug er in Wittenberg 380 Thesen an[6], die er, wie er in
der Vorrede sagte, im Sommer akademischen Disputationen zugrunde-
legen und verteidigen wollte und die gegen alle die gerichtet
waren, die die Heilige Schrift in ihr Gegenteil verkehrten, besonders gegen den namentlich genannten Eck.[7] Eck versuchte noch, die
Veröffentlichung der Thesen durch einen verbindlichen Brief zu
verhindern[8]. Auch Luther wollte eigentlich mit Eck Frieden halten[9] und war über Karlstadts Vorgehen ungehalten[10]. Aber die Thesen waren gedruckt, und es folgte am 14. August Ecks Gegenschrift,
die "Defensio"[11].Darin forderte Eck Karlstadt auf, mit ihm eine

---

1. Vgl. WA 1,278ff. Ecks Schreiben an Friedrich den Weisen vom
   8.Nov.1519 bei Enders 2,228.
2. Vgl. WA Br1,157f., Luther an Egranus, 24.März 1518.
3. Vgl. Barge, Karlstadt 1,116 und WA Br1,157 und 175ff.
4. Abgedruckt in Löscher 2,333ff. und WA 1,281ff.
5. Vgl. Barge, Karlstadt 1,bes. 116f.
6. Während des Drucks wurden noch 26 weitere Thesen hinzugefügt:
   D.Andree Carolstatini Doctoris et Archidiaconi Wittenburgen-
   sis CCCLXXX et Apologeticae Conclusiones pro sacris literis
   et Vuittenburgensibus etc. Löscher 2,78ff. Über Karlstadts
   Thesen und theologische Anschauungen vgl. U.Bubenheimer:
   Consonantia Theologiae et Jurisprudentiae. Andreas Bodenstein
   von Karlstadt als Theologe und Jurist zwischen Scholastik und
   Reformation. Tübingen 1977, 72ff.
7. Die Thesen 102-213 richteten sich gegen einige von Ecks
   "Obelisci", die Thesen 214-324 behandelten die Themen Gnade
   und Buße, die zwischen Karlstadt und Eck umstritten waren;
   vgl. ebd.,73ff. Luthers Angriff gegen den päpstlichen Primat
   unterstützten Karlstadt und seine Wittenberger Kollegen jedoch nicht. Auch vom Ablaßstreit hielt er sich fern; vgl.
   ebd.,118ff.
8. Vgl. Ecks Brief an Karlstadt vom 28.Mai 1518 bei Löscher 2,
   64f. Zum Folgenden vgl. Barge, Karlstadt 1,125ff.
9. Vgl. WA Br1,178, Luthers Brief an Eck vom 19.Mai 1518.
10.Vgl. Luthers Brief an Scheurl vom 15.Juni 1518:"At cum iam
   sint edita Carlstadii nostri problemata, me quidem et invito
   et ignaro, non est mihi satis consilii, quid utrisque ipsis

öffentliche Disputation abzuhalten. "Si tamen placuerit sibi
(=Karlstadt) ventilare hanc materiam in studio eligendo, placet
mihi positiones in ea dare et super his respondere aut respondenti opponere"[1]. "Respondere" und "respondenti opponere" beschreiben genau die Vorgänge bei der akademischen Disputation. Eck nannte als Stätten (in studio eligendo), an denen die Disputation
stattfinden könnte, den Heiligen Stuhl, die Universitäten zu
Rom, Paris oder Köln, also die wichtigsten theologischen Autoritäten der Zeit. Dem Urteil dieser Institutionen sollten sich beide Kontrahenten fügen. Karlstadt antwortete bereits am 28.August
in seiner "Defensio"[2] und nahm die Disputation unter der Bedingung einer notariellen Aufzeichnung und der Vergütung seiner
Reisekosten an[3]. Eck war das Zustandekommen der Disputation er-
wünscht, er suchte die Auseinandersetzung vor allem mit Luther[4]
und wünschte einen Ausgang "cum honore nominis sui (=Dei) et veritatis"[5]. Luther traf in Augsburg im Oktober 1518 mit Eck zusammen und verhandelte mit ihm, wohl in Karlstadts Auftrag, über
eine Beilegung des Streites[6]. Er erwartete eine freundschaftli-
che Aussprache und verwahrte sich nur gegen die von Eck vorge-
schlagenen Austragungsorte; schließlich ließ er Eck die Wahl

---

sit faciendum". WA Brl,183,10ff.
11. Defensio contra amarulentas D.Andreae Bodenstein Carolstatini invectiones (1518), hg.von J.Greving, Münster 1919,
33ff. (C Cath 1).
1. Löscher 2,158.
2. Defensio Andreae Carolostadii adversus eximii D.Joannis
Eckii ... Monomachiam. Löscher 2,108ff.
3. "Attamen datis impensis, si tuto ire licet, in arenam te-
cum descendam, sed ea lege, vt utriusque et argumenta et so-
lutiones fidis dictentur notariis". Ebd.,158.
4. "...qui diu congressum bellicum expetii"; Brief an Luther
vom 20.September 1518, WA Brl,205,19.
5. "At Deus optimus faxit, ut istud incendium literarum inter
nos iam conflatum cum honore nominis sui et veritatis aliquando finem sumat". Ebd.,205,25ff.
6. "Et ego id nomine tuo cum ipso tractaram Augustae, si qua
ratione contentio vestra coram et amica familiarique con-
gressione componeretur"; ebd., 316,8ff., Luther an Karlstadt, Anfang Februar 1519.

zwischen Erfurt und Leipzig[1]. Eck entschied sich später für Leipzig[2]. Luther bestand auf vier Notaren, die den Gesprächsverlauf aufnehmen sollten, um ein Verdrehen der Wahrheit zu verhindern und das Ergebnis dem Heiligen Stuhl, den Bischöfen und der ganzen Christenheit zur Beurteilung vorlegen zu können[3].

Die Disputation in Leipzig war nach akademischem Brauch als außerordentliche Universitätsdisputation angelegt, um einen literarischen Gelehrtenstreit beizulegen. Da eine solche Veranstaltung nicht privat vor sich gehen konnte, wandte sich Eck am 4. Dezember 1518 mit der Bitte an die Universität, die theologische Fakultät und Herzog Georg, die öffentliche Disputation mit Karlstadt in Leipzig zu gestatten[4]. Die Adressaten waren allerdings durchaus nicht alle vom Nutzen der Veranstaltung überzeugt. Die Fakultät war früher von Erzbischof Albrecht von Mainz in der Angelegenheit Luthers und Tetzels um Rat gebeten worden und hatte die Auskunft erteilt, die Angelegenheit sei am besten durch eine Synode aus Bischöfen, Prälaten und Mitgliedern der umlie-

---

1. Vgl. WA Br1,565,10ff., Luther an Spalatin, 3.Dez.1519 und ebd.495; vgl. Seidemann,21f.
2. Vgl. R.Albert: Aus welchem Grunde disputirte Johann Eck gegen Martin Luther in Leipzig 1519? In: Zeitschrift für die historische Theologie 43 (1873),382ff.
3. "Quin id faciemus, adductis notariis duobus, uterque Eccius et Lutherus, et si qui alii idem velint, ad manum notariorum dictet sua argumenta et responsiones. Quod eo facio consilio, ne et nobis foeda illa iactantia et frustraneus labor contingat, quae in Viennensi disputatione Eccii videntur, tum, ut clamor et gestus importuni, quibus solent aestuare et perdere veritatem nostri saeculi disputatores, cohibeantur, omnia autem vel possibili modestia in literas pronuntientur atque ac sic in literas relata offerri possint Sedi Apostolicae, Episcopis et totius christiani orbis iudicio". WA Br1,318,75ff. Luther an Karlstadt, Anfang Februar 1519.
4. Vgl. das Schreiben an die Universität, Seidemann, 111ff. Das Schreiben an die theologische Fakultät ist verloren. An Herzog Georg:"Jedoch dieweil mir die wal harin gestelt worden (=zwischen Leipzig und Erfurt), habe ich E.F.G. universitet erwelt, der ongezwifelten Hoffnung, d.Bodenstein vnnd ich werden der enden vnnsers kriegs, nach götlicher vnnd Christenlicher warheit entschiden: Ist herauff mein vnnderthänig gehorsam bitt, E.f.g. wollen solchs genedigklich zu geben vnnd vergonnen. Vnnd mit E.f.g. universitet vnnd facultet in der heilig geschrifft so vil schaffen, do mit sy sich solcher disputation zehören, auch zu entschaiden beladen wöllen". Seidemann,113. Hierin liegt ein Hinweis auf die Absicht der Dis-

genden Universitäten beizulegen[1]. Sie wollte diesem Schiedsgericht
nicht vorgreifen und lehnte die Disputation daher ab[2].

Herzog Georg schrieb dagegen am 30.Dezember 1518 an die Fakultät, die Disputation werde ihr und der Universität Ruhm und Ehre
einbringen; sie brauche sich nicht zu einer schiedsrichterlichen
Entscheidung verpflichtet zu fühlen[3]. Der um Rat gebetene Kanzler
der Universität, Bischof Adolf von Merseburg, warnte die Universität und den Herzog am 11.Januar 1519 vor der Zulassung der Disputation, wobei er auf das Mißfallen des Papstes an der Auseinandersetzung über den Ablaß in Deutschland hinwies[4]. Daraufhin
entzog sich die Universität der Verantwortung und bat am 15.Janu-
ar den Landesherrn um eine verbindliche Entscheidung[5]. Herzog
Georg entschied am 19.Januar, Eck und Karlstadt sollten eingeladen werden, da "vnser vniversitet vnd Euch allen auß solcher
disputacion rhum , Ere vnd preyß erwachsen solte"[6]. Herzog Georg
war der Meinung, es sei die Aufgabe seiner Theologen,"...dy weil
sy doctores vnd lerer der heyligen schrifft wern, so solt in des
ein lost sein, an tag zcu brengen, was wor ader falsch were"[7];
er spielte hier auf die Funktion des theologischen Doktorats an,
die Wahrheit durch Disputation herauszufinden. Allerdings ver-
mutete er nicht zu Unrecht, seine Theologen seien zu ängstlich

---

putatoren, die Universität Leipzig zum Richter anzunehmen.
1. Vgl. Seidemann,25f. Der Brief an Herzog Georg ebd.,113ff.
2. Eck solle "die selbige seine sache und disputation, Die wey-
le sye vrsprünglich, aus doctoris Martini houptsache geflos-
sen, vff obgedachte Commissarios und prelaten da zae vorhoer
gesatzt, durch muntliche ader schrifftliche disputation, do-
selbs mit außzutragen und zcu enden ... dan ßo die Houptsache
vor Bebstlicher Heiligkeydt und derselben Commissarien henget
vnd schwebt". Seidemann,115.
3. Vgl.Gess 1,52f.,Nr.65.
4. "Haben wir ylende deme rector vnnd der ganntzen universitet
zu leipzck geschrieben vnnd vorwarnen lassen, solche disputacion, Daraus viel arges erwachssen vnnd Bebstliche heyligkeit
widder vnnser Stiefft vnnd vnns,mit vngnaden beweget mocht
werdenn, vnnserm Stiefft vnnd vnns zum ewigen nachteyll nicht
zuzulassen noch zugestaten".Seidemann,117 und Gess 1,55,Nr.69.
5. Vgl. Seidemann,118ff.;vgl. Gess 1,55f.Nr.70.
6. Seidemann,121 und Gess 1,64,Nr.77.
7. Seidemann,123.

oder "des sy doch nicht gern wolten, das es (=die Wahrheit) dy leyen erferen solten"[1].

Aufgrund der landesherrlichen Entscheidung benachrichtigte die Universität am 15.Februar 1519 den Herzog, sie habe Karlstadt und Eck zur Disputation eingeladen. Sie unterrichtete ihn zugleich aber auch davon, daß sich auf Ecks Veröffentlichung seiner Thesen[2] plötzlich Luther eingeschaltet und sich durch seine Thesen[3] als Hauptdiskussionsgegner Ecks vorgedrängt habe, ohne die Erlaubnis des Herzogs eingeholt zu haben[4]. In der Tat hatte Luther in Reaktion auf Ecks Thesen Karlstadt mitgeteilt, daß er seine Rolle als Mittler zwischen Eck und Karlstadt aufgebe, da Ecks Angriffe gegen ihn selbst gerichtet seien[5]. Er forderte Karlstadt auf, sich mit ihm an Herzog Georg und den Leipziger Rat zu wenden mit der Bitte, ihnen für die Disputation ein "weltliches" Haus zur Verfügung zu stellen und dem Rat zugleich das Schiedsrichteramt zu übertragen. "Nam egregios Dominos Doctores de Universitate penitus nolo huius periculo iudicii onerari, quod et prudentissime recusarunt"[6]. Dieser Wechsel der zuständigen Instanzen war für die Entwicklung von der gelehrten Disputation zum Religionsgespräch von großer Wichtigkeit, denn hier wurde der Gedanke der "Ratsdisputation" angelegt, die wir später in Zürich, Breslau und vielen anderen Orten wiederfinden werden. Hinter diesem neuen Weg stand für Luther zunächst nur die Notwendigkeit, der weltlichen Obrigkeit das Schiedsrichteramt zuzuweisen, da die theologischen Fakultäten sich für inkompetent erklärten oder sich von den Bischöfen die Hände binden ließen.

---

1. Ebd.
2. Am 29.Dezember in Augsburg:"In studio Lipsensi disputabit Eckius propositiones infra notatas contra D.Bodenstein Carlestadium archidiaconum et doctorem Vuittenbergensem". Zit. nach WA 2,154.
3. "Disputatio et excusatio F.Martini Luther adversus criminationes D.Johannis Eccii". Ebd.,158ff.
4. Vgl. Seidemann, 126.
5. "Tandem promittit in te, sed vertit in me impetum".WA Br1, 316,12. Luther an Karlstadt, 4./5.Februar 1519.
6. Ebd.,318,73f.

Luther und Friedrich der Weise benutzten im übrigen die akademische Disputation sofort auch für ihre Verteidigung gegen den Ketzerprozeß[1]. Luther lehnte sein Erscheinen vor einem Trierer Schiedsgericht mit dem Argument ab, daß in Leipzig eine Disputation bevorstehe, die ihm Cajetan in Augsburg verweigert habe. "Denique in hac potest res ista coram tot doctis viris et tam acri disputatione purius et absolutius examinari, quam vel coram Archiepiscopo vel Cardinale"[2].

Am 22.Juni traf Eck in Leipzig ein, am 24.Juni die Wittenberger. Luther, der immer noch nicht offiziell zur Disputation zugelassen war, reiste unter dem herzoglichen Geleitbrief, der am 16.Juni für Karlstadt und dessen Begleiter ausgestellt worden war[3]. Bei der Ankunft der Wittenberger wurde an den Kirchentüren und ans Rathaus ein Mandat des zuständigen Merseburger Bischofs angeschlagen, das die Abhaltung der Disputation bei Strafe des Banns verbot - mit der durchaus zutreffenden Begründung, daß eine Erörterung der Ablaßfrage nach der Lehrentscheidung durch die Dekretale Leos X. unzulässig sei[4]. Auch Adolf von Merseburg verstand mithin die Leipziger Disputation als Ersatz für die 1517 nicht zustandegekommene Veranstaltung. Herzog Georg setzte sich jedoch über das Verbot hinweg und befahl seinen Räten, keine Belästigungen der Disputatoren durch den Bischof zu dulden[5].

Da die Leipziger Disputation in ihrem Modus für viele der folgenden Verhandlungen vorbildlich wurde, seien im Folgenden die wichtigsten Prozedurfragen von 1519 kurz erörtert:
1. Vorsitz und Ablauf:

Als vom Herzog eingesetzte "Vorsteher" fungierten der Kanzler Dr.Johann Kochel, der Amtmann und Rentmeister Georg von Widebach,

---

1. Vgl. Borth, Die Luthersache,65ff.
2. WA Brl,402,29ff. Luther an Karl von Miltitz, 17.Mai 1519.
3. Vgl.Gess 1,86f.,Nr.113 und Seidemann,134f.
4. Vgl. WA Brl,421,8ff. und Gess 1,88f. Nr.116 und 118.
5. "Dieweyl euch den bewost, was (!) wir die part die zu der disputacion komen, mit unserm glaite vorsehen, ist an euch unser beger, wo sich unser freund, der bischof von Merseburg, understehen worde, dieselbigen person, die unser glaite haben, zu belestigen, wollet solchs vorkomen und nicht gestaten". Gess 1,90,Nr.121.und Seidemann, 136f.

der Rektor Arnold Wostenfeld (Wessenfelder) und die Doktoren und Magister der theologischen Fakultät der Universität. Diese Vorsitzenden entschieden aber nur über formale Verfahrensfragen, nicht über die Richtigkeit der inhaltlichen Aussagen. Die Disputation sollte genau nach dem Schema der akademischen Disputation ablaufen:

a) Die conclusiones Karlstadts lagen am Vorabend schriftlich vor;
   - Eck opponierte,
   - Karlstadt respondierte.

b) Die conclusiones Ecks lagen am Vorabend schriftlich vor;
   - Karlstadt opponierte,
   - Eck respondierte und so fort "fur der eynin tag umb den andern biß zu ende der disputacion"[1].

2. Notare:

Karlstadt und Luther bestanden Eck gegenüber darauf, daß die Disputation bestellten Notaren in die Federn diktiert würde[2]. Dadurch wurde zwar der Gang der Disputation außerordentlich verlangsamt, aber nur so wurde es möglich, ein objektives und zuverlässiges Urteil über den Ausgang der Disputation zu fällen, statt daß dieses Urteil nach dem flüchtigen ermüdenden Anhören der Disputation sofort von anwesenden Richtern ergangen wäre[3]. "Beider Teil argumenta und soluciones" sollten durch vier Notare aufgeschrieben und am Ende gegen einander kollationiert werden[4]. Von dem auf diese Weise redigierten Protokoll sollte jeder der Disputatoren ein Exemplar erhalten, doch unter der von Eck gegen die Wittenberger durchgesetzten Bedingung, daß die Nachschriften der Notare erst dann veröffentlicht werden dürften, wenn sich beide Teile auf einen Richter geeinigt hätten und dessen Urteilsspruch ergangen sei[5].

---

1. Seidemann,137. Vgl. WA Brl,428ff.; Gess 1,91f.,Nr.123.
2. Eck wollte auf "italienische Weise" disputieren, d.h. in freier Rede und Gegenrede ohne Rücksicht auf die protokollierenden Schreiber; auch die Veröffentlichung der Protokolle lehnte er ab.
3. Vgl. Seitz,2.
4. Vgl. Seidemann,137.
5. Vgl. Brieger,Über die handschriftlichen Protokolle,37. Man wollte die Nachschriften also nur mit der amtlichen

3. Die Schiedsrichter:

Die Frage, wer als Richter verbindlich über die in der Diskussion vorgebrachten Meinungen urteilen und den Sieger bestimmen sollte, war naturgemäß am schwierigsten zu lösen[1]. Georg von
Sachsen hatte die Unterwerfung unter den Schiedsrichter zur Vorbedingung der Teilnahme an der Disputation gemacht. Hatte die
Gegenseite zunächst Papst und Universitäten als Schiedsrichter
vorgesehen, lehnten Luther und Karlstadt diese Instanzen ab, da
sie sicher waren, daß diese gegen sie entscheiden oder nicht den
Mut zu einer Stellungnahme aufbringen würden[2]. Stattdessen bat
Luther, es bei den ausgemachten Freiheiten zu belassen. Als
dies abgelehnt wurde, erklärte er seinen Verzicht auf die Disputation. Nur auf das Bitten seiner Freunde und aus Rücksicht auf
seine Universität nahm er die Bedingungen an. Er machte jedoch
die Einschränkung, daß sein Prozeß keinen Schaden erleide und
seine Appellation von der Kurie an das künftige Konzil vom Ausgang der Disputation nicht berührt würde. Erst am 4.Juli wurde
die Vereinbarung zwischen Eck und Luther unterzeichnet[3]. Die
Wahl der Universitäten sollte erst nach der Disputation erfolgen.

4. Der Ort:

Die Disputation fand auf der Pleißenburg statt - nicht um

Feststellung des Siegers veröffentlichen.
1.Vgl. Eck an Hochstraten, Theologieprofessor in Köln, 24.
Juni 1519, Löscher 3,223: "Nam Lutherus nolebat sumere judicem primo aliquam Universitatem totius mundi; Sed Christianis-
simus Dominus Georgius Dux Saxoniae noluit admittere aliquam
Disputationem de fide nisi et fidei nostrae Magistros pateretur
judicare. Coactus ergo tunc fuit Lutherus a fautoribus suis
stimulatus, nisi enim disputaret et Judicem ferre posset, iam
omnes ab es essent discessuri".
2."Et ita cornuto syllogismo nos impetierunt, Ut utrobique con-
funderemur, sive quod disputationem detrectassemus sive quod
disputationem necesse esset subiicere iniquis Iudicibus.
Vides ergo Crassas istas astutias, quibus nobis libertatem pac-
tam abstulerunt. Nam Universitates et R(omanum) pont(ificem)
certum habemus et nos aut nunquam aut contra nos pronunciaturos,
id quod ipsi unice suspirant".WA Br1,421,23ff. Luther an Spalatin, 20.Juli 1519.
3.Vgl. WA Br1, 428ff. und Seidemann,137.

Luthers Vorstellungen von einem "weltlichen Haus" zu entspre-
chen, sondern weil die Universität wegen der zu erwartenden
Besuchermenge kein "lectorium" für groß genug hielt und statt
dessen dem Herzog die Hofstube in Schloß, das Gewandhaus oder
die Barfüßerkirche als Tagungsort vorschlug[1].

Der inhaltliche Verlauf der Leipziger Disputation braucht
in unserem Zusammenhang nicht erörtert zu werden. Die Debatte
wurde kurzerhand beendet, als am 15.Juli die Nachricht kam, Kurfürst Joachim I. von Brandenburg sei auf der Rückkehr vom Frankfurter Kurfürstentag in der Nähe, und man den Saal, in dem die
Disputation stattfand, zu seiner Bewirtung benötigte.

5. Die Einigung über die Schiedsrichter und deren Reaktion:

Kurz vor dem Ende der Disputation einigten sich die Disputatoren auf die Universitäten Paris und Erfurt als Schiedsrichter,
an die Herzog Georg die Akten senden sollte[2]. Damit trat die
weltliche Instanz deutlich als Vorsitzender und Veranstalter
der Disputation auf. Luther, der mit der Ausschaltung des Papstes nicht zufrieden war, forderte die Zuziehung der Laienfakul-
täten, d.h. der Juristen und Artisten, zum Schiedsgericht, da
die "alten Theologen" alle Anhänger Ecks seien[3]. Zum erstenmal
tauchte hier die Forderung nach einem aus Theologen und Laien
zusammengesetzten Gremium zur Beilegung der Luthersache auf,
als einer Luther genehmen, unverdächtigen richterlichen Instanz[4].
Herzog Georg lehnte diese Lösung dagegen ab[5]; er wollte im Sinne Ecks nur Theologen und Kanonisten gelten lassen, die er allein
für sachverständig hielt.

Anfang Oktober 1519 sandte Herzog Georg eine beglaubigte Abschrift der notariellen Aufzeichnungen der Verhandlungen zwischen Eck und Luther an die Pariser Universität und bat die
Doktoren und Magister der Theologie und des kanonischen Rechts
um ihr Urteil. Die Entscheidungsfrage war eindeutig formuliert:

---

1. Vgl. Seidemann,145.
2. Vgl. ebd.,138 und WA Br1,429,36ff.
3. Vgl. WA Br1,430f., Denkschrift Luthers für Herzog Georg,
   14./15.Juli 1519 und Gess 1,92f.,Nr.124.
4. Vgl. H.Junghans: Der Laie als Richter im Glaubensstreit der
   Reformationszeit. In: Luther-Jahrbuch 39 (1972),31 ff.
5. Vgl. Gess 1, 94, Nr.125, Herzog Georg an Caesar Pflug,16.7.1519.

"uter ex prefatis doctoribus sacras scripturas sanius intelligat
ac de illis ipsis rectius senciat et doceat"[1]. Ein Schreiben desselben Inhalts wurde nach Erfurt geschickt. Die dortige Universität lehnte jedoch am 29.Dezember 1519 eine Entscheidung ab,
unter dem Vorwand, die Disputatoren hätten sich nicht selbst mit
dieser Bitte an sie gewandt. Sie sandte die Akten daher zurück
und entschloß sich auch auf Georgs abermaliges Drängen am 9.Ja-
nuar zu keinem Urteil[2]. Die Pariser Universität nahm die Disputation nicht erkennbar zur Kenntnis[3]. Beide Universitäten hielten sich also in diesem Falle nicht für zuständig oder wollten
keine Entscheidung wagen.

6. Die Verbreitung der Ergebnisse durch den Druck:

Obwohl die offiziellen Nachschriften der Notare nicht vor
dem Spruch der Schiedsrichter, der - wie eben erwähnt - niemals
erging, veröffentlicht werden sollten, wurde der Verlauf der Ereignisse sehr schnell bekannt. Der Herausgeber der Akten, die
1519 eine Erfurter Druckerei verließen, rechtfertigte seine
Edition damit, daß während der Disputation ohnehin mehr als 30
private Nachschriften angefertigt worden seien, auf die das Gebot der Geheimhaltung sich nicht hätte beziehen können. Im anderen Fall hätte man die Disputation nicht öffentlich abhalten
dürfen[4].

---

1. Gess 1,101,Nr.134.
2. Vgl. Seidemann,152.
3. Vgl."Determinatio Theologorum Parisiensium super doctrina
   Lutheriana". CR 1,367ff.
4. "Si enim serio voluissent occultatum iri hoc pelagus et ca-
   hos verborum, non utique permisissent publico conspectu, a
   quovis libitum esset, excipi et in literas referri. Nam
   cum plus triginta exemplaria sint illic excepta et in diver-
   sas orbis partes emissa, satis palam est voluisse omnia invul-
   gari, nisi forte Notariorum, qui ad hoc ipsum seorsim designa-
   ti erant, exemplaria his legibus suis subiacere curarint".
   WA 2,252.

III. Das Religionsgespräch der Anfangszeit als Mittel der
Konfessionalisierung.

1. Die Voraussetzungen für Religionsgespräche in den freien
Städten.

Städte waren die ersten politischen Gemeinwesen, die evangelisch wurden[1]. Zürich machte den Anfang, in Oberdeutschland
folgten rasch Nürnberg, Straßburg, Memmingen und Konstanz, im
Norden Magdeburg. Meist verbanden sich hier reformatorische Forderungen sogleich mit sozialen und wirtschaftlichen Reformwün-
schen, was die städtischen Gemeinden wesentlich berührte[2].
Denn hier wir überall fand Luther rasch eine breite Anhänger-
schaft, vor allem im Volk. Wenn man von den Humanistenkreisen[3]
absieht, nahm die evangelische Bewegung von der städtischen
Bürgerschaft, vom Volk, ihren Anfang[4]. Dies galt auch dort,
wo der Rat von Anfang an oder nach kurzer Zeit die Forderungen
der Bevölkerung aufnahm und der Reformation offiziell zum Sieg
verhalf (Zürich, Nürnberg, Straßburg, Memmingen, Magdeburg u.a.).
Dieses Verhalten des Rates ist leicht einsichtig, wenn man berücksichtigt, daß fast überall seit dem Spätmittelalter Bürgermeister und Rat die kirchlichen Einrichtungen beherrschten.
Sie kontrollierten in der Regel das Vermögen der Spitäler und
Klöster im Stadtbezirk, sie besetzten die Stadtpfarreien und
schufen Predigerstellen - es gab in Deutschlang ein entwickel-
tes Staatskirchentum, als Luther 1517 seine Thesen anschlug[5].

1. ZumFolgenden vgl. Moeller, Reichsstadt,19ff; die 1521 auf-
gestellte Reichsmatrikel verzeichnet unter dem Titel "Frei-
und Reichsstaette" 85 Städte (RTA J.R. 2,1896,440ff.),etwa
65 Städte waren zu dieser Zeit tatsächlich reichsunmittelbar;
vgl. H.Conrad: Deutsche Rechtsgeschichte, Bd.2,Karlsruhe 1966,
193f.
2. Vgl. Moeller, Reichsstadt,22ff.
3. Vgl. ders.: Die deutschen Humanisten und die Anfänge der
Reformation. In: ZKG 70 (1959),46ff.
4. Vgl.F.Lau: Der Bauernkrieg und das angebliche Ende der lutherischen Reformation als spontaner Volksbewegung. In: Luther-
Jahrbuch 26 (1959),109ff. Zum Stand der Forschung über

Die Magistrate waren aus diesem Grunde an allen Veränderungen, die Religion und Kirche betrafen, lebhaft interessiert. Da Luther mit seiner Lehre vom allgemeinen Priestertum der Gläubigen dem geistlichen Stand, d.h. vor allem der Hierarchie, theoretisch ihre Daseinsberechtigung entzog, entfiel in den evangelischen Städten und Ländern die geistliche Gerichtsbarkeit der Bischöfe mit ihren Rechten und Kompetenzen. In dieses Machtvakuum rückten die Inhaber der weltlichen Gewalt sehr schnell ein. Sie waren von Luther als Notbischöfe angesprochen und verstanden es, dieses Provisorium zum Dauerzustand und Regelfall zu machen. Fürsten und Magistrate traten an die Stelle der geistlichen Obrigkeit, was ihnen auf der Basis ihres bisherigen Kirchenregiments leicht fiel.

In den Städten lautete die erste Forderung der evangelisch Gesinnten meist auf Berufung oder Bestätigung eines evangelischen Predigers. Die Einführung der Reformation vollzog sich dann unter Beteiligung der Gemeinde meist in den Formen, die die Stadtverfassung vorschrieb[1]. Häufig veranstaltete der Rat eine Abstimmung in den Zünften, eine Gemeindeversammlung oder ein Religionsgespräch, das fast überall zu einem Sieg der evangelischen Partei führte[2].

In den 20er und 30er Jahren begegnen zwei Gruppen von evangelischen Städten, von denen der größere Teil Zwingli und Bucer, der kleinere Luther anhing. . Die Züricher Richtung der Reformationsbewegung verdankte ihren Sieg in den oberdeutschen Städten

---

"Stadt und Reformation" vgl. die Übersicht bei H.-Chr.Rublack: Forschungsbericht Stadt und Reformation. In: B.Moeller (Hg):Stadt und Kirche im 16.Jahrhundert. Gütersloh 1978,9ff.
5.Vgl. Zeeden, Konfessionen,52f. Moeller betont in diesem Zusammenhang den sakralen Charakter der Stadtgemeinde und das genossenschaftliche Selbstverständnis der mittelalterlichen Stadt, woraus die Stadträte die Überzeugung gewannen, für das Heil der Stadt verantwortlich zu sein; vgl. dazu Moeller, Reichsstadt,13ff. und ders.,Kirche in den freien Städten,160.
1.Vgl. Moeller, Reichsstadt,28ff.
2.Vgl. dazu vor allem Naujoks, Obrigkeitsgedanke,73f.,88. Solche Abstimmungen gab es etwa in Konstanz, Straßburg, Biberach, Memmingen, Heilbronn, Eßlingen, Ulm.

wesentlich dem Zusammentreffen der eher "städtisch" geprägten
Theologie Zwinglis und Bucers mit dem hier besonders lebendi-
gen genossenschaftlichen Geist[1].

2. Die ersten Religionsgespräche.

a) Die Vorgänge in Hamburg[2].

Schon 1519 suchten evangelische Prädikanten und sogar Laien[3]
nach dem Vorbild Luthers die Auseinandersetzung mit altgläubigen Gegnern. Zunächst reagierten die kirchlichen Oberen auf die
Wanderprädikanten und "Martinianer" mit Prozeßverfahren aller
Art und mit akademischen Disputationen, die mit Rechtskraft aus-
gestattet waren. Für diese Auseinandersetzungen standen die theologischen Fakultäten zur Verfügung, ferner Theologen in den
Domkapiteln[4], die Lektoren in den Studienhäusern der Franziskaner und Dominikaner und gebildete Stadtgeistliche. Für die
Diözesen gab es daneben päpstliche Inquisitoren; auch Diöze-
sansynoden und die alle zwei Jahre tagende Provinzialsynode
konnten herangezogen werden. Je nachdem, vor welchem Forum verhandelt wurde, kam es zu einer akademischen Disputation nach
dem Vorbild von Leipzig, zu einem Verhör vor einer der genannten
Instanzen oder zu einem Prozeßverfahren, das beide Formen verband, der "denuntiatio evangelica"[5]. Die denuntiatio evangelica sah als Vorstufe des Ketzerprozesses zuerst eine Verwarnung
des Angeklagten, eine correctio fraterna, unter vier Augen vor,
dann eine weitere in Gegenwart einiger Zeugen. Sie konnte als
formloses Gespräch mit der Absicht stattfinden, den Beklagten
zu bessern oder zu bekehren, aber auch den Charakter einer wissenschaftlichen Disputation gewinnen. Die Inhaber des kirchlichen

---

1. Vgl.Moeller,Reichsstadt,67.
2. Zum Folgenden vgl. vor allem die verschiedenen Arbeiten von
   Scheib.
3. In Stralsund forderte z.B. ein Aldermann die dort zum Kapitel
   der Provinz Sachsen versammelten Dominikaner zu einer Disputation auf in der festen Zuversicht, sie alle zu besiegen;
   vgl. Scheib,Stralsund und Greifswald,17.
4. Vgl. ders.,Religionsgespräche in Norddeutschland,41ff.

Lehramtes entschieden auf der Grundlage der Lehre der Kirche
über den Ausgang des Verfahrens.

Als Beispiel für dieses Vorgehen der kirchlichen Oberen seien
die Vorgänge in Hamburg 1522 kurz erörtert[1]. Vor dem Wormser
Reichstag hören wir nichts von Lutheranhängern in Hamburg. Danach verbreitete sich die neue Lehre 1521/22 zunächst in den
Kreisen der vermögenden und gebildeten Bürger[2]. Einer von ihnen,
Marquard Schuldorp, wurde zum Wegbereiter der Reformation in
Hamburg, sein Haus zum Treffpunkt ihrer ersten Anhänger. Um diese Zeit begannen die Mönche des Prämonstratenserstiftes von Sta-
de, im Sinne der neuen Lehre an der Elbe zu missionieren. 1522
erschien auch in Hamburg ein solcher "weißer Mönch" als Wander-
prädikant[3]. Er wohnte bei Schuldorp und predigte hier und in
anderen Bürgerhäusern, da ihm die Kirchen verschlossen blieben[4].
Da der Mönch nicht nur die neue Lehre vertrat, sondern die kirchlichen Einrichtungen kritisierte, gingen die kirchlichen Oberen
bald gegen ihn vor. Der Domtheologe und Vizepleban von St.Petri,
Dr.decr.Johann Engelin und der Domherr und Pleban von St.Nikolai,
Dr.decr. Henning Kissenbrügge, luden den Prämonstratenser vor und
verhörten ihn in Anwesenheit anderer Weltgeistlicher und Dominikaner über seine Lehre. Der Domtheologe war als Doktor der Theologie zur Ketzerbekämpfung verpflichtet, die Domherren hatten
als zuständige Pfarrer gegen den Mönch vorzugehen, der ohne ihre
Zustimmung in der Stadt predigte. Bei dem Verhör verteidigte der
Mönch seine Ansichten so lebhaft, daß es über das Verhör hinaus

---

(5).Vgl. zu diesem Verfahren C.G.Fürst: Denuntiatio evangelica.
    In:Handwörterbuch zur deutschen Rechtsgeschichte,hg.von A.
    Erler und E.Kaufmann. Bd.1, Berlin 1971,680f.
1. Vgl. zum Folgenden Scheib, Reformationsdiskussionen in Ham-
    burg,32ff.
2. So Friedrich Ostra, Kaufmann, Schonerfahrer und Aldermann
    des "Ehrbaren Kaufmanns",*1470 in Hamburg, gest.1537; Ma-
    gister Detlev Schuldorp, Kaufmann und Englandfahrer,*ca.
    1489 in Kiel,1504-1508 Studium in Rostock, gest.1540; Dirik
    Ostorp,Ratsgoldschmied,*ca.1478 in Hamburg,gest.1534; vgl.
    ebd.,30.
3. Vgl. ebd.,32.
4. Ähnliche Umstände finden wir u.a. bei J.Osenbrügge 1524 in
    Lübeck, vgl.W.Jannasch: Reformationsgeschichte Lübecks vom
    Petersablaß bis zum Augsburger Reichstag 1515-1530.Lübeck
    1958,126.

zu einer theologischen Diskussion kam. Dabei folgte er offensicht-
lich Luthers Vorbild auf dem Wormser Reichstag, dessen Auftritt in
Norddeutschland durch die niederdeutsche Übersetzung der "Acta
Wormatiae"[1] bekannt geworden war. Vom Verlauf der Auseinandersetzung mit den Domherren ist nur bekannt, daß sich der Mönch
von seinen Überzeugungen nicht abbringen ließ. Daraufhin veranstalteten die Dominikaner ihrerseits eine Diskussion mit dem
Wanderprädikanten, an der wieder ein Doktor der Theologie und
unbekannte Gäste teilnahmen. Die Dominikaner sahen sich als
Sachwalter der päpstlichen Inquisition zu diesem Vorgehen aufgefordert; aber auch vor diesem Forum blieb der Mönch bei seiner
Meinung. Beide Verhöre waren von ihrer Anlage, wenn auch nicht
vom Verlauf her, keine wissenschaftlichen Disputationen, aber
auch nicht Teil eines ordentlichen Gerichtsverfahrens, da der
Mönch als Mitglied desPrämonstratenserordens der bischöflichen
Gerichtsbarkeit nicht unterstand[2]. Es handelte sich vielmehr um
Vorverhandlungen zur Vorbereitung eines Ketzerprozesses[3].

Das Hamburger Beispiel zeigt, daß die Vertreter der katholischen Lehre zunächst nicht bereit waren, beim Vorgehen gegen die
Neuerer das Leipziger Muster zu übernehmen und die Glaubensstreitigkeiten wissenschaftlich-theologisch durch eine Disputation zu klären. Stattdessen versuchten sie, die Verbreitung der
neuen Lehre im Rahmen des Ketzerrechts zu unterbinden. Die Prediger der neuen Lehre lehnten demgegenüber sehr bald die Urteils-
kompetenz und den Richterspruch der kirchlichen Obrigkeiten ab.
Sie boten zwar überall an, in einem theologischen Gespräch über
ihren Glauben Rechenschaft abzulegen, verlangten aber als Schiedsrichter die weltliche Obrigkeit.

Diese Berufung auf die jeweilige weltliche Autorität als zuständige Instanz - auch Luther hatte in der Vorbereitung der Leipziger Disputation darauf zurückgegriffen[4] - hatte mehrere Gründe:

1. Titel des niederdeutschen Druckes vgl. WA 7,862.
2. Der Prämonstratenserorden war seit 1409 exempt und aufgrund
der Bulle "Religiosorum excessus" von Pius II. von 1448 auch
von der päpstlichen Inquisition befreit. Der Mönch konnte nur
von seinem Ordensoberen oder vom Papst selbst gerichtet werden.
3. Vgl. Scheib,Reformationsdiskussionen in Hamburg, 38f.
4. Siehe oben S.24.

Sie berücksichtigte den seit dem Spätmittelalter ständig wachsen-
den Einfluß des Landesherren oder Magistrats auf die Kirche und
war auf der anderen Seite die unmittelbare Folge der neuen Lehre
von der Zuständigkeit auch der Laienchristen für den Glauben. Dazu kamen pragmatische Überlegungen: Die "Laien als Richter" waren
unter Umständen leichter zu überzeugen, auf jeden Fall entstand
durch ihre Beteiligung ein größeres Forum, auf dem sich erfolgreich missionieren ließ.

Die Altgläubigen ließen sich nach Möglichkeit auf derartige
Veranstaltungen nicht ein, die vom Kirchenrecht in keiner Weise
gedeckt waren; außerdem wollten die Prädikanten nur auf der Basis
der reformatorisch verstandenen Schrift diskutieren.

b) Die Züricher Disputationen als Beispiele für Ratsdisputa-
tionen.[1]

Auch in der Kirchenprovinz Konstanz erregt die neue Lehre bald
großes Aufsehen, das den Bischof Hugo von Landenberg zu schnel-
lem Eingreifen zwang. In Zürich maßten sich "neue Meister" Kompetenzen an, die nur dem Bischof und als Gutachtern den akademischen Magistern an den Universitäten zustanden. Allen voran
ging Zwingli, der seit Dezember 1518 als Leutpriester am Großmünsterstift in Zürich wirkte[2]. Der aufsehenerregende Fasten-
bruch von 1522 zog eine Visitation durch eine Delegation des Konstanzer Bischofs nach sich (vom 7.-9.April 1522)[3], bei der der
Suffragan alle Kleriker vorlud, um sie zurechtzuweisen. Zwingli
versuchte, eine Aussprache zu erzwingen, was aber der Suffragan
durch seinen vorzeitigen Aufbruch verhindern konnte. Dafür gelang es Zwingli mit Hilfe seiner Freunde am folgenden Tag, auf

1. Zu den Züricher Disputationen vgl. die ausführliche Darstellung bei Moeller, Zwinglis Disputationen 1, passim,auch Oberman,Werden und Wertung, 267ff.,zuletzt Locher,Zwinglische
   Reformation,110ff.
2. Vgl. Locher, Zwinglische Reformation,83ff.
3. Vgl. dazu Oberman, Werden und Wertung,270ff.

einer Ratssitzung zusammen mit der bischöflichen Delegation
angehört zu werden. Allerdings verzichtete er auf eine Disputation[1], wenn er auch auf seinem Recht und seiner Pflicht bestand,
sich für seine Lehre zu verantworten.

Nach einer Predigtstörung Zwinglis[2] setzte der Rat auf den
21.Juli 1522 eine Disputation an, die gewöhnlich als "Disputation mit den Zürcher Bettelmönchen" bezeichnet wird[3]. Zwingli
und die Lesemeister der drei Bettelorden wurden vor einen Ausschuß des Kleinen Rates geladen. Hinzugezogen wurde das Kapitel
des Großmünsters, die zwei anderen Leutpriester und möglicherweise als Sachverständiger der Magister der Philosophie und Bacca-
laureus der Theologie Konrad Schmid. Nach der Anhörung der Kontrahenten wurden diese und die Zuhörer hinausgebeten, und der
Rat fällte als alleiniger Veranstalter der Disputation das Urteil. Im Abschied ordnete er die schriftgemäße Predigt für die
Stadt an[4].
Da Zwingli im Laufe des Jahres weiterhin der Ketzerei bezichtigt
wurde, ging er den Rat um eine Disputation an, um Gelegenheit zu
erhalten, sich gegen die Anklagen zu rechtfertigen und seine
Lehren darzulegen und zu verteidigen[5].

Als Veranstalter der ersten Zürcher Disputation trat der Magistrat der Stadt auf, der am 3.Januar 1523 ein Mandat des Bürgermeisters und der beiden Räte an die Priester von Stadt und
Landschaft Zürich erließ und sie für den 29.Januar auf das
Rathaus lud[6]. Die Veranstaltung wurde nicht als akademische Dis-

---

1. "Et ego, inquam minime disputabo".ZW 1,146,36f.
2. Zu solchen "Predigtstörungen in den ersten Jahren der Reformation in der Schweiz" (=Untertitel) vgl. Heinold Fast: Reformation durch Provokation. In: H.-J.Goertz (Hg): Umstrittenes
   Täufertum 1525-1975. Göttingen 1975,79ff.
3. Vgl. Oberman, Werden und Wertung,272 und G.Finsler (Hg.): Die
   Chronik des Bernhard Wyss 1519-1530. Basel 1901 (Quellen zur
   schweizerischen Reformationsgeschichte 1),17ff.
4. "Ja, ir herren von örden, das ist miner herren meinung, daß
   ir söllend nun fürohin predigen das heilig evangelium, den
   heiligen Paulum und die propheten, daß die heilige gschrift
   ist, und lassend den Scotum und Thomam und söllich ding ligen".
   Finsler, Bernhard Wyss (Anm.3),19.

putation angesehen, sondern als Verhör bzw. als gerichtliche Untersuchung. "Daruff habent ein burgermeister, radt und der groß
radt, ... hierzu alle lütpriester, predicanten, seelsorger ... be-
rüfft und die, so einandern schuldigen unnd ketzer scheltend, gegen einandern zu verhören, welliche als die gehorsamen erschi-
nen"[1].Dabei handelten Bürgermeister und Rat "umb gottes eer, fry-
den unnd einickeit willen"[2], d.h. auf Grund ihrer Aufgabe, für
den öffentlichen Frieden zu sorgen (ius pacificandi), beanspruch-
ten sie auch das ius iudicandi[3].

Der zuständige Bischof wurde von der Veranstaltung unterrichtet, aber nicht um Genehmigung gebeten. Der Rat stellte ihm die
Teilnahme frei[4]. Allen Klerikern, also auch Zwingli und dem Bischof,wurde vom Rat jedoch nur die Rolle als Berater der Rats-
miglieder zugeteilt. Als Basis für die Argumentation der Beteiligten wurde die Heilige Schrift festgelegt.

Das Stichwort "Disputation" fiel im Ausschreiben nicht. Bürgermeister und Rat planten ein "Verhör" der beiden Parteien mit an-
schließendem Urteilsspruch des Rats. Zwingli dagegen bereitete
sich auf eine regelrechte Disputation vor und veröffentlichte
am Vorabend eigens eine Thesenreihe[5] als deren Grundlage. Auch
seinen Freunden muß er eine Disputation angesagt haben, da Oekolampad kritisierte, daß Zwingli selbst präsisieren wolle, als

(5.)Vgl. ZW 1,466,15ff; 484,1ff., Bullingers Reformationsgeschichte 1,84; Locher, Zwinglische Reformation,110f.
6.   Text des Ausschreibens ZW 1,466ff.; Egli,Actensammlung,111f.,
Nr.318; zur ersten Züricher Disputation vgl. zuletzt Locher,
Zwinglische Reformation,110ff.; ebd. Anm.175 ist die wichtigste Literatur zusammengestellt.
1.   So im Abschied vom 29.1.1523, ZW 1,470,5ff.
2.   Ebd.,467,1f.; vgl. ebd.,468,2ff.und 470,5ff.
3.   Vgl. Oberman, Werden und Wertung,247.
4.   "Da wir mit allem fliß mit ettlichen gelertten... uffmerken,
unnd nachdem mit gottlicher geschrifft unnd warheitt sich er-
findt, werden wir ein ieden heimschicken mit bevelch fürze-
faren oder abzeston, dadurch nit für unnd für ein ieder alles,
das in gůt bedunckt, on grund der rechten göttlichen gschrifft
an der kantzel predige. Wir werdent ouch unserm gnädigen herren von Constentz söllichs anzögen, damit ir gnaden oder dero
anwelt, ob sy wöllent, ouch darby sin mögend".ZW 1, 467,11ff.
5.   67 Schlußreden. Vgl. dazu Moeller 1,279 und W.Köhler: Huld-
rych Zwingli. Leipzig ²1954,92f.; Locher, Zwinglische Re-

wäre er ein Universitätsprofessor, der bei einer Disputation als
Vorsitzender seine eigenen Thesen zu beurteilen habe[1]. Der Charakter der Veranstaltung wurde jedoch völlig vom Magistrat bestimmt,
so daß Zwingli dann sowohl von der Form als auch vom Termin überrascht wurde.

Wie von Zwingli, so wurde auch in Konstanz das Ausschreiben des
Rates als Einladung zu einer Disputation aufgefaßt. Einer solchen
Veranstaltung wollte man aber ausweichen. Das Domkapitel behandelte am 15.Januar die Frage, ob es an dieser "diaeta" teilnehmen solle, auf der der Rat in Sachen des Glaubens Entscheidungen fällen
wolle, was doch Laien gar nicht zustehe. Es kam zu dem Beschluß,
jeder Diskussion auszuweichen und nur Klagen entgegenzunehmen.
Sollte der Rat als Schiedsrichter auftreten, sollte die Deputa-
tion nicht einschreiten, aber auch keine Zugeständnisse machen,
sondern den Mangel an entsprechenden bischöflichen Instruktionen
vorschützen[2]. Die Konstanzer Delegation bestand unter der Leitung eines weltlichen Beamten aus drei Theologen[3]. Ihr eigentli-
cher Leiter war der Konstanzer Generalvikar Johannes Fabri, ein
erfahrener Kontroverstheologe, der schon 1521 Schriften gegen
Luther verfaßt hatte. Das Vorhaben, die Glaubenskontroverse auf
dem Weg einer Disputation beizulegen, beurteilte er sehr skep-
tisch:"Quam inutiles sint disputationes illae nostrorum temporum
publicae ad inveniendam veritatem, satis opinor, annis superiori-
bus es expertus, Martine in Iesu carissime. Nam veritas inter tu-
multuantes illos animorum aestus haud facile illucescit. Sedatis
autem et tranquillis animis, nulla ambitionis labe infectis, spi-
ritus ille veritatis se prodit libentius, pertinaces scholarum
pugnas, quibus odia implacabilia excitantur et aluntur, ceu veri-

. formation.111ff.
1. "Rumor autem narrabat fore apud vos disputationem te praesi-
   de".ZW 8,5,14f.
2. Vgl. den Tagesordnungspunkt in der Sitzung des Konstanzer Domkapitels am 15.Januar 1523:"Ex parte diete per Thuricenses
   pro disputatione d.Vlrici Zwingli in negocio Luterano statu-
   ta". M.Krebs (Hg):Die Protokolle des Konstanzer Domkapitels.
   6.Lieferung, Januar 1514-September 1526. In: Beiheft zur Zeitschrift für die Geschichte des Oberrheins 106 (1958),267f.,
   Nr.7510; vgl. Moeller 1,278, Anm.7.
3. Die Mitglieder der Delegation bei Oberman, Werden und Wertung,
   277ff.

tatis pestem fugit"[1].

Am 29.Januar fanden sich etwa "600 Personen, gelerter und für-
nemmer lüthen"[2] auf dem Rathaus ein, in der Mehrheit die geladenen Geistlichen und über 200 Ratsherren[3]. Bürger ohne Amt waren
nicht vertreten, es handelte sich also nicht um eine Volksversam-
mlung. Bürgermeister Röist eröffnete die Sitzung und erklärte, der
Rat habe auf Zwinglis Angebot hin eine Disputation veranstaltet,
eine "offenlich disputation in tütscher sprach vor dem grossen
radt zů Zürich"[4]. Da die Verhandlungen öffentlich und in deutscher
Sprache geführt werden sollte, wird deutlich, daß der Rat keine
akademische Disputation im herkömmlichen Sinn veranstalten wollte.
Jedermann könne, so Röist, nun gegen Zwingli auftreten, der sich
rechtfertigen müsse oder der Ketzerei überführt werde. Diese angesetzte Disputaion fand aber nicht statt, da niemand sich meldete,
obwohl Zwingli seine Gegner dreimal aufforderte[5]. Fabri ging nicht
auf Zwinglis Thesen ein, sondern verwies auf das für 1523 auf Reichsgebiet vorgesehene Konzil, auf dem "der halb teil weltlich, der ander teyl geistlich richter"[6] zusammentreten würden. Statt dieser
Disputation vor dem Forum des Rats bot er eine akademische Disputation an, bei der nach dem Vorbild der Leipziger Disputation von
1519 Universitäten das Richteramt wahrnehmen sollten, und zwar wieder Paris, Löwen und Köln, die schon gegen Luther entschieden hatten[7]. Als Alternative schlug er vor, der Züricher Rat, Zwingli und
er selbst sollten je einen Richter bestimmen, die dann gemeinsam
das Urteil fällen könnten[8]; entsprechend seiner Instruktion weiger-

---

1. A.Naegele (Hg): Dr.Johann Fabri, Generalvikar von Konstanz:
   Malleus in haeresim Lutheranam (1524). Münster i.W.1941,23,
   (C Cath 23/24), Mahnschreiben Fabris an Luther von 1522.
2. Bullingers Reformationsgeschichte 1,97.
3. Aus der Eidgenossenschaft war die Einladung abgelehnt worden,
   aus Schaffhausen war Dr.Sebastian Hofmeister, aus Bern Dr.Se-
   bastian Meyer anwesend, beide wohl nur mit Zustimmung, nicht
   im Auftrag ihrer Obrigkeiten vgl. ZW 1,445. Zum Verlauf vgl.
   die oben S.37, Anm.6 genannte Literatur; kurz zusammengefaßt
   bei Locher, Zwinglische Reformation,113f.
4. ZW 1,484,13f.; vgl. Moeller 1,281f., Oberman, Werden und Wertung,285f.
5. Vgl. ZW 1,501.
6. Ebd.,492,3.   7. Vgl.ebd.,493.   8. Vgl. ebd.563, Anm.10.

te er sich, den Züricher Rat, also Laien, als Richter anzuerkennen.
Nicht die ausgefallene Disputation macht die Bedeutung der Züricher Veranstaltung aus, sondern ein Gespräch, in dessen Verlauf
Zwingli die Erfindung der "Nationalsynode" gelang[1]. Fabri, der als
Vikar für die geistliche Gerichtsbarkeit der Diözese zuständig war[2],
erklärte, für das Problem "Ruhe und Ordnung" sei die Kirche und
ihre Organe und nicht diese lokale Versammlung zuständig[3], der
er jede Kompetenz bestritt: Es stehe dieser"kleinen und besunderen
versammlung" nicht zu, Dinge zu entscheiden, für die ein allgemeines Konzil zuständig sei; die verbindliche Auslegung der
Schrift sei den Universitäten vorbehalten[4]. Dieser Angriff auf
die Befugnisse der Züricher Versammlung führte Zwingli dazu, das
vom Rat berufene Gremium zur evangelischen Synode zu erklären.
Für ihn war die "christliche Versammlung" in Zürich das Generalkonzil, das die Beschlüsse fassen konnte, die Fabri dem Konzil
und den Universitäten vorbehielt. Er forderte die Züricher auf,
in dieser Synode Gottes Geschenk und Auftrag zu sehen[5]. Erst die
Auseinandersetzung mit der Konstanzer Delegation brachte Zwingli
den Charakter der Versammlung als der "ersten evangelischen Ge-
neralsynode"[6] zu Bewußtsein.
Bei der abschließenden Entscheidung des Rats handelte es sich
in dessen Selbstverständnis nicht um die Einführung der schrift-
gemäßen Predigt im reformatorischen Sinn, sondern um eine Pazi-
fizierungsmaßnahme[7]. Um die Predigtstörungen und Kanzelpolemiken
zu unterbinden und für die öffentliche Ordnung zu sorgen, wurde
die theologische Auseinandersetzung in den Bereich der bürgerli-
chen Gerichtsbarkeit gezogen. Die Versammlung vom 29.Januar hatte die übliche Form der Gegenüberstellung, um zu ermitteln, wel-

---

1. Zum Verlauf der Auseinandersetzung vgl. Oberman, Werden und
   Wertung,287ff.
2. Vgl. Helbling,Dr.Johann Fabri,8f.
3. Vgl. Oberman, Werden und Wertung,287 und Anm.71.
4. Vgl. ZW 1,508ff.
5. "Ir von Zürich und insunder solt das für eine grosse gnad und
   berüffung gotts achten, das sölichs in üwer statt, got und
   der warheit zů lob und eeren, ist fürgenummen". Ebd.,499,
   14ff.
6. Oberman, Werden und Wertung,292.
7. Vgl. ebd.,249.

che Partei sich dem Rat gegenüber als gehorsam erwies[1]. Da niemand Zwingli der Ketzerei beschuldigte, durfte dieser fortfahren zu predigen, "so lang unnd viel, biß er eins besseren bericht werde"[2]. Wer weiterhin mit Ketzervorwürfen, die nicht aus der Schrift bewiesen waren, die öffentliche Ordnung störte, sollte streng bestraft werden. Nur dieser Gesichtspunkt der Ruhe und Ordnung wurde herausgestellt und rechtfertigte das Vorgehen des Rates[3].

Da der Erlaß vom 29.Januar 1523 die Unruhen nicht beseitigte, es stattdessen zu ersten Bilderstürmen kam, griff der Große Rat ein. Eine Kommission aus beiden Räten und den Leutpriestern setzte am 12.Oktober 1523[4] eine neue Disputation an, auf der das Problem von Bildern und Messe erörtert werden sollte. Beide "Artikel" sollten in offener Disputation "in tütscher zungen" erläutert werden.

Geladen wurden die Züricher Geistlichen in Stadt und Landschaft und, was völlig neu und ungewöhnlich war, jede Privatperson, die sich zum Thema äußern wollte . Eingeladen waren ferner die Bischöfe von Konstanz, Chur und Basel, die Universität Basel, die Eidgenossen aus den zwölf Orten und die Zugewandten. Die Disputation begann am 26.Oktober morgens auf dem Rathaus[5]. Die Beteiligung war mit mehr als 900 Teilnehmern sehr groß. Die meisten Anwesenden kamen aus Zürich, die geladenen Bischöfe und Vertreter der Universität Basel waren nicht erschienen, von den Eidgenossen nur die Vertreter Schaffhausens und St.Gallens.

Die Veranstalter waren Bürgermeister und Räte, die gelegentlich auch in die Verhandlungen eingriffen. Zu offiziellen Präsi-

1. Vgl. ZW 1,470.
2. Ebd.,471,2f.
3. Vgl. den Abschied ebd.,469ff., bes.471.
4. Das Ausschreiben in ZW 2,678ff. und Bullingers Reformationsgeschichte 1,128f.; vgl.Egli, Actensammlung,171,Nr.430.
5. Das offizielle Protokoll bei ZW 2,676ff; dazu der Bericht des österreichischen Sekretärs Veit Suter an die Regierung in Innsbruck vom 31.10.1523 ,hg. von O.Vasella in: Zeitschrift für Schweiz.Kirchengeschichte 48 (1954),184 (Auszug); Literatur über den äußeren Ablauf vgl. Köhler, Zwingli,109ff., Moeller 1,285ff., Locher, Zwinglische Reformation,129ff., Oberman, Werden und Wertung,293f.

denten ernannte der Bürgermeister Röist drei auswärtige Gelehrte,
den St.Gallener Stadtarzt Joachim Vadian, Sebastian Hofmeister
aus Schaffhausen, bis vor kurzem Lektor des Franziskanerordens
in Luzern, und den Dr.theol.Christoph Schappeler aus St.Gallen,
Prädikant in Memmingen. Alle drei standen der neuen Lehre aufge-
schlossen gegenüber. Anders als im Januar hatte die Veranstaltung
diesmal bewußt den Charakter einer akademischen Disputation[1]. Nach
den damaligen Erfahrungen verlor man keine Zeit mit dem Warten
auf Wortmeldungen, stattdessen wurden auf Vorschlag des altgläubigen Chorherren am Großmünsterstift Konrad Hofmann die Teilnehmer reihum in der Reihenfolge ihrer Würde aufgerufen[2]. Die Disputation dauerte drei Tage; am ersten Tag wurde die Bilderfrage, am
zweiten und dritten Tag die Messe behandelt. Jeder Tag begann mit
einer Predigt.

Neu waren hier Auseinandersetzungen im evangelischen Lager
selbst durch das Auftreten radikal gesinnter Reformer wie Konrad Grebel und Simon Stumpf, die entschlossen Konsequenzen forderten, da doch die Meinung der Bibel festgestellt sei[3]. Die
Altgläubigen und die radikalen Protestanten lehnten eine Kompetenz des Rates zur Entscheidung geistlicher Fragen grundsätzlich ab.[4]

Das Ratsmandat vom 29.Oktober 1523[5] traf keine endgültigen
Bestimmungen. In Sachen der Bilder und der Messe sollte für einige Zeit alles noch beim alten bleiben.

---

1. Vgl. Heinrich Lüthis Wortwechsel mit Leo Jud ZW 2,697f.
   "Heb, ich wil silogistice unnd formaliter procedieren".Ebd.,
   698,3.
2. Vgl. ebd.,683,35f.
3. "Der geist gottes urteylet".Ebd.,784,13f.Vgl. auch J.H.Yo-
   der: The Turning Point in the Zwinglian Reformation. In:
   Mennonite Quarterly Review 32 (1958),128ff.; ders.: Täufertum und Reformation in der Schweiz 1,20ff.; R.C.Walton:
   Zwingli's Theocracy.Toronto 1967,185ff.
4. Zu den Protesten von Konrad Hofmann vgl. ZW 2,684ff.; ferner
   J.F. Gerhard Goeters: Die Vorgeschichte des Täufertums in
   Zürich. In: Studien zu Geschichte und Theologie der Reformation. Festschrift Ernst Bizer. Neukirchen-Vluyn 1969,239ff.
5. Vgl. Egli, Actensammlung,173f.,Nr.436.

Die Situation blieb daher weiter ungeklärt, die Opposition
gegen die evangelische Predigt war ungebrochen. Jetzt verlangten
Vertreter der alten Kirche, so Konrad Hofmann, eine neue Disputation mit der Begründung, daß infolge des Schriftprinzips bei
der vorigen Verhandlung die Gegner der Neuerungen kein ungehin-
dertes rechtliches Gehör besessen hätten[1]. Hofmann setzte zwar
die Disputation durch, nicht aber seine Forderung, diese "solle
vor den Bischöfen zu Constanz, Chur, Basel, oder vor den hohen
Schulen zu Paris, Köln etc. stattfinden" und "nit hie, da man mit
dem ketzerischen glouben und predigen verlümbdet sy"[2]. Stattdessen wurde vom Rat ein Sachverständigenrat zusammengerufen[3]. Zur
dritten Züricher Disputation[4] am 13. und 14.Januar 1524 wurden
durch Ratsbeschluß[5] insgesamt 20 Repräsentanten der politischen
Gemeinde, der Altkirchlichen und der Evangelischen einbestellt.
Eröffnung und Aufsicht lagen in den Händen des konservativen
Jakob Grebel. Als Präsidenten wirkten wohl die drei Prälaten, sie
sind die Erstunterzeichner des Schlußberichts[6].

In der Debatte bezog sich Konrad Hofmann auf die Erste Disputation[7]und bestritt deren formale Kompetenz. Er erklärte ihr
Ergebnis für unverbindlich, da der Ausgang einer Disputation
nicht über die Wahrheit eines behaupteten Artikels entscheiden
könne. Demgegenüber lobte er das Vorgehen Georgs von Sachsen, der
die Protokolle der Leipziger Disputation zur Entscheidung an die
Universität Paris geschickt habe. Mit diesen Ausführungen finden
wir hier erste Reflexionen über Religionsgespräche im allgemeinen.

Die altgläubigen Beschwerdeführer trugen ihre Argumente vor[8],

---

1. Bei der Eröffnung der dritten Disputation erklärte Jakob Grebel: "Es were eins ersammen radts will vnd meinung, das M.
   Conradt vnd andere Herren, denen in vergangnem gespräch noch
   nitt were gnuog beschähen, ietzung söllind ire artickel off-
   nen, vnd die darthůn und bewaeren, uß grund, alein der göttlichen geschrifft nuews vnd allts testaments, hindan gesetzt
   alle menschliche leeren vnd gůtduncken".Bullingers Reformationsgeschichte 1,140.
2. Egli, Actensammlung,191,Nr.465.
3. Vgl. Locher, Zwinglische Reformation,139ff. und Bullingers
   Reformationsgeschichte 1,139.
4. Es liegt kein Protokoll vor. Themen und Verlauf lassen sich
   aus den Beiträgen der altgläubigen Opposition erschließen.
   Vgl. Egli, Actensammlung,197-213, Nr.483-289.

wobei Rudolf Koch nur die Entscheidung von Papst Kardinälen,
Bischöfen und Konzilien anerkennen wollte. Anselm Graf bestritt
die Zuständigkeit des Rates und Heinrich Nüscheler verweigerte
überhaupt die Disputation . Das Ratserkenntnis[1] stellte abschließend fest, die Chorherren hätten "nüt geschaffet", man ließe sie
aber glauben, was sie wollten, wenn sie die ergangenen Mandate
nicht verletzten.

c) Zusammenfassung: Zwinglis Erfindung: Die evangelische

Disputation.

1523 trat Zürich unter der Führung Zwinglis und des Rates zur
Reformation über. Ausgelöst und sanktioniert wurde dieser Übertritt durch eine Disputation. Dabei folgte der Rat einer Anregung Zwinglis, der viele seiner theologischen Auseinandersetzungen mit Hilfe von Disputationen führte[2]. Die Veranstaltung von 29.Januar 1523 war vom Rat aus gesehen eine Sonder-
sitzung, die zusammengerufen wurde, um eine Disputation zu er-
möglichen. Sie hatte zum Ziel, die zwiespältige Predigt als
Ursache der Unruhen in der Stadt abzustellen und zu prüfen,
welche der verschiedenen Schriftauslegungen den Anordnungen des
Rates entsprach[3]. Die Frage der Reformation wurde damit unter
dem Gesichtspunkt der Friedenswahrung und einer Verleumdungsklage gesehen, für die der Rat allein zuständig war, der die
Verhandlungen über die zukünftige Predigt vor den Großen Rat
zog. Das Problem der Beschuldigung wegen Ketzerei hätte eigent-

(5).Vgl. Egli, Actensammlung,183ff.,Nr.460; 190f.,Nr.465.
(6). Vgl. ebd.,199,Nr.483.
(7).Vgl.ebd.,199ff.,Nr.484."Und...bedunkend mich die vergang-
    nen disputationes untugliche mittel, die warheit ze er-
    faren".Ebd.,201.
(8).Vgl. ebd.,197ff.,Nr.483.
1. Vgl. ebd.,213,Nr.489.
2. Vgl. Scheib, Theologische Diskussionen, 396ff.
3. Vgl.Egli, Actensammlung, 111f.,Nr.318; vgl. Scheib, Theo-
    logische Diskussionen, 404f.

lich vom Chorgericht oder vom Bischof geklärt werden müssen,
nur wäre das Urteil dort mit Sicherheit gegen die Meinung der
Mehrheit des Großen Rates ausgefallen. Der Rat setzte sich über
das geistliche Gericht hinweg, indem er innerhalb der Verhandlung für die theologischen Probleme eine Disputation einschalten wollte, deren Ergebnis er zur Grundlage seiner politischen
und juristischen Entscheidungen machen wollte. Auf diese Weise
umging er es, in einer geistlichen Angelegenheit als weltlicher
Richter aufzutreten. Als Richter in der Disputation sollte nämlich nur die Schrift Geltung haben in ihrer Auslegung durch
Sachverständige und durch die anwesende Gemeinde.

Der Rat war als weltliche Obrigkeit sehr wohl befugt, eine
Disputation zu veranstalten, wenn er das Urteil dem zuständigen Richter überließ und für kompetente Diskussionsteilnehmer
sorgte[1].Aufgrund dieses Urteils würde er dann über die Fragen
des Friedens und der Verleumdung entscheiden, für die er zuständig war. Auch die Anordnung der "richtigen Lehre" gehörte
zu den Kompetenzen des Rates, da die weltliche Obrigkeit gehalten war, nur die wahre Lehre predigen zu lassen.

Die Verhandlung am 29.Januar hatte den Zweck, die zukünftige
Predigt festzulegen. Eingebettet war ein Verfahren über die
Verleumdung Zwinglis als Ketzer, und die Disputation schließlich sollte als Beweisaufnahme für die Verleumdungsklage dienen. Da sich kein Opponent meldete, war die Bewiesaufnahme zugunsten Zwinglis bald abgeschlossen; der Rat konnte entscheiden, daß Zwingli fortfahren dürfe zu predigen. Dieses Urteil beendete den Verleumdungsprozeß und die Friedensverhandlung, und
sie rechtfertigte die Lehren Zwinglis, da nach akademischem
Brauch eine These als richtig galt, wenn niemand gegen sie opponierte. Damit nun diese Rechtswirkung nicht eintreten konnte,
bot Fabri an, privat mit Zwingli zu disputieren, und erklärte
dessen Thesen für ketzerisch. Er hatte aber keinen Erfolg, da

---

1. Auch die Leipziger Disputation war von einem Laien, Herzog
   Georg, veranstaltet worden, siehe oben S.19ff.; auch Hof-
   mann wollte vor dem Rat disputieren; der streng katholische
   Eck wünschte eine Disputation vor der Tagsatzung, vgl.
   Muralt, Badener Disputation,22ff.

Zwingli mit Hilfe des Rates die Einwendungen Fabris als unberechtigt entkräften konnte.

Eine Disputation fand am 29.Januar in Zürich gar nicht statt,
nur die Verhandlung darüber, ob und wie man eine veranstalten
sollte.

Dennoch wurde in Zürich so etwas wie eine Erfindung gemacht[1].
Es wurde ein neues Verfahren, ein evangelisches Verfahren,
gefunden, Glaubensstreitigkeiten verbindlich zu regeln. Es handelte sich um die Kombination einer Disputation mit einem Prozeß und mit einer Polizeiverhandlung. Mit der Disputation, die
in die weltliche Gerichtsverhandlung eingefügt war, umging der
Rat das kirchliche Gericht, da er nur über das Ergebnis der Disputation zu beschließen brauchte. Die Opposition gegen die Reformation konnte er als Friedensbruch oder Kriminalvergehen behandeln und bekämpfen.

Zwinglis Theologie, die Rechtslage der Stadt Zürich und ihre
günstige politische Situation, durch die sie von Kaiser und
Papst und vom Bischof praktisch unabhängig war, erlaubten diese
Kombination der Verfahren, das Ineinander von Ratssitzung,Pro-
zeß und Disputation, die sich zur Verteidigung der neuen Lehre
als sehr brauchbar erwies und bald nachgeahmt wurde. Scheib
nennt diese Verhandlungsart Religionsgespräch oder "Entschei-
dungsverhandlung"[2].

Auch die zweite Disputation stand wieder im Rahmen eines Prozesses, diesmal gegen die Bilderstürmer.Sie bildete jedoch eine eigene Veranstaltung und erfüllte im Rahmen des Prozesses
den Zweck, das Sachverständigengutachten zu erstellen. Diese
Disputation wurde in der Art der akademischen Disputationen gestaltet, wies aber zwei charakteristische Neuerungen auf: Alleiniger Richter war die Schrift, sie trat an die Stelle der bisher üblichen Urteilsinstanzen und wurde von Gemeinde und Sachverständigen richtig ausgelegt; es wurde nicht nur frei diskutiert, sondern auch verhört und zwar nicht im Rahmen des Pro-

---

1. Vgl. Moeller, Zwinglis Disputationen, passim.
2. Vgl. Scheib, Theologische Diskussionen,406.

zesses, sondern um nach akademischem Usus eine Opposition zu provozieren. Es handelte sich um die "evangelische Disputation", bei der das Ergebnis als Entscheidung der weltlichen Obrigkeit in ihrer Eigenschaft als Teil der Gemeinde zustandekam.

Als im Winter 1523/24 der Widerstand gegen die Neuerer nicht nachließ, lud der Rat die Geistlichen erneut vor, um in einer Aussprache vor dem Rat, nicht in einer Disputation, die Argumente der Altgläubigen zu hören.

Die Auseinandersetzungen mit den Altgläubigen in Zürich führten zur Erfindung des Entscheidungsgesprächs, der evangelischen Disputation und der Religionsverhandlung vor der weltlichen Obrigkeit auf der Basis des Schriftprinzips mit theologischen Sachverständigen, aber mit der Entscheidungsbefugnis der Obrigkeit.

3. Die Religionsfrage auf den Nürnberger Reichstagen und der Plan eines deutschen Nationalkonzils in Speyer.

Wichtig für die weitere Entwicklung und Ausbreitung der Religionsgespräche als Mittel zur Erhaltung der kirchlichen Einheit bzw. der Konfessionalisierung der Territorien wurde der Abschied des zweiten Nürnberger Reichstages vom 9.Februar 1523, der die Predigt des "lauteren Evangeliums" nur nach der Schrift und den Kirchenvätern vorschrieb und für irrende Prediger an Stelle des Ketzerverfahrens ein Gespräch vorsah[1]. Die reformatorische Bewegung sollte nicht gewaltsam bekämpft werden, da das als Versuch der Obrigkeit angesehen würde, die Wahrheit zu unterdrücken und die alten Mißstände beibehalten zu wollen[2]. Der Reichstag forderte von Kaiser und Papst ein Konzil binnen Jahresfrist in einer deutschen Stadt[3], auf dem die freie Abstimmung der Teilnahmer gewährleistet sein müsse, das heißt, diese sollten von ihren Verpflichtungen gegenüber dem Papst befreit sei, um un-

---

1. Vgl. RTA 3,747,13ff.
2. Vgl. ebd.,421,15ff.
3. Ein "frei, cristenlich concilium an eine bequeme malstat Teutscher nation".Ebd.424,24;vgl. Borth, Die Luthersache,139ff.

behindert sprechen und entscheiden zu können[1].

Auf dem dritten Nürnberger Reichstag hielten es die Stände
"fur das notigest,...das ins erste zu einem provincialconcilio
getracht, der irrigen sachen abzuhelfen"[2]. Ein solcher "syno-
dus" sei notwendig, da der Papst die Beschwerden nicht abstel-
le und die Luthersache "mit gewalt und keiner andern maß" regeln
wolle. Weil die Angelegenheit Deutschland besonders betreffe,
wurde "für gut angesehen, das allain di Teutsch zungen ain gesondert frei und offen concilium halten und besliessen soll,
dann solichs in kurz beschechen möchte, sambt dem, das dise
irrthumb... am meisten in Deutscher nacion entsprungen und
noch vorhanden"[3]. Mit diesem Gremium wollten sich die Stände
eine eigene "nationale" kirchliche Instanz schaffen. Der Ständebeschluß hierüber wurde fast unverändert in den Reichsabschied
vom 18.April 1524 übernommen.[4] Er enthielt die Festlegung des
Nationalkonzils auf den "sant Martinstag schirst gen Speyer"[5]
(=11.November 1514). Am 18.April schrieb der kaiserliche Statt-
halter mit dem Mandat über die Verkündigung des Reichsabschieds
den Tag von Speyer offiziell aus[6]. Die Stände wurden aufgefordert, den "gemeinen reichstag(s) und versamlung zu Speyr"[7] zu
besuchen und ihn durch gelehrte Gutachten über die neue Lehre
und die kirchlichen Mißstände vorzubereiten.

Der geplante Speyerer Tag sollte den Gedanken des Religionsvergleichs auf Reichsebene in die Praxis umsetzen. Mit Hilfe
einer gütlichen Auseinandersetzung oder auch eines Reichsbe-
schlusses über den erzielten Vergleich sollten die Lutheraner
von ihren radikalsten Lehren abgebracht werden, ohne die kirchliche Strafgewalt einzuschalten[8]. Dabei stellte die geplante

1. Vgl. zu dieser Forderung Jedin, Konzil von Trient 1,169.
2. RTA 4,202,15f. Zum Problem des Speyerer Nationalkonzils
   vgl. Borth, Die Luthersache,144ff.
3. RTA 4,201,15ff.
4. Im Abschied machten die Stände das Zugeständnis, daß die
   Beschlüsse des Nationalkonzils nur als Provisorium bis zum
   allgemeinen, vom Papst zu berufenden Konzil gelten sollten;
   vgl. ebd.,604,9ff. und J.Weizsäcker: Der Versuch eines Nationalkonzils in Speier den 11.November 1524. In:HZ 64
   (1890),201.

Versammlung eine bisher einmalige Mischform aus Reichstag und
Konzil dar. Beschluß, Festsetzung der Beratungsgegenstände,
Ausschreibung und Einladungen ergingen als politische Akte in
Form eines offiziellen Reichsgesetzes. Dagegen verliehen die
geplante Zuziehung von Juristen und Theologen[1] und die theologischen und kirchlichen Beratungsgegenstände der Versammlung
einen außerordentlichen Charakter. Sie sollte die Gravamina-
frage zusammen mit der Luthersache selbständig und für das
ganze Reich verbindlich regeln.

Die Speyerer Versammlung kam nicht zustande, da der Kaiser
sie in gleich drei Schreiben ausdrücklich verbot[2]. Karl V. sah
in dem Ständebeschluß über das Nationalkonzil eine Beeinträchti-
gung seiner kaiserlichen Hoheitsrechte, d.h. einen Verfassungs-
bruch. Zugleich verbot er auch die "andern disputation, erclerungen vnd außlegungen"[3] und damit die Abhaltung von Religionsgesprächen. Auch Ferdinand verlor bald das Interesse an dem
Tag, von dem er sich die Zusage der Stände für die Türkenhilfe und für die Unterstützung seiner Pläne, sich zum römischen
König wählen zu lassen, erhofft hatte.

Nicht zuletzt scheiterte das Unternehmen auch an den Gegensätzen zwischen den geistlichen und weltlichen Reichsständen.
Die Vorbereitung des Speyerer Tages bestand nämlich für die
deutschen Bischöfe vor allem darin, die Beschwerden der weltlichen Reichsstände ihnen gegenüber zurückzuweisen[4].

Wenn auch der Speyerer Tag nicht zustandekam, so blieb doch
der Gedanke des Ausgleichs durch Religionsverhandlungen anstelle einer gewaltsamen Beilegung mit Hilfe des Ketzerrechts Mo-
dell für spätere Auseinandersetzungen der Konfessionen im Reich.

---

(5). RTA 4,604,19.
(6). Vgl. ebd.,615ff. und Borth, Die Luthersache,151.
(8). Vgl. Borth, Die Luthersache,153. (7).RTA IV,616,40.
1.   Vgl. Hofmann, Konzilsfrage,90ff.
2.   Siehe oben S.6.
3.   Förstemann, Neues Urkundenbuch,206.
4.   Vgl. ARC 1,421f."Erwiderung der deutschen Bischöfe auf
     die Gravamina Nationis Germanicae": Über 2/3 der "Centum
     gravamina" werden als gegen den deutschen Episkopat ge-
     richtet einzeln widerlegt und Gegenbeschwerden aufgestellt;
     vgl. ebd.,435ff.

4. Religionsgespräche in Städten.

Da eine Regelung der Luthersache auf Reichsebene nach dem
Verbot des Nationalkonzils nicht in Aussicht stand, wurden kirchliche Lehre und Predigt verstärkt zum Gegenstand der Gesetzge-
bung, Aufsicht und Gerichtsbarkeit der weltlichen Obrigkeiten.
Eine Folge dieses Tatbestandes sind zahlreiche Predigtmandate
vor allem in den Städten, die sich früh der Reformation öffne-
ten[1].

Einer der Wege, die Reformation in einer Stadt oder einem Territorium einzuführen, war die Veranstaltung eines Religionsgesprächs. B.Moeller nennt über 30 Religionsgespräche, die nach
dem Vorbild der Züricher Disputation zustandekamen[2], O.Scheib
hat dieses Phänomen vor allem für Norddeutschland untersucht[3].
Religionsgespräche haben in fast allen freien und in sehr vielen der von den Landesherren faktisch unabhängigen Städten und
in einigen Territorien stattgefunden. Es handelte sich also
um eine sehr ausgebreitete Erscheinung, die schwierig zu beschreiben ist, da jedes Religionsgespräch je nach den politischen Verhältnissen, den Teilnehmern, den Umständen u.s.w.
in eigentümlicher Weise ablief. Nur der Zweck, der mit einem
Religionsgespräch verfolgt wurde, war immer derselbe: Es ging
darum, einen Rechtsgrund zu schaffen, um die Neuerungen in der
Religionsfrage durchzusetzen oder auch abzuwehren.Luthers und
Zwinglis Auftreten in Leipzig bzw.Zürich war das überall nach-
geahmte Vorbild, sonst stehen die Veranstaltungen nur in locker-
er Verbindung durch Korrespondenzen der Veranstalter, das Herum-
reisen von Teilnehmern oder sogar gelegentlich die Übernahme
von Thesen. In der Schweiz hat bis 1531 Zwingli bei allen Religionsgesprächen in irgendeiner Form mitgewirkt; er unterhielt

1. Vgl. hierzu besonders B.Moeller,Reichsstadt und Reformation
   und ders., Die Kirche in den Städten Oberdeutschlands.
2. Vgl. Moeller,Zwinglis Disputationen 2,218ff.
3. Vgl. Scheib, Hamburg; ders: Religionsgespräche in Norddeutschland und ders., Breslauer Disputation; ders.,Theo-
   logische Diskussionen.

einen lebhaften Briefwechsel mit den oberdeutschen Städten;
mehrere süddeutsche Religionsgespräche wurden durch das Züricher Vorbild unmittelbar angeregt (z.B.Konstanz und Memmingen).
In Straßburg hat Zwingli im Tragerhandel Rat erteilt[1], in Capi-
tos Flugschriften aus dieser Zeit werden die Züricher Disputationen als vorbildlich erwähnt[2]. Hier bekämpfte der Bischof die
Reformation. Zum erstenmal tauchte der Plan einer Disputation
in der Bitte der Prediger Capito und Zell vom 16.September 1523
an den Rat auf, als Gegenmaßnahme gegen eine Zitation des Bischofs "zit vnd malstatt" für eine Disputation festzulegen, Or-
densleute und Prädikanten zu berufen und den Bischof und das
Domkapitel aufzufordern, ihre Vertreter zu der Veranstaltung
zu schicken[3]. Der Rat, der es als seine Aufgabe ansah, daß
"ein cristlicher, einhelliger frid vffgericht werd"[4], und für
die Grundlage dieses Friedens die einhellige Predigt ansah, bat
den Bischof um seine Teilnahme. Dieser lehnte ab und erklärte,
diese die ganze Christenheit betreffende Angelegenheit könne
nicht in einem einzelnen Bistum entschieden werden.

Der Straßburger Rat brachte den Gedanken eines Glaubensge-
sprächs vor das Forum des Reiches, zuerst auf dem Städtetag in
Speyer, dann auf dem dritten Nürnberger Reichstag[5]. Er forderte dort "ein gemeine, frihe cristenliche verhör" im Rahmen des
Reiches oder für jede Obrigkeit die Erlaubnis "do sich die
zwispeltig handlung haltet, ein solche verhöre zü halten"[6].
Auch an dem Beschluß des Reichstags, im November in Speyer ein
Nationalkonzil zu veranstalten, waren die Straßburger Gesandten
beteiligt.

Trotz mehrerer Anläufe des Rates, der Prädikanten und im Ver-
laufe des Tregerhandels auch eines Bürgerausschusses kam es in

1.Vgl. ZW 8,241ff.,Nr.350.
2.Vgl. Moeller, Zwinglis Disputationen 2,351,Anm.814.
3.Vgl. ebd.,218f.
4. In seiner Instruktion für die Gesandten zum dritten Nürnberger Reichstag am 5.1.1524: Bucer,Deutsche Schriften 1,
   346,8f. Vgl. auch Virck,Polit. Corr. Straßburg 1,88,Nr.162.
5.Vgl.Virck, Polit.Corr.Straßburg 1, 87f.Nr.162 und Bucer,
   Deutsche Schriften 1,345ff.
6.Virck, Polit.Corr. Straßburg 1,89,Nr.166.

Straßburg nicht zu einem Religionsgespräch. Der Augustinerpro-
vinzial Konrad Treger, der beste altgläubige Theologe Straßburgs,verweigerte eine Disputation mit dem Hinweis auf das
kaiserliche Mandat[1]. Dennoch setzte sich die evangelische Predigt Ende 1524 in der Stadt durch. Der Rat wiederholte am 31.
Oktober sein Gebot, nur noch das reine Evangelium zu predigen.

Im Folgenden sollten nicht alle um die Mitte der 20er Jahre
abgehaltenen Religionsgespräche dargestellt, sondern wichtige
Elemente an einigen Beispielen herausgehoben werden.

a) Religionsgespräche vor der Öffentlichkeit: Breslau.

In Breslau stand der Rat entschlossen hinter der neuen Lehre
und schützte sie vor allem vor dem Domkapitel. Er hatte im
Mai1523 den Doktor der Theologie und Lutherschüler Johannes
Heß als Prediger des Evangeliums nach Breslau berufen. Im Oktober 1523 wurde dieser als Pfarrer an der Maria-Magdalenen Kirche eingesetzt, obwohl ihm das Breslauer Domkapitel die Investi-
tur verweigert hatte.
Heß veranstaltete vom 20.-24.April 1524 in der Augustinerere-
mitenkirche St.Dorothea eine förmliche Disputation, um seine
Lehre und seine reformatorischen Maßnahmen zu rechtfertigen[2].
Dabei übernahm er die herkömmliche Form der akademischen Disputation fast unverändert, um keinen Anlaß zu geben, der Veranstaltung die formale Korrektheit abzusprechen und ihr Ergebnis
damit von vornherein als unverbindlich ansehen zu können. Allerdings lehnte er sachverständige Richter ab, die für die er-
wünschte Rechtswirksamkeit der Disputation eigentlich erforderlich waren, außerdem verknüpfte er seine Disputation nicht mit
einem Verfahren vor dem Rat, wie es Zwingli getan hatte, dessen

_____
1. Siehe oben S.6 und 49.
2. Literatur zur Breslauer Disputation bei Scheib, Breslauer
   Disputation, 98,Anm.2

Spruch dann die nötige Rechtskraft verliehen hätte. Er hielt
die Disputation stattdessen in eigenem Namen vor der Breslauer
Öffentlichkeit ab, erst in lateinischer, dann in deutscher Sprache.

Heß folgte den Vorbildern Luthers und Zwinglis und veränderte
sie nach Maßgabe der Breslauer Verhältnisse. Er übernahm von
seinem Lehrer Luther den Gedanken, zur Verteidigung der neuen
Lehre eine Disputation zu veranstalten, ihr das Schriftprinzip
zugrundezulegen und der Gemeinde die Entscheidung zu überlassen. Er ahmte jedoch nicht die Leipziger Disputation nach, da
diese als Streitdisputation nur bestimmte Kontrahenten als Disputatoren zuließ und alle anderen Anwesenden von der Diskussion
ausschloß. Statt dessen griff er auf die akademische Schuldis-
putation zurück[1], die für seine Zwecke viel geeigneter war. Hier
übernahm der Magister regens die Leitung, stellte die Thesen
auf, konnte den Defendenten in seiner Argumentation unterstützen
und unentschiedene Fragen entscheiden. Bei dieser Form der Disputation konnte jeder Anwesende opponieren, jedoch nicht über
die Thesen des Vorsitzenden hinausgehen, der so den Gang der
Diskussion vollständig in der Hand behielt[2]. Auch die Schuldis-
putation war eigentlich dem Urteil der Sachverständigen und der
Kirche unterworfen. Nach der Auffassung Luthers und Zwinglis
repräsentierte jedoch die Gemeinde, in der das reine Evangelium
gepredigt wurde, die Universalkirche, denn "ynn solchem handel,
nemlich lere tzu urteylen, lerer odder seelsorger eyn und ab zu
setzen, mus man sich gar nichts keren an menschen gesetz, recht,
recht, alltherkomen, brauch, gewonheyt ec."[3]. In diesem Verständ-
nis von den Befugnissen der Gemeinde unterwarf Heß als Pfarrer

1. Siehe oben S.8ff.,bes.11f.
2. Dies entsprach genau Heß' Zielen. Vgl. seine Rede im Protokoll der Disputation bei Kolde, Hess,110ff.
3. WA 11,408,29ff. Vgl. auch ebd., 409f.,32ff.: "Darumb lassen
   wyr Bischoff und Concilia schliessen und setzen, was sie wollen, aber wo wyr gottis wort fur uns haben, solls bey uns stehen und nicht bey yhn, obs recht odder unrecht sey, und sie
   sollen uns weychen und unßerm wort gehorchen".Vgl. Zwinglis
   Handlung der Versammlung in der Stadt Zürich auf den 29.Ja-

von Magdalenen seine Lehre ihrer Prüfung. Damit fand er für seine "reformatorische" Disputation den sachverständigen Richter
in der Gemeinde[1].Auch Zwinglis Januardisputation wurde bei diesem Vorgehen als Vorbild herangezogen. Über ihren Ablauf und die
Ergebnisse lagen in Breslau Berichte vor[2].

Allerdings konnte Heß nicht wie Zwingli in Zürich den Rat direkt einschalten. Der Breslauer Rat mußte auf seinen Landesherrn,
den böhmischen König, den Bischof und den polnischen König als
Verbündete des Domkapitels Rücksicht nehmen und konnte die rein
kirchliche Angelegenheit nicht vor sein Forum ziehen. Das war
aber auch unnötig, da Heß als Doktor der Theologie selbständig
theologische Disputationen abhalten durfte, was Zwingli als
magister artium unmöglich war. Nach Luthers und entgegen Zwinglis Vorbild machte er die Gemeinde als ganze und nicht nur in
ihrer weltlichen Spitze zum Richter über seine Lehre.

Die Altgläubigen standen der Disputation hilflos gegenüber.
Sie waren unsicher, ob sie einen Vertreter schicken sollten,
da sie Heß keinen ihm ebenbürtigen Kontrahenten entgegenstel-
len konnten[3]. Der Bischof Jakob von Salza legte Papst Clemens
VII. in einem Brief seine Bemühungen um die Erhaltung des katholischen Glaubens in seiner Diözese dar[4] und trat für die Abhaltung eines Konzils ein, bei dem in einer Disputation ein gelehrter Mann, z.B.Erasmus, die Bibel auslegen und die reformatorische Lehre widerlegen sollte[5].

Am Ende der Disputation konnten Heß' 22 Thesen als bewiesen angesehen werden. Die wenigen altgläubigen Opponenten, vor
allem der Dominikaner Cziper, hatten keine Argumente mehr vor-
zubringen. Die Breslauer Disputation erregte großes Aufsehen,
obwohl das Protokoll nicht gedruckt wurde[6]. Luther verfolgte

---

    nuar 1523, ZW 1,494ff. und ders: Auslegen und Gründe der
    Schlußreden, ZW 2,55ff.
1. Vgl. dazu Scheib, Breslauer Disputation,101ff.
2. Es lagen vor: Zwinglis Handlung der Versammlung, ZW1,479ff;
    ders., Auslegen und Gründe der Schlußreden, ZW2,14ff. und
    von katholischer Seite:J.Fabri: Ain warlich vnnderrichtung,
    wie es zu Zürich auff den Neunundtzweintzigsten tag des mo-
    nats Januarij nechst verschynen ergangen sei. o.O.1523.
    Vgl. Scheib, Breslauer Disputation,103.

von Wittenberg aus die Vorgänge mit großem Interesse[1]. Konrad
von Watt in Posen unterrichtete seinen Bruder Joachim (Vadian)
in St.Gallen[2], der auch von Zwingli über Heß gehört hatte, an
den dieser seine Thesen verschickt hatte.
Die Breslauer Disputation entschied über die Alleinherrschaft
der evangelischen Predigt in der Stadt. Der Rat ließ am 23.
September die Prediger aufs Rathaus kommen und befahl ihnen,
in der Predigt dem Wort Gottes und Heß' Thesen zu folgen.

b) Religionsgespräche vor dem Rat: Memmingen, Kaufbeuren

und Nürnberg.

Memmingen und Kaufbeuren gehörten zu der Gruppe von mittleren
und kleinen Reichsstädten in Oberschwaben, in denen zu Beginn
des 16.Jahrhunderts die Zünfte regierten[3]. In beiden Städten

---

(3). Der Krakauer Prediger und Breslauer Kanoniker Dobergast,
    der am 29.Februar um seine Teilnahme an der Disputation
    gebeten worden war, sagte am 1.April ab. Vgl. Moeller,
    Zwinglis Disputationen 2,229.
(4). Vgl. den Brief vom 2.April 1524. In:H.Jedin(Hg): Original-
    briefe des Bischofs Jacob von Salza an die Päpste Clemens
    VII. und Paul III. betr. seine Stellung zur Reformation
    (1524-1536).In:Zeitschrift d.Vereins f.Geschichte Schlesiens
    62 (1928),91ff.
(5). Vgl.ebd.,93.
(6). "Diese nach den Zürcher Disputationen erste lokale politi-
    sche Disputation der Reformation wirkte als Politikum".
    Moeller, Zwinglis Disputationen 2,231.
1. Vgl. den Brief vom 27.1.1524 an Heß, WA Br3,240; den Brief
    vom 1.2. an Spalatin, ebd.,241,24ff:"Qae Vratislauie gesta
    sunt et Turego apud Heluetios, credo te audisse. Vt videant
    aliquando stulti principes et Episcopi, non Lutherum nihili
    hominem, vel omnipotentem Christum haec agere".Ebd. 257,4f.
    am 21.3. an Heß: wünscht seinen Thesen Sieg; ebd.,292,24f.,
    am 11.5. an Spalatin:"Vratislauiae disputatio Iohannis hessi
    processit feliciter, frustra resistente tot legatis Regum
    et technis Episcopi".
2. Vgl. den Brief vom 14.Juni 1524 in E.Arbenz (Hg): Die Vadi-
    anische Briefsammlung der Stadtbibliothek St.Gallen 3,St.
    Gallen 1897,77,Nr.397(Mitteilungen zur Vaterländischen Ge-
    schichte,27).
3. Vgl. P.Eitel: Die oberschwäbischen Reichsstädte im Zeital-
    ter der Zunftherrschaft. Stuttgart 1970,2f. und passim;
    ders.:Die oberschwäbischen Reichsstädte im ausgehenden Mit-
    telalter-eine Skizze ihrer Verfassungs-,Sozial-,und Wirt-

setzte sich die Reformation früh durch. In Memmingen war der
Mittelpunkt der evangelischen Bewegung der Prädikant an der
Pfarrkirche St.Martin, Dr.theol. und Lic.iur. Christoph Schappeler, der an der zweiten Züricher Disputation als Präsident mitgewirkt hatte[1]. Seit diesem Ereignis verfolgte er das Ziel, eine solche Disputation auch in Memmingen durchzuführen. Der Anlaß, den zögernden Rat zu diesem Schritt zu bewegen, boten Tumulte in der Frauenkirche im Dezember 1524. Am Weihnachtstag
konnte sich der altgläubige Pfarrer nur mit dem Versprechen aus
der Sakristei befreien, sich an einer Disputation zu beteiligen.

Das Ausschreiben des Rats vom 26.Dezember 1524 ging von den
Unruhen aus und betonte die Friedenspflicht des Rats. Es sollte
ein "gotlich, cristenlich, briederlich vnd früntlich gesprech"
abgehalten werden[2]. Dieses Gespräch fand vom 2.-6.Januar 1525
auf dem Rathaus statt[3]. Geladen waren alle Geistlichen und Or-
densleute; daneben waren sämtliche Ratsherren und je ein Vertreter der Zünfte anwesend, ferner der Jurist Dr.Ulrich Neithart
und die drei Stadtärzte, von denen einer, Dr.Ulrich Wolfhart,
zum Präsidenten bestellt wurde. Jede Partei konnte "fünff er-
ber, verstendig personen in diser stat" als Sachverständige zu-
ziehen, beide Parteien und der Rat sollten je einen Protokollanten verordnen. Den Verhandlungen wurden sieben Artikel zugrundegelegt, in denen Schappeler und seine Helfer von St.Mar-
tin ihre Lehre dargelegt hatten. Argumentiert werden durfte
nur aus der Schrift, die Verhandlungssprache war deutsch. Nach
der Eröffnung durch den Bürgermeister wurden die Geistlichen
nach dem Vorbild der zweiten Züricher Disputation reihum befragt, ob sie gegen die Artikel etwas einzuwenden hätten. Die
Altgläubigen brachten als grundsätzlichen Einwand gegen das Gespräch die Verbote der Obrigkeiten vor, die Zuständigkeit von

schaftsstruktur.In:Ulm und Oberschwaben 39(1970),9ff.
1. Siehe oben S.42.
2. Der Memminger Stadtschreiber teilte in seinem Bericht nach
   Kaufbeuren mit, der Bürgermeister habe während des Gesprächs
   mehrmals, wenn einer "es ein disputatz genent hat", betont,
   "das es kain disputatz, sunder ain fruntlich gesprech sey".
   Moeller, Zwinglis Disputationen 2,249,Anm.186.
3. Zum Folgenden vgl. ebd.,248ff.

Konzilien und Universitäten für diese Angelegenheit; dazu kamen
Einwände gegen die Artikel.

Überraschend und einmalig unter den Religionsgesprächen vor
dem Rat war der Ausgang: die Parteien einigten sich. Die Altgläubigen nahmen die Artikel Schappelers weder an noch verwarfen sie sie, sondern haben "allen Hanndel ainem Ersamen Rath
haimgesetzt, vbergeben vnd befolchen"[1]. Die abschließende Rede
des Bürgermeisters nahmen beide Teile dankbar an und versprachen
sich gegenseitig Frieden und Verzeihung. Der Memminger Rat beschloß dann im Zeichen des beginnenden Bauernkrieges,die Messe
einzustellen, Priesterehe und Klosteraustritt zu gestatten und
die Geistlichen als Bürger anzunehmen. Die Stadt war evangelisch.

In Kaufbeuren verliefen die Dinge ähnlich[2]. Nach Tumulten in
der Kirche um die Jahreswende 1524/25 beschloß der Rat am 9.
Januar 1525, die Forderung von 150 Bürgern zu erfüllen und
"die phaffen gegen ainander zestellen", d.h. sie disputieren
zu lassen. Für das Ausschreiben am 18. Januar holte man sich Rat
aus den benachbarten Städten, u.a. aus Memmingen, deren Religionsgespräch in mancher Hinsicht nachgeahmt wurde. Es sollte wie
dort ein "bruderlich vnd fruntlich gesprech" " in crafft irer
oberkeit" abgehalten werden. Der altgläubige Pfarrer Sigk legte zwar ein Disputationsverbot des Augsburger Bischofs vor,
aber nach einem Tag Verspätung wurde am 31.1. und am 1.2. doch
über die zugrundegelegten Artikel des evangelischen Prädikanten
Jakob Lutzenberger durch Reihumfragen verhandelt. Den Abschluß
bildete das Predigtmandat des Rates, nach dem nur das klare
heilige Evangelium in der Stadt verkündet werden durfte,"das
mit der gettlichen und biblischen geschrifft approbiret"[3]sei.
Der Rat ergriff aber keine energischen Maßnahmen. Wenige Monate später nach dem Bauernkrieg kehrte die Stadt zur alten Lehre
zurück.

---

1. Zit. nach ebd.,250,Anm.194.
2. Vgl. M.Weigel: Der erste Reformationsversuch in der Reichsstadt Kaufbeuren und seine Niederwerfung. In: Blätter für
   bay.Kirchengeschichte 21 (1915),145ff.,193ff. 241ff.; K.Alt:
   Reformation und Gegenreformation in der freien Reichsstadt
   Kaufbeuren. München 1932 (Einzelarbeiten der Kirchengeschich-

Das erste große Religionsgespräch seit der zweiten Züricher
Disputation fand vom 3.-14.März 1525 in Nürnberg statt[1]. Der
Rat besaß seit 1513/14 das volle Präsentationsrecht für die
Propsteien der beiden Pfarrkirchen St.Lorenz und St.Sebald und
hatte das Kirchenwesen weitgehend unter Kontrolle. Seit 1522
waren die Propsteien und die zwei Prädikaturen mit Männern besetzt, die die neue Lehre vertraten. Ende 1524 beschloß der
Rat, die alte Predigt zu unterbinden und nach dem Vorbild v.a.
der Züricher Disputationen eine "cristenliche(n) disputacion"
zu veranstalten, um "bey etlichen clostern mit irem predigen
ainen stillstand ze schaffen"[2]. Die Absicht des Rates liegt
deutlich zutage und findet sich in vielen Äußerungen über
das Religionsgespräch: es ging ihm um die Herstellung der einhelligen Predigt in der Stadt[3]. Der Rat begründete sein Eingreifen später immer wieder mit dem Hinweis auf den Reichsabschied von
1523, der der Obrigkeit vorschrieb, allein das Evangelium predigen zu lassen, und auf die Aufgabe der christlichen Obrigkeit,
nicht nur für das friedliche Zusammenleben der Bürger zu sorgen,
sondern auch für deren Seelenheil[4]. Beides sah der Rat in Gefahr.

---

te Bayerns,15);Moeller, Zwinglis Disputationen 2,251ff.
(3).Weigel,241 (S.57,Anm.2).
1. Vgl. zur Literatur u.a. F.Roth, Einführung der Reformation
   in Nürnberg; A.Engelhardt, Reformation in Nürnberg; G.Pfeiffer,
   Quellen zur Nürnberger Reformationsgeschichte; G.Seebaß, Nürnberger Rat und das Religionsgespräch.
2. Pfeiffer, Quellen 37,Nr.263, vgl. ebd.,29.
3. Vgl. Seebaß, Religionsgespräch,474,Anm.54. Auf den Kanzeln
   predigten fünf evangelische gegen fünf altgläubige Priester,
   Bürgerschaft und Rat standen sich als zwei Parteien gegenüber.
4. "Inen allen were sonders zweifels unverporgen, was das fur-
   nemlichst und hochste ambt einer yden oberkeit were, nemlich,
   das sie nit allein irer unterthanen im zeitlichen regiren,
   sonder auch und zum vordersten die hochsten fursehun thun
   sollten, damit ihnen das wort Gottis als das heil der selen
   und ainige selickait durch verstendige, cristenliche und gelerte prediger furgetragen wurd. Diese schuldige verpflichtung, auch das kaiserlich mandat, hievor auf dem reichstag
   zu Nurmberg ausgangen, hab ainen erbarn rat alhie nit un-
   zeitlich bewegt, das sie alle prediger irer stat mehr dann zu
   ainem mal beschicken und inen statlich ansagen, bevohlen und
   einpinden lasen, das sie sammentlich und sonderlich anders

- 59 -

Von der Kanzelagitation fürchtete er eine Verunsicherung des Einzelnen und von der Spaltung in der Bürgerschaft,d.h. genauer von dem evangelisch gesinnten "gemeinen Mann", gewaltsame Ausschreitungen[1].

Mit dem kaiserlichen Verbot der Speyerer Nationalversammlung verschwand die Hoffnung auf eine Lösung des Problems auf Reichsebene. Die Kanzelpolemik nahm zu. Seit Dezember 1524 überlegte der Rat, "wie mit den predigern ze handeln sey, damit sy einhellig das ewangelium predigten"[2]. Dabei stand von Anfang an fest, daß mit der Herstellung der einhelligen Predigt nur das Verbot der altgläubigen gemeint war. Im ersten Ratsbeschluß, der das Religionsgespräch betraf, hieß es, man solle überlegen, wie man "zu ainer cristenlichen disputacion und also durch ein ordenlichen weg zu dem end komen mog, bey etlichen clostern mit irem predigen ainen stillstand ze schaffen"[3]. Das Religionsgespräch wurde in der Absicht veranstaltet, die Predigt der Altgläubigen zu unterbinden, d.h. schon vor dessen Beginn war die einhelligePredigt in Gestalt der evangelischen Predigt gefunden. Das Gespräch konnte nur noch den Zweck haben, eine im voraus gefallene Entscheidung zu legitimieren.

Ende 1524 war der Weg in Form einer "christlichen Disputation" gefunden. Der evangelische Prior Stöckel hatte während der Auseinandersetzungen im Kartäuserkloster eine Diskussion angeboten[4], man kannte das Vorbild der Züricher Disputationen und wußte, daß in Memmingen und Kaufbeuren Religionsgespräche vorbereitet wurden[5].

---

nichtzit dann das heiltg euangelion und klar helle wort Gottes nach auslegung heiliger biblischer schrifften predigen wolten."Seebaß, Religionsgespräch, Beiträge II,490; vgl. ebd., 492; ferner Pfeiffer,Quellen,222,360,381f.; Seebaß, Apologia, 52.
1.Vgl. Pfeiffer, Quellen,211,361f.,381.
2.Ebd.,29,Nr.212; vgl. Seebaß, Osiander,94.
3.Pfeiffer, Quellen, 37,Nr.263.
4.Vgl.ebd., 314f.,193f.; vgl. Engelhardt, Reformation 1,116f.
5.Siehe oben S.55ff.

Nicht alle Ratsherren hielten ein Religionsgespräch für die
beste Lösung[1]. Dennoch forderte der Rat am 9.Januar von allen
Predigern der Stadt eine thesenartige Aufstellung der Punkte,
die ein Laie zu seiner Seligkeit wissen müsse[2]. Die Bettelorden und die evangelischen Prediger sandten ihre Artikel ein;
aus diesen wurden als Zusammenfassung der Antworten zwölf Artikel formuliert, wobei Osianders Artikel zugrunde gelegt wurden[3]. Am 21.Februar wurden den evangelischen Predigern die Artikel der Altgläubigen und diesen die der evangelischen überreicht. Beide Parteien wurden dann aufgefordert, bei einer
"convocacion" vor dem Rat am 3.März die zwölf Artikel mündlich
zu beantworten[4]. Die Bettelorden lehnten eine Disputation vor
dem Rat ab. Sie wiesen auf das Züricher Vorbild hin und erklärten, an einer solchen Veranstaltung nicht teilnehmen zu können,
da Disputationen über Glaubensfragen gefährlich und unnütz seien
und vor eine Universität wie Heidelberg, Ingolstadt oder Tübingen
gehörten[5].
Das Religionsgespräch wurde dennoch vom 3.-14.März 1525 in
deutscher Sprache durchgeführt[6].Dabei wollte der Rat möglichst
im Hintergrund bleiben. Statt dessen setzte er die kirchlichen
Oberen der Stadtgemeinde als "auscultatores sive arbitri" ein.
Damit vermied er es im Gegensatz zu Zürich, selbst als Richter
über Glaubenssachen aufzutreten. Bestellt waren fünf Protokolla-
re[7]. Je acht Geistliche von jeder Partei saßen sich als "Dis-
ceptatores" gegenüber[8].Über 200 Honoratioren waren anwesend,
die als Repräsentanten der Gemeinde auftraten[9]. Als Maßstab

1. Der Ratskonsulent Scheurl meinte zu dem vom Kartäuserprior
   amgebotenen Gespräch:"Disputacion in disen sachen mit grossen
   solemniteten aufzurichten, sey nit nutz, dann der gotlos
   hauf sey verstockt, inen die genad der erkantnus nit gegeben, so kan ein yeder erleuchter crist denselben verstockten
   auch nit weychen oder irer gotlosigkeit recht oder stat geben".Pfeiffer,Quellen,194.
2. Vgl. ebd.,105.
3. Kritische Edition der Artikel in Müller, Osiander Gesamtausgabe 1,454ff.; vgl. Seebaß, Religionsgespräch,470.
4. Vgl. Pfeiffer,Quellen,49f.,Nr.351.
5. Vgl. ebd.,120ff.
6. Vgl. ebd.,122ff. und Seebaß, Religionsgespräch,491ff.
7. Zu den Protokollen vgl.Seebaß, Religionsgespräch,470ff.

des Urteils sollte die Schrift dienen; Scheurl schloß in seiner Eröffnungsrede ausdrücklich alle anderen Autoritäten aus[1].

Das Gespräch, das die Ordensprediger schließlich verließen, um sich einem etwaigen Urteil nicht unterwerfen zu müssen, hat, anders als in Zürich, keinen eigentlichen Fortschritt gebracht. Der Rat stand nach wie vor vor der Frage, wie er die einhelligen Predigt erreichen könne. Die Gründe, die die Juristen für die Verhängung eines Predigtverbots gegen die Orden anführten, hatten ihr Gewicht auch ohne ein Religionsgespräch[2].

Es hatte jedoch den Zweck erfüllt, daß die Zuhörer von den altgläubigen Predigern den Eindruck gewannen, daß diese durch die Ablehnung in der ersten Sitzung und den Boykott der letzten "das Licht geflohen" und die offene Auseinandersetzung gemieden hätten. Dadurch erhielt der Rat die Möglichkeit, ein endgültiges Urteil über die richtige Predigt formal zu umgehen und ein Verbot der Predigt und Seelsorge der Orden als nur vorläufig hinzustellen, "biß sy ir gethan furgeben mit grundt der schrift außfuren"[3]. Der Rat begründete sein Vorgehen damit, daß die Ordensprediger es abgelehnt hätten, ihre Lehre öffentlich mit der Heiligen Schrift zu begründen[4]. Damit hatte das Religionsgespräch geliefert, was der Rat von ihm erwartet hatte: die Gründe, einen Schritt zu tun, den man aufgrund der Lage und der eigenen Überzeugung ohnehin tun wollte.

----
(8)."Reder und widerreder etc., was zu ainer disputacion gehört".Pfeiffer,Quellen,122; Sitzordnung abgebildet ebd.,54.
(9).Vgl. Seebaß, Reformation,261:"Entscheidung der Gesamtbürgerschaft".
1. "Wirdet fur hoch notwendig, nutz und gut bedacht, das ir in disem eurem colloquio bebst, concilia, vetter, tradicion, heilikeit, statut, decret, gepreuck, colloquio, alt herkommen und was des dings auff dem wort Gottes nicht gegrunt ist, ruhen lasen und allein furet und brauchet das hel wort Gottes, das pur euangelion und biblische schrift, dann auf disem matgk wirdet kein andere muntz geng noch geb sein". Seebaß, Religionsgespräch,494; zum Ablauf vgl. Moeller, Zwinglis Disputationen 2,261ff.
2. Sie führten an, der Rat sei durch den Reichsabschied von 1523 verpflichtet, für die reine Predigt des Evangeliums zu sorgen; als weltliche Obrigkeit sei er gehalten, Unruhen in der Bürgerschaft zu verhindern und außerdem nicht verpflichtet, jemanden in der Stadt als Prediger zu dulden, der ihm nicht genehm sei. Vgl.Pfeiffer,Quellen,221ff.
3. Ebd.,57.   4. Vgl. ebd.,362.

c) Das Religionsgespräch der Altgläubigen: Baden im Aar-

gau (21.Mai-8.Juni 1526).

Das Religionsgespräch in Baden im Aargau war nach den Züricher Disputationen als erstes auf überregionale Bedeutung angelegt[1]. Schon auf der Tagsatzung in Baden Ende 1522 tauchte bei
den altgläubigen Orten der Gedanke auf, daß die Eidgenossenschaft in ihrer Gesamtheit der Herausforderung durch die reformatorische Predigt begegnen müsse[2]. Daß dies im Rahmen einer großen Disputation geschehen könne, war jedoch die Idee der Evangelischen[3], die ersten Pläne stammten von Zwingli, und der erste
Versuch, sie zu verwirklichen, führte zur zweiten Züricher Disputation. Seit 1524 bemühten sich dann die evangelische und die
altkirchliche Partei konkurrierend darum, eine solche Disputation
zu veranstalten[4]. Dabei barg die Disputation als Mittel der Auseinandersetzung mit der Reformation für die Altgläubigen große
Gefahren: es kam vor allem darauf an, wer nach dem Gespräch Richter sein würde, d.h. eine Disputation ließ sich nur dann mit dem
gewünschten Erfolg durchführen, wenn die Veranstalter zugleich
die politische Macht besaßen.
Der führende Kopf der Badener Disputation wurde Johann Eck[5].
Er schrieb am 13.August an die Eidgenossen und bot ihnen an,

1. Vgl. zum Folgenden L.v.Muralt,Die Badener Disputation,und
   Moeller, Zwingli s Disputationen.2, 272ff.
2. Vgl. Muralt, Badener Disputation,10f.
3. Vielleicht stammt sie von dem Berner Propst Nikolaus von
   Wattenwyl, so Köhler,W: Zwingli und Bern.Tübingen 1928,15
   (Sammlung gemeinverständlicher Vorträge 132).
4. Zürich hat sich im Frühjahr und Sommer 1524 mehrfach angeboten, sich in der Frage der Reformation aus der Bibel "wisen"
   zu lassen:"Und insonders sich wur urbütig, zuo unsern getrüwen
   lieben Eidgnossen ze sitzen und von disen handlungen früntlich red ze halten, und ... uns wisen (ze) lassen, doch dass
   die er(e), das wort und ler(e) Gottes, ouch unser conscien-
   zen und (unserer) seel seligkeit niendert geletz(t), ge-
   schmächt und verhindert, sonders der will Gottes vollbracht
   werde". Egli,Actensammlung,242,Nr.557.
5. Vgl.Wiedemann,529. In seinem "Enchiridion locorum communium"
   (1525) behandelt das 27.Kapitel das Thema: Non disputandum
   cum haereticis.

Zwingli in einer Disputation zu widerlegen und zu beweisen, daß
der alte Glaube schriftgemäß sei[1]. In einem weiteren Schreiben
wandte er sich gegen die Einwände der Eidgenossen, sie könnten
für eine solche Veranstaltung nicht zuständig sei,"dann wiewol
das urtail im glauben in höherem grad zuostet den hailigen Con-
cilien (und) ainem Bapst, doch so haben die bischofe, die ketzer-
meister, die universiteten, die doctores, jetlicher in seinem
fall auch macht zuo urteilen"[2]. Dagegen stand die Bemerkung
Zwinglis, der Ecks Plan übel aufgenommen hatte, in einer Flugschrift:"Das du by gmeinen,frommen Eydgnossen richter wilt über
die geschrifft lassen setzen, wie gdarstu das thůn? Weistu nit,
das nach bäpstlichem rechten nieman die gschrifft sol ußlegen,
richten noch ze verston geben weder allein der bapst?"[3].

Erst ein Jahr später wurde der Plan von Eck wiederaufgenommen.
Er dachte daran, die Auseinandersetzung zwischen Zwingli und
Luther über das Abendmahl zum Anlaß zu nehmen, Zwinglis Schrift-
prinzip zu widerlegen. Eck fand die Unterstützung der Eidgenossen,
des Bischofs von Konstanz und Fabris. Fabri war in Baden, als die
Tagsatzung dort am 3./4.Februar 1526 über Regeln und Bedingungen
der geplanten Veranstaltung beriet[4]. Zu dieser sollten die vier
eidgenössischen Bischöfe geladen werden, die Landesherren der
Universitäten Freiburg, Tübingen, Ingolstadt und Basel sowie
Gelehrte,"so der lutherischen sect nit anhängig", die über den
Ausgang der Disputation richten sollten. Beschlossen wurde ferner
freies Geleit für alle Teilnehmer und die Protokollierung der
Verhandlungen durch zwei Notare[5]. Zwingli lehnte eine Teilnahme
in Baden ab und erklärte sich nur zu einer Disputation in Zürich
bereit: "Egg wil an mich sprechen, er suche mich, da ich sitz"[6].

---

1. Vgl. ZW 3,304f.
2. Strickler,Eidgenöss.Abschiede 4,1a(1),515; vom 26.9.1524.
3. ZW 3,309,4ff.
4. Vgl. Muralt, Badener Disputation,50ff.Strickler 4,1a(2),840ff.
5. Vgl.Strickler 4,1a(2),841f.
6. ZW 3,320,5f; vgl. ebd.308 und Moeller, Zwinglis Disputationen 2,276.

Damit waren die Auffassungen beider Seiten deutlich: Eine Disputation konnte nur an dem Ort stattfinden, an dem die eigene
Partei die politische Macht besaß.

Die Veranstaltung begann am 21.Mai 1526 in der Stadtkirche
von Baden[1] "ain collation, gspräch, verhör, underred oder disputation,wie man das nemen sol und mag"[2]. Anwesend waren die
Ratsboten der meisten eidgenössischen Orte, viele Theologen aus
der Schweiz und Süddeutschland, von denen etwa 30 der evangelischen, über 80 der altgläubigen Seite angehörten[3], dazu "ein
groß volk".

Zu Präsidenten waren nur Altgläubige bestellt, die den Wei-
sungen der eidgenössischen Boten folgten[4]. Nach den Gepflogenheiten bei den bisherigen Schweizer Religionsgesprächen wurde
Deutsch als Verhandlungspräche zugestanden, Bibeln in "allerlai
sprachen" aufgelegt und Fachleute für das Hebräische, Griechische und Lateinische bereitgehalten[5].

Formal gesehen handelte es sich um eine Disputation der drei
katholischen Theologen Eck,Fabri und Murner im Rahmen eines eidgenössischen"Tages". Auf katholischer Seite verhandelte Eck[6],auf
evangelischer wurde das Gespräch hauptsächlich von Oekolampad
geführt[7].

Schon bald herrschte Siegesstimmung auf altgläubiger Seite[8].

1.Das Protokoll ist veröffentlicht in Strickler,Eidgen.Abschie-
de,921ff, die amtlichen Aktenstücke ebd.   . Vgl. auch E.
Staehelin: Zwei private Publikationen über die Badener Disputation und ihre Autoren. In: ZKG 37 (1918),378ff; Muralt, Badener Disputation,93; Bericht des Berner Prädikanten Berchtold Haller vom 11.7.1526, in: M.v. Stürler:Urkunden der ber-
nischen Kirchenreform,Bd.1, Bern 1862,571ff; zeitgenössische
Briefe bei Strickler, Eidgen.Abschiede,907ff. Zum Verlauf vgl.
Muralt, Badener Disputation,97ff. und Moeller,Zwinglis Disputationen 2,277ff.
2.Strickler,Eidgen.Abschiede 870.
3.Vgl. Muralt, Badener Disputation,97 und Strickler,Eidgen.Ab-
schiede 932f.
4.Vgl. Muralt, Badener Disputation,115.
5.Vgl. Strickler,Eidgen.Abschiede,913.
6."D. Hans Eck saß vff seim predigstul vnd sahe prachtlich vmb
sich".Staehelin, Publikationen,381 (Anm.1).
7.Vgl. Strickler,Eidgen.Abschiede,928.

Eck schrieb in einer Flugschrift gegen Blarer in Konstanz im Herbst:"In baiden disputation, zů Leyptzig und Baden, ist gnugsam gehört, das ich ficht wider die ketzer mit dem schwert des geyst,welches ist das wort Gottes"[1]. Am 26.Mai forderte Eck während der Behandlung der These vom Abendmahl die Eidgenossen auf, sie sollten "in dissem artickel christlich beschliessen", da Oekolampad keinen Beweis aus der Schrift beibringen könne. Die eidgenössischen Boten lehnten einen Urteilsspruch jedoch ab.

Am 28. Mai wurde eine Änderung des Verfahrens beschlossen: Jeder, der abweichend von Ecks Thesen gepredigt habe, müsse nun, wenn der betreffende Artikel aufgerufen werde, sich zur Disputation stellen; wenn er dies nicht tue, gelte seine Haltung als Zustimmung zu dem betreffenden Artikel. Am Ende des Religionsgesprächs wurde diese Bestimmung dadurch wieder aufgehoben, daß die Möglichkeit eingeräumt wurde, getrennt nach Parteien zu unterzeichnen.

Das Problem des Richters wurde umgangen; Fabri und der Bischof von Konstanz waren der Meinung, ein Urteil sei überflüssig, da die Ketzer ja durch die Kirche längst verurteilt seien[2]. Trotz der katholischen Mehrheit der Tagsatzung wurde dieser keine Richterbefugnis zugesprochen, da sich sonst auch das Verbot evangelisch ausgerichteter Disputationen nicht mehr aufrecht erhalten ließ. Faktisch fällte die Tagsatzung aber doch das Urteil im Religionsgespräch, indem sie beschloß, daß in den Orten die evangelische Predigt abzustellen sei[3], was aber kaum durchgeführt wurde.

---

(8).In Chur ging schon am 5.Juni das Gerücht um "Oecolampadius victus iacet in harena prostratus ab Eccio". ZW 8,619,10f., Johannes Commander an Zwingli.
1. Meisen-Zoepfl,Eck,43,4f.
2. Fabri nach dem Brief Zwinglis vom 3.Juli,vgl. ZW 8,644,Nr. 501. Das Gutachten des Bischofs vgl. Strickler,Eidgen.Abschiede 985i.
3. Beschlüsse vom 9.6. vgl. Strickler,Eidgen.Abschiede,891e; vom 25./26.6. ebd.,953i.

d) Religionsgespräche im Rahmen von Mandatsprozessen:

Konstanz und Hamburg.

Eine besondere Form von Religionsgesprächen ergab sich als Folge von Kirchenmandaten städtischer Magistrate, die das Eingreifen weltlicher Instanzen in die religiösen Auseinandersetzungen besonders deutlich zeigen. Im Unterschied zu anderen Formen bildet das Religionsgespräch im Mandatsprozeß einen Teil eines Prozeßverfahrens, das infolge eines Verstoßes gegen eine obrigkeitliche Verordnung veranstaltet wurde. Damit war der Prozeß als Kampfmittel im Ringen um die Reformation von der geistlichen Obrigkeit (Ketzerprozeß) zur weltlichen Obrigkeit (Verstoß gegen eine Ratsanordnung) hinübergewechselt. Beispiele solcher Gespräche im Rahmen eines Mandatsprozesses, d.h. einer Klage aufgrund eines Predigtmandats, finden sich z.B. in Konstanz und Hamburg.

In Konstanz stand der Rat früh auf der Seite der neuen Lehre. Seit 1519 wurde in der Stadt evangelisch gepredigt, und 1523 tauchte zuerst bei den evangelischen Predigern der Plan einer Disputation auf[1]. Die Antwort des Bischofs darauf klärte die Fronten und verdeutlichte die verschiedenen Standpunkte:"Wir wellend nit disputieren, wir wellend judicieren"[2]. Am 4.Februar legte ein Predigtmandat des Rats die Alleingeltung der evangelischen Predigt fest[3]. Für den 9.August 1524 wurde vom Rat"ein gespräch und christliche underred" angesetzt, das der Bischof aber, gestützt durch die Regensburger-Leutkircher Abmachungen[4]

---

1. Die Forderung kam zuerst von dem Dompredigeriger Johannes Wanner, vgl.Rublack,Reformation in Konstanz,52f.,232,Anm.75, ferner 16,24; Moeller,Zwinglis Disputationen 2,239ff., weitere Literatur ebd.,239f.Anm,127.
2. Vögeli, Konstanz 1,146.
3. Vgl. Rublack,Reformation in Konstanz,35.
4. Im Regensburger Konvent (Juni/Juli 1524), der vom päpstlichen Legaten und Erzherzog Ferdinand einberufen worden war, verpflichteten sich Bayern, Österreich, Salzburg und die Bischöfe von Straßburg bis Brixen, sich bei der Durchführung des Wormser Edikts gegenseitig zu unterstützen, um die re-

verhindern konnte, indem er vom Reichsregiment in Eßlingen
ein Verbotsmandat erwirkte[1]. Die ganze Angelegenheit wurde auf
den Speyerer Reichstag verwiesen.

Erst nachdem der bischöfliche Hof und das Domkapitel Ende
1526 die Stadt verlassen hatten[2], konnte der Rat die anderen altgläubigen Prdiger zur Teilnahme an der "underred und gespräch"
nötigen, das durch Ratsbeschluß auf den 6.Mai einberufen wurde[3].
Die Verhandlungen verliefen nach dem Vorbild der zweiten Züricher Disputation in der Form eines Mandatsprozesses. Der Rat
übernahm die Modalitäten des ersten Anlaufs von 1524[4]. Damals
hatten die evangelischen Prediger die Abweichungen ihrer Gegner
vom Predigtmandat in Artikeln zusammengestellt, die nun dem Gespräch zugrundegelegt wurden[5]. Jeder Konstanzer Geistliche sollte
angeben,"ob er den selbigen (=Artikel) erhalten oder ob er dar-
wider fechten welle". Die Vorsitzenden, zwei Ratsmitglieder,
sollten diejenigen, die nicht aus der Bibel, sondern mit Men-
schenmeinung argumentierten, "geswaygen", und wer sich überhaupt weigerte, auf die Befragung einzugehen, "der soll dess
predigens abston"[6]. Bei diesem Vorgehen diente das Predigtmandat als Rechtsgrundlage, die Bibel sollte Richter sein. Das Urteil sollte jedem einzelnen Zuhörer, d.h. der Stadtgemeinde überlassen bleiben, der Rat behielt sich aber vor, ein von dieser
gefälltes Urteil zu vollstrecken und diejenigen aus der Stadt
zu weisen, die im Gespräch unterliegen oder sich ihm entziehen
würden[7].

Als die Befragung begonnen werden sollte, protestierten der

---

formatorische Predigt in Süddeutschland zu unterbinden.Ei-
nigungsvertrag von 6.7.1524 in : ARC 1,329ff.,Nr.123; vgl.
Borth, Die Luthersache,165ff.
1. Text bei Vögeli,Konstanz 1,203ff. Der Schriftwechsel des Rats
   mit dem Reichsregiment ebd.,209ff.
2. Vgl. Rublack,Reformation in Konstanz,45f.
3. Zum Zustandekommen der Disputation vgl. ebd.,52ff.
4. Vgl. Moeller, Zwinglis Disputationen 2,242.
5. Text bei Vögeli, Konstanz 1,195ff.
6. Ebd.,355f.
7. Vgl. ebd.,531.

Münsterprediger Pirata und der bischöfliche Gesandte, letzterer
mit dem Argument, daß der Münsterprediger der städtischen Obrigkeit gar nicht unterstehe. Der Rat erklärte demgegenüber, er habe das Recht, alle Prediger der Stadt zur Rechenschaft zu ziehen[1].
Dem Einwand Piratas, er sei zur Disputation vor kirchenrechtlich
anerkannten Autoritäten, etwa vor Universitäten bereit, wobei er
aber Wittenberg und Basel ausnahm, begegnete Thomas Blarer mit
der Frage, warum er denn dann in Baden an einer Disputation ohne
Richter teilgenommen habe. Außerdem gehe es hier gar nicht um
Dinge, die vor Gelehrten verhandelt werden müssten, sondern "die
aim jeden frummen Christen, wie ainfältig und schlächt der ist,
gepürent und not sind ze wissen"[2]. Dennoch weigerte sich Pirata
weiterhin, sich auf ein Gespräch einzulassen, die übrigen Kleriker wurden nicht befragt, und der Rat verkündete nach kurzer Be-
denkzeit, die altgläubigen Prediger hätten ihre Predigt einzustellen, da sie "irer lere vor aim ersamen rat als der oberkait
diser statt Constantz nit wellend rechnung geben"[3].

Im Norden des Reiches fand im April 1528 ein Religionsgespräch
als Mandatsprozeß in Hamburg statt[4]. Hier hatte sich seit 1523
die reformatorische Bewegung gegen den Widerstand des überwiegend
altgläubig gesinnten Rats und des Domkapitels ausgebreitet. 1526
forderten die Bürger die Reformation der Hamburger Kirche und
ihre Übernahme durch die Laien. Im gleichen Jahr versuchte der
Domtheologe Dr.Barthold Moller, den evangelischen Prädikanten
Stephan Kempe durch eine Unterredung zur Aufgabe seiner Lehren
zu bringen. Kempe ging auf das Gesprächsangebot ein. Er mußte
nicht mehr fürchten, daß ihm wie 1522 dem weißen Mönch[5] der Pro-

---

1. Der Rat sei"die recht, ordenlich oberkait der statt Constantz,
   dem uss pflichten zuestat, nit nun in der zitlichait, besunder
   ouch und vil mer, so vil die eren gottes und der selen hail an-
   trifft, die iren zue versehen, und alles, das unfrid, zwytracht
   und abfal der burger, es syge an sel oder an lib, zuetragen
   mag,abzestellen". Vögeli, Konstanz 1,359. Vgl. die Argumentation des Nürnberger Rates oben S.58f.,Anm.4.
2. Vögeli, Konstanz 1,367.
3. Ebd.,373.
4. Vgl. zum Folgenden ausführlich Scheib, Reformationsdiskussion

zeß gemacht würde, da nun die Partei der Reformationsanhänger
und die Bürgeropposition stark genug waren, ihn zu schützen.
An die Stelle des kirchlichen Prozeßverfahrens trat die private
Unterredung als das Gespräch gleichwertiger Partner[1]. Die Über-
brückung der grundsätzlichen Unterschiede gelang jedoch auf diesem Wege nicht mehr.

Die evangelischen Prädikanten forderten daraufhin die theologische Diskussion, die Disputation, als Mittel zur Klärung und
Entscheidung der religiösen Streitfragen. Sie wandten sich aber,
anders als in Zürich, nicht an den Rat, da dieser mehrheitlich
auf der Seite der alten Kirche stand. Nach schweren Auseinandersetzungen unter den Geistlichen erließ der Rat am 29.Dezember
1526 ein Predigtmandat, das anstelle der Kanzelpolemik interne
Aussprachen der Prediger über strittige Fragen vorschrieb. Indem er die Streitenden auf die Form des privaten Kolloquiums in
der Weise der "denuntiatio evangelica" verwies, folgte er dem
Beschluß, den er zusammen mit den gleichfalls noch altgläubigen
Räten von Lübeck, Rostock und Lüneburg auf einem Städtetag im
Januar 1525 in Lübeck gefaßt hatte.

Im Frühjahr 1527 bemühten sich die evangelischen Prädikanten
um eine mandatsgemäße Unterredung mit dem Domprediger Nikolaus
Bustorp. Die Verhandlungen zeigen, daß der Versuch des Rates,
die theologischen Differenzen durch Gespräche aus der Welt zu
schaffen, mißlingen mußte, da jede Seite Bedingungen stellte,
die für die Gegenseite unannehmbar, für die eigene aber grundle-
gend waren[2].Beide Parteien konnten nur dann etwas erreichen, wenn
sie sich mit der politischen Macht verbanden.

Nach einem Tumult in der Nikolaikirche lud der Rat schließlich
die Streitenden vor. Die Verhandlungen zwischen dem 19. und 26.
Mai 1527 hatten die Form eines Mandatsprozesses im Rahmen der

in der Hansestadt Hamburg; vgl. auch Moeller, Zwinglis Disputationen 2,302ff.
(5).Siehe oben S.33f.
1. Vgl. Scheib,Hamburg,50.
2. Vgl. ebd.,81.

Polizeigewalt des Rates[1]. Die theologische Diskussion verlief zwar nach akademischem Muster, hatte aber in dem Verfahren über die der Debatte zugrundegelegten Thesen Bustorps nur die Funktion einer Beweisaufnahme. Bustorp mußte unter dem Druck des Rates seine Thesen widerrufen. Die Behandlung des Vorfalls in der Nikolaikirche endete mit der Verbannung des Aufruhrpredigers aus der Stadt.

1528 brachten Ratswahlen eine Verstärkung der evangelischen Partei[2]. In der Osterwoche 1528 predigte der Dominikaner P.Johann Rensborch gegen die reformatorische Abendmahlspraxis, es kam zu Kanzelkontroversen und schweren Unruhen. Am 27.April erhoben die Bürgervertreter vor dem Rat Klage gegen einige altgläubige Prediger wegen Bruch des Mandats und des Stadtfriedens.

Daraufhin luden für den folgenden Tag Bürgermeister und Rat die Versammlung der Erbgesessenen vor, dazu alle Prediger der Stadt[3]. Es ging um die Streitigkeiten der Prediger und die daraus erwachsenen Unruhen: In einem Mandatsprozeß sollten die evangelischen Prädikanten als Kläger gegen die katholischen Prediger auftreten. Dabei sprach der altgläubige Prediger Dr. Moller für die Beklagten. Er lehnte das zusammengetretene Forum als unzuständig ab und legte Berufung an eine Universität ein . Der altkirchliche Bürgermeister bestritt die Kompetenz des Rates in theologischen Fragen, die beisitzenden evangelischen Bürger wiesen jedoch darauf hin, daß weder die Bürger noch der Rat richten sollten, sondern das Wort Gottes. Obwohl im weiteren Verlauf die Prädikanten und die altgläubigen Prediger rein biblisch argumentierten, war eine Einigung nicht zu erreichen, da beide Seiten die Bibeltexte unterschiedlich

---

1. Verlauf der Verhandlungen ebd.,82ff.,95ff.
2. Vgl. die Einzelheiten bei K.Beckey: Die Einführung der Reformation in Hamburg. Hamburg 1929,90f.
3. Teilnehmer und ausführlicher Gang der Ereignisse vgl. Scheib, Hamburg,131ff.

auslegten[1].

Das Hamburger Religionsgespräch von 1528 bestand aus Verhandlungen der Bürgerschaft und des Rates über die Wahrung des
Stadtfriedens und die Einführung der neuen Lehre, mit denen
ein Mandatsprozeß gegen die katholischen Prediger verbunden
war. In diesem diente die theologische Diskussion nur als Beweisaufnahme[2]. Der Mandatsprozeß verlief ganz nach den Hamburger Prozeßgewohnheiten. Ungesetzlich war die Verurteilung zum
Widerruf und das Predigtverbot für die altgläubigen Prediger
als Resultat des Prozesses, da das Mandat nur eine Stadtver-
bannung für den Schuldigen vorsah. Das Urteil wurde denn auch
1533 vom Reichskammergericht aufgehoben[3].

Das Hamburger Religionsgespräch von 1528 stellt einen gewissen Höhepunkt der Reformationsdiskussion dar: aus dem kirchlichen war ein weltlicher Glaubensprozeß geworden[4]. Anders
als in Süddeutschland war in Hamburg die Gemeinde nicht an der
theologischen Diskussion, sondern nach hansischer Rechtstradi-
tion nur an der Fassung des Beschlusses über politische Fragen beteiligt. Im Unterschied zu den Disputationen traf der
Mandatsprozeß nur einzelne Personen, nicht die Sache. Entscheidend für 1528 waren die politischen Verhältnisse; der
Sieg der Prädikanten war gleichzeitig ein Sieg der Bürgeropposition über den Rat und entschied damit über die Einführung
der Reformation.

---

1. Vgl.ebd.,155.
2. Vgl.ebd.,167.
3. Vgl. J.Spitzer: Hamburg im Reformationsstreit mit dem
   Domkapitel. Ein Beitrag zur Hamburgischen Staats-und Kirchengeschichte der Jahre 1528-1561. In: Zeitschrift des
   Vereins für Hamburgische Geschichte 11 (1903),493ff.
4. Vgl. Scheib, Hamburg,177f.

e) Das Religionsgespräch als Übergangsform zur Synode: Bern.

Als Gegenveranstaltung zu Baden und als Präsentation des
schweizerisch-oberdeutschen Protestantismus wurde das Religionsgespräch in Bern geplant und durchgeführt[1]. Der Rat hatte hier
zunächst versucht, kirchenpolitisch eine mittlere Linie zu halten, und seit 1523 in fünf Prediqtmandaten bald die evangelische, bald die altgläubige Seite begünstigt. Bei den Ratswahlen
im April 1527 verschoben sich unter dem Druck der Zünfte[2] die
Mehrheitsverhältnisse im Rat zugunsten der Evangelischen[3].
Am 17. November 1527 schrieb der Berner Rat das "gemein gesprech
und disputation"[4] aus. Er distanzierte sich von dem Badener
Religionsgespräch, lud die anderen Orte ein, ihre Geistlichen
zu schicken[5], und die vier Bischöfe, die im Berner Bezirk Gerichtsbarkeit übten[6]. Die Bischöfe kamen nicht, ebensowenig
die acht katholischen Orte.

Über die technischen Vorbereitungen des Berner Religionsgesprächs sind wir gut unterrichtet. Alle Geistlichen wurden ma-
teriell unter Druck gesetzt, um sie zur Teilnahme zu veranlassen. Sie waren geladen "bi verlierung irer pfründen". Da sich
im Rathaus kein geeigneter Raum befand, wurde die Barfüßerkirche eigens umgebaut[7].

In der äußeren Gestaltung verfuhr man nach dem Badener Vor-

---

1. Vql. Moeller, Zwinglis Disputationen 2,289ff.;D.L.Hendricks:
   The Bern Disputation. Some Observations. In: Zwingliana
   14/10 (1978),565ff,; Locher, Berner Disputation; Literatur
   ebd.,563ff., und Locher,Zwinglische Reformation,276ff.
2. Vql. Muralt, Stadtgemeinde,371.
3. Vgl. Moeller, Zwinglis Disputationen 2,291.
4. Steck-Tobler,518ff.,Nr.1371: Ratsbeschluß vom 15.11.,ebd.,
   517,Nr.1368; das französische und lateinische Ausschreiben
   ebd.,522ff,,Nr.1372f,vgl. Locher, Berner Disputation,544ff.
5. Vgl. Steck-Tobler,525f.,Nr.1374.
6. Er forderte die Bischöfe auf teilzunehmen:"Dann üch, als
   hirten der schäflin Christi, sölichs zůstat, nit allein die
   zů schären, sonders vil mer ze weiden". Ebd.,526,Nr.1375.
7. Vql. Moeller, Zwinglis Disputationen 2,293,Anm.447.

bild mir vorgeschriebener Argumentation aus der Schrift, Auflegen von Bibeln u.s.w. Grundlage des Gesprächs waren zehn Thesen der Prediger Berchtold Haller und Franz Kolb[1].

Das Berner Religionsgespräch dauerte vom 6.-25.Januar 1528
und übertraf damit an Dauer alle früheren Veranstaltungen[2]. Alle
namhaften evangelischen Theologen der Schweiz und Südwestdeutsch-
lands waren vertreten, dagegen kaum altgläubige[3]. Es ging dem
Rat als Veranstalter um eine umfassende Erörterung der Kirchenfragen. Was im Religionsgespräch "mit göttlicher biblischer
geschrift ... bewärt, bewisen, erhalten, abgeredt, angenommen,
und hinfür ze halten gemeret und beslossen wird, das soll, ane
alles mittel und widersagen, kraft und ewig bestand haben"[4].
Diese Konzeption und die Sonderverhandlungen, die den Gang des
Gesprächs mehrfach unterbrachen, machen deutlich, daß in Bern
nur noch die äußere Form des Religionsgesprächs gewahrt blieb;
das Religionsgespräch wandelte sich in eine Synode Gleichgesinnter um[5]. Außerhalb des offiziellen Gesprächs wurde am 22.
Januar ein Gespräch mit Täuferführern angesetzt[6], und nach
Schluß der Veranstaltung am 25.Januar fand eine kleine Disputa-
tion der "weltschen" statt, bei der Farel auf evangelischer
Seite die Führung innehatte.

Beim Abschluß des Religionsgesprächs war der Rat überzeugt,
sein Ziel vollkommen erreicht und alle Fragen im Sinne der reformatorischen Theologie geklärt zu haben. Zwinglis Abschluß-
predigt stand ganz im Zeichen des Sieges :"Da ligend die älter
und götzen im tempel"[7]; die Reformation im Berner Gebiet wurde

1. Text bei Steck-Tobler,521,Nr.1371; vgl. dazu Locher, Berner
   Disputation,550ff.
2. Vgl. Moeller, Zwinglis Disputationen 2,296ff.
3. Eck wurde von Zwingli eingeladen, was er schlecht aufnahm:
   "Ich ker nich nit an dein winkeldisputation, kum an das
   liecht, steck dich nit in speluncken, wie sant Hieronymus
   vom ketzer sagt".ZW 9,325,13ff.Vgl. J.Lippert: Die Einladung
   Zwinglis an Johann Eck zum Berner Religionsgespräch. In :
   Zwingliana 6/10 (1938),580ff.Zu den Teilnehmern vgl.Locher,
   Berner Disputation,548f.
4. Steck-Tobler,520,Nr.1371.
5. Vgl. Locher, Berner Disputation,547.
6. Vgl. Yoder, Täufertum und Reformation in der Schweiz 1,114ff.
7. ZW 6/1,497,3. Zwinglis Predigt ebd.,493ff.

sofort eingeführt.

Eine unmittelbare Folge des Religionsgesprächs war die Ab-
schaffung der Messe in St.Gallen, Mühlhausen, Biel und Lin-
dau, so daß sich Murners Voraussage erfüllet, daß diese Disputation "ein mieterlin were vnd junge disputetzly machte"[1].

f) Pläne für Religionsgespräche in Städten.

Das Religionsgespräch war nur eines der Mittel, in einem Gemeinwesen die Reformation durchzusetzen. Untersucht man einige Fälle, bei denen dieser Weg zwar beschritten, aber nicht zu
Ende gegangen wurde, so sieht man aus den Gründen des Scheiterns
dieser Pläne auch die notwendigen Bedingungen ihrer erfolgrei-
chen Durchführung.

In E r f u r t schrieben im Januar 1525 evangelische Prädikanten eine theologische Disputation aus, zu der sie die altgläubigen Geistlichen einluden[2]. Das Haupt der altkirchlichen
Partei Bartholomäus Arnoldi von Usingen fand sich zwar zum
vereinbarten Zeitpunkt ein, um seine schriftlichen Anmerkungen
zu den aufgestellten Thesen abzugeben, wollte aber nicht disputieren. Viele Neugierige hatten sich eingefunden, auch Bauern aus der Umgebung, nur die lutherischen Prediger blieben
aus, denn der Magistrat hatte aus Furcht vor Unruhen die angesetzte Disputation untersagt. Ein neuer Aufruhr machte bald darauf dem alten Gottesdienst ein Ende - ohne Religionsgespräch.

Aus derselben Furcht vor Unruhen untersagte auch in R o -
s t o c k 1525 der altgläubige Rat eine Disputation, die der
dortige Prädikant Joachim Slüter gegen den Kaplan Antonius
Becker von der theologischen Fakultät veranstalten wollte[3].

In B a s e l kam es zu einer ganzen Reihe von Disputationen

1. Zit.nach Moeller, Zwinglis Disputationen 2,302.
2. Vgl. Paulus, Usingen,62f.
3. Vgl. Scheib,Hamburg,48;K.Schmaltz: Kirchengeschichte Meck-
   lenburgs,Bd.2.Schwerin 1936,16.

innerhalb der Universität, die aber alle nur im privaten Rahmen abliefen[1].Im Frühjahr 1525 entstand der Plan einer großen, vom Rat veranstalteten Disputation (Mandat vom 22.4.1525)[2], der aber nicht ausgeführt wurde. Das Ende des Bauernkrieges tat ein übriges, die alten Verhältnisse zu stabilisieren. Auch eine vom Rat im Januar 1529 angesetzte Disputation kam nicht zustande. Die Entscheidung für die Reformation fiel am 8.Februar 1529 in einem Aufstand der Zünfte und einem Bildersturm[3].

In F r a n k f u r t lehnte es der Rat 1527 ausdrücklich ab, ein Religionsgespräch zu veranstalten, um keine Entscheidung treffen zu müssen und seine dilatorische Religionspolitik fortsetzen zu können[4].

In L ü b e c k waren die Entscheidungskämpfe um die Durchsetzung der Reformation gegen den altgläubigen Rat und das Domkapitel gerichtet[5]. Im März 1530 forderten die Bürger den Rat auf, religiöse Streitigkeiten nach Hamburger Vorbild durch eine Dsiputation entscheiden zu lassen. Als zu der zweimal anberaumten Disputation kein katholischer Geistlicher erschien, wurde dies als ausreichend angesehen, am 30.Juni den katholischen Gottesdienst abzuschaffen.

In S o l o t h u r n wurde 1529 ein Religionsmandat erlassen, das der evangelischen Predigt und der katholischen Messe gleiches Recht einräumte[6]. Im Februar 1530 führte die Anwesenheit des Berner Reformators Berchtold Haller zu Unruhen und zum Plan

---

1. Vgl. R.Wackernagel: Geschichte der Stadt Basel,Bd.3,Basel 1924,359; Moeller, Zwinglis Disputationen 2,309ff.
2. Vgl. E.Dürr (Hg): Aktensammlung zur Geschichte der Basler Reformation in den Jahren 1519 bis Anfang 1534.Bd.1,Basel 1921,222f.,Nr.386.
3. Vgl. Wackernagel, Basel (Anm.1), 509.
4. Vgl. S.Jahns: Frankfurt, Reformation und Schmalkaldischer Bund. Die Reformations-,Reichs-und Bundespolitik der Reichsstadt Frankfurt am Main 1525-1536. Frankfurt/M.1976(Studien zur Frankfurter Geschichte 9),81.
5. Vgl. W.Jannasch: Reformationsgeschichte Lübecks.
6. Vgl. H.Haefliger: Solothurn in der Reformation. Phil.Diss. Bern 1945,39.

eines Religionsgesprächs für den 11.November[1]. Auf den 7.November wurde eine gütliche Verhandlung zwischen führenden Geistlichen beider Seiten vor dem Rat einberufen; die Stiftsherren verweigerten hierbei die Teilnahme an einer Disputation. Am 9.November wurde diese auf einer Sitzung des Großen Rats vertagt - gegen die Zusage freier evangelischer Predigt hatten die Neugläubigen den Plan einer sofortigen Disputation preisgegeben.

1. Vgl. zum Folgenden ebd.,64ff.

IV. Religionsgespräche zur Einführung der Reformation in

Territorien: Appenzell, Graubünden und Hessen.

Die ersten Pläne für ein Religionsgespräch in einem Territorium
finden wir in Appenzell. Appenzell, ein Gebiet mit genossen-
schaftlicher Verfassung, gehörte seit 1513 als regierender Ort
zur Eidgenossenschaft. Oberstes Verfassungsorgan war die jährlich versammelte Landsgemeinde. Anfang Juni 1524 entschieden
der evangelisch gesinnte Landammann und der Rat, eine Disputation zu veranstalten, um die allein auf die Bibel gegründete
einheitliche Predigt im ganzen Land durchzusetzen[1]. Eine Einigung im Rat und in der Landsgemeinde über dieses Problem war
zuvor gescheitert. Bei der äußeren Gestaltung wurden die Züricher Vorbilder herangezogen. Zürich und Schaffhausen wurden gebeten, der evangelischen Partei mit ihren Prädikanten Zwingli
oder Jud und Hofmeister "bystand" zu leisten, der St.Galler
Bürgermeister Vadian sollte dem Gespräch präsidieren.

Die politischen Veranstalter kündigten deutlich die Konsequenzen des Urteil im Religionsgespräch an: Die Prediger der unterlegenen Seite müßten von ihrer Lehre abstehen und dazu die
Kosten der Veranstaltung tragen. Die Disputation, die auf den
7.Juli 1524 angesetzt war, kam durch die Intervention des Konstanzer Bischofs nicht zustande, der sie kurzerhand verbot. Daraufhin verweigerten die Appenzeller altgläubigen Geistlichen
die Teilnahme. Der Rat, die einheimischen evangelischen Geistlichen und die auswärtigen Prädikanten Jud und Hofmeister traten
zwar zusammen, kamen aber über Verfahrensfragen nicht hinaus.
Die Veranstalter wollten sich am Ende denn auch "mit kainer disputation noch entschaidung, darumb sy berüft warend beladen"[2].

Am 26.Dezember wurde ein zweiter Anlauf genommen, um zu einem
Religionsgespräch zu kommen, aber die Voraussetzungen waren nun

---

1. Zum Folgenden vgl. J.Willi: Die Reformation im Lande Appenzell. Bern-Leipzig 1924,42ff.; F.Stark: Die Glaubensspaltung
   im Lande Appenzell bis zur Badener Disputation 1526. Phil.
   Diss.Freiburg/Schweiz 1955,62ff.; Moeller, Zwinglis Disputationen 2,232ff.
2. E.Egli (Hg): Johannes Kesslers Sabbata. St.Gallen 1902,111.

noch ungünstiger. Offenbar traten die Teilnehmer gar nicht erst
zusammen. Dagegen soll ein Haufen von altgläubig Gesinnten
aus drei Landgemeinden erschienen sein, der "die disputierer...
mit tratzlichen pärden vnd schwüren...(und) mit knütlen"[1] über-
fiel.

Appenzell wurde einer der konfessionell gespaltenen "paritätischen" Orte der Eidgenossenschaft; in der Glaubensfrage galt
die selbständige Entscheidung der einzelnen Gemeinde.

In Graubünden erwuchs das Religionsgespräch 1526 aus einem Versuch des Domkapitels von Chur, durch eine politische Aktion
gegen den Wortführer der Protestanten, den Pfarrer von St.Mar-
tin Johannes Comander, den Protestanten den gewonnenen Boden
wieder zu entreißen[2]. Der Bundestag nahm die Klage des Domkapitels entgegen, berief aber auch Comander vor sich, der die Bun-
desherren davon überzeugte, daß sie gemäß ihren früheren Predigtmandaten (wahrscheinlich 1523 und 1524) um Gottes und des Friedens und der Einigkeit der gemeinen Bünde willen "zu einem
früntlichen Christenlichen gespräch"[3] einladen sollten, um zu
prüfen, ob er und die bündnerischen Prediger gegen das Wort
Gottes gepredigt hätten.

Das Religionsgespräch sollte am 8.Januar 1526 in Ilanz, einem der Bundeshauptorte, unter Vorsitz von je zwei evangelisch
und altkirchlich gesinnten Abgeordneten der Drei Bünde beginn-
nen. Es führte aber zu keinem Ergebnis, da die politischen Instanzen, die Drei Bünde, sich nicht einig waren. Bezeichnend
war der zweideutige Beschluß des am 15.Februar tagenden Bundes-
tages in Chur: Das Schriftprinzip wurde erneut eingeschärft,
aber der Bestand von Messe, Sakramenten und Heiligenverehrung
gewährleistet. Auch später gab es in der Konfessionsfrage kei-

---

1. Zit.nach Moeller, Zwinglis Disputationen 2,237.
2. Vgl. O.Vasella: Der bündnerische Reformator Johannes Comander. In:Zs. f. Schweizerische Kirchengeschichte 26 (1932),
   109ff.; vgl. auch Moeller, Zwinglis Disputationen 2,267ff.
3. Wichtigste Quelle zur Disputation ist ein Bericht Sebastian
   Hofmeisters:"Acta des Gesprächs, welches von allen Priestern
   der drey Bünde in dem 1526.Jahre ... zu Ilantz in dem Grau-

ne eindeutige Entscheidung. Graubünden blieb wie Appenzell ein
"paritätisches" Land.

Das Religionsgespräch von Homberg in Hessen (21.-23.Oktober
1526) war der erste Versuch, das Verfahren des Religionsgesprächs,
das sich in den Städten bewährt hatte, auf die Verhältnisse eines größeren Reichsterritoriums zu übertragen. Wieder standen
die Züricher Disputationen Pate. Landgraf Philipp hatte allerdings zu dieser Zeit noch keinen direkten Kontakt zu Zwingli[1],
die Anregung kam vielmehr über Straßburg durch den von dort be-
rufenen Franz Lambert von Avignon[2]. Philipp von Hessen hatte sich
schon 1523/24 der Reformation zugewandt[3]. Er war entschlossen,
seine Landeshoheit weiter auszubauen, und sein Kampf richtete
sich dabei besonders gegen seinen Nachbarn, den Erzbischof von
Mainz, in dessen kirchlichem Jurisdiktionsbereich sein Land
lag. Bei Philipp von Hessen finden wir eine charakteristische
enge Verbindung persönlicher Frömmigkeit und der Verfolgung politischer Ziele. Für sein reformatorisches Interesse zeugen seine "literarischen Religionsgespräche", d.h. Korrespondenzen über
theologisch-kirchenpolitische Fragen, die er zwischen 1525 und
1527 mit seinem Schwiegervater Georg von Sachsen führte[4], ohne
jedoch mit diesem zu einem Einverständnis zu kommen.

en Bund auf Ansehung der Bunds-Herren gehalten worden". In:
J.C.Füßlin: Beyträge zur Erläuterung der Kirchen-Reformations-
Geschichten des Schweitzerlandes, Bd.1,Zürich 1741,337ff.;
Literatur bei Moeller, Zwinglis Disputationen 2,269,Anm.289.
1. Vgl. zu den Beziehungen zwischen Philipp von Hessen und Zwingli: R.Hauswirth: Landgraf Philipp von Hessen und Zwingli. Tübingen 1968.
2. Vgl. G.Müller, Franz Lambert von Avignon,bes.34.
3. Vgl. zu Philipp von Hessen u.a. H.Wolter: Haltung deutscher
Laienfürsten,89; W.Heinemeyer: Landgraf Philipps des Groß-
mütigen Weg in die Politik. In: Hess.Jb.f. Landesgeschichte
5 (1955),176ff.;W.Maurer: Theologie und Laienchristentum bei
Landgraf Philipp von Hessen. In:Humanitas-Christianitas. Festschrift f.W.v.Loewenich.Hg.von K.Beyschlag,G.Maron,E.Wölfel.
Witten 1968,84ff.
4. Vgl. H.Wolter: Frühreformatorische Religionsgespräche zwischen Herzog Georg von Sachsen und Philipp von Hessen. In:
Testimonium Veritati. Festschrift f.Bischof W.Kempf,hg.von
H.Wolter.Frankfurt/M.1971 (Frankfurter Theologische Studien
7),315ff.

Die Ergebnisse des Speyerer Reichstages von 1526 bestärkten
Philipp in seiner Überzeugung, daß die Gestaltung des Kirchen-
wesens ihm auch vom Reich als Pflicht gegenüber Gott und dem
Kaiser aufgegeben sei. Die Stände hatten in Speyer den Kaiser
gebeten, binnen anderthalb Jahren ein General- oder Nationalkonzil einzuberufen. Bis dahin wollten sie sich in Sachen des Wormser Edikts "mit ihren Untertanen also leben, regieren und sich
halten, wie ein jeder solches gegen Gott und kaiserliche Majestät
hoffe und vertraue zu verantworten"[1]. Diese Formulierung wurde
von den evangelischen Fürsten als Freigabe der offiziellen Reformation ihrer Territorien verstanden und angewandt.

In diesem Zusammenhang stand auch das Homberger Religionsgespräch. Philipp von Hessen brachte Lambert aus Speyer mit und
räumte ihm großen Spielraum ein[2]. Schon Anfang Oktober gingen
Einladungen zu einer Versammlung am 19.Oktober aus, auf der "von
den christlichen sachen und zweispalten" gehandelt werden und
die Geistlichen "grund und wissenschaft nach gottlicher geschrifft
anzeigen"[3] sollten. In einer zweiten Fassung der Einladung wurde
einfach ein "freuntlich unc christlich gesprech" angekündigt[4].

Das Homberger Religionsgespräch war seinem rechtlichen Charakter nach etwas Neues: Der Landgraf sprach von ihm als von "einem
christlichen provincial synodo und underredung" und einer "disputation"[5], also einer Verbindung von akademischer Veranstaltung
und Kirchenversammlung. Nach den Regeln der akademischen Disputation hatte Lambert Thesen vorbereitet, die er am 21.Oktober
in der Stadtkirche in Homberg nach einer Eröffnungsrede des
hessischen Kanzlers vorlas und aus der Bibel erklärte[6]. Als

1. §4 des Abschiedes vom 27.8.1526, Koch 2,274.
2. Vgl. Schmitt, Homberger Synode,47f.f.; W.Maurer: Franz Lambert von Avignon und das Verfassungsideal der Reformatio
   ecclesiarum Hassiae von 1526. In: ZKG 48 (1929),208ff.
3. Vgl. die Einladungen an Prior und Konvent des Augustinerklosters
   Eschwege vom 5.10. und an Rentmeister, Bürgermeister und Räte
   der Städte von 5.10. bei Schmitt, Homberger Synode,48f. Vgl.
   G.Franz (Hg): Urkundliche Quellen zur hessischen Reformationsgeschichte 2,Marburg 1954,21,Nr.29 A-C.
4. Vgl. G.Müller? Franz Lambert von Avignon,36f.Anm.52.
5. In seiner Instruktion für seine Gesandten zum Augsburger Reichstag von 1530, W.Gussmann,Quellen und Forschungen 1/1,328f.

Opponent trat der Guardian des Franziskanerklosters von Marburg Nikolaus Herborn (Ferber) auf[1]. Zunächst protestierte er gegen die Synode und erklärte am 22.Oktober in seiner Stellungnahme dem Landgrafen, er könne sich nicht auf eine Disputation einlassen, da kein kompetenter Richter anwesend sei. Daraufhin bemerkte Philipp lediglich, in allen Glaubensdingen sei das Wort Gottes der "legitimus iudex".

Das Gespräch führte nur zu einer Auseinandersetzung über Kompetenz-und Verfahrensfragen. Herborn verlas einige Gegenthesen und geriet in heftige persönliche Auseinandersetzungen mit Lambert, die eine sachliche Erörterung nicht zuließen[2]. Das Religionsgespräch endete am nächsten Tag mit dem Beschluß, einen Ausschuß zu wählen, der auf der Grundlage der Bibel festlegen sollte, was in den hessischen Gemeinden zu reformieren sei. Aus diesen Bemühungen ging die "Reformatio Ecclesiarum Hassiae" hervor, die erste hessische Kirchenordnung[3].

Am 23.Januar 1527 fand das Religionsgespräch ein Nachspiel in einer Disputation in Marburg, zu der die "obern,furnemesten und gelertesten der ordenspersonen"[4] ins Franziskanerkloster geladen wurden, und an dem der Landgraf teilnahm. Es hatte den Zweck, kirchliche Neuerungen zu rechtfertigen, die Philipp von Hessen in seiner Residenz einführen wollte. Im Anschluß wurde die altgläubige Predigt mit dem Argument abgeschafft, daß die Mönche zu ihrer Verteidigung nur Menschenlehre hatten vorbringen können.

---

(6).Zu denThesen vgl. Schmitt,Homberger Synode,52ff.; zum Gang der Verhandlungen ebd.,71ff.
1. Vgl. ebd.,77ff.
2. Vgl. Moeller, Zwinglis Disputationen 2,287ff.
3. Vgl. Sehling, Kirchenordnungen 8/1,43ff.
4. Gussmann, Quellen und Forschungen 1/1,330.

V. Erste innerevangelische Religionsgespräche.

1. Religionsgespräche in der Auseinandersetzung mit den
   Schwärmern.

Läßt man die Verhandlungen der Wittenberger Theologen mit den
"Zwickauer Propheten" 1522 außer Acht[1], ist es erstmals 1524 in
den Auseinandersetzungen zwischen Luther und Karlstadt ansatz-
weise zu einem "innerevangelischen Religionsgespräch" gekommen.
In Reaktion auf Vorwürfe Luthers während dessen Visitationsreise durch Thüringen bat Karlstadt den Reformator um eine Unterredung, die dann halböffentlich[2] am 22.August 1524 im Jenaer
Gasthaus "Zum Schwarzen Bären" stattfand.

Luther und Karlstadt erörterten in freier Wechselrede die vorliegenden Streitpunkte. Dabei bot Karlstadt zur Klärung der Fragen eine öffentliche Disputation in Wittenberg oder Erfurt an[3].
Luther ließ sich darauf nicht ein, übergab aber Karlstadt einen
Goldgulden als Pfand dafür, daß jener frei gegen ihn schreiben
dürfe.

Wir haben hier in kleinem Rahmen ein Religionsgespräch vor uns,
das ohne Schiedsrichter stattfand. Die Zuhörer unterbreiteten
lediglich nach der Unterredung gute Ratschläge[4].

Das Gespräch mit Karlstadt fand eine Fortsetzung in Luthers
Auseinandersetzung mit Karlstadts Gemeinde in Orlamünde am 24.
August 1524. Rat und Gemeinde von Orlamünde hatten sich entschie-
den gegen den Vorwurf der Ketzerei verwahrt und Luther zu einer
Unterredung aufgefordert[5]. Nach der Ankunft Luthers im Rahmen

---

1. Vgl. WA 15,323ff.; vgl. dazu P.Wappler: Thomas Müntzer und
   die "Zwickauer Propheten".2.Aufl.Gütersloh 1966,57ff.
2. "Es waren auch vil frembder Keyserliche und Margravische
   bothen, auch seer vil Ihenische in der herberg, die solcher
   underredung zuhorten".WA 15,335,9ff.
3. Vgl. ebd.,337,1ff.
4. "Die selbigen (=die Zuhörer) redten auch zu der sachen man-
   cherley gutte fürschlag, auff das die sach, wie sy auch Got
   durch sein genade fügen wurd, ans liecht keme". Ebd.,341,4ff.
5. Vgl. ebd.,343. Brief der Orlamünder an Luther vom 16.August
   1524.

einer Visitationsreise kam es zu einem Streitgespräch über die
Frage der Beseitigung der Bilder, in der Luther seine Autorität
als Theologe gegenüber den Laien nicht durchsetzen konnte[1]. Gespräche über Abendmahl und Taufe lehnte er überhaupt ab und verließ die Stadt. Das Ganze ließe sich als improvisiertes Religionsgespräch über kirchliche Externa ansehen.

Fast zur gleichen Zeit versuchte der Eisenacher Prediger Johann Strauß, die Spaltungen im lutherischen Lager durch eine
Theologenzusammenkunft zu überwinden[2]. Er schlug Herzog Johann
von Sachsen vor, ihn, Luther, Melanchthon, Karlstadt, Müntzer
"und andere" nach Weimar zu berufen, um kontroverse Punkte,ins-
besondere der Lehre Müntzers zu erörtern.Johann von Sachsen
stimmte dem Vorhaben zu, ebenso Kurfürst Friedrich. Durch die
Flucht Müntzers aus Allstedt zerschlug sich das Projekt. Müntzer
lehnte es ohnehin schon seit dem Prager Manifest 1521 ab, sich
einer akademischen Disputation bzw. einem Verhör in Wittenberg
zu unterziehen. Schösser, Schultheiß und Rat von Allstedt er-
baten für Müntzer ein Verhör vor einer "gemeinen Versammlung"[3],
wozu ein fürstlicher Rat zu Recht am Rand bemerkte: "Was sol
das vor ein versammlung sein?"[4] Müntzer selbst ließ den Kurfürsten Friedrich am 3.August wissen, zu einem Verhör "must man
empiten, kunt thun und zuschreiben allen nation der menschen,
die im glauben unuberwintliche anfechtung erduldet hetten ...
Solche leut mocht ich zu richtern dulden. Dorumb wil ich den
winkel (=Wittenberg und das nichtöffentliche Gespräch) zu mey-
nem vorhoren meyden"[5]. Müntzer lehnte also die Form des Religionsgesprächs Leipziger oder Züricher Art ab und erkannte nur

1. Vgl. dazu Barge,Karlstadt 2,133ff. und Karl Müller: Luther
   und Karlstadt. Tübingen 1907,169ff.
2. Vgl. zum Folgenden K.E.Förstemann:Zur Geschichte des Bauern-
   kriegs. In:Neue Mitteilungen aus dem Gebiet historisch-an-
   tiquarischer Forschungen 12 (1869),198f.,204.
3. Ebd.,181; vgl. auch 187f.
4. Ebd.,181, Anm.2.
5. G.Franz (Hg): Thomas Müntzer, Schriften und Briefe.Güters-
   loh 1968,431.

ein Forum Gleichgesinnter als annehmbaren Schauplatz für ein
Gespräch an. Er war bereit, sich freundlich weisen zu lassen
vor einer Gemeinde, nicht aber in einer "Disputation im Winkel"[1].

2. Gespräche mit den Täufern.

Über den Ausgang der zweiten Züricher Disputation brach der
erste Zwist zwischen Zwingli und den radikalen Reformatoren
aus[2], der endgültige Bruch erfolgte im Streit um die Frage des
Kirchenzehnten[3].
Auf Wunsch der Radikalen ordnete der Rat im Dezember 1524
die "Dienstagsgespräche" zwischen den Leitern des Grebelschen
Kreises und den Leutpriestern an[4]. Sie fanden zwar in einem
geschlossenen Rahmen statt, waren aber durch die Anwesenheit
von vier Ratsherren offizieller Natur. Die Gespräche wurden
nach der zweiten Sitzung abgebrochen, weil die Radikalen in
Schmähungen ausgebrochen waren, nach Auskunft des Täuferführers
Manz, weil man sie nicht zu Wort hatte kommen lassen[5].
Über die Frage der Kindertaufe kam es am 17.Januar 1525 zu
einer öffentlichen Disputation zwischen Zwingli und den Radikalen, die der Rat veranstaltete[6], die damit also offiziellen Charakter besaß. Die Gegner der Kindertaufe sollten Gelegenheit
erhalten, ihre Lehre aus der Schrift zu beweisen,"so werden unser herren daruff wie sich gepürt, wyter handeln"[7]. Der als Ergebnis am 18.Januar ergangene Ratsbeschluß[8] ordnete bei Strafe

1. Vgl.ebd.,239,29ff.
2. Ausführliche Literaturangaben zu den Auseinandersetzungen
   zwischen Zwingli und den Täufern bei Locher, Zwinglische
   Reformation,236ff. und besonders S.J.F.Gerhard Goeters:
   Die Vorgeschichte des Täufertums in Zürich. In: Studien
   zur Geschichte und Theologie der Reformation. Festschrift
   f.Ernst Bizer.Neukirchen 1969,239ff.; vgl.J.M.Stayer:Die
   Anfänge des schweizerischen Täufertums im reformierten
   Kongregationalismus.In:Goertz,Umstrittenes Täufertum,19ff.;
   Martin Haas: Der Weg der Täufer in die Absonderung.In:ebd.,
   50ff. Zu den Täufern vgl. zuletzt H.-J.Goertz: Die Täufer.
   Geschichte und Deutung. München 1980.

der Verbannung an, alle Kinder wie bisher innerhalb von acht
Tagen nach der Geburt zu taufen. Die Gegner der Kindertaufe
erhielten Rede-und Versammlungsverbot. Im März standen verhaf-
tete Täufer den Leutpriestern und Ratsherren in Einzelgesprä-
chen gegenüber.

Auf Antrag zahlreicher Täufer im Amt Grüningen lud der Rat
zur dritten Täuferdisputation vom 6.-9.November 1525 ein[1]. Die
in die Landschaft geflüchteten Täuferführer konnten teilnehmen,
ebenso Brüder aus der Ostschweiz und dem Aargau. Vom Inhalt des
Gesprächs ist fast nichts überliefert.

In Bern fand am 22.Januar 1528 am 17.Tag der großen Disputation vor allen Teilnehmern und vielen Taufgesinnten eine Diskussion zwischen fünf Prädikanten und acht Täufern statt[2]. Die
Täufer wurden gemäß Geleit "gar früntlich abgefertigt", blieben
aber weiterhin ausgewiesen.

Um die Täufer zu bekehren und sich selbst auch das Recht zu
bestätigen, gegen sie vorzugehen, setzten die Schweizer Obrigkeiten auch weiterhin immer wieder Disputationen mit den Täufern
an[3]. Nicht zuletzt dadurch wurden diese gewandt im Disputieren,
vermieden die Erörterung extremer Sonderlehren und gingen auf gewisse Übereinstimmungen ein. Die evangelischen Theologen hingegen erarbeiteten ein Argumentationsschema, das ihnen in den De-

(3). Vgl.Locher, Zwinglische Reformation,242.
(4). Vgl. ebd.,244.
(5). Vgl. ZW 6/1,37ff.
(6). Vgl. Muralt-Schmid,Täufer,33,Nr.22.;vgl. Yoder,Täufertum 1,40ff.
(7). Bullingers Reformationsgeschichte 1,238.
(8). Vgl. Muralt-Schmid,Täufer,34f.,Nr.24.
 1. Beschreibung bei Yoder,Täufertum 1,73ff. und Locher, Zwing-
    lische Reformation,247f.
 2. Siehe oben S.73.Vgl. L.v.Muralt: Das Gespräch mit den Wieder-
    täufern am 22.Januar 1528 zu Bern. In: Zwingliana 5 (1933/1),
    409ff.;K.Guggisberg: Bernische Kirchengeschichte. Bern 1958,
    231f.; Yoder,Räufertum 1,114ff.
 3. Vgl.Locher, Zwinglische Reformation,263f. Die Themen waren
    meist Geist und Schrift, Kirche und Absonderung, Amt, Wie-
    dertaufe und Kindertaufe, Obrigkeit, Eid, Gütergemein-
    schaft, Zins, Zehnt, Absage an die Welt.

batten eine äußerliche Überlegenheit sicherte: Nach dem Gespräch
in Bremgarten (Januar 1531) zwischen Bullinger und dem Täufer
Hans Pfistermeyer[1] über den Zins gab Bullinger im selben Jahr
ein Buch "Vom Frävel" heraus. Es handelte sich um eine Verar-
beitung von Zwinglis "Elenchus" und "Von göttlicher und menschlicher Gerechtigkeit" zu einem volkserzieherischen Gespräch, das
das Täuferwesen als Ganzes erfaßte und in seinen Einzellehren
widerlegte. Ausgerüstet mit diesen Argumentationen gelang es, die
Täufer bis zu den Disputationen im 17.Jahrhundert formal immer
wieder zu überwinden[2]. Der erste spektakuläre Fall war die Be-
kehrung des Täuferführers Hans Pfistermeyer im Gespräch zu Bern
(18.-20.April 1531) durch Haller und seine Kollegen[3].

Bei der Disputation in St.Gallen 1532 unter der Leitung Vadians
konnte Hans Marquart seinen Vorwurf, die Prädikanten seien "Die-
be und Mörder", nicht beweisen und wurde verbannt[4].

Brühmt wurde das große Zofinger Gespräch 1532 zwischen evangelischen Prädikanten und 23 Täufern[5]. Es dauerte in freundlichem
Verhandlungsklima zehn Tage, worauf sich die Täufer zu Siegern
erklärten. Prädikanten und Rat fällten kein Urteil, sondern überließen die Entscheidung den Lesern der Protokolle, was den Täufern einen solchen Auftrieb gab, daß der Rat seine früheren
strengen Maßnahmen gegen die Täufer wiederaufnahm. Auch das letzte
Berner Gespräch 1538 mit den Täufern des Emmentals führte zu
keinem Erfolg für die Prädikanten[6].

In Norddeutschland fand die große repräsentative Auseinandersetzung mit den "Schwärmern" vor allem auf der Flensburger Disputation vom 9.April 1529 statt, auf der Melchior Hoffman[7], der Be-

---

1. Vgl. Yoder,Täufertum 1,129.
2. Vgl. ebd.,133 und Locher, Zwinglische Reformation,264.
3. Vgl. Yoder, Täufertum 1,132f.
4. Vgl. ebd.,135ff.
5. Vgl. ebd.,138ff.
6. Vgl. ebd.,143ff.
7. Vgl. über ihn ausführlich zuletzt Deppermann, Hoffman.

gründer des nordwestdeutsch und holländischen Täufertums, ein
Kürschner aus Schwäbisch-Hall in einem Religionsgespräch für seine Lehre eintrat.
Nach Missionstätigkeit in Livland seit 1523 erhielt Hoffman 1527
einen Schutzbrief des dänischen Königs Friedrichs I. zur Verkündigung der lutherischen Lehre in Holstein[1]. Hoffman verbreitete
aber stattdessen seine Sonderlehren und verstrickte sich in Po-
lemiken mit den evangelischen Prädikanten. Friedrich I., der
auch aus politischen Gründen - er suchte Anschluß an die lutherischen Fürsten Norddeutschlands - Hoffman loswerden wollte, beschloß, ihn in einer großen öffentlichen Disputation zu Fall zu
bringen[2], die er auf den 9.April 1529 nach Flensburg einberief.
Dazu erbat der König von Luther den Erzfeind Hoffmans, Nikolaus
von Amsdorf, als auswärtigen Gutachter. Da dieser Amsdorf ab-
riet[3], kam statt seiner Bugenhagen aus Hamburg, der in der Disputation die höchste geistliche Autorität darstellte und dem auch
das Schlußwort zufiel. Teilnehmende Parteien waren die lutherischen Prädikanten Schleswig-Holsteins; auf der Gegenseite standen zwei holsteinische "Sakramentierer", Melchior Hoffman und
Johannes van Campen,sowie der Pfarrer von Danzig Jakob Hegge.
Hoffman hatte versucht, Karlstadt zu seiner Unterstützung zu gewinnen, der seine Teilnahme auch zugesagt hatte, aber ausblieb,
da König Friedrich ihm das erbetene Geleit nicht gewährte[4].
Die Disputation wurde von sechs königlichen Notaren als Protokollanten aufgenommen, die Hoffman alle als seine Gegner bezeichnete: circa 400 Personen waren als Zuhörer anwesend, davon etwa 100 Anhänger Hoffmans. Den Vorsitz führte Herzog Christian,

---

1. Vgl. ebd.,85ff.
2. Zum Folgenden vgl. ebd.,109ff. Quelle: Acta der Disputation
   zu Flensburg die sache des Hochwirdigen Sacraments betreffend, im 1529.Jar des Donnerstags nach Quasimodo geniti geschehen. Hg.von Johannes Bugenhagen,Wittenberg 1529; vgl.
   G.Geisenhof: Bibliotheca Bugenhagiana. Leipzig 1908,290ff.,
   Nr.256.
3. Vgl. den Brief Luthers an Amsdorf vom 21.3.1529, WA Br5,42,
   2ff.
4. Vgl. Deppermann, Hoffman,110.

unterstützt vom Hofmeister des Königs, Johann von Rantzau, und vom Propst zu Reinbek, Detlev Reventlov.

Der äußere Ablauf wurde nach dem Muster der Züricher Disputation gestaltet: Die weltliche Obrigkeit lud zum Streitgespräch und beanspruchte die Entscheidung in einer geistlichen Frage. Hoffman erklärte allerdings am Vorabend, er werde sich wie Luther in Glaubensfragen nicht der Entscheidung der Mehrheit oder des Herrschers unterwerfen, sondern immer bei der von ihm erkannten Wahrheit bleiben.

Das Religionsgespräch, das von Johann von Rantzau eröffnet wurde, drehte sich um die Abendmahlsfrage[1]. In formaler Hinsicht hielten sich die Teilnehmer nicht an die akademischen Spielregeln, sondern hieben ungeordnet aufeinander ein. Nur der Hamburger Reformator Kempe und Bugenhagen beachteten die Regeln, indem sie als Respondenten ordnungsgemäß die Argumente der Gegner zusammenfaßten, um sie dann zu widerlegen. Dabei fiel ihnen Hoffman öfters ins Wort, da er sich mit den Gepflogenheiten einer akademischen Disputation nicht auskannte.

Schließlich erklärte Johann von Rantzau im Namen der Vorsitzenden, nun sei genug verhandelt. Herzog Christian unterrichtete den König vom Verlauf des Gespräch, und dieser fällte an Hand des Protokolls das Urteil, das am 11.April 1529 auf Landesverweisung lautete.

Hoffman zog im Juni 1529 nach Straßburg, wo er von Bucer zunächst freundlich aufgenommen wurde[2]. Als er aber für sich den Besitz eines höheren Wissens beanspruchte, das ihn befähigen sollte, die Geheimnisse der Schrift zu enthüllen, gaben ihm die Straßburger Theologen den Rat, den er auch von Luther erhalten hatte, er möge sich doch besser ganz seinem Handwerk widmen, von dem er hoffentlich mehr verstünde als von der Theologie.

---

1. Zum Verlauf des Religionsgesprächs vgl. ebd.,110ff.
2. Vgl. ebd.,139.

Hoffman brach darauhin endgültig mit der offiziellen evangelischen Reformation und schloß sich den "Straßburger Propheten"
um das Ehepaar Jost an.

In den folgenden Jahren wurde Straßburg zum bevorzugten Ziel
der seit 1528 durch kaiserliche Mandate und Reichsabschiede
strafrechtlich verfolgten Täufer[1].

Da Bucer das Ende der evangelischen Kirche Straßburgs voraus-
sah, wenn den Täufern nicht bald Einhalt geboten würde[2], und
außerdem befürchtete, Straßburg werde seine geistige Führerstel-
lung im oberdeutschen Raum verlieren, wenn es weiter als Zuflucht s-
ort aller Sektierer galt, plante er, die Lehren der Abweichler
in einem öffentlichen Gespräch zu widerlegen und zugleich in
Straßburg eine feste Kirchen- und Sittenordnung einzuführen. Der
Rat beschloß dementsprechend, daß auf einer Synode vier seiner
angesehensten Mitglieder als Präsidenten die öffentliche Disputation der evangelischen Prädikanten mit den Sektierern leiten sollten[3]. Geladen waren die wichtigsten geistlichen und
weltlichen Amtsinhaber, die Prediger der Stadt und der Landgemeinden, die Kirchpfleger der Stadt, je zwei Delegierte der
Landgemeinden, die Lehrer der Schulen, die Vertreter der Kapitel, vier Schöffen von jeder Zunft und die Führer der "Abweichler" innerhalb Straßburgs, Clemens Ziegler, Melchior Hoffman
und Caspar Schwenckfeld[4]. Das Gespräch fand unter Ausschluß
der Öffentlichkeit statt, den Bürgern blieb der Zutritt zu den
Verhandlungen verboten, damit "der pöfel des orts nit rumöre
vnnd das gesprech zur mißordnung bringe"[5], in Wahrheit wohl
eher aus Furcht vor der missionarischen Aktivität der Sektierer.

---

1. Vgl. Koch 2,294; RTA 7.2,1325ff.,Nr.153: Mandat gegen die
   Wiedertäufer.
2. Vgl.Krebs-Rott,Täufer Elsaß 1,540,Nr.321 und 563,Nr.344;
   Krebs-Rott, Täufer Elsaß 2,1,Nr.353.
3. Quellen: "Eyn sendbrieff an alle gottsförchtigen liebha-
   ber der ewigen warheyt inn welchem angezeyget seind die
   artickel des Melchior Hofmans, derhalben yhn die lerer zu
   Straßburg als eyn ketzer verdampt...haben.Krebs-Rott,Täu-
   fer Elsaß 2,101ff.,Nr.399 und "Handlung inn dem offentli-
   chen gesprech zu Straßburg iungst im Synodo gehalten gegen

Auf der Vorsynode (3.-6.Juni 1533) sollten in Abwesenheit
der Sektierer,Landgemeinden und Schöffen zunächst die Glaubensartikel und kirchlichen Zeremonien festgelegt und das Leben
der Stadtprädikanten untersucht werden. Auf der Hauptsynode
(10.-14.6.) sollte dann in Gegenwart der Schöffen und der Vertreter der Landgemeinden über Lehre, Amtsführung und Lebenswandel
der Landpfarrer verhandelt werden. Erst nachdem die Einheit der
Lehre innerhalb der Straßburger Kirche hergestellt war, wollte
der Rat die Sektierer dieser nunmehr geschlossenen Front gegenüberstellen. Während der Hauptsynode trug Hoffman an zwei Nach-
mittagen seine Lehre vor, auf die Bucer antwortete[1]. Auch
Schwenckfeld kam zu Wort. Auf der Nachsynode (20.Juni 1533)
wurde dann festgestellt, daß die Argumente der Sektierer die
Prädikanten nicht überzeugt hatten, die alle bei ihrer früheren
Meinung geblieben seien[2].

For Bucer war diese Synode ein großer Erfolg. Er allein hatte die Auseinandersetzung mit den Täufern ausgetragen und die
vorgelegten 16 Artikel, zu der sich die Mehrheit der Straßburger Prediger bekannte,stammten von ihm.

Melchior Hoffman".(Straßburg 1533), Bucer,Deutsche Schriften 5,42ff.; vgl. ferner Krebs-Rott, Täufer Elsaß 1,578,
Nr.349 und ders. 2,3,Nr.357; vgl. Deppermann, Hoffman,249ff.
(4).Vgl. ebd.,2,21ff.,Nr.370 und 65,Nr.376.
(5).Ebd.,24,22f.,Nr.370. Vgl. ebd.,63f.,Nr.375 und 69,Nr.380.
1. Vgl. ebd.,113f.,Nr.402 (Bucer); 341f.,Nr.564 (Capito).
   Das unvollständige Protokoll läßt über den Verlauf der
   Debatte keine Aussagen zu; vgl. Deppermann, Hoffman,257.
2. Vgl. Krebs,Rott,Täufer Elsaß 2,94ff.,Nr.392.

3. Luther und Zwingli.

Das Marburger Religionsgespräch 1529 sollte dazu dienen, den
Abendmahlstreit aus der Welt zu schaffen und die Differenzen
der beiden Hauptrichtungen der neuen religiösen Bewegung zu
überwinden[1]. Der Gedanke eines Einigungsgesprächs wurde zuerst
von Oekolampad vorgetragen[2] und ist fast so alt wie die Diffe-
renz selbst. Er wurde zunächst in Straßburg und Zürich gehegt
und war theologisch, nicht politisch begründet. Treibende Kraft
für eine Vereinigung aller Evangelischen und einen Ausgleich
der dogmatischen Gegensätze druch ein Religionsgespräch wurde
dann Philipp von Hessen. Vor allem die Beschlüsse des zweiten
Speyerer Reichstages 1529 ließen dem Landgrafen eine Verbindung
mit den evangelischen Schweizern wünschenswert erscheinen, die
politisch über Straßburg zustandekommen sollte[3]. Dieser Reichstag hatte die Uneinigkeit der Evangelischen offenbar werden
lassen, als Sachsen das Bündnis vom gemeinsamen Bekenntnis
abhängig machte. Der Ulmer Gesandte Bernhard Besserer bat deshalb Philipp, den Gedanken zu verfolgen, "das des Luthers und
Zwinglins Partei sich mit ainander versprechen sölle"[4].

Am 1.Juli verschickte der Landgraf die offizielle Einladung.
Es sollte "ein freundlich undisputierlich Gespräch" über das
Abendmahl gehalten, "aber auch anderes" beredet werden[5].

Nach informellen Gesprächen zwischen Oekolampad und Luther
und zwischen Melanchthon und Zwingli am 1.Oktober begann tags
darauf morgens um sechs Uhr das Hauptgespräch[6] zwischen Luther

1. Die Quellen erörtert Köhler, Rekonstruktion; vgl. G.May
   (Hg): Das Marburger Religionsgespräch 1529. Gütersloh 1970.
   (Texte zur Kirchen- und Theologiegeschichte 13). Hier findet sich die Literatur bis 1970. Ergänzungen bei Locher,
   Zwinglische Reformation,319,Anm.320.
2. Vgl. Staehelin,Briefe und Akten 1,364f. an Willibald Pirk-
   heimer vom 25.April 1524; vgl. Köhler,Zwingli und Luther
   2,1.
3. Vgl. Hauswirth,Landgraf Philipp,58ff.
4. Köhler, Zwingli und Luther 2,25.
5. Vgl. ZW 10,185. Ähnliche Einladungen gingen an Luther und
   Melanchthon, Oekolampad, Jakob Sturm und Osiander; vgl.
   Köhler, Zwingli und Luther 2,51.

und Zwingli, unterstützt vom meist schweigenden Melanchthon und
Oekolampad. Es wurde in Anwesenheit des Landgrafen und vor
24-60 geladenen Gästen in deutscher Sprache geführt. Auf Luthers
Forderung hin wurde kein offizielles Protokoll angefertigt. Das
Gespräch wurde am 3.Oktober fortgesetzt. An beiden Tagen wurden
in vier Sitzungen (jeweils vor- und nachmittags) zahlreiche
Einzelgespräche[1] mit wechselnden Teilnehmern geführt. In der
Diskussion wurde nicht streng logisch vorgegangen, zumal keine
Thesen vorlagen, über die zu diskutieren gewesen wäre. Es ging
hin und her, mehrere Themen wurden angeschnitten, zu einer Ei-
nigung kam es nicht. Luther beharrte auf seiner Ablehnung der
Oberländer, was politische eine Niederlage des Landgrafen bedeu-
tete, der seine Bündnispläne mit Straßburg am Gegensatz des
Bekanntnisses gescheitert sah.

Trotzdem gab er nicht auf. Auf sein Drängen fanden zwischen
dem 3. und 5. Oktober zahlreiche Gespräche in kleinem Kreis
statt. Am Abend des 3. und des 4.Oktobers unterbreiteten die
Lutheraner den Oberländern Unionsformeln, die diese jedoch zu-
rückwiesen[2]. Wieder griff Philipp von Hessen ein. Er setzte
Luther unter Druck und erteilte ihm den Auftrag, das aufzuzeich-
nen, worin man sich einig geworden sei. Luther entwarf am 4.
Oktober nach der Vorlage der Schwabacher Artikel die 15 "Marburger Artikel"[3], die Zwinglianer verlangten nur geringe Änderungen und unterzeichneten.

Zwingli und Luther schrieben sich beide den Sieg zu. Bucer
traf dagegen in einem Kommentar der Marburger Artikel die Feststellung, daß ein colloquium kein certamen und es daher verfehlt

---

(6). Zum Verlauf vgl.Locher, Zwinglische Reformation,323f.,
     Köhler,Zwingli und Luther 2,86ff.; Köhler,Rekonstruktion,
     49ff.; der.,Religionsgespräch,32ff.
1.   Vgl. ders.,Zwingli und Luther 2,86.
2.   Vgl. ebd.,113ff. und Locher, Zwinglische Reformation,325f.
3.   Vgl. WA 30/3,160ff. Vgl. Susi Hausammann: Die Marburger
     Artikel - eine echte Konkordie? In: ZKG 77 (1966),288ff.

sei, hier einen Sieg erringen zu wollen. "Vincat Christus, non nos"[1].

Diese Bewertung liefert eine gute Charakteristik des Marburger Gesprächs: es handelte sich um ein Kolloquium ohne Präsidenten und ohne Schiedsrichter. Keine Seite rückte von ihrem Standpunkt ab und weder Luther noch Zwingli hätten sich auch einem irgendwie gearteten Schiedsgericht gebeugt. Der Hauptgegensatz blieb unverglichen.

4. Städtische Religionsgespräche nach 1530 als Legitimation bestehender Zustände.

Nach 1530 übernahm das Religionsgespräch in den Städten eine neue Funktion. Mit der Festigung der protestantischen Bewegung und dem Erstarken ihrer Anhänger lieferte es nicht mehr die rechtliche Grundlage für den Übertritt eines Gemeinwesens zur Reformation, sondern rechtfertigte eine schon erfolgte Reformation, bildete den Ausgangspunkt für eine Kirchenordnung oder räumte auch nur mit den Resten der alten Kirche auf. Die Gesprächs-und Disputationsform wurde dabei dem Zweck entsprechend weitgehend verlassen und auch rein formal nicht mehr gewahrt. Oft handelte es sich nur noch um ein Verhör und um die Forderung nach uneingeschränkter Zustimmung zu schon getroffenen Maßnahmen.

So wurde in G ö t t i n g e n[2] Ende Februar 1531 ein Religionsgespräch geplant, das sich gegen die letzte katholische Bastion in der Stadt, das Franziskanerkloster, richten sollte. Den Anstoß gaben zwei Geistliche aus Hessen, von denen der Bacc.theol. Jost Winter an der Homberger und wohl auch an der Marburger Dis-

1. August Lang: Der Evangelienkommentar Martin Butzers. Leipzig 1900,409.
2. Vgl. Moeller, Zwinglis Disputationen 2,320ff; zuletzt H.Volz (Hg): Franz Lubecus, Bericht über die Einführung der Reformation in Göttingen im Jahre 1529. Göttingen 1967 ,mit ausführlichen Angaben. An neuerer Literatur vgl. H.Volz: Die Reformation in Göttingen. In: Göttinger J. 15 (1967),49ff.

putation teilgenommen hatte. Das Religionsgespräch wurde als über-
lokale Veranstaltung geplant, die beiden Geistlichen stellten 28
Thesen auf[1] und luden die führenden hessischen Theologen Erhard
Schnepf, Adam Krafft u.a. zur Teilnahme ein[2]. Verhindert wurde das
Gespräch durch den Landesherrn, Herzog Ernst von Braunschweig-Ca-
lenberg, der fürchtete, die Kontrolle über die Stadt zu verlie-
ren, und daher das Religionsgespräch in einem Schreiben an den
Rat verbot[3].

In U l m[4] war die Entscheidung zum Übertritt zur Reformation mit
dem Augsburger Reichstag gefallen. Nach einer Abstimmung in den
Zünften über den Augsburger Reichsabschied wurden die bedeutend-
sten Theologen des oberdeutschen Protestantismus Bucer, Oekolampad und Blarer mit der Neuordnung der kirchlichen Verhältnisse
beauftragt[5]. Ihr Programm sah auch ein Religionsgespräch vor, zu
dem durch ein obrigkeitliches Mandat die Ulmer Geistlichkeit für
den 5.Juni 1531 auf das Rathaus zitiert wurde, um dort "weitters
vnnsers beuelchs (zu) erwartten"[6]. Ein wirkliches Religionsgespräch
fand aber nicht statt; die Geistlichen wurden von einer Ratsdeputation empfangen, die mit der Durchführung der Reformation beauftragt war, ferner von dem evangelischen Prädikanten Sam und den
drei auswärtigen Theologen. Nach der Verlesung von 18 von Bucer
verfaßten Thesen[7] wurden die Geistlichen einzeln "ain jeder in abwe-
sen dess andern"[8] zur Stellungnahme aufgefordert. Die meisten der
148 Verhörten lehnten diese Artikel zwar ab, waren jedoch zu einer
sachlichen Auseinandersetzung nicht in der Lage. Der Prior der
Dominikaner Köllin und der Pfarrer der Ulmer Landstadt Geislingen

---

1. Druck bei Tschackert,Johann Sutel,73ff."Diese nachfolgende Artickel wollen Magister Johann Sutel vnd Jost Winter verkündiger
   Göttlichs worts mit bewerter Göttlicher warheit schrifft widder
   das Bepstliche volck Inn Göttingen erhalten".
2. Vgl. ebd.,9f.
3. Vgl. Hasselblatt-Kaestner,239f.,Nr.510.Herzog Erich an Göttingen,
   8.Februar 1531.
4. Vgl. Moeller,Zwinglis Disputationen 2,323ff.
5. Vgl.Keim,Reformation Ulm,221ff. und Endriss; Naujoks, Obrigkeitsgedanke,73ff.
6. Zit.nach Moeller,ZwinglisDisputationen 2,326.
7. Text bei Endriss,115ff.   8.Zit.nach Moeller,Zwinglis Disp.2,327

Dr. Georg Oßwald weigerten sich mit den bekannten Argumenten, vor diesem Forum zu disputieren. Ihnen wurde befohlen, sich schriftlich zu äußern. Oßwald legte bald eine umfangreiche Schrift vor, worauf der Rat beschloß, am 27.Juni im Rathaus nochmals ein Gespräch zu veranstalten, wozu sich "die fürnemen vnnser gaystlichen in der Statt vnd vff dem land, auch ettlich von vnnsern Burgern vnd vnderthonen vnd denen von Geyßlingen"[1] versammelten. Als Oßwald erneut die Disputation verweigerte, kam Bucer zu dem Schluß, die Katholiken hätten "nichts gruntlichs noch schrifftlichs wyder die lehr, so wir als christenlich angenommen haben, erlangen mögen"[2]. Schon am 6.August 1531 trat die evangelische Kirchenordnung in Kraft.

Das Ulmer Vorgehen fand in der Umgebung viele Nachahmer. In E ß l i n g e n gebot im August 1531 ein Ratsmandat die evangelische Predigt[3]. Der Rat veranstaltete im November nach Ulmer Vorbild eine Abstimmung in den Zünften, die eine Entscheidung für die Reformation ergab, und trat dem Schmalkaldischen Bund bei. Schließlich verhörte er am 13.November die Geistlichen[4].

In L ü n e b u r g[5] erzwang eine Bürgeropposition gegen den altgläubigen Rat ein Religionsgespräch. Der evangelische Landesherr, Herzog Ernst der Bekenner, stellte der Stadt seinen Hoftheologen Dr. Urban Rhegius[6] zur Verfügung. Die Bürger und Rhegius suchten mit Hilfe eines Religionsgesprächs den endgültigen Sieg der neuen Lehre in der Stadt herbeizuführen. Es fand am 24.September 1532 in der Bürgerkirche statt. Anwesend waren Rhe-

---

1. Zit.nach ebd.,328.
2. Zit.nach ebd.,329.
3. Vgl. dazu ebd.,329ff. und Naujoks, Obrigkeitsgedanke,87.
4. Vgl. Naujoks, Obrigkeitsgedanke,88.
5. Quellen und Literatur zu Lüneburg bei Moeller,Zwinglis Disputationen 2,332, Anm.688.
6. Über Urbanus Rhegius vgl. jetzt Maximilian Liebmann: Urbanus Rhegius und die Anfänge der Reformation. Münster/W. 1980.(Reformationsgeschichtliche Studien und Texte 117). Das Religionsgespräch in Lüneburg 1532 ist nicht mehr berücksichtigt.

gius, zwei Doktoren, vier Ratsherren und der Stadtschreiber als
"assessoren", dazu "ein folk". Nach Rhegius' Worten war die Disputation bestimmt zu "fried und einigkeit der statt und erforschung der wahrheit"[1]. Über den Verlauf sind wir kaum unterrichtet. Es waren nur neun "papisten" anwesend "und haben nur 3 pfaf-
fen arguirt, darnach ist die disputatio auß gewesen"[2]. Obwohl
kein Urteil gefällt wurde, ging die Reformation Lüneburgs weiter.
Am Jahresende wurde im Michaeliskloster das erste lutherische
Abendmahl gefeiert und ein evangelischer Abt gewählt.

A u g s b u r g trat im Sommer 1534 zum Protestantismus über.
Schon am 21.Januar 1533 ermahnte eine Eingabe der evangelischen
Prediger den Rat, keine falsche Lehre in der Stadt zu dulden[3],
worauf dieser versprach zu prüfen, wie man die kirchlichen Verhältnisse umgestalten könne[4]. Bei diesen Überlegungen tauchte
der Plan auf, mit Hilfe eines Religionsgesprächs eine Entscheidung herbeizuführen[5]. Nach dem Zerfall des Schwäbischen Bundes
und einer für die Reformationspartei günstigen Ratswahl im Januar 1534 ging der Rat daran, die Reformation offiziell einzuführen[6]. Dabei wurde wie in anderen Städten das Religionsgespräch
benützt, um eine Rechtsbasis für diese Entscheidung zu gewinnen.
Eine Ratsdeputation wandte sich im März 1534 an die Domherren
und schlug ihnen vor, zur Abstellung der zwiespältigen Predigt
in der Stadt ein Religionsgespräch zwischen den Predigern zu
veranstalten, das von beiden Seiten paritätisch besetzt sein sollte; die Prediger sollten " in christenlicher Beschaidenheit, brü-
derlicher Liebe und höchster Begier des Friedens und der Einig-

1. Zit. nach Moeller,Zwinglis Disputationen 2,334.
2. Zit. nach ebd.,335.
3. Text bei Roth, Augsburgs Reformationsgeschichte 2,135f.
4. Die Instruktion für den vom Rat dafür eingesetzten Ausschuß
   ebd.,137ff.
5. In einem Schriftstück des mit der Beratung beauftragten
   Ausschusses heißt es, es sollte entweder "ein bruderlich
   vnd christenlich gespesch" veranstaltet werden, oder, wenn
   dies wegen der katholischen Forderung nach sachverständigen
   Richtern nicht zustande käme, eine öffentliche "disputacion
   vnnd rechtfertigung... vor der gemainen christenlichen kirchen vnnd versammlung alhie". Zit. nach Moeller, Zwinglis
   Disputationen 2,337.
6. Zum Folgenden vgl. Roth,Augsburgs Reformationsgeschichte 2,
   151ff.

keit" zusammenkommen, um die strittigen Fragen "durch die heilige
göttliche, unfehlige Schrift zu erwägen und zu erörtern"[1]. Die
Domherren erklärten dagegen, es bestünde keine Hoffnung auf einen
Ausgleich durch ein Religionsgespräch, da die evangelischen Prediger unter sich uneins seien und ein Gespräch nur dann Sinn habe,
wenn einem von beiden Seiten anerkannten Richter die Entscheidung
zustünde. Das Wort Gottes könne dieser Richter nicht sein, da über
dessen Auslegung der Streit ja ginge. Sie erklärten sich jedoch
bereit, "ain(em) frei gesprech und disputacion" vor dem Augsburger Bischof als dem zuständigen Ordinarius zuzustimmen oder, wenn
dieser nicht genehm sei, vor dem Bischof von Freising oder Eichstätt oder vor einer der naheliegenden Universitäten. Als Aus-
weg, der in früheren Religionsgesprächen von den Altgläubigen nie
angeboten worden war, hielten sie auch ein Gespräch vor der weltlichen Instanz für möglich, "zuvorderst vor dem Kaiser, dem König
oder den Herzögen von Bayern"[2], die alle den Vorteil hatten, der
alten Religion anzugehören. Bei Ausbleiben einer gütlichen Einigung sollte der Augsburger Bischof Richter sein, der zu entscheiden hätte, "weß sich eur und unser prediger bis zum kinftligen
gemein oder nacionalconcilium halten sollten"[3]. Damit war der
Plan gescheitert, die Reformation über das Religionsgespräch einzuführen, und der Rat stellte seinen Briefwechsel mit dem Domkapitel ein. Ende Juli erließ er dann ohne Religionsgespräch sein
Reformationsmandat. Als Rechtsgrund für die Einführung der Reformation galt jetzt die Verweigerung der Disputation. Der Rat erklärte
sich zum Handeln gezwungen, da die altgläubige Partei sich nie "in
ainich cristenlich und brüderlich gesprech, zu ainer vergleichung
dienstlich, wie oft es an sie gesunnen worden ist, begeben wellen"[4].
Es sollte nun solange nur die evangelische Predigt in der Stadt
erlaubt sein, bis die Altgläubigen ihre Lehren aus der Schrift beweisen könnten.

---

1. Ebd.2,156.
2. Ebd.,159.
3. Die Chroniken der deutschen Städte vom 14. bis ins 16.Jahrhun-
   dert. Bd.23 (Augsburg Bd.4). Leipzig 1894,382f.;vgl. Roth,
   Augsburgs Reformationsgeschichte 2,161.
4. Text Sehling, Kirchenordnungen 12/2,44f. dazu Roth, Augsburgs
   Reformationsgeschichte 2,176ff.

G e n f hatte sich seit dem Burgrechtsvertrag mit Bern und Freiburg 1526 aus den Bindungen an Savoyen gelöst und der Reformation zugewandt. 1533/34 erzwang Bern die Rückkehr des Reformators Farel nach Genf. Im April 1535 legte der der Reformation zugetane Guardian des Franziskanerklosters Rive, Jaques Bernard, dem Rat fünf Thesen vor und bat um die Erlaubnis, zu einer geplanten Disputation Sachverständige laden zu dürfen. Der Rat erteilte die gewünschte Genehmigung und nahm die Sache selbst in die Hand. Die Veranstaltung sollte öffentlich angesagt, die katholische Geistlichkeit offiziell unterrichtet und den Teilnehmern freies Geleit zugesichert werden.

Die Disputation wurde am 30.Mai 1535 im Auditorium des Klosters Rive eröffnet[2]. Der Rat, der neutral bleiben wollte, hatte den Kreis der acht Ratsverordneten, die die Aufsicht führen sollten, paritätisch zusammengesetzt. Das Religionsgespräch wurde jedoch vom Domkapitel boykottiert: Nur zwei Altgläubige widersprachen den Evangelischen. Obwohl alle Kontroversen zur Sprache kamen, begegnete der Rat den Wünschen der Evangelischen nach praktischen Konsequenzen mit Zurückhaltung, bis es im August zu einem Bildersturm kam. Daraufhin forderte der Rat am 12.August die Vertreter der Mendikantenklöster vor sich, suchte dann die Weltgeistlichen beim Dekan des Domkapitels auf und las beiden Gruppen eine Zusammenfassung der Ergebnisse der Disputation vor. Die Mönche und Priester äußerten sich jedoch nicht,und die Angelegenheit blieb unverändert. Erst im Mai 1536 wurde Genf nach einer Abstimmung im Conseil général evangelisch[3].

---

1. Literatur bei Moeller, Zwinglis Disputationen 2,340,Anm.737.
2. Das Protokoll ist nicht erhalten. Ein Bericht von Farel bei Th.Dufour: Un opuscule inédit de Farel:Le résumé des actes de la dispute de Rive (1535). In: Mém. et docum. publ. par la Soc. d´ hist. et d´archéol. de Genève 22 (1886),217ff.
3. Vgl. Moeller, Zwinglis Disputationen 2,343.

Im Frühjahr 1536 hatte Bern in einem raschen Feldzug das Waadt-
land erobert[1]. Um das bisher katholische Land zu reformieren,
wurde in der Bischofsstadt L a u s a n n e eine zentrale Disputation veranstaltet[2]. Das Ausschreiben vom 16.Juli 1536[3] das
in Genf gedruckt wurde, lud alle Geistlichen des Landes und die
Verwalter aller Pfarreien ein, sicherte den Teilnehmern freies
Geleit zu und verlangte die Argumentation allein aus der Bibel.
Das Religionsgespräch fand vom 1.-8.Oktober 1536 in der Kathe-
drale von Lausanne statt. Zwei evangelische und zwei katholische
Präsidenten aus Bern und Lausanne und vier Notare waren anwesend,
dazu wohl der Rat von Lausanne und Vertreter anderer Kommunen,
außerdem 174 Geistliche und Abgeordnete der Klöster. Zehn Thesen
von Farel lagen den Verhandlungen zugrunde. Farel und Viret erläu-
terten als Respondenten die Thesen und trugen die Hauptlast der
Auseinandersetzung. Verhandelt wurde in französischer Sprache.
Als ein Altgläubiger sie verweigerte, da er beim Disputieren
nicht daran gewöhnt sei, wurde er von den Evangelischen über
den eigentlichen Zweck der Disputation belehrt. Die meisten Anwesenden verstünden das Lateinische nicht "et nous sommes ici
pour eux et non pour vous, afin qu'ils entendent la vérité"[4].
Auch in Lausanne versuchten die Altgläubigen, sich der Konfrontation zu entziehen. Das Domkapitel protestierte dauernd, und
nur wenige Katholiken beteiligten sich an dem Gespräch. Als daraufhin nach einigen Tagen das Reglement geändert und die Priester reihum einzeln gehört werden sollten, blieben diese in
der Mehrzahl der anberaumten Sitzung einfach fern. Trotzdem
war die evangelische Partei von ihrem Sieg überzeugt. Am 19.
Oktober 1536 erließen die beiden Räte von Bern ein Mandat, in
dem sie feststellten, die zehn Thesen von Lausanne seien mit
der Bibel als wahr erwiesen. Die Gegner hätten sich der Disputation entzogen und wären den Beweis ihrer Lehren aus der Bibel

---

1. Zum Folgenden vgl. ebd.,344ff.
2. Hauptquelle ist das Protokoll: A.Piaget(Hg): Les actes de
   la dispute de Lausanne 1536. Neuchatel 1928.
3. Text ebd.,3f.
4. Ebd.,130f.

schuldig geblieben. Alle katholischen Zeremonien, Bilder und
Altäre seien abzuschaffen[1].

Zwei Monate später schrieb ein zweites Berner Mandat dem Land
die evangelische Konfession vor.

VI. Ergebnisse der Kapitel III-V: Religionsgespräche als
Auseinandersetzungen zwischen Theologen.

in den ersten Jahren nach dem Wormser Reichstag boten die Ver-
künder der neuen Lehre überall zu ihrer Rechtfertigung theologische Diskussionen an. Die Doktoren unter ihnen, wie Nikolaus
von Amsdorff in Wittenberg oder Heß in Breslau forderten zu re-
gelrechten akademischen Disputationen heraus, die aber ebenso
wie die anderen Diskussionen meist nicht zustande kamen.
Aber auch Nichtdoktoren wollten disputieren: 1523 forderte
der Lutherschüler Heinrich von Zytphen in Bremen den dortigen
Inquisitor, die Dominikanerprediger und den Bremer Domtheologen
vergeblich zur Disputation auf[2]. In Stralsund wollte der Prädikant Christian Ketelhot mit dem dortigen Inquisitor Dr.Heinrich
Went disputieren[3], in Magdeburg versuchten evangelische Prediger im Herbst 1524 in den städtischen Kirchen die Domgeistlichen
zu widerlegen[4]. Wenn es den Prädikanten in späteren Jahren gelang, die Unterstützung der zuständigen Obrigkeit zu gewinnen,
setzten sie ihre Disputationen mit dem gewünschten Erfolg durch,
so z.B. in Oldersum 1525, wo der Junker Ulrich von Dornum in

1. Vgl. Moeller, Zwinglis Disputationen 2, 348.
2. Vgl. F.Iben:Heinrich von Zytphen. Halle 1886.(SVRG 12),57f.
3. Vgl. Scheib, Stralsund und Greifswald,17ff.
4. Vgl. F.Hülsse: Die Einführung der Reformation in der Stadt
   Magdeburg. In: Geschichtsblätter für Stadt und Land Magdeburg 18 (1883),303ff. und Scheib, Hamburg,53.

der dortigen Kirche eine Disputation veranstaltete, die allerdings auch ohne direkte Folgen blieb[1]. In Celle veranlaßten Ende 1525 die evangelischen Prädikanten über die Herzöge den Guardian und die Prediger der Franziskaner, sich einer Disputation
zu stellen, die in Anwesenheit der Herzöge, des Bürgermeisters,
des Rates und der Geschworenen stattfand. Sie brachte den Mön-
chen das herzogliche Gebot, sich "des predich amptes eine tydt
to entholden" bis sie sich besser aus der Schrift rechtfertigen
könnten, was aber ohne Folgen blieb[2].

Als Verteidiger des alten Glaubens traten vor allem die Dominikaner hervor[3]. 1524 veranstalteten sie in Koblenz eine Disputation zur Bekämpfung der neuen Lehre. Das Ausschreiben nannte
als Ziel: "Ein Christlich anzeygung wider die Lutheranische
irrende und falsche lerung sal disputiert werden zu Covelentz
in der Prediger broeder Capittel uff kumftig hogezeyt des hilli-
gen Sacramentz"[4]. Über den Verlauf sind wir nicht unterrichtet.
Erhalten ist lediglich die Rede eines jungen Geistlichen, der
riet, die Abtrünnigen durch liebevolle Ermahnung zur Kirche zurückzuführen. Wo dies nicht helfe, sollte man sich nicht scheuen,
die Ketzer zu beseitigen, um Ansteckung zu verhindern. Er warnte
vor dem Umgang mit den Ungläubigen und vor ihren Gesprächen[5].

Die Altgläubigen boten, wenn sie sich in einer günstigen Position befanden, ebenfalls die Disputation an. So forderte
1525 der Rostocker Theologieprofessor Dr.Barthold Moller den

---

1. Vgl. Ohling,Junker Ulrich von Dornum,111ff.
2. Vgl. A.Wrede: Die Einführung der Reformation im Lüneburgi-
   schen durch Herzog Ernst den Bekenner. Leipzig 1887,68f.
3. Vgl. Paulus, die deutschen Dominikaner und E.Polman: Die
   polemische Methode der ersten Gegner der Reformation. Münster
   1931.
4. Zu Ausschreiben und Thesen vgl. W.Rotscheid: Propositionen
   zu einer Disputation über Luthers Lehre im Dominikanerkloster
   zu Coblenz aus dem Jahre 1524. In: Monatshefte für Rheinische Kirchengeschichte 1 (1907),433ff.
5. Vgl. auch H.Reimer: Die Einwirkung der Reformation aus Coblenz im 16.Jahrhundert. In: Monatshefte für Rheinische Kirchengeschichte 5 (1911),267ff.

evangelischen Prädikanten Slüter zu einer akademischen Disputation vor die theologische Fakultät, um ihn dort zu widerlegen[1], aber Slüter wich mit Hilfe des Rostocker Rates diesem für ihn gefährlichen Glaubensgericht aus.

Für die Auseinandersetzungen zwischen den Vertretern der alten und der neuen Lehre boten sich die Formen des kirchlichen Prozeßwesens und der akademischen Disputation an. Für das Religionsgespräch zwischen den beiden Parteien blieb letztlich nur das Vorbild der Disputation, da der kirchliche Prozeß vor einem Forum ausgetragen wurde, das die Evangelischen nicht mehr als Autorität anerkannten. Das erste Religionsgespräch ist denn auch die Leipziger Disputation, in der Luther gemäß 1.Petr. 3,15 und Apg.5,17-42 seinen Glauben in der akademischen Diskussion rechtfertigte. Daß Begegnungen dieser Art anfänglich ohne "politische" Folgen blieben, lag an ihrem zunächst rein akademischen Charakter.

Folgenreich wurden erst die Religionsgespräche, die auf der Grundlage des Schriftprinzips vor der die Gemeinde repräsentierenden Obrigkeit und den verordneten Bürgern veranstaltet wurden. Zwingli gilt als "Erfinder" dieser "politischen Disputation"[2] oder Ratsdisputation,indem er die akademische Diskussion in veränderter Form vor dem Rat der Stadt, also einem Laiengremium, für die reformatorische Bewegung einsetzte[3]. Die Ratsdisputation war öffentlich und für alle verpflichtend, sie bot ein Forum für die geistige Auseinandersetzung innerhalb der Bürgerschaft und für die Klärung der kirchlichen Fragen. Darum wird sie von Moeller auch als ausgesprochen städtisches Phänomen erklärt. Die Züricher Disputationen wurden rasch an vielen Orten nachgeahmt, so kann man bis 1530 eine Fülle gemeinsamer Merkmale ausfindig machen[4].

1. Vgl. A.Vorberg: Die Einführung der Reformation in Rostock. Halle 1897 (SVRG 58),31.
2. Moeller, Zwinglis Disputationen 2,350; siehe oben S.35ff, 44ff.
3. Vgl. Locher, Zwinglische Reformation,622.
4. Vgl. die Arbeiten von Moeller und Scheib.

Den Anstoß, ein Religionsgespräch zur Klärung der kichlichen
Lage zu veranstalten, bildeten vielerorts die nach dem Aufkommen
der evangelischen Predigt entstandenen Kanzelagitationen zwischen
den Predigern, Tumulte und Angriffe auf die altgläubigen Prediger, durch die "wir arme einfaltigen irre (werden) vnd wissen nit,
wo hinusz vnd wem zu volgen, dadurch auch wir an vnser selen
seligkeit verhindert, das doch zu erbarmen ist"[1]. Mit diesen Worten baten die Zünfte den altgläubigen Rat in Schlettstadt am
8./9.Februar 1525 um eine "disputation ... in dütscher sprach"[2].
Es ging hier um die Wahrung des Stadtfriedens und die Sicher-
stellung des Seelenheils seiner Bewohner durch die "richtige" Predigt. Für beides hatte die Obrigkeit zu sorgen.

In der Regel schrieb der Rat ein Religionsgespräch aus und übernahm dessen Vorbereitung. Im Rahmen ihres schon im Spätmittelalters ausgebildeten Kirchenregiments nahm die städtische Obrigkeit
das Recht in Anspruch "... zu verfugen, das iren underthanen das
heilig ewangelion klar, lauter und unvermischt von menschlicher
leer und zusatzen verkundigt werde"[3], dazu gehörte auch, daß
sie alle Prediger der Stadt zur Rechenschaft ziehen und mißliebi-
gen das Predigen untersagen konnte. Kaum jemals waren die Initia-
toren dieser städtischen Religionsgespräche auf eine wirkliche
Verständigung zwischen den Parteien aus, ebensowenig übrigens die
meisten Teilnehmer. Der Zweck der Veranstaltung war vielmehr die
Wahrung oder Wiederherstellung des Stadtfriedens nicht durch den
Ausgleich, sondern durch die "Widerlegung" und die dann folgende
Ausschaltung der unterlegenen Partei. Hinter diesem Verfahren
steckte die Notwendigkeit, mit Hilfe eines Religionsgesprächs die
"rechtliche" Begründung für die Einführung der Reformation zu liefern, durch die ja neben dem kirchlichen auch das politische und
rechtliche Leben völlig umgestaltet wurde. Im Religionsgespräch
vor dem Rat trafen sich die reformatorischen Motive mit dem Interesse der städtischen Obrigkeit, ihr Kirchenregiment auszubauen.

1.Chr.F.Walther: Histoire de la Réformation et de l´école litté-
   raire à Sélestadt. Thèse Straßburg 1843. Appendice,6f.
2.Ebd.; vgl. auch Moeller, Zwinglis Disputationen 2,254.
3.Pfeiffer, Quellen,382.

Gestützt wurde dieses Bestreben durch die Entwicklungen in der
Reichspolitik, die den Ständen die Zuständigkeit für die Behandlung der reformatorischen Frage vorläufig überließen.

Der Teilnehmerkreis setzte sich gewöhnlich aus den Geistlichen
der Stadt (des Territoriums), wobei sich unter diesen in der Regel zwei Parteien bildeten, und dem Rat der Stadt zusammen. Dieser führte die Oberaufsicht und fällte das Urteil als Richter.
Er ernannte meist ein Präsidium aus zwei bis drei Honoratioren,
die nach dem Vorbild der akademischen Disputation die Veranstaltung zu leiten hatten. Im übrigen war die Bürgerschaft (Gemeinde)
als Zuhörer zugelassen.

Vorbild für die Religionsgespräche waren neben der Leipziger
Disputation vor allem die Züricher Disputationen mit ihren charak-
teristischen Abwandlungen der akademischen Form. Zumeist wurden
Thesen oder Artikel zugrundegelegt und häufig wurden diese durch
Reihumfragen diskutiert. Argumentationsgrundlage war die Bibel
(Schriftprinzip), Verhandlungssprache war deutsch bzw. in der
Schweiz am entsprechenden Ort französisch, damit die Gemeinde
folgen konnte.

Die Verhandlungen fanden meist auf dem Rathaus oder, wenn dort
kein geeigneter Raum sich fand, in der Stadtkirche statt und wurden in der Regel sorgfältig von Protokollanten aufgezeichnet.
Anhand dieser Protokolle fällte der Magistrat dann sein"Urteil"
über den Ausgang des Gesprächs.

Entscheidend wichtig für die Rechtswirksamkeit der Religionsgespräche wurde, daß die Obrigkeit ganz selbstverständlich von
Anfang an das Amt des Schiedsrichters übernahm und ihre Urteile
auch durchsetzen konnte. Obwohl die Schrift nicht nur als Grundlage der Predigt, sondern auch als Richter über sie angesehen
wurde[1], bedurfte die gefundene Wahrheit doch des starken Armes
der weltlichen Obrigkeit, um sich durchzusetzen. Umgekehrt heißt
das auch, daß Religionsgespräche, deren Ergebnis keine politische
Macht exekutierte, keinerlei praktische Wirkung hatten.

Der Haupteinwand der Altgläubigen gegen die Religionsgespräche,

---

1. Vgl. die Rede Scheurls am 3.März 1525 zur Eröffnung des Religionsgesprächs in Nürnberg, Seebaß, Religionsgespräch, Belege 2,
   494.

die von den Anhängern der neuen Lehre veranstaltet wurden, war immer die Instanz des Schiedsrichters. Sie forderten das Richteramt einer kirchenrechtlich anerkannten Institution wie Papst, Kaiser, Bischof oder einer anerkannt rechtgläubigen Universität wie Paris, Köln oder Löwen. Meist verwiesen sie auf das Konzil als das allein zuständige Forum für die Austragung der Religionsfrage oder sie zogen sich gleich auf das Disputationsverbot des Kaisers zurück. Dagegen stand auf evangelischer Seite die Forderung nach dem Schriftbeweis und der Behandlung der Bibel als einziger Autorität.

Da die Altgläubigen und die Evangelischen ihre Prinzipien von Anfang an kompromißlos handhaben und sich über diese in keine Diskussionen einließen, war jede Konzession in diesen Fragen unmöglich und damit zugleich eine wirklich sachliche Auseinandersetzung. Die unterschiedlichen theologischen Prinzipien verhinderten nicht nur eine objektive Entscheidung, sondern führten auch zu unterschiedlicher Gestaltung der Gespräche, vor kirchlichen Instanzen oder vor der Gemeinde, mit oder ohne Richter. Ein Religionsgespräch war für eine Partei nur dann von Vorteil, wenn ihre eigenen Regeln und Prinzipien Anwendung fanden, was sie aber für die Gegenseite sofort unannehmbar machte. Obwohl die Ablehnung der gegnerischen Grundsätze eigentlich jede Entscheidung unmöglich machte, behielt die Disputation erstaunlicherweise ihr öffentliches Ansehen und wurde nach wie vor zur theologischen Rechtfertigung kirchenpolitischer Maßnahmen eingesetzt . Entscheidend für ihre weite Verbreitung war die Tatsache, daß der Vorsatz, durch eine Thesendisputation die Wahrheit zu finden, dem allgemeinen Rechtsempfinden entsprach, dies galt für Religionsgespräche ebenso wie für Universitätsdisputationen. Zugrunde liegt die Vorstellung, daß, wer in der Debatte Sieger bleibt, auch das Recht auf seiner Seite hat. Verweigerte Disputationen hatten dieselbe Wirkung wir abgehaltene, da die Verweigerung als Einverständnis der Unterlegenheit in der Sache angesehen wurde. Dies brachte die altkirchliche Par-

tei in eine schwierige Position: Sie konnte den Vorrang der
Schrift prinzipiell nicht bestreiten; ließ sie sich auf ein Religionsgespräch ein, so erkannte sie faktisch dessen Voraussetzungen
an, verweigerte sie die Teilnahme, so unterlag sie durch die Verweigerung des Gesprächs automatisch.

Um aus einem Religionsgespräch, einer Diskussion über theologische Fragen überhaupt rechtliche Konsequenzen ziehen zu können,
wurde schon in Zürich die theologische Debatte mit einem Prozeß
vor der weltlichen Obrigkeit verbunden. Aus dieser Verbindung mit
Verfahren wegen der Einhaltung von Predigtmandaten, wegen des
Bruchs des Stadtfriedens oder wegen Beleidigungsklagen, gewann
das Religionsgespräch erst seine politisch-rechtliche Durchschlags-
kraft.

"Erfolgreich" durchgeführte Religionsgespräche brachten als Ergebnis den Sieg der eigenen Position, d.h. bei den Ratsdisputatio-
nen die Einführung der Reformation über das Gebot der schriftge-
mäßen Predigt und das Verbot der Messe, bei der Disputation in Baden das Gebot der Predigt der "alten" Lehre und der Eindämmung der
reformatorischen Bewegung. Mit der Durchsetzung der einhelligen
Predigt und der Ausschaltung der oppositionellen Prediger gelang
damit die Wiederherstellung des Stadtfriedens.

Religionsgespräche waren in den 20er und 30er Jahren keine Instanz objektiver Entscheidung, sondern Kampfmittel zur Rechtfertigung und Verteidigung der eigenen Überzeugung mit Hilfe einer
politischen Macht.

Ebensowenig wie die Religionsgespräche zwischen den Vertretern
der alten und der neuen Lehre, waren die Gespräche im evangelischen Lager selbst auf einen Ausgleich angelegt. Schon ganz früh
begannen die Auseinandersetzungen der Reformatoren mit den Radikalen in den eigenen Reihen. In Gesprächen versuchte Zwingli die
Täufer, Luther die Schwärmer (Karlstadt) zu widerlegen, schließlich trafen Luther und Zwingli in derselben Absicht aufeinander.
Die Auseinandersetzungen mit den Täufern zogen sich erfolglos
über Jahrhunderte hin und wurden in Disputationen und später in
Synoden geführt. In der Flensburger Disputation gegen Melchior

Hoffman finden wir nach Züricher Vorbild ein Streitgespräch, in
dem die weltliche Obrigkeit die Entscheidung in einer geistlichen
Frage beansprucht und durchsetzt. Durch die ungleiche Gewichtsver-
teilung wurden die Täufer in einem ausgesprochenen Vernichtungs-
kampf ausgeschaltet.

Nach 1530 wandelte sich die Absicht, die die Veranstalter mit
einem Religionsgespräch verfolgten, und damit dessen Funktion.
Nicht mehr die Einführung der Reformation stand zur Debatte, sondern ihre Konsolidierung und Organisation, für die das Gespräch
die Rechtsgrundlage liefern sollte. Besaß die evangelische Partei
die Übermacht, so verzichtete sie ganz auf ein Religionsgespräch[1]
und führte die Reformation aus eigener Machtvollkommenheit ein
oder setzte sich über den Ausgang eines Gesprächs, das ihren Ab-
sichten nicht entsprach, einfach hinweg.
Das Religionsgespräch war ein wichtiges Mittel unter anderen,
die neue Lehre vor allem in städtischen Gemeinwesen durchzusetzen.
Es spielte diese Rolle in den Jahren bis zum Ausgsburger Reichstag
1530. Schon danach änderten sich seine Aufgaben und sein Charakter.

---

1. Bei der Einführung der Reformation in Hildesheim nach der Besetzung des Herzogtums Braunschweig-Lüneburg durch Sachsen und
Hessen 1542 hielt der Dominikaner-Weihbischof Balthasar Fanne-
mann im Dom eine Predigt und erbot sich zu einer öffentlichen
Disputation. Die angesprochenen Reformatoren, vor allem Bugenhagen wollten sich jedoch nur auf eine schriftliche Auseinandersetzung einlassen, und der Rat verbot dem Weihbischof das
Predigen. Vgl.J.Gebauer:Geschichte der Stadt Hildesheim,Bd.1.
Hildesheim-Leipzig 1922,327.

VII. Das Religionsgespräch als Mittel der kaiserlichen Poli-

tik und als Reichsveranstaltung 1530-1546.

1. Die Religionspolitik Karls V. 1530-1538.

Im Juni 1530 kehrte Karl V. nach neunjähriger Abwesenheit ins
Reich zurück. Nach seinem Sieg über Frankreich und der Versöhnung mit dem Papst, die in der Kaiserkrönung ihren Ausdruck fand,
setzte er sich zum Ziel, die zerrissene Glaubenseinheit wiederherzustellen, um alle Kräfte des Reiches gegen den türkischen Feind
aufbieten zu können. In der Speyerer Protestation 1529 war die
religiöse Spaltung offen zutagegetreten, als sich die religiös
abweichende Minderheit gegen alles Herkommen weigerte, sich der
Mehrheit anzuschließen.

Karl V. glaubte sich in seiner Eigenschaft als Vogt der universalen Kirche verpflichtet, für die Wiederherstellung des einen
Glaubens, aber auch für die Erneuerung dieser einen Kirche durch
innere Reformen Sorge tragen zu müssen. Wie es im Reichstagsausschreiben für Augsburg hieß, wollte er "eines jeglichen Opinion
und Meinung" gleichermaßen anhören und "fleissiglich" erwägen[1].
In der Proposition vom 20.Juni gab er das Verfahren für diese Anhörung an: "ein itzlicher... sein gutbeduncken, Opinion und Meinung der berurten Irrtung unnd zwispalt, auch misbreuch halben,
was der die geistlichen gegen die weltlichen unnd herwider die
weltlichen gegen die geistlichen, oder unndter sich selbst, oder
durch einannder haben mugen, zu Teutsch und latein inn schrift
stellen unnd uberantworten, damit diese Irrung unnd Zwiespalt
dester besser vernuhmen und erwegen, auch zu einem einmutigen
Christlichen wesen dester schleuniger also wider pracht und verglichen mugenn werdenn"[2].

1. Förstemann, Neues Urkundenbuch 1,3f.
2. Ebd.,308f.Zum Augsburger Reichstag von 1530 vgl. jetzt zusammenfassend: H.Lutz: Kaiser, Reich und Christenheit. Zur weltge-
schichtlichen Würdigung des Augsburger Reichstages 1530. In:
HZ 230 (1980),57ff., bes. 68ff.

Bewußt wurde hier die neutrale Formulierung gewählt und damit
die offizielle Reichspolitik der letzten zehn Jahre ignoriert:
Es ist keine Rede von getrennten Religionsparteien, sondern nur
von Irrtümern und Mißbräuchen zwischen verfeindeten Ständen. Aber
gerade das war für die Protestanten von vornherein problematisch.
Der Verlauf des Augsburger Reichstages entsprach weder den Erwartungen des Kaisers noch denen der Protestanten. Nach dem üblichen Verfahren wurde schriftlich verhandelt, und die evangelischen
Fürsten legten eine Zusammenfassung ihrer Lehren vor, ohne eigentlich gewillt zu sein, über diese Grundbestandteile des neuen Glaubens in Verhandlungen einzutreten. Nach der Verlesung der Confessio
Augustana[1] am 25.Juni 1530 vor Kaiser und Ständen arbeiteten die
altgläubigen Stände gemäß dem schriftlichen Verhandlungsmodus
in langwierigen Verhandlungen die Confutatio aus, die endlich am
3.August verlesen wurde[2]. Damit hielt der Kaiser die Protestanten
für widerlegt. Diese jedoch verlangten eine Abschrift der Confutatio, um prüfen zu können, wieweit deren Argumente durch die
Schrift begründet seien[3]. Die kaiserliche Partei befürchtete nun
eine endlose Verschleppung des Reichstags durch langwierige Disputationen, andererseits sollte dieser nicht auseinandergehen, ohne die Einigung in der Glaubensfrage mit allen friedlichen Mitteln
versucht zu haben. Daher wurde jetzt vom schriftlichen Verfahren
abgegangen und der Weg zu Ausschlußverhandlungen eingeschlagen.
Dabei verhandelten je sieben Vertreter der beiden Konfessionspar-
teien - je zwei Fürsten, zwei Juristen und drei Theologen-, der
sogenannte Vierzehnerausschuß über die strittigen Glaubensartikel.
Der Kaiser beanspruchte das Richteramt, inderm er sich die Entscheidung über alle Fragen des Glaubens selbst vorbehielt[4].

---

1. Text der CA in Bekenntnisschriften,[4]1959,44ff. Zur CA, der Confutatio und dem Augsburger Reichstag vgl. die Aufsätze in E.
   Iserloh (Hg): Confessio Augustana und Confutatio. Der Augsburger Reichstag 1530 und die Einheit der Kirche. Münster/W.1980.
   (Reformationsgeschichtliche Studien und Texte 118).Zur Rolle
   der CA in den Religionsgesprächen vgl. Scheib,Auslegung der
   Augsburgischen Konfession auf den Religionsgesprächen. In:ebd.,
   652ff.
2. Text der Confutatio in H.Immenkötter:Die Confutatio der Confessio Augustana vom 3.August 1530.Münster/W.1979 (CCath33),74ff;

Der Vierzehnerausschuß verhandelte im Auftrag des Reichstags und stellte eine Art Religionsgespräch dar, bei dem allerdings der Sieger nicht von vornherein feststand.

Eine Schlüsselstellung bei diesen Verhandlungen kam Luther zu, der von der Koburg aus die Augsburger Vorgänge verfolgte[1]. Luther hat eine beiderseits befriedigende Übereinkunft in der Lehre nie für möglich gehalten - er erstrebte statt dessen die Erhaltung und Sicherung des politischen status quo. "Non sane, ut de dogmatibus unquam fiat concordia (quis enim Belial cum Christo sperat conciliari?), ... sed, quod optem paeneque sperem, dissensione dogmatica suspensa, politicam concordiam fieri posse"[2]. Entsprechend äußerte er sich gegenüber dem Erzbischof von Mainz: "Habe auch des keine hoffnung, das wir der lere solten eines erden"[3]. Folgerichtig lehnte er alle Einigungsformeln ab, die die konfessionellen Gegensätze nur verschleiernd überdeckten. Was er in der Religionssache für möglich hielt, war ein politischer Friede, in dessen Schutz sich Gottes Wort selbst durchsetzen werde. Kompromisse in Glaubensdingen hielt er für unsinnig, da man über den Glauben nicht disputieren könne. Melanchthon erhielt denn auch die strikte Anweisung, in den noch folgenden Verhandlungen keine Zugeständnisse mehr zu machen.

---

vgl. auch Immenkötter, Reichstag zu Augsburg und die Confutatio,44ff.Mehrfach gab der Kaiser den altgläubigen Theologen Faber, Eck und Cochläus u.a. die Entwürfe der Confutatio zurück und ermahnte sie, die Differenzen zu mildern, da er die Unterschiede im Glauben für nicht so groß hielt. Vgl. die Darstellung bei Immenkötter, Einheit im Glauben,11ff.
(3). Vgl. CR 2,251f.
(4). Zum inhaltlichen Verlauf der Verhandlungen vgl. Immenkötter, Einheit im Glauben,24ff.; Rassow,Politische Welt,40ff.; Jedin, Konzil 1,205ff. Zur Haltung der Protestanten in den Ausschußverhandlungen vgl. G.Müller:Die Anhänger der Confessio Augustana und die Ausschußverhandlungen. In: Iserloh, Confessio Augustana und Confutatio,243ff. Über die katholischen Berichte über die Ausschußverhandlungen vgl.E.Honée, in: ebd.,258ff. Zum Vierzehnerausschuß vgl. Immenkötter, Reichstag zu Augsburg und die Confutatio, 32ff., zu Sechserausschuß ebd.,37ff.,zu den Sonderverhandlungen ebd.,39ff.
1. Vgl. Immenkötter, Einheit im Glauben,52ff.
2. WA Br 5,458,6ff.Luther am 9.Juli 1530 an Justus Jonas.
3. WA 30/2,399,4f.Luther am 6.Juli 1530 an den Erzbischof von Mainz. Vgl. auch entsprechende Äußerungen gegenüber Melanchthon WA Br 5,470,2ff., gegenüber Jonas, Spalatin, Melanchthon

Ende August drängeten in Augsburg alle Beteiligten auf eine
baldige Entscheidung; noch einmal wurde ein Ausschuß eingesetzt,
nachdem sich das größere Gremium als entscheidungsunfähig erwiesen hatte. In diesem Sechserausschuß befanden sich die Theologen
bezeichnenderweise in der Minderheit: je einer von jeder Seite gegenüber je zwei Juristen. An eine Religionseinigung konnte unter
diesen Umständen nicht gedacht werden. Aber auch der Plan einer
politischen Übergangslösung scheiterte. Am 28.August wurden die
Verhandlungen ergebnislos beendet.

Nun trat der Kaiser an die Stelle der Ständeverhandlungen.
Karl V. verhandelte, nachdem der den Abschlußbericht der Ausschußverhandlungen entgegengenommen hatte, auf Bitten der katholischen
Stände persönlich mit den lutherischen Fürsten, erzielte jedoch
kein Ergebnis. Daraufhin bot er das Konzil an, unter der Bedingung, daß bis zum Abschluß desselben alle Neuerungen abgestellt
würden, was die Protestanten am 9.September ablehnten. Die katholischen Stände drängten daraufhin auf eine schriftliche Stellungnahme über das Ziel der kaiserlichen Religionspolitik; so
entand die wichtige Denkschrift über die Sache des Glaubens[1].
Der Kaiser hatte erwartet, durch sein persönliches Eingreifen
die Abgewichenen zur römischen Kirche zurückführen zu können.
Daß ihm dies mit dem Hinweis auf eine subjektive Gewissensent-
scheidung abgeschlagen wurde, hat ihn persönlich verletzt; er
hielt den Andersdenkenden vor, daß er mehr Autorität und Reputation vor Gott habe als sie[2], erinnerte, daß er "ihr Haupt und
rechter, natürlicher Herr und Beschirmer ist der gemeinen Christenheit" und versicherte, "bei unserem alten, langhergebrachten,
wahren, christlichen Glauben zu bleiben und sich keineswegs da-
wider bewegen zu lassen". Er hielt die Konzilsforderung der Protestanten für berechtigt, hoffte aber, "daß sie mittlerzeit zu

---

und Agricola WA Br 5,480,23ff. und gegenüber Melanchthon am
26.August 1530 WA Br 5,578,42f.:"Summa, mihi in totum dis-
plicet tractatus de doctrinae concordia, ut quae plane sit
impossibilis, nisi papa velit papatum suum aboleri".
1. Französische Fassung vom 11.September bei Rassow, Kaiser-
Idee,401ff.
2. Vgl. Hatzfeld, Staatsräson,32f.

einmütiger Vergleichung des Glaubens und Haltung unserer Mutter, der heiligen Kirche, wieder kommen würden"[1].

Ende September schlug er dann vor, das Konzil abzuwarten und bis dahin zur alten Ordnung zurückzukehren[2]. Im Entwurf des Reichsabschieds von 23.9.1530 erklärte er die CA für widerlegt und die Religionsverhandlungen für gescheitert. Als der Kaiser forderte, die Protestanten sollten bis zum 15.April 1531 ihre Zustimmung zu den noch unverglichenen Artikeln geben, zogen die evangelischen Stände, voran Johann von Sachsen, nach Hause, wobei sie ausdrücklich gegen die kaiserlichen Vorschläge protestierten. "Ich habe sorg, das wir nimer mehr so nahent zur samen khumen werden als zur Augspurg"[3]. Trotz des Mißerfolgs der Verhandlungen bezeugt dieses Urteil Luthers, daß Protestanten und Katholiken einer Einigung niemals wieder näher gekommen sind als auf dem Reichstag zu Augsburg 1530. Denn immerhin wurden die Augsburger Gespräche auf beiden Seiten noch in dem Bewußtsein geführt, der einen christlichen Kirche anzugehören[4].

Alle nach 1530 abgeschlossenen Vereinbarungen mit den Protestanten galten "usque ad concilium", das als für die Austragung von Glaubensstreitigkeiten einzig zuständiges Forum galt. Auf dieses Konzil arbeitete der Kaiser hin, wurde aber durch die Politik der Kurie dann doch immer wieder auf den Weg der Verhandlungen mit den Ständen verwiesen[5].

2. Die Wendung zu den Reichs-Religionsgesprächen.

Da das Drängen Karls V. auf die sofortige Einberufung des Konzils im Juni 1538 sowohl beim Papst als auch bei Franz I. auf

---

1. Immenkötter, Einheit im Glauben,82f.
2. Vgl. Hassinger,154.
3. WA Tr4,495,7ff.
4. Vgl. Müller,Die römische Kurie,111f. und Immenkötter,Einheit im Glauben,102f.
5. Vgl. dazu Müller, Die römische Kurie und Friedensburg, Paul III. und Karl V.; ferner H.Jedin: Die Päpste und das Konzil in der Politik Karls V.In: P.Rassow-F.Schalk (Hgg): Karl V.Der Kaiser und seine Zeit.Köln-Graz 1960,104ff.

Ablehnung gestoßen war, wurde endgültig deutlich, daß die Konzilspolitik nicht zu einer schnellen Lösung der innen-und außen-
politischen Schwierigkeiten führen würde. Andererseits bot eine
Initiative des brandenburgischen Kurfürsten die Aussicht, durch
Verhandlungen mit den Protestanten den religiösen und politischen
Frieden herzustellen. Da sich der Papst, Frankreich und die Protestanten seinen Konzilsplänen widersetzten, griff der Kaiser
diesen Vorschlag auf. Damit trat an die Stelle des Konzilsplanes,
der die kaiserliche Politik in den letzten Jahren beherrscht
hatte, der Gedanke an eine Verständigung zwischen den Glaubensparteien, die vor und unabhängig von einem Konzil versucht werden sollte[1]. Auch dem Papst kam dieses Angebot nicht ungelegen.
Wenn bei den bevorstehenden Gesprächen der kuriale Einfluß gewahrt bliebe, bestand hier vielleicht eine Möglichkeit, die
Protestanten zur alten Kirche zurückzuführen[2]. Kaiser und Papst
beschlossen, auf den Vorschlag Joachims II. einzugehen, den
Kardinal Aleander als Legaten nach Deutschland zu schicken und
das Konzil zu vertagen. In Genua trat am 28.Juni die Kardinals-
kongregation zusammen, die die Verabredung zwischen Kaiser und
Papst zum Beschluß erhob und das Konzil auf Ostern 1539 ver-
tagte[3].

Ferdinand hatte das Angebot Joachims II., als Vermittler mit
den Protestanten zu verhandeln, unterstützt. Er wußte, daß man
den Protestanten Zugeständnisse werde machen müssen, da nur
mit ihrer Unterstützung eine wirksame Türkenhilfe zustandekommen konnte. Ein weiterer Grund für den Kaiser, in die Vergleichsverhandlungen einzuwilligen, war das gespannte Verhältnis zu
Frankreich[4]; er mußte versuchen, die evangelischen Fürsten von
einem Bündnis mit Franz I. abzuhalten.

---

1. Vgl. W.Friedensburg NB 2,53,Anm.3.Seine Einleitung zu den
   Nuntiaturberichten bietet eine eingehende Darstellung der
   päpstlichen und habsburgischen Religionspolitik in NB 2,18ff.
   und NB 3,48ff.; sie wird fortgesetzt von L.Cardauns NB 4,
   XLVII f.
2. Vgl. Augustijn, Godsdienstgesprekken,12ff.
3. Vgl. Concilium Tridentinum 4,167,Nr.125.Vgl. Korte, Konzilspolitik,17.
4. Vgl. Rosenberg, Kaiser und die Protestanten,23f.

- 114 -

In den nächsten zwei Jahren wurde daher der Kaiser zum entschiedenen Vertreter des Ausgleichsgedankens und nahm den 1530
gescheiterten Versuch, im Rahmen des Reiches und mit Hilfe der
Institutionen der Reichsverfassung die Religionsspaltung zu
überwinden, wieder auf.

Die Initiative Joachims II. von Brandenburg ging auf ein Treffen mit Ferdinand im Mai 1538 in Bautzen zurück[1]. Bei dieser
Gelegenheit bat der König den Kurfürsten um Unterstützung bei
der Türkenabwehr, die Joachim in beträchtlichem Umfang zusagte,
und erörterte zusammen mit dem Nuntius Morone und Joachim II.
die Konzilsfrage; dabei vertrat dieser die Meinung, gegen das
Zugeständnis des Laienkelchs und der Priesterehe werde ein Ausgleich mit den Protestanten nicht unmöglich sein. So entstand
der Gedanke direkter Verhandlungen mit diesen. Joachim erkärte
sich bereit, den Versuch zu machen, die katholischen und die protestantischen Reichsstände zu einigen, um von allen eine ausrei-
chende Türkenhilfe zu erlangen[2].

Zunächst mußte Joachim die Protestanten für seinen Friedens-
plan gewinnen. Er teilte ihnen zunächst mit, daß König Ferdinand
einen dauerhaften Frieden wünsche, ohne das schwierige Problem
der Herstellung der religiösen Einheit zu erwähnen. Die Protestanten gingen darauf ein und baten König Ferdinand, Ludwig V. von
der Pfalz und Joachim II. als ihre Bevollmächtigten anzusehen.
Aber dies ging dem König zu weit: Ludwig V. war ihm in kirchlicher Hinsicht genauso verdächtig wie Joachim II.; er wollte beide nur als Vermittler ansehen. In dieser Eigenschaft sandte
Joachim eine Anzahl von Vorschlägen, wie ein Friede mit dem Kaiser zu bewerkstelligen sei, an die Höfe der Protestanten. Er
fügte hinzu: "Noch solchen abgehandelten articeln wölten sein
churf. gnaden hoffen, auch die wege finden zu sein, domit man
durch bequeme wege einmall zu einem einmuthigen vorstand und
vorgleichung unser christlichen religion und glaubens kommen
möchten"[3]. Philipp von Hessen reagierte positiv:" und wan man

1. Vgl. ebd.40 und Neuser, Vorbereitung, 10f.
2. Vgl. Steinmüller, Kurmark Brandenburg, 42ff.
3. NB 4,492 (Nr.36 Anhang).

solcher articul verglichen were, dasdornach kei. Mt. mit der
zeit uf ein nacionalversamblung und freuntlich gesprech thedt
handlen, ... darmit die hauptsachen in der religion schwebend
mochten vertragen werden"[1].In der offiziellen Antwort der Führer
des Schmalkaldischen Bundes wurde dieser Gedanke wiederholt[2].
Alle Beteiligten kamen überein, zuerst politische Friedensver-
handlungen[3], dann theologische Gespräche zu führen. Joachim II.
gab die Antwort der Protestanten an König Ferdinand weiter und
bemerkte dazu, daß " nicht allein zu eusserlichen frieden gedacht,
sundern auch die zimbliche und christliche wege gesucht, domit
die innerliche gewissen und zwispalt des glaubens zu einmutigem
verstande und die heilige christliche Kirchen zu warer gotlicher
und christlicher einigkeit und gehorsam mocht gebracht werden"[4].

Das erste Ergebnis der neuen Politik Karls V. war der Frankfurter Anstand. Am 25.Februar 1539 begannen in Frankfurt die Verhandlungen mit den Fürsten und Städten des Schmalkaldischen Bundes in einer Sphäre des Mißtrauens. Erschienen waren der kaiserliche Vertreter, der Bischof von Lund Johann von Weeze, König
Ferdinands Räte und als Vermittler die Kurfürsten Joachim II.
und Ludwig V. Der päpstliche Legat Aleander blieb ausgeschlossen.
Von Weeze verhandelte durch die Vermittler geschickt mit den
Protestanten[5], um eine Vereinbarung über ein Religionsgespräch
zustandezubringen. Am 12.März schlugen die Vermittler den Protestanten vor,[6] jede Partei solle sechs Unterhändler benennen,

---

1. Ebd.,494 (Nr.37 Anhang).
2. Vgl. ebd. 495 (Nr.38 Anhang).
3. Die politischen Forderungen der Protestanten waren vor allem:
   Die Ausweitung des Nürnberger Religionsfriedens von 1532 auf
   alle protestantischen Fürsten und Städte, die inzwischen zum
   neuen Glauben übergetreten waren, die Besetzung des Reichs-
   kammergerichts durch Richter beider Parteien und die freie
   Verwaltung der Kirchengüter, die bei der Reformation angefal-
   len waren, d.h. keine Verkündigung der Reichsacht durch das
   Reichskammergericht aus religiösen Gründen.
4. NB 4,501f. (Nr.40 Anhang) am 26.Dezember 1538.
5. Vgl. zum Gang der Verhandlungen Fuchtel,Frankfurter Anstand,
   160ff.
6. Vgl.Winckelmann, Pol.Corr. Straßburg 2, 568ff,,Nr.585 Beilage
   und Fuchtel, Frankfurter Anstand,172.

drei Theologen und drei Laien, denen der Kaiser zwei "unparteiische" Persönlichkeiten beigeben solle. Das Ergebnis der Beratungen müsse von Kaiser und Reichstag ratifiziert werden. Damit
war das von Karl V. in Augsburg 1530 beanspruchte Richteramt
des Kaisers in Glaubenssachen ausgeschlossen zugunsten einer
gemeinsamen Entscheidung der Reichsorgane. Eine Beteiligung der
Kurie an den Verhandlungen wurde nicht erwähnt. Am 2.April ließ
Weeze durch die Vermittler den Protestanten dann neue Vorschläge
unterbreiten[1]: Der Kaiser solle ungefähr auf den 1.August einen
Tag nach Nürnberg ausschreiben; dort sollten die Stände beider
Glaubensparteien einen Ausschuß versöhnlicher Theologen und Laien
wählen, der seinerseits einen engeren Ausschuß für die eigentlichen Verhandlungen zu bestimmen habe. Ob ein päpstlicher Vertreter hinzugezogen werden solle, habe der Kaiser zu bestimmen.
Kaiser und König sollten durch Bevollmächtigte vermitteln. Die
von dem Ausschuß erarbeitete Konkordie würde durch die bevollmächtigten Vertreter oder, wenn beide Parteien dies wünschten,
durch den Reichstag ratifiziert werden. Damit waren die formalen Voraussetzungen für das Religionsgespräch im wesentlichen
geschaffen, wenn auch einige Begriffe unklar blieben - vor
allem : Wer entschied über die "Versöhnlichkeit" der Verhandeln-
den?

Am 8.April erklärten sich die Protestanten im wesentlichen
mit diesem Vorschlag einverstanden, bestanden aber auf zwei Änderungen[2]: zum einen lehnten sie eine Beteiligung des Papstes an
den Verhandlungen unbedingt ab, zum anderen verlangten sie, daß
vor der Ratifizierung des etwaigen Ergebnisses auch abwesende
Stände diesem zugestimmt haben müßten.

Als Ergebnis der Verhandlungen wurde der äußere Rahmen festge-

---

1. Vgl. Winckelmann, Pol.Corr.Straßburg 2,589f.,Nr.600 Beilage.
2. Vgl. Hortleder 1,126 und Walch 17,396; Inhaltsangabe bei
   Winckelmann, Pol.Corr.Straßburg 2,601ff.,Nr.608 Beilage.

legt, innerhalb dessen später die Religionsverhandlungen auch
stattfanden: als Ausschußverhandlungen, die für einen Reichstag
lediglich Verhandlungsgrundlagen erarbeiten sollten. Die religiöse Einigung sollte wie eine politische Tagesfrage von den Ständen erörtert und zusammen mit dem Kaiser entschieden werden.
Umstritten war und blieb die Beteiligung der Kurie und die Frage,
wen man im Religionsstreit als unparteiischen Vermittler ansehen
könne.

Die Verhandlungen über die politischen Probleme nahmen längere
Zeit in Anspruch. Am 19.April schließlich wurde der Frankfurter
Anstand geschlossen[1], in dem festgelegt wurde, daß zum 1.August
1539 ein "tag" nach Nürnberg einberufen werden sollte, mit dem
Ziel, "daß in der religion als der rechten hauptsach ain gut
christlich und entlich vergleichung gemacht werde"[2]. Teilnehmen
sollten "die stend, der romischen kirchen anhängig, und die stend,
der Augspurgischen Confession und derselbigen religion verwant"[2]
und zwar zu den Bedingungen, die die Protestanten am 8.April vorgeschlagen hatten; außerdem wurde am 1.Mai den Anhängern der
Augsburgischen Konfession ein Anstand, d.h. eine Aussetzung des
Wormser Edikts aus dem Jahre 1521, eingeräumt.Sollte der Kaiser
die Ausweitung des Nürnberger Religionsfriedens aus dem Jahre
1532, von dem die später hinzukommenden Anhänger der CA ausgenommen waren, verweigern, so galt der Anstand für alle nur sechs
Monate lang; für die Dauer des Anstands waren alle Prozesse vor
dem Reichskammergericht ausgesetzt.

Dieses Resultat war für die Protestanten nicht ungünstig. Melanchthon sah die drohende Kriegsgefahr abgewendet[3], Bucer war
weniger zufrieden:"Wie wir dann warlich meer, dann man sagen kan,
schwerlich verergert haben treffliche leut bei deutschen und

1. Text bei Neuser, Vorbereitung,75ff.
2. Ebd.,78.
3. Vgl. CR 3,726,Nr.1824.

anderen nationen, das wir dem orator (=Weeze) so fil einge-
reumt haben"[1]. Calvin war erleichtert, daß die deutschen Fürsten
die schweizerische Kirche nicht im Stich gelassen, sondern sich
geweigert hatten, die "Sakramentierer" zusammen mit den Wiedertäufern von der getroffenen Vereinbarung auszuschließen[2].

Die Theologen interessierten sich natürlich am meisten für
das Religionsgespräch, den "tag", wie der Frankfurter Anstand
allgemein sagte.

Melanchthon sah in der Vereinbarung über das Religionsgespräch
ein ganz neues Mittel zur Überwindung der Glaubensspaltung:
"Magna res promittitur, ..., quae si serio suscipitur, ut quidem
affirmat orator Caesareus des Caesaris voluntate, exemplum novum
erit et memorabile. Nam Caesareus orator ait, Caesarem, etiam
dissentiente Pontifice, tamen comprobaturum esse vera iudicia
Germanorum, si inter eos convenire poterit"[3]. Noch weiter ging
Bucer, der hier große Aufgaben und Chancen zur Ausbreitung der
reinen Lehre erkannte: Jetzt könne man nicht nur aus der Heiligen Schrift, sondern auch aus den alten Konzilien und den Kirchenvätern die Wahrheit der neuen Lehre vollkommen beweisen "...und
mögen auch one zweivel bei dem gegenteil die hauptstuck christlicher reformation einfuren", denn die neue Lehre sei in der
alten Kirche so deutlich wiederzufinden, "dan nieman daruber mage,
er sie wie geschwind und listig er wölle"[4].

Mit dem Gedanken des Religionsgesprächs knüpften Kaiser und
Stände nun erstaunlicherweise nicht an die Tradition der "Rats-
disputationen", der Religionsgespräche in den Städten und Terri-
torien an. Diese Veranstaltungen blieben bei der Planung und
Durchführung der Reichs-Religionsgespräche völlig außerhalb des
Gesichtsfeldes; es handelte sich bei ihnen um innere Angelegen-
heiten souveränder Stände, deren Voraussetzungen und Zwecke auf
Reichsebene keine Entsprechung fanden. Hier wurde eine andere
Strömung bestimmend, nämlich eine Hauptforderung des christli-

1. Lenz 1,76,Nr.24; vgl. auch den Brief an Luther WA Br 8,424f.,
   Nr.332.
2. Vgl. Calvin: CR 10/2,330,Nr.164 und 341, Nr.169.
3. CR 3,700,Nr.1800, Melanchthon an Justus Jonas, 23.April 1539.
4. Lenz 1,73,Nr.24.

chen Humanismus, alle Schwierigkeiten durch Gespräche gebildeter und vernünftiger Menschen zu regeln. Auch um den religiösen
Frieden bemühte sich der christliche Humanismus auf dem Weg des
Vergleichs. Unter dem Einfluß Erasmus' waren diese Humanisten
der Ansicht, die Wahrheit müsse auf mittlerer Linie zwischen den
Parteien gesucht werden, und wollten in der Vergleichspolitik einen Weg zwischen Rom und Wittenberg finden und beschreiten[2]. Für
sie war im Grunde die Klärung der Kontroverspunkte letztlich
zweitrangig - wichtiger war, den gemeinsamen Besitz an christlicher Glaubenssubstanz herauszustellen. Diese Anschauung führte
allerdings nicht zu einem Ausgleich, sondern zur Verschleierung
der Gegensätze, indem ihr Vorhandensein bewußt oder unbewußt
nicht zur Kenntnis genommen wurde.

Die Gedanken der christlichen Humanisten zur Überwindung der
Religionsspaltung durch Gespräch und gütliche Übereinkunft waren erstmals in größerem Ausmaß beim Religionsgespräch von Leipzig 1534 in die Tat umgesetzt worden.

Im Frühjahr 1533 war es in Leipzig zu einer Zwangsausweisung
angesehender Bürger gekommen, da diese der lutherischen Lehre
anhingen. Um nicht noch mehr Kaufleute mit ihrem Vermögen und
ihrer Tüchtigkeit an die protestantischen Nachbarn zu verlieren,
veranlaßten die erasmisch gesinnten Räte Carlowitz und Julius
Pflug Herzog Georg dazu, wie 1519 zwischen den Vertretern des
alten und des neuen Glaubens eine Aussprache über die Möglichkeiten eines religiösen Vergleichs stattfinden zu lassen.

Kurfürst Johann Friedrich verhielt sich diesem Gedanken gegenüber nicht ablehnend, und so kamen am 29. und 30.April 1534
Vertrauensleute beider Parteien zusammen[3]. Von mainzischer Seite erschienen der Weihbischof von Halberstadt, denn Michael Vehe, der Propst der Stiftskirche zu Halle, und der Kanzler Dr.
Türk, ein Studiengenosse Pflugs. Den Kurfürsten vertraten Melanchthon und der Kanzler Georg Brück.Schließlich nahm Julius

---

1. Vgl. Stupperich, Der Humanismus,2ff.
2. Vgl. Jedin, Konzil von Trient 1,153f.
3. Zum Verlauf des Gesprächs vgl. CR 2,722ff., Hecker,50ff.
   und Stupperich, Der Humanismus, 40; zur Rolle der CA bei
   dem Leipziger Religionsgespräch von 1534 vgl. Scheib, Auslegung der Augsburgischen Confession,656.

Pfluq teil,offiziell als Beauftragter des Bischofs von Meißen, wahrscheinlich aber als solcher Georgs von Sachsen. Man einigte sich dahin, bei der Besprechung der einzelnen Artikel der CA dieselbe Ordnung einzuhalten wie in Augsburg 1530.

Trotz leidlicher Übereinstimmung in der Frage der Rechtfertigung und des Verdienstes der guten Werke kam es zu keinem greifbaren Resultat, weil Vehe in der Frage der Messe an dem Standpunkt festhielt, die Messe könne auch anderen Personen die Vergebung der Sünden erwirken, wodurch er die Seelenmessen erhalten wollte.

Der Abschied stellte als einziges Ergebnis den beiderseitigen Herren anheim, ob sie eine nochmalige Zusammenkunft in dieser Frage veranstalten wollten oder nicht.[1] Wie Melanchthon, der in seinem Bericht an den Kurfürsten durchblicken ließ, daß er einen Verzicht auf weitere Verhandlungen begrüßen würde[2], so schien auch die Gegenseite von der Aussichtslosigkeit einer Verständigung vorerst überzeugt.

Erst am Ende des Jahrzehnts unternahm man einen neuen Versuch.

1537 starb Herzog Georgs Sohn Johann, und neben dem zweiten schwachsinnigen Sohn Friedrich war nun der nächste Thronanwärter ein Protestant: Georgs Bruder Heinrich. Unter der Bevölkerung des Herzogtums war die religiöse Uneinigkeit gewachsen. Besonders die Bauern und Handwerker hingen der neuen Lehre an, daneben auch Teile des Adels, während die politisch einflußreichen Stände zumeist katholisch blieben[3]. Georg von Carlowitz wollte in dieser Situation zu einer friedlichen Lösung kommen[4]. Er sah die Glaubensspaltung vornehmlich von praktischen Gesichtspunkten aus als einen Zustand an, der die Wohlfahrt des Landes nach innen und außen gefährdete.

Im Oktober 1538 legte Carlowitz seine Reform- und Einigungs-

1. Vgl. CA 2,725.
2. Vgl. ebd.,725f.
3. Vgl. Brandenburg, Herzog Heinrich,192ff.
4. Vgl. Cardauns,1ff., Augustijn, Godsdienstgesprekken, 17ff. und zuletzt G.Wartenberg: Die Leipziger Religionsgespräche von 1534 und 1539. Ihre Bedeutung für die sächsisch-albertinische Innenpolitik und für das Wirken Georgs von Karlowitz. In:G.Müller, Religionsgespräche,35ff.

pläne Philipp von Hessen und später dem kursächsischen Kanzler
Brück vor: Die Laienfürsten sollten die Reform selbständig in
die Hand nehmen, da Episkopat und Klerus sich ihr zu entziehen
suchten. Carlowitz' Plan richtete sich auf eine allgemeine Reform, die überall zur gleichen Zeit durch die weltlichen Herr-
scher eingeführt werden müsse,"...und wie es also tausend jahr
nach der himmelfahrt Christi in der Kirchen gehalten ist worden,
wie es dann die alten lehrer der kirchen geschrieben und ge-
lernt haben"[1]. Vor die Reform setzte Carlowitz die Ermittlung
des Urteils der Experten: Im Auftrag der Laienfürsten sollte
eine Anzahl Gelehrter die Zustände der ersten 800 bis 1 000 Jahre
als Norm festlegen und die strittigen Fragen besprechen. Danach
sollte dann ein Konzil stattfinden.

Der Kern des ganzen Plans bestand in einer Einigung auf das
"Richtscheit", d.h. den Ausgangspunkt und die Norm einer grundsätzlichen Verständigung, der Alten Kirche, mit der eine sowohl
von Katholiken wie Protestanten vorzunehmende Reform verknüpft
werden sollte[2]. Carlowitz schlug dieses Richtscheit in der naiven
Ansicht vor, daß eine Verständigung über Glauben und Lehre der
ersten Gemeinden möglich sei und auf diese Weise theologische
Disputationen über Einzelfragen sich erübrigten, die bei den voraus-
gegangenen Gesprächen, etwa 1530 in Augsburg, zum Scheitern der
Verhandlungen geführt hatten. War man sonst immer von der Besprechung einzelner Kontroverspunkte ausgegangen und suchte schritt-
weise zu einer Einigung zu kommen, so wollte Carlowitz den umge-
kehrten Weg gehen: von der Feststellung grundsätzlicher Übereinstimmung in einer Generalformel zu ihrer Anwendung auf die einzelnen Probleme.

Die wichtigste Änderung gegenüber den bisherigen Religionsgesprächen war aber nicht formaler Art, sondern betraf den Gegenstand der Verhandlungen: An die Stelle der Heiligen Schrift und
der theologischen Disputation mit dem Ziel einer Einigung über

---

1. E.Brandenburg, Politische Korrespondenz 1, 23, Nr.17.
2. Vgl. Ditsche,Richtscheit, 468ff.

ihre richtige Auslegung als Grundlage einer Vergleichung, sollte
die vermeintlich fest umrissene Lehre der Alten Kirche treten,
die, wie man meinte, auf katholischer wie auf protestantischer
Seite allgemein anerkannt war.

Der Gedanke, die Urkirche als Vorbild einer Reform der Kirche
zu betrachten, war Tradition. Seit die Kirchenreformer des 11.
Jahrhunderts sich auf das urchristliche Ideal berufen hatten, war
die Forderung nach der Rückkehr zur "ecclesia primitiva" zum
Leitmoriv der Reformbewegungen des hohen und späten Mittelalters geworden. Auf altgläubiger wie auf protestantischer Seite
bestand dieselbe Hochachtung der Alten Kirche. Was lag näher,
als dieses Ideal für den Versuch einer Verständigung fruchtbar
zu machen?

Es gelang Carlowitz, außer seinem Landesherrn auch Kursachsen
und Hessen zur Entsendung von Politikern und Theologen zu bewegen. Am 2.Januar 1539 begannen in Leipzig die Verhandlungen[1].
In seinem Eröffnungsvortrag legte Carlowitz die Beweggründe
für das Gespräch dar. Er fürchtete, der Kaiser werde die religiösen Wirren in Deutschland in Verbindung mit dem Papst und
Frankreich so lösen, daß am Ende sich nur eine neue Befestigung
der geistlichen Gewalt herausstellen werde. Dann könne von religiösen Verbesserungen keine Rede mehr sein. Darum sei es notwendig, daß alle Stände, die die Reform wünschten, sich auf die
Basis der Lehren und Zeremonien der Alten Kirche stellten, um
so dem Kaiser geeint gegenübertreten zu können. Es ist dies
der Plan einer laikalen Einigung im Gegensatz zum Kaiser und
ohne Rücksicht auf die Kurie.

Bei den Debatten brach sofort das Problem der zeitlichen Festlegung der "Alten Kirche" auf. In ihrer Entgegnung auf Carlowitz suchten Bucer und Melanchthon diese zeitliche Begrenzung
enger zu fassen. Die Grenze erst im 8. oder 9.Jahrhundert zu
ziehen, hielten sie für unmöglich. Aber auch der Zeitraum bis
zu Papst Gregor dem Großen schien als Abgrenzung ungeeignet,

---

1. Vgl. CR 3, 621ff.,Nr.1762ff.; Lenz 1, 63ff.,Nr.23; Car-
   dauns 1ff., Hecker, 82ff.; Stupperich, Der Humanismus,44ff.,
   Augustijn, Godsdiensgesprekken, 17ff. zuletzt Wartenberg,
   Leipziger Religionsgespräche, 39f.

da auch bis zu dieser Zeit die Konzilsbeschlüsse und die Lehren
der Kichenväter untereinander widersprüchlich seien. Gegen Gregor den Großen wandten sie ein, er habe die Lehre vom Fegefeuer
und die Privatmesse eingeführt.

Wenn bald deutlich wurde, daß eine vorbehaltlose Anerkennung
des Richtscheits ohne vorherige Erörterung der Einzelfragen nicht
in Frage kommen könne, da beide Seiten über die Alte Kirche unterschiedlicher Auffassung waren[1], war damit das Konzept Carlowitz'
schon zusammengebrochen: Die Protestanten hielten als erstes jene
Disputation über einzelne Kontroverslehren für notwendig, die
Carlowitz durch seinen Vorschlag hatte vermeiden wollen. Damit war
der Erfolg der Verhandlungen bereits in seiner wichtigsten Voraussetzung gefährdet.

Das Resultat war ein Einigungsvorschlage für einige wenige Kontroverspunkte, in dem so entscheidende Streitfragen wie der Opfer-
charakter der Messe, die Transsubstantiation und die Siebenzahl
der Sakramente ganz übergangen waren. Er wurde von Georg Witzel
und Martin Bucer entworfen, Bucer veröffentlichte ihn 1545 unter
dem Titel "Ein christlich ungefährlich Bedenken"[2].

Die Bedeutung des Leipziger Gesprächs für die Entwicklung des
Religionsgesprächs liegt darin, daß es auf die Idee einer möglichen Übereinkunft durch theologische Verhandlung aufmerksam machte.

3. Die Vorbereitung der Reichs-Religionsgespräche 1539/40.

Am 19.April 1539 war der Frankfurter Anstand zwischen dem kaiserlichen Bevollmächtigten von Weeze und dem Häuptern des Schmalkaldischen Bundes geschlossen worden. Darin wurde festgelegt, "daß
in der religion als der rechten hauptsach ein gut christlich und
entlich vergleichung gemacht werde". Zu diesem Zweck sollte der
Kaiser "ainen tag" auf etwa den 1.August 1539 nach Nürnberg ein-

1. Vgl. Lenz 1, 67 und CR 3,626.
2. Text bei Cardauns, Unions-und Reformationsbestrebungen, 85ff.
   Zum Einigungsentwurf vgl. Wartenberg, Leipziger Religionsgespräche, 40.

berufen[1].

Schon am 8.April hatte Kurfürst Johann Friedrich einem nach England gehenden Gesandten die Erklärung mitgegeben, das Gespräch werde der Ausbreitung des Protestantismus förderlich sein, das päpstliche Konzil beiseite rücken und dem Schmalkaldischen Bund die Möglichkeit geben, in der Zwischenzeit ungestört zu rüsten[2]. Er sah das Religionsgespräch also unter doppeltem Aspekt: Als Mittel zum Zeitgewinn und als Möglichkeit missionarischer Wirksamkeit. Die Hoffnung auf einen Ausgleich in der Religionsfrage sprach er daher nicht aus, obgleich dieser Ausgleich offiziell im Vordergrund stand[3].

Auch sonst waren die Erwartungen gedämpft: Philipp von Hessen erwartete vom Gespräch kaum einen Erfolg, versprach aber, seine Abhaltung energisch zu betreiben[4]. Dieses Bestreben sollte in der Politik der Schmalkaldener in der nächsten Zeit denn auch eine beherrschende Rolle spielen.

In den Reihen der altkirchlichen Opposition wurde der Anstand mit Entrüstung aufgenommen, zumal der Kaiser sie an den Verhandlungen nicht beteiligt hatte. Zwar hatte Karl V. am 20.März den Nürnberger Bund endlich bestätigt[5], aber dennoch konnte er die altgläubigen Stände seiner Politik des Ausgleichs nicht geneigter machen. Vor allem Herzog Heinrich von Braunschweig und die bayerischen Herzöge wandten sich gegen diese Politik.

Die schwersten Angriffe auf den Anstand erfolgten von Seite der Kurie. Im Frankfurter Anstand war ihr für die kommenden Verhandlungen Sitz und Stimme vorenthalten worden, die sich bei Abwesenheit des Kaisers und Untätigkeit Frankreichs leicht zum gefürchteten Nationalkonzil entwickeln mochten. Mit diesen Über-

---

1. Siehe oben S.117.
2. Vgl. Maurer, Variata, 97.
3. Die außerordentlich enge Verbindung, ja die Einheit von Politik und Religion bei den Religionsgesprächen hebt besonders hervor C.Augustijn: Die Religionsgespräche der vierziger Jahre. In :Müller, Die Religionsgespräche, 44f.
4. Vgl. Lenz 1,84ff.
5. Vgl. NB 4,461,Amn.1.

legungen wandte sich Aleander an die Kurie und ersuchte sie, auf
jeden Fall die Ratifizierung des Anstands durch den Kaiser zu
hintertreiben.
Eine aufschlußreiche, wenn auch negative Stellungnahme zum
Religionsgespräch überhaupt hören wir aus der kurialistischen
Gruppe um Kardinal Albrecht von Mainz. Konrad Braun griff in einer Flugschrift das Vorhaben eines Religionsgesprächs an[1]. Dieses könne weder ein Reichstag sein - der sei für Religionsfragen
nicht zuständig - noch ein Konzil, das nur vom Papst einberufen
werden könne und von allen Nationen besucht werden müsse. Aus
den Reihen der Protestanten könnten zudem keine Schiedsrichter
genommen werden; diese seien weder verständig noch friedliebend
und erfüllten damit die in Frankfurt gestellten Bedingungen nicht.
Der Kaiser gab dem Protest der Kurie und der katholischen Fürsten
nach, ratifizierte den Anstand nicht und ließ den Termin für das
Religionsgespräch in Nürnberg verstreichen. Den Protestanten, die
auf die Erfüllung des Abkommens drängten, schenkte er kein Gehör.
Erst nach dem Ablauf des Waffenstillstands mit den Türken und der
Nachricht von Kriegsvorbereitungen in Frankreich nahm er im Herbst
1539 die Verhandlungen mit den Protestanten wieder auf. Er sandte
Johann von Weeze als seinen Bevollmächtigten nach Deutschland,
der im Schreiben vom 6.Dezember 1539 an den sächsischen Kurfürsten
die Protestanten aufforderte, sich zu einem "Religionskonvent"
bereit zu halten[2].

Daraufhin gingen die Schmalkaldischen Stände daran, das kommende Religionsgespräch vorzubereiten. Sie waren sich darüber einig,
daß an der CA, wie es Bucer ausdrückte, auch nicht "das wenigst
dupflein" geändert werden dürfte, d.h. sie wollten in den Lehr-
punkten den Gegnern ebensowenig nachgeben wie in den "nötigen
äußerlichen Stücken", also Heiligenanrufung, Zölibat u.s.w.
Nur in den "äußerlichen und mittlen Dingen" könne man Zuständ-

---

1. "Ain Gespräch aines Hofraths mit zwaien Gelehrten". Zit.
   nach Maurer, Variata,89,Anm.3.
2. Vgl. Mentz 2,212 und CR 3,869.

nisse machen[1].

Die Wittenberger Theologen sahen den künftigen Verhandlungen
sehr unwillig entgegen, denn sie waren inzwischen überzeugt, daß
die gegenwärtige Spaltung Gott gefalle und irreparabel sei, weil
Kaiser und Bischöfe ihre "Abgötterei und Irrtümer" nicht aufgeben wollten[2]. Die zehn Jahre seit dem Augsburger Reichstag von
1530 hatten nicht nur das Bewußtsein von der Tatsache der Trennung
tief eingegraben, sondern auch die Selbstgewißheit gekräftigt,
Vertreter der wahren fides catholica zu sein. Daher rührten auch
die Resignation über die Vergeblichkeit aller Einigungsversuche
und ein tiefes Mißtrauen gegenüber der Lauterkeit der Bemühungen
auf der Gegenseite. Bei Luther kam hinzu das Bewußtsein von der
Überflüssigkeit und Machtlosigkeit menschlicher Bemühungen in einer Sache, die er als Sache Gottes ansah. In ihrem Gutachten vom
18.Januar[3] sprachen die Wittenberger Theologen nur noch von einer
einzigen Möglichkeit einer Einigung: der Übernahme der eigenen
Lehre durch die Altgläubigen. Das Religionsgespräch wurde nur
noch als Gelegenheit angesehen, missionarisch für die eigene
Wahrheit Zeugnis abzulegen.

Neben dieser unnachgiebigen kursächsischen Haltung gab es die
konzessionsbereitere Partei, vor allem um Bucer und Philipp von
Hessen, der mit Empörung die ablehnende Haltung der Wittenberger
feststellte. Ohne die evangelische Lehre preisgeben zu wollen,
sah sie im Religionsgespräch eine Möglichkeit, zur Einheit zu
kommen, ohne der Glaubenssubstanz Schaden zuzufügen. Bucer schickte eine Denkschrift über das kommende Vergleichsgespräch - er
nannte es bezeichnenderweise "Synode" - an den Kanzler Brück und
erklärte es für unbedenklich, die CA als Richtschnur für die Verhandlungen zu benutzen. Nur wünschte er im ganzen eine Verstärkung des Nachweises, "wie unser confession und haltung der alten
lere der vetter gantz gemeß ist"[4], was schließlich doch auf eine

1. Vgl. Bucer an Philipp von Hessen am 14.1.1540 Lenz 1,128;
   vgl. ferner WA Br 9,9f.,Nr.3431, Luther,Jonas, Bugenhagen
   und Melanchthon an den Kurfürsten vom 7.1.1540. Zur Frage der
   Gesprächsgrundlage vgl. Augustijn, Religionsgespräche der vierziger Jahre,45ff.
2. Vgl. WA Br 9,36.
3. Text ebd.,21ff.,Nr. 3436.
4. Lenz 1,121 (25.12.1519) und 127ff. (14.1.1540).

Überarbeitung des Textes der CA hinauslief.

Daß dann das Wittenberger Gutachten auf dem Schmalkaldischen Bundestag als Bekenntnisgrundlage angenommen wurde, ist vor allem die Folge eines Kompromisses zwischen Melanchthon und Bucer[1]. Damit trat es zwar nicht an die Stelle von CA und Apologie, aber doch in den Rang eines offiziellen Interpretationsdokuments. Der Landgraf forderte darüber hinaus "einen kurzen Begriff unser Religion", d.h. ein neues Bekenntnis, und zwar von Melanchthon.

In der Tat ist später in Worms das Wittenberger Gutachten in die CA eingearbeitet worden: das Ergebnis war die Confessio Augustana Variata.

Im Frühjahr 1540 gab der Kaiser dann den Weg zum Religionsgespräch als Mittel der Reichspolitik frei. Auf dem Schmalkaldischen Bundestag ließ er vortragen, "das kaiserliche majestät lieber wolt die sach in der güte dann sonst hingelegt sehen; ihr majestät würde aber von vil leuten angezaigt, uns (=den Evangelischen) were nit ernst zu der vergleichung, sonder erbüten uns allain desselben, die sach damit ufzuziehen, bis wir unsern vortail ersehen möchten; ... wo uns aber ernst were, so möcht ihr majestät leiden, das die sach durch wenig personen verhandlet (werde)"[2].

Wie die evangelischen, so verhielten sich auch die katholischen Reichsstände in der Stellung zum Religionsgespräch nicht einheitlich. Es gab wie dort zwei Gruppen, Anhänger einer kompromißlos kurialen Haltung und Vertreter der konzilianteren Vermittlerpartei.

Die ersteren forderten die Unterwerfung der Protestanten unter einen Konzilsbeschluß, da sie ein Konzil als den einzigen Weg zur Religionsvergleichung ansahen, wofür sie Belege aus

---

1. Vgl. Maurer, Variata,106ff.
2. Winckelmann,Polit.Correspondenz Strassburgs 3,44,Nr.27.
   Bericht des Straßburgischen Gesandten vom 15.April 1540.

der Kirchengeschichte anführten[1]. Der Bischof von Würzburg,
Konrad III. von Thüringen, schrieb dazu am 29.Mai 1540:"(Er)
were deshalben entschlossen, sich weder vil noch wenig in ainig
handlung einzulassen oder darein ... zu bewilligen"[2].Inzwischen
solle der Exekution des Kammergerichts kein Hindernis in den
Weg gelegt werden, damit jedem gebührendes Recht geschaffen werde.

Am nachdrücklichsten formulierten diese ablehnende Haltung die
Führer des Nürnberger Bundes, die Herzöge von Bayern und Braunschweig. Voran stand wie immer die Versicherung, "in unserer heyligen religion mit hilf und genad des almechtigen zu verharren,
auch alle menschliche not darum zu gedulden"[3]. Die bayerischen
Herzöge sprachen die Hoffnung aus, Karl V. und Ferdinand würden überhaupt nicht über eine "vergleichung" zwischen den Religionsparteien verhandeln lassen, da die Erfahrung gezeigt habe,
daß die "abgesonderten von irn haubtarticln nit weichen"[4]. Würden dagegen die Altgläubigen in die Ordnungen der Protestanten
willigen, so müßte man auch sie als von der Gemeinschaft der
heiligen Kirche Abgewichene ansehen, wodurch der letzte Irrtum
größer wäre als der erste. Vor allem warnten die Herzöge vor
einer neuen Disputation über Artikel des Glaubens, da dadurch
"bishere nichts guets erstanden... und nie erhört worden ist, das
die abgewichen, so im irrtungen verharrt, die schrift ... anderst
dann nach irem willen und verstandt ratslagen oder versteen haben lassen wellen"[5]. Eine "vergleichung" war für sie nur dann
möglich, wenn "die abgewichen vor irm irrtungen gar absteen und
sich mit uns und gemainer chrisstnlichen kirchen vergleichen"[6].

---

1. Vgl. die Instruktiondes Märkgrafen Ernst von Baden für seinen Gesandten Johann Astmann, Propst in Pforzheim bei Gmelin,
   171ff. und ARC 3,122,Nr.72.
2. In seiner Instruktion für den Domkapitular Damiel von Stibar,
   den Kanzler Dr.Georg Farner und den Sekretär Ewald Kreuznacher,
   ARC 3,116,Nr.70.
3. Ebd. 93,Nr.58, Brief Wilhelms IV. an Ferdinand vom 22.März
   1540.
4. Ebd.,104f.,Nr.58. Gesandteninstruktion vom 10.Mai 1540.
5. Ebd.,105,Nr.66.
6. Ebd.,106.

Die zweite Gruppe war vor allem durch den Bischof von Freising, Philipp Pfalzgraf bei Rhein, und Albrecht von Mainz vertreten. Philipp von Freising instruierte seinen Kanzler Dr.
Georg Spiess (Beheim), daß er zwar das Konzil an sich für die
bessere Möglichkeit des Ausgleichs halte; da aber ersichtlich
sei, daß es in guter Zeit nicht stattfinden werde, halte er
es für "nit undienstlich, sonder nutzlich furträglich und gut
sein, so von baiden tailen fromb erbar gelert und schidlich männer furgenommen verordnet und nidergesetzt worden, welhe die
sachen fur handen nämen, ... damit, ... die sachen zu aim gleichen christlichen verstand gestellt werden möchten"[1].

Der Erzbischof von Mainz, Albrecht von Brandenburg, sah die
Religionsspaltung als Strafe Gottes für die Sünden der Kirche
an, "...weliche straff aber nit anderst abzuwenden, dan durch
abstellung unserer sundt und eyn christlich loblich reforma-
cion"[2]. Man sollte die Mißbräuche und Laster nicht mit Gewalt
verteidigen, sondern den Protestanten u.a. den Laienkelch und
die Priesterehe zugestehen. Die Räte wurden jedoch angehalten,
bei Vergleichsverhandlungen ihr Vorgehen sorgfältig mit dem
der anderen Stände, besonders der rheinischen Kurfürsten zu ko-
ordinieren und immer zu betonen, sie hätten nicht die Absicht,
von der Kirche und dem Papst zu weichen. Insbesondere dürften
über solche Fragen keine bindenden Abmachungen getroffen werden,
die nur mit Zustimmung des Heiligen Stuhls geregelt werden
könnten. Ein Religionsgespräch mit der Vollmacht eines Nationalkonzils lehnte Albrecht mithin ab.

4. Der Konvent zu Hagenau.

_____

Das Religionsgespräch von Hagenau war die erste derartige
Veranstaltung, die vom Kaiser einberufen wurde. Am 28.April
1540 ließ Karl V. die Einladungen an die Reichsstände ausgehen,

_____

1. Ebd.,103, Nr. 65 vom 5.Mai 1540.
2. Ebd.,112, Nr. 69. Instruktion des Erzbischofs von Mainz an
   seine Räte vom 20.Mai 1540. Vgl. auch Brück, Instruktion
   Albrechts von Brandenburg, 275ff.

um "...mit inen handlen zu laßen, damit der schwar last, so von
solicher zweyspalt, der teutscher nation gefarlich vorstehet,
durch verluhung gottlicher gnaden und alle bylliche weg und myttel
on lengeren verzug hingelegt werden"[1]. Das Ziel, durch politische
und theologische Verhandlungen einen friedlichen Ausgleich der
Religionsfrage zu versuchen, wurde hier noch in ziemlich unbe-
stimmten Wendungen formuliert. Das deutete darauf hin, daß auf
kaiserlicher Seite noch kein Konzept für die Durchführung eines
Religionsgesprächs vorlag, bei dem man ja gewissermaßen Neuland
betrat.

Über das Programm der Tagung ließ das Ausschreiben alle Welt
im Ungewissen. König Ferdinand als Vertreter des Kaisers trat
selbst ohne klares Programm in die Verhandlungen ein, befand er
sich doch in einem schwer zu lösenden Dilemma. Beschränkte er
sich auf politische Verhandlungen, auf die Herstellung eines
"äußeren Friedens", mußte er mit dem Widerstand der Protestanten
rechnen, griff er aber auf den Frankfurter Anstand zurück, würde
die Kurie protestieren. Nur soviel stand fest, daß die Tagung kein
abschließendes Ergebnis bringen konnte, sondern als Vorbereitung
für einen anschließenden Reichstag gedacht war[2]. Indem der Kaiser
an die Ausführung der Frankfurter Beschlüsse ging, gab er den
streng kirchlichen Standpunkt auf, den er vor 16 Jahren einem
ähnlichen Beschluß gegenüber vertreten hatte, als er das in Nürn-
ber festgesetzte "Nationalkonzil" auf Druck der Kurie hin verbot[3].

1540 vertrat die Kurie dieselben Anschauungen wie 1524, daß
nämlich die Entscheidung über Glaubensfragen allein beim kirchlichen Lehramt liege, und betrachtete Verhandlungen über religiöse
Fragen ohne ihre Mitwirkung als Eingriff in ihre Rechte. Mit wach-
sender Sorge hatten die päpstlichen Vertreter der kaiserlichen
Diplomatie zugesehen, trotz der Versicherung, man werde vor entscheidenden Verhandlungen ihr Gutachten einholen. In einem langen
Schreiben hatte Morone, der päpstliche Nuntius am Hofe Ferdinands

1. Neuser,Vorbereitung, 87, Ausschreiben an die Protestanten
   ebd.,86ff.
2. Vgl. NB 5,171,Nr.85.
3. Siehe oben S.48f.

und schärfster Gegner der kaiserlichen Unionspolitik, seine Anschauungen über die kirchenpolitische Lage dargelegt[1], in dem
er zu dem Ergebnis kam: kein kriegerisches Vorgehen gegen die
Protestanten, aber auch keine Behandlung der Religionsfrage auf
einer deutschen Tagung. Er sah als einzige Lösung nur die sofortige Einberufung eines Konzils, wodurch die Abgefallenen wieder-
gewonnen werden könnten.

Ganz besondere Schwierigkeiten bereitete der Kurie die Beschik-
kung des Tages. Der Kaiser wünschte die Anwesenheit eines mit uneingeschränkter Vollmacht ausgestatteten päpstlichen Vertreters,
zumindest aber die Entsendung eines ordentlichen Nuntius[2]. Die
päpstlichen Vertreter hingegen rieten der Kurie von einer Beschik-
kung des Tages ab, um nicht dessen Beschlüsse durch die Anwesenheit eines päpstlichen Vertreters zu autorisieren[3], wiesen jedoch
darauf hin, daß der Legat am Kaiserhof für die Tagung eine Schlüsselstellung einnehmen werde.

Schließlich sandte die Kurie am 12.Mai den Kardinal Giovanni
Marcello Cervini als Legaten an den Kaiserhof, einen Mann, der
das bedingungslose Vertrauen des Papstes besaß[4]. Zur Tagung schickte die Kurie zunächst Morone, ohne ihm für den Abschluß einer Einigung irgendwelche Vollmachten mitzugeben[5]. Am 21.Mai wurde
Contarini zum Legaten für die Tagung ernannt, seine Entsendung
machte Paul III. jedoch vom Verlauf der Verhandlungen abhängig[6].

Das große Mißtrauen, das die Schmalkaldener dem Tag entgegen-
brachten, drückte sich darin aus, daß trotz der Ladung keiner der
Bundesfürsten persönlich erschien. Melanchthon wurde auf der An-
reise krank. In ihrer Antwort auf das kaiserliche Ausschreiben
verweigerten Johann Friedrich von Sachsen und Philipp von Hessen ihr Erscheinen, weil im Ausschreiben von dem in Frankfurt
versprochenen Gespräch keine Rede sei:"non fit mentio aut colloquii auf modi, quo de conciliandis ecclesiis agendum est"[7].

---

1. Vgl. NB 5,149ff.,Nr.81.
2. Vgl. ebd., LXXVII f.   3. Vgl. ebd.,201,Nr.99.
4. Vgl. ebd., XXII ff.
5. Vgl. die Instruktion Morones ebd.,417f.,Nr.197.
6. Vgl. ebd., 258f.,Nr.127.
7. CR 3, 1025, Nr.1959; deutscher Text bei Neuser, Vorbereitung,
   89ff.; vgl. Moses,20ff.

Auch die katholischen Fürsten trafen nur sehr zögernd ein. Ludwig X. von Bayern reiste erst auf wiederholtes Drängen Ferdinands nach Hagenau[1]. Die Bischöfe von Eichstätt und Passau waren unsicher, wie sie sich verhalten sollten[2], und der Bischof von Würzburg fürchtete "... (daß) diser tag darumb furgenummen, den defensionalbund zu stercken oder sich sunst der religion halben mit dem gegenteil in ein vertrag oder concordie einzulassen. Derhalben ich mich nit wenig ab solchem schreiben entsetzt"[3].

Schließlich entschuldigten sich sehr viele wegen Krankheit! Der bayerische Kanzler Leonhard von Eck nannte als Grund des schlechten Besuchs der Tagung die Abwesenheit des Kaisers "...sölhs wäre nit die geringst ursach, derhalben von beden parteien wenig stennde in aigner person disen ausgeschriben tag besuechen"[4]. Auch Johann Eck beklagte sich " cum nulla spes esset rei bene gerendae in comiciis Hagenoe ob caesaris absentiam, unde pauci principes se eo contulerunt, et imprimis episcopi nostri ultra quam dici potest supinam habent negligentiam in religionis causa"[5]. Wir sehen also auf beiden Seiten eine abwartende Haltung, da jeder eigentlich nur gewisse Vorverhandlungen von dieser Tagung erwartete.

Der äußere Rahmen dieser ersten vom Reich anberaumten Religionsgespräche wurde nach dem Vorbild der Reichstagsprozeduren gestaltet und prägte auch die späteren Veranstaltungen. Dadurch wurde nach außen sichtbar, daß es sich nicht eigentlich um eine neue Institution handeln sollte, sondern das Religionsgespräch eine Art Ausschuß des Reichstags darstellte. Dafür spricht auch, daß in ihm - wie in einem Reichstagsausschuß - ohne Beschlußkompetenz verhandelt wurde und eventuelle Ergebnisse dem größeren Gremium des Reichstages zur Verabschiedung vorgelegt werden

1. Vgl. ARC 3,123f.Nr.73; Nr. 74f.
2. Vgl. ebd.,99, Nr.62 und 101, Nr.64.
3. Ebd., 100,Nr.63, 1.Mai 1540.
4. Ebd., 127, Nr.76, 9.Juni 1540.
5. Ebd., 124, Anm.168, 26.August 1540.

mußten[1].

Wie auf den Reichstagen verhandelten die Stände in Hagenau in
Kurien der Kurfürsten und Fürsten. Die Kurie der Städte, deren
Stellung unter Karl V. immer ungeklärt blieb, trat in Hagenau
überhaupt nicht in Erscheinung.

Ferdinand verhandelte in Hagenau nicht selbst mit den Ständen,
sondern bestellte vier Vertreter, die einerseits die Schrift-
stücke zwischen König und Ständen übermittelten - und es wurde
fast nur schriftlich verkehrt - , andererseits selbständig mit
den Ständen verhandelten und zwar getrennt nach religiösen Parteien, wobei bei den Katholiken nochmals Fürsten und Kurfürsten
getrennt berieten. Das sah dann so aus: Die Anträge, die Ferdinand an die Katholiken stellte, wurden von den vier Kurfürsten
und von den Fürsten bzw. deren Vertretern jeweils innerhalb ihrer
Gruppe gesondert vorberaten und beim Austausch der mehrheitlichen
Ergebnisse abschließend verglichen.

Damit umfaßte die katholische Partei zwei Beratungsgremien, den
Kurfürstenrat und den Fürstenrat. Der Kurfürstenrat war das
oberste Gremium einer Reichsversammlung[2]. In Hagenau umfaßte er
nurmehr vier katholische Kurfürsten; Sachsen und Brandenburg berieten auf der Seite der Protestanten. Die Diskussion innerhalb
des Kurfürsten- wie des Fürstenrats erfolgte in Form der streng
geregelten Umfrage. Innerhalb einer Kurie galt das Prinzip des
Mehrheitsbeschlusses, aber man versuchte immer, nach außen hin
die Einheit zu wahren.

1. Eine gesetzlich fixierte Geschäftsordnung für den deutschen
   Reichstag existierte zwar nicht, wir besitzen jedoch die Aufzeichnungen aus der Kanzlei des Erzbischofs von Mainz, des
   Reichserzkanzlers, der als Direktor des Reichstags für dessen
   technischen Ablauf entscheidend verantwortlich war. Der "Ausführliche Bericht, wie es uff Reichstägen pflegt gehalten zu
   werden " von 1568 (Rauch, Karl (Hg): Traktat über den Reichstag im 16.Jahrhundert. Eine offiziöse Darstellung aus der kur-
   mainzischen Kanzlei. Weimar 1905. (Quellen und Studien zur
   Verfassungsgeschichte des deutschen Reiches 1)),ist so etwas
   wie die Niederschrift der üblichen Verfahrensordnung, wobei
   allerdings die Angaben über die erste Hälfte des 16.Jahrhun-
   derts oft irreführend sind. Vgl. ferner Oestreich, 201ff.;
   zur Definition des Reichstags, Arbeitsweise und Ausschußwesen
   vgl. Neuhaus, Reichstag und Supplikationsausschuß, 22ff.

- 134 -

Aus den Beratungen der zwei oberen Kurien wurde dann ein "einhellig Bedenken" hergestellt, auf einer gemeinsamen Sitzung der
"cur und fursten", wie wir es auch in Hagenau finden. Wurde man
sich nicht einig, so wurde die zwiespältige Meinung in einem
gemeinsamen Gutachten der Stände formuliert oder aber von jeder
Kurie eine gesonderte Meinung überreicht.

Die Protestanten hielten sich nicht an das herkömmliche Verfahren,
sondern bildeten, wie schon auf den letzten Reichstagen, einen
innerständischen Ausschuß als Beratungsgremium, in dem alle
drei Kurien vertreten waren, die Kurfürsten von Sachsen und Brandenburg, Fürsten wie Hessen und Württemberg und Städte wie Ulm
und Augsburg.

Wie die Organisation, entsprach auch der äußere Ablauf[1] auf alt-
kirchlicher Seite dem Schema der Reichstagsverhandlungen. Auf
die Verlesung der Proposition folgten getrennte Beratungen von
Kurfürsten- und Fürstenkurie, mit dem Ergebnis, daß beschlossen
wurde, "das nochmalen guetliche handlung sollte versucht werden"[2].
Außerdem wurde vorgeschlagen, die noch unverglichenen Augsburger
Artikel zu vergleichen. Die Bayern, die einschränkend forderten,
"... das in der guetlichen handlung schlecht nichts den glauben
und religion betreffend geändert werden sollt"[2], wurden am 16.
Juni überstimmt.

Die königliche Replik forderte, an die Verhandlungen in Augsburg 1530 anzuknüpfen. Die altkirchlichen Fürsten waren dazu

Zum technischen Ablauf des Reichstags vgl. jetzt R.Aulinger:
Das Bild des Reichstages im 16.Jahrhundert. Göttingen 1980
(Schriftenreihe der historischen Kommission bei der bayerischen Akademie der Wissenschaften 18), 167ff.
(2).Vgl. Oestreich, 207f.
1. Zum äußeren Ablauf liegen drei Protokolle vor: Das Verhand-
lungsprotokoll des Freisinger Kanzlers Dr.Georg Spieß, das
die Vorgänge der katholisch-fürstlichen Gruppe wiedergibt
(11.Juni-28.Juli.Vgl. ARC 3,131ff.), das des kurpfälzischen
Kanzlers Dr.Heinrich Hase, das von den Verhandlungen im kurfürstlichen Rat und, da der pfälzische Kanzler als einer der
Vermittler fungierte, auch von den Verhandlungen der Vermittler mit den Protestanten berichtet (ARC 3, 148ff.); schließlich ein Protokoll des Straßburgers Dunzenheim:"Was uf dem
dag zu Hagenow gehandelt ist a. 1540"(Winckelmann, Polit.
Corr.Strassburgs 3,77ff, Nr.77. 21.Juni-28.Juli 1540).
2. ARC 3,133.

grundsätzlich bereit, nur meinten die Vertreter des Erzbischofs
von Bremen, Braunschweigs und Bayerns gemäß ihrer Instruktion,
es sei unnötig, sich in eine Disputation einzulassen, sondern
ausreichend, die Protestanten zu ermahnen, "sich widerumb zu
uns zu thun und mit uns zu vergleichen"[1]. Bei einer Zusammenkunft mit den kurfürstlichen Räten forderten die Fürsten eine
Einigung mit den Kurfürsten, um den Protestanten eine einheitliche katholische Meinung gegenüberstellen zu können. Sie gaben
zu bedenken, "das die protestierenden lang zeit heer zusamen-
khomen, ir sach zum hochsten bedacht und sich gevasst gemacht,
wir aber hetten nicbts thun, darauss ervolgt, das sy geschikht
und gevast khemen und wir unsers tails unberait sein wurden"[1].
Eines der Probleme der Katholiken in Hagenau bestand darin, daß
es in ihren Reihen über den modus conciliandi mit dem Protestanten zwei Meinungen gab. Die vier katholischen Kurfürsten zeigten sich zu Konzessionen wie Laienkelch und Priesterehe bereit,
die Fürsten aber, voran Braunschweig und Bayern, wünschten gar
keine echten Verhandlungen und wollten den kaum begonnenen Tag
am liebsten sofort auflösen. Sie fühlten sich zudem den durch
die Tagung in Schmalkalden theologisch und politisch vorbereite-
ten Protestanten in einer etwaigen Disputation nicht gewachsen.
   Um in die Verhandlungen mit den Ständen eintreten zu können,
ernannte Ferdinand am 25.Juni vier Vermittler aus den Reihen der
Katholiken: Kurfürst Johann von Trier, Herzog Ludwig X.von
Bayern, den Bischof von Straßburg und Kurfürst Ludwig VI. von
der Pfalz, die sich am folgenden Tag zur Übernahme dieser Aufgabe bereit erklärten[2]. Den Protestanten wurden die Namen der
Vermittler bekanntgegeben[3]. Zur Abfassung einer Antwort bildeten sie einen Ausschuß aus Vertretern von Sachsen, Brandenburg,
Hessen, Württemberg, Straßburg, Augsburg und Nürnberg - später
kamen Esslingen und Ulm dazu; diese erklärten sich schriftlich
bereit, mit den angegebenen Vermittlern zusammenzuarbeiten.

---

1. Ebd. 135.
2. Vgl. ebd.,147.
3. Vgl. Winckelmann, Polit.Corr.Strassburgs 3,78,Nr.77.

Am 27. und 28.Juni berieten die Vermittler mit dem König über
die Verhandlungsgegenstände, die noch immer nicht festlagen.

Der Bischof von Straßburg und Ludwig X.von Bayern wollten vor
allem über die Restitution der Kirchengüter sprechen, Trier und
Pfalz dagegen sich den strittigen Religionsfragen zuwenden, was
dann auch die Zustimmung Ferdinands fand. Bei den Beratungen
über die Verhandlungsgegenstände zeigte sich die Konzeptionslo-
sigkeit der Tagung von seiten des Kaisers wieder deutlich. Das
Ausschreiben, war in seinen Formulierungen über den Zweck der
Zusammenkunft so unbestimmt,gewesen, daß Melanchthon gemeint
hatte, der Kaiser wolle "nescio de quibus rebus"[1] verhandeln.

Bei den Katholiken schieden sich die Geister: die kurfürstliche Partei wünschte die Verhandlung über die strittigen Religionsartikel, die fürstliche über politische Fragen wie Restitution und Defension. Daß beide Anschauungen auch bei den Unter-
händlern vertreten waren, machte die Sache nicht leichter.

Die Protestanten wurden von den Vermittlern gebeten, ein Verzeichnis der "streitigen Religionsartikel" anzufertigen. Sie
teilten dem Trierer Kanzler nach internen Beratungen mit, sie
forderten das in Frankfurt versprochene Gespräch auf der Grundlage von CA und Apologie. Demgegenüber schlugen die Vermittler
vor, an die Augsburger Ausschußverhandlungen anzuknüpfen. Man
habe sich ja in Augsburg über Artikel 1-21 der CA einigermaßen
verglichen und könne nun die restlichen Artikel beraten. Wo man
sich nicht einige, sollte man die Entscheidung dem Generalkonzil
überlassen. Von den schon verglichenen Artikeln wolle man nun
nicht mehr reden"...und an den andern strytigen gmuet(lich) zu
handeln und nit dysputiren, sonder gesellischer wys mit einander zu reden von mitteln und wegen etc"[2]. Die Verhandlungen sollten nicht in der Form einer Disputation vorgenommen werden,
von der man sich keine Einigung versprach, sondern in einem
Gespräch "gesellischer wys".

Jedoch litten die Protestanten in Hagenau an einer politisch
und religiös bedingten Gedächnisschwäche. Am 6.Juli meldeten

1. CR 3,1026.
2. ARC 3,157.

- 137 -

sie:"... das sie sich keiner vergleichung der stitigen articul
uf dem gehaltnen reichstag zu Augspurg zu erinnern wissen"[1].
Daher könne man sich nicht auf verglichene Artikel berufen. Sie
wiesen darauf hin, daß die Augsburger Verhandlungen ohne Beschluß
geendet seien, außerdem seien sie von ihren Herren abgefertigt
worden,"uff den Frankfurtischen abscheyd handeln zu lassen"[2].
Sie müßten daher auf der Abhaltung des zugesagten Religionsgesprächs und auf der kaiserlichen Verordnung bestehen, das Augsburger Bekenntnis zur Diskussionsgrundlage zu nehmen.

Auf diese Auskunft hin waren die Vermittler einigermaßen ratlos. Trier und Bayern verlangten am 7.Juli, dem König zu mel-
den, "...das man nit wiss was fruchtbars zu handeln"[3]. Ferdinand
schlug vor, die katholischen Stände um Rat zu fragen. Deren Meinung ging dahin, einen anderen Tag für das Religionsgespräch an-
zusetzten, da sich die Protestanten auf die Augsburger Verhandlungen nicht einlassen wollten, der Kaiser aber den Frankfurter
Abschied nicht angenommen habe, man aber auch nicht ohne Ergebnis auseinandergehen wolle[4]. Bis zum 14.Juli hatten die Kurien
ihre Vorschläge verglichen. Das Ergebnis wurde den Protestanten
am 16.Juli von König Ferdinand vorgelegt: danach wurde
- ein anderer Tag für das Religionsgespräch festgesetzt, zu dem
  beide Parteien Gelehrte in gleicher Anzahl schicken sollten,
- die Leitung des Gesprächs sollte durch die bisherigen Unterhändler wahrgenommen werden,
- Papst und Kaiser sollte es freistehen, ihre Räte zu schicken
  und
- die Ergebnisse sollten den Ständen und den päpstlichen Legaten
  auf einem Reichstag vorgelegt werden, worauf "die sachen der
  streitigen religion durch den weg eines rechtmessigen concilii
  oder sonst christlicher vergleichung zu geburlicher erorterung
  gebracht"[5] werden sollten.
- Für die Zwischenzeit sollte ein friedlicher Anstand geschlossen werden, der aber auf die Stände beschränkt sei, die sich
  schon vor dem Nürnberger Frieden von 1532 der CA angeschlossen
  hatten.

1. Ebd.,157.   2. Ebd., 158.   3. Ebd.,159.
4. Vgl. ebd.,140. 5. Winckelmann, Polit.Corr.Strassburgs 3,80,
                      Nr.77.

Die Protestanten stellten demgegenüber eigene Forderungen auf:
- Ablehnung der Anknüpfung der Verhandlungen an die Disputation
  des Augsburger Reichstages,
- Forderung der Protokollierung aller Verhandlungen (von Augsburg lagen nur private Aufzeichnungen vor),
- die Beteiligung von Protestanten an der Vermittlung,
- Einbeziehung der nach 1532 übergetretenen Stände in den Anstand und
- Ablehnung der Restitution der Kirchengüter[1].

Ferdinands Antwort war im wesentlichen ablehnend:
- er könne keine Protestanten zur Leitung des Gesprächs zulassen, denn die Unterhändler würden vom Kaiser bestimmt, der
  über den Parteien stehe. Die Fiktion des unparteiischen Richters wurde damit aufrechterhalten.
- Das Gespräch solle 10 Wochen nach Beendigung des hiesigen Tages
  beginnen,
- die Restitution der Kirchengüter werde durchgeführt und
- die später übergetretenen Stände werden nicht in den Anstand
  mit einbezogen.

Die Protestanten erklärten sich am 24.Juli mit dem Gespräch einverstanden, beharrten aber auf ihren Forderungen.

Der Abschied von 28.Juli schilderte zunächst die seit Anfang
Juli geführten Beratungen zwischen den katholischen Ständen und
den Protestanten und bestimmte dann:
- zum 28.Oktober werden die Parteien zu einem Religionsgespräch
  nach Worms geladen,
- jede Partei erhält 11 Stimmen; die 11 katholischen Stände werden bestimmt:
- Verhandlungsgrundlage sind nicht die Augsburger Verhandlungen,
  sondern die Confessio Augustana und ihre Apologie[2].

Die Hagenauer Verhandlungen hatten damit lediglich ein Ergebnis
gebracht: die Festlegung der Modalitäten für die Abhaltung eines
künftigen Religionsgesprächs. Abschließend könnte man den Hage-

---

1. Vgl. ebd.,81.
2. Text u.a. bei Neuser, Vorbereitung,96ff. Zur CA als Verhandlungsgrundlage in Worms 1541 vgl. zuletzt Scheib, Auslegung

nauer Tag definieren als einen Reichstag mit einem Tagesordnungspunkt, nämlich der Festlegung der Verhandlungsgrundlage sowie
der Modalitäten für ein Gespräch, dessen Ergebnisse wiederum
nur als Grundlage für die Beratungen eines künftigen Reichstages
dienen sollten.

5. Das Wormser Gespräch 1540.

Der Kaiser bestätigte den Hagenauer Abschied am 15.August
1540 und lud die Stände zum 28.Oktober nach Worms[1]. Das Ausschreiben ordnete an, daß die elf katholischen und elf protestantischen Stände bis zu drei Personen "auf berurten tag" schicken
sollten, die "der protestierenden Confession und Apologia fur
handt zu nehmen"[2], und sich "unverbundtlich zu underreden und
allen muglichen vleiß furzuwenden, alle irrige puncten zu christlicher ainigkeit, vergleichung und rechtem verstandt zu bringen"[2].
Die Ergebnisse dieses Gesprächs sollten dem Reichstag unterbrei-
tet werden; die endgültige Lösung der Frage erwartete der Kaiser
dann von einem Universal- oder Nationalkonzil.

Für den Kaiser war das Wormser Gespräch die Vorbereitung für
den Reichstag, auf dem die Religionsfrage als politisches Problem gelöst werden sollte. Organisatorisch hatte er für Worms
einen paritätischen Sonderausschuß für Kirchenfragen aus je elf
protestantischen und katholischen Ständen gebildet und selbst
mehrere katholische Politiker und Theologen ernannt. Vom Verfahren
her war dies nicht neu, denn solche Ausschüsse begegnen uns auf
allen Reichstagen Karls V.: es sind Organe des Reichstags, die
zu Beginn oder während desselben konstituiert werden und Vertreter
der verschiedenen Kurien für bestimmte Aufgaben vereinigen[3].
Sie hatten die ihnen übertragenen Aufgaben zu beraten und Beschlüsse für das Gremium vorzubereiten, das sie entsandt hatte,
das Plenum oder eine Kurie. In den interkurialen Ausschüssen

der Augsburgischen Confession,657f.
1. Ausschreiben bei Neuser, Vorbereitung,108ff.
2. NB 6,110.
3. Vgl. Oestreich, 213ff.

arbeiteten die Stände also in vorberatenden Beschlußgremien unmittelbar zusammen; hier stimmten sie auch nicht mehr nach Ständen, sondern nach dem Mehrheitsprinzip ab. In diesen Gremien wurde die wesentliche Arbeit des Reichstages geleistet. Was den Ge-
schäftsbereich dieser Ausschüsse anbetraf, so konnten sie für
alle Aufgaben des Reichstags eingesetzt werden[1].In ihnen spiegel-
ten sich meist die Artikel der Proposition. Mit der Reformationszeit rückte die Religionsfrage als Aufgabe im Ausschußwesen in
den Vordergrund.

Bezieht man diesen Sachverhalt auf die Religionsgespräche, so
haben wir in Hagenau eine Versammlung vor uns, die nach Reichs-
tagsmuster nach Kurien berät und in der die Protestanten als
Minderheit einen interkurialen Ausschuß bildeten. In Worms haben
wir nun den Fall einer reinen interkurialen Ausschußtagung, die
die Religionsfrage für den darauffolgenden Regensburger Reichstag vorberiet. Insofern bildete der Wormser Tag kein selbständi-
ges Unternehmen, sondern einen vorgezogenen Teil des Reichstags.

Die Wormser Verhandlungen spielten sich zwischen vier jeweils
getrennt beratenden Partnern ab: dem kaiserlichen Orator Granvella, dem Präsidentenkollegium, das von den Hagenauer Vermittlern
beschickt wurde, und den beiden Gruppen der katholischen[2] und
protestantischen Gesprächsteilnehmer[3]. Da die Verhandlungen meist
schriftlich vor sich gingen, mußten alle Gesprächsteilnehmer jede Schrift "tripell(=dreifach) lateinisch und teutsch stellen"[4].

Als päpstlicher Legat wurde Tommaso Campeggio[5] abgeordnet.
Campeggio war in Worms nur Beobachter; er hatte weder die Vollmacht, irgendeine dogmatische Unionsformel zu approbieren, noch
durfte er selbständig eine disziplinäre Konzession machen. Seine
Tätigkeit in Worms wurde zudem durch die Spannungen mit dem ebenfalls anwesenden Morone beeinträchtigt. Campeggio wurde von
mehreren päpstlichen Theologen begleitet[6].

---

1. Vgl. Neuhaus,Reichstag und Supplikationsausschuß,29ff.
2. Teilnehmerliste vgl. ARC 3,216f. und CR 4,86f.
3. Teilnehmerliste vgl. ARC 3,106f.
4. Ebd.,212.
5. Zu Campeggio vgl. Jedin, Konzil 1, 304; seine Instruktion
   NB 6,5ff.
6. Zu diesen vgl. ARC 3,197,Anm.273.

Die Stimmung der katholischen Stände kann durch einige Beispiele bezeichnend geschildert werden. Die bayerischen Herzöge, die auch eine Präsidialstimme innehatten, sandten ihre Abgeordneten nur, um ihren guten Willen zu beweisen[1]. Sie lehnten eine mögliche Disputation ab, da der Glaube durch die Schrift, durch Konzilien und die Auslegung fest genug begründet sei. Änderungen im Glauben, in Gebräuchen und moralibus dürften ohnehin weder durch den Papst noch die deutschen Stände, sondern nur durch ein "gemaine concili" vorgenommen werden. Ihr abschließendes Urteil lautete: "...und wiewol uns sollichs ganz zuwider (=Wormser Konvent), auch nit verhoffenlich ist, das daraus ainiche vergleichung, sonder mer widerwillens und abfal in unser heiligen und waren religion ersteen und volgen werde, zudeme das auch alle disputations von dem glauben in geistlichem und weltlichem rechten verpoten"[2].

Gleicher Meinung war der Bischof von Salzburg, ein Bruder der bayerischen Herzöge, der seine Gesandten aufforderte, den kaiserlichen Orator zu bewegen,"...das die persondlich disputation und der partheyen gespräch gegeneinander abgestelt (werde)"[3]. Die salzburgischen Vertreter erhielten überhaupt keinen Verhandlungsspielraum; sie durften nur "cum submissione et iuditio sanctae Romanae ecclesiae et sedis apostolicae" verhandeln.

Weiter liegt die Instruktion des Straßburger Bischofs Wilhelm von Honstein vor, der von dem Tag in Worms gleichfalls nicht begeistert war[4]. Zum einen mußte er sein Domkapitel um Geld für den Tag angehen, zum anderen hatte er außer seinem Vertreter die zwei benötigten Theologen nicht zur Verfügung, was die desolate Lage der katholischen Kirche verdeutlichte. Schließlich lieh er sich vom Bischof von Würzburg dessen Theologen Armbruster aus. Seine Gesandten durften, wenn Artikel des althergebrachten Glaubens in Zweifel gezogen wurden, nichts bewilligen und sollten darauf hinweisen, alle Verhandlungen besser "uff kunfftigen

---

1. Deren Instruktion vgl. ebd.,187ff.
2. Ebd.,187,22ff.
3. Ebd.,191,Nr.97.
4. Vgl. ebd.,195ff.,Nr.98.

reychstag zu referieren".

Eine Ausnahme in diesem ablehnenden Chor war wie in Hagenau
der Erzbischof von Mainz, der bereit war"...solche handlung, trac-
tat und gesprech ... vermög ekeysm. außschreibens und des Hagenauischen abschiedt unabbruchlich furzunemen"[1] und mit Zustimmung
des Papstes und der katholischen Stände für Einigkeit und Frieden
sich einzusetzen. Erschwerend kam für die katholischen Stände hinzu, daß sie sich über die Haltung des Heiligen Stuhls ganz im
unklaren waren. Der Administrator von Passau, Herzog Ernst von
Bayern,bat Morone um Anweisungen, wie er sich zum Religionsgespräch stellen sollte: "Sed quia ignoramus, quae sit Suae Sanctitatis de dicto colloquio sententia..., unice rogamus, ut Reveren-
dissima Dominatio Vestra per proximam postam per literas nobis
consulere clare significare dignetur, quid nobis ... ex sententia
summi pontificis ratione dicti colloquii faciendum censeat"[2].

Morones Antwort zeigt allerdings, daß die Kurie gegenüber
diesem neuen Mittel der kaiserlichen Politik ratlos war:"Quid
autem Sanctitas Sua decreverit, ignoro. Non enim sententiam
Sanctitatis Suae, quae mihi certa non est, scribere audeo in re
tam magni momenti, in qua novo quodam ac inusitato modo de summa
religionis controversia tractatur"[3].

Die protestantischen Fürsten und Theologen versammelten sich zunächst zu einer Vorbesprechung in Gotha[4] und nahmen dort zum
Ergebnis des Hagenauer Tages Stellung. Angesichts der Tatsache,
daß die katholischen Stände auf die Augsburger Verhandlungen
von 1530 zurückgreifen wollten, stellte der Gothaer Tag fest,
die Bedingungen, die in Augsburg festgesetzt worden seien, nämlich
an Lehre und Ordnung der Kirche nichts zu ändern, könnten für
die Protestanten nicht bindend sein. Man werde daher bei der CA
bleiben und nur gemäß dem Frankfurter Abschied über die Lehre disputieren.

In Worms wurden vor Beginn des Religionsgesprächs die Theologen

1. Ebd.,184,Nr.91.
2. Ebd.,182, Nr.89.
3. Ebd.,186f.,Nr.94.
4. Vgl. Stupperich, Der Humanismus,69.

von den protestantischen Gesandten zusammengrufen, um ein ein-
heitliches Auftreten zu gerantieren. Solche Einigungsgespräche
waren notwendig; vor allem der Lehrkonsens in der Abendmahlsfrage
mußte vor Beginn der offiziellen Verhandlungen sichergestellt
werden. Seit der Wittenberger Konkordie 1536 lagen nämlich drei
verschiedene Abendmahlsdefinitionen vor. Folgerichtig hatte denn
auch im April 1540 Bischof Fabri von Wien vorgeschlagen, die alte
Politik der Aufspaltung fortzusetzen und Lutheraner und Zwinglianer gegeneinander auszuspielen[1].

Nun bestimmte der Hagenauer Abschied nicht die Wittenberger
Konkordie, sondern die CA und deren Apologie zur Verhandlungsgrundlage. Melanchthon hatte inzwischen im Auftrag des Schmalkaldischen Bundes die Confessio Augustana Variata ausgearbeitet,
deren Abendmahlslehre die Ergebnisse der Konkordie berücksichtigte. Ein großer Schritt auf die Einheit in der Lehre hin war es,
als am 8.November[2] die 23 evangelischen Theologen, darunter
Melanchthon, Amsdorf, Brenz, Osiander, Bucer, Capito und Calvin[3]
zusammenkamen und jeder einzelne sich feierlich auf die CA Variata verpflichtete[4]. Außerdem kamen sie überein, dem päpstlichen
Legaten beim Kolloquium den Vorsitz zu verweigern und sich täglich
zur Disputation der evangelischen Lehrartikel zu treffen.

Nach dem Abschluß seiner Doppelehe vertrat Philipp von Hessen
eine konziliantere Politik gegenüber dem Kaiser, was sich auch
in der hessischen Instruktion vom 19.Oktober widerspiegelte[5].
Die Gesandten wurden angewiesen, sich bezüglich der "handlung"
nach dem Willen des Kaisers zu richten und im Einverständnis mit
Jakob Sturm und Bucer zu handeln. Die Instruktion riet in wichtigen Lehrsätzen zum Nachgeben und stand damit in Gegensatz zur
Instruktion für die kursächsische Delegation vom 17.Oktober[6]:
Diese forderte zur Standhaftigkeit auf, auch wenn andere protestantische Stände zum Nachgeben bereit wären. Es wurde zum Ausdruck
gebracht, daß der Landgraf sich von Privatangelegenheiten leiten
lasse. Die kursächsische Mahnung an die Protestanten, in Worms

---

1. Vgl. Pastor, Reunionsbestrebungen,199,209; Maurer, Variata,
   111.
2. Vgl. den Bericht Frechts bei Neuser, Vorbereitung,116.

die Einheit zu wahren, entsprang einer begründeten Sorge.

Vom 8. bis zum 18.November trafen sich die protestantischen Theologen siebenmal und berieten über die vier wichtigsten Fragen: Rechtfertigung, Meßopfer, Zölibat und Papstprimat[1].

Der offizielle Tagungsablauf in Worms war deutlich in zwei Perioden gegliedert:
25.November - 13.Januar: Verhandlungen über den modus colloquii,
14. - 18.Januar: das Gespräch zwischen Eck und Melanchthon.

Vom 25.November bis zum 13.Januar wurde wie in Hagenau der diplomatische Streit um den Verhandlungsmodus ausgetragen. Bei den Theologen herrschte ein ausgesprochener Defaitismus. Nausea glaubte, für eine Union sei es längst zu spät, es bleibe nur der Religionskrieg, um die Protestanten zurückzugewinnen[2]. Melanchthon schrieb am 19.November an Urbanus Rhegius, er sehe im Hinblick auf die katholischen Teilnehmer und die noch ungewisse Geschäftsordnung keine gedeihliche Auseinandersetzung voraus[3]. Der Bremer Domtheologe Johann Timann ließ seine Amtskollegen wissen, die Katholiken wollten weder eine Einigung noch ein theologisches Gespräch, sondern nur die Rückerstattung der Kirchengüter. Die ganze Tagung sei nur dazu nütze, die Teilnehmer moralisch und finanziell zu erschöpfen[4].

Im Hagenauer Abschied war festgesetzt worden, daß jede Partei über elf Stimmen verfügen sollte. Für jede Stimme durften bis

(3).Vgl. die Teilnehmerliste bei Neuser, Vorbereitung,52ff.
(4).Vgl. Neuser,Calvins Beitrag,224f.
(5).Vgl.Franz 2,341ff.
(6).Vgl. Mentz 2,277.
1.Über diese Zusammenkünfte vgl. den Bericht des Bremers Johann Timann im Brief vom 15.November (vgl.Neuser, Vorbereitung,112ff. und Sander, Bremens Vertretung,74ff.), Aufzeichnungen des Ulmer Pfarrers Martin Frecht bei Neuser, Vorbereitung, 116ff.; das Protokoll des Notars Wolfgang Musculus aus Augsburg, ebd.,117ff. und die Aufzeichnungen des Straßburgers Mathis Pfarrer, ebd.,168ff. Vgl. ferner Neuser, Vorbereitung,46 und ders.,Calvins Beitrag,227ff.
2.Vgl. Cardauns, Zur Geschichte,51.
3."Aut prorsus nulla erit eruditorum collocutio (nam adhuc omnia sunt incerta) aut erit nimis odiosa altercatio, a qua ego quoque (wie der fernbleibende Rhegius) et natura et voluntate abhorreo. Adsunt agmina sycophantica, Sorbonici,

zu drei Personen am Gespräch teilnehmen. Die Protestanten nutzten diese Zahl aus, indem sie jede Stimme mit zwei Theologen und einem Politiker besetzten[1]. Das Religionsgespräch sollte am 28.Oktober beginnen[2]. Als die Präsidenten die beiden Parteien am 20.November zum ersten Mal zusammenriefen, war allergings Granvella noch gar nicht in Worms. Er traf erst am 22.November ein.

Am 25.November versammelten sich beide Parteien, um Granvellas Eröffnungsrede anzuhören[3]. Die Ausschüsse beider Seiten einigten sich auf eine gemeinsame Antwort, die am nächsten Tag durch die Präsidenten vorgetragen wurde.Nur bei ganz wenigen Gelegenheiten begegneten die Delegationen beider Seiten einander, und zwar vor den Präsidenten oder dem kaiserlichen Orator: am 20. und 26.November, als die Präsidenten die Protestanten und die Katholiken vorluden, als Granvellas Rede (25. und 26.November) oder Campeggios Ansprache (8.Dezember) angehört und beantwortet werden mußten und als Melanchthon und Eck zur Disputation antraten (14.-18.Januar 1541). Von diesen Gelegenheiten abgesehen, wurde getrennt verhandelt. Die Präsidenten oder die "Räte, zur Präsenz verordnet" hatten, da ihre Fürsten nicht in Worms anwesend waren, die alleinige Verhandlungsführung inne. Sie stellten als Unterhändler die Verbindung zwischen den Religionsparteien und Granvella her und sollten die Meinungen der übrigen drei Partner, Granvellas als der kaiserlichen Vertretung und der Protestanten und Katholiken, in Übereinstimmung bringen. Nur selten verhandelte Granvella direkt mit einer der Religionsparteien. Der königliche Orator Georg von Thessingen, der aus Wien geschickt worden war, trat kaum in Erscheinung.

Hispanici et Italici quidam monachi". Theodor Kolde-Paul Fleming: Zum Briefwechsel Luthers und Melanchthons mit Urban Rhegius. In: Beiträge zur bayerischen Kirchengeschichte 8 (1902),126.
(4).Vgl. Fraenkel,41.
1. Vgl. Neuser,Calvins Beitrag, passim.
2. Vgl. ders.,Vorbereitung,19ff.
3. Vgl. CR 3,1163ff., Oratio Granvellae.

Der Erfolg der Verhandlungen hing damit entscheidend vom Präsidium ab. An dessen Zusammensetzung und der Stimmenverteilung lag es, daß die Präsidenten das Gespräch mehr hemmten als förderten. Sie konnten nicht unparteiisch sein, da drei der vier Präsidenten zugleich zu den elf Delegierten der katholischen Partei zählten: Pfalz, Mainz und Bayern. Wenn auch ihre Räte getrennte Aufgaben hatten, die einen als Unterhändler, die anderen als Vertreter der katholischen Seite, so war doch eine Interessenkollision unvermeidlich. Noch schwieriger wurde die Sache dadurch, daß der Erzbischof von Mainz nicht nur einen Präsidenten und eine katholische Stimme stellte, sondern als Erzbischof von Magdeburg noch eine weitere Stimme innehatte. Eine noch größere Stimmenzahl vereinigte Bayern, es stellte einen Präsidenten und drei katholische Stimmen, denn der Erzbischof von Salzburg war ein Bruder der beiden stimmberechtigten bayerischen Herzöge. Melanchthon beklagte denn auch die Stimmenkumulationen[1].

Entscheidend für den Verlauf des Konvents wurde aber, daß von den elf katholischen Stimmen drei reformationsfreundlich eingestellt waren, Pfalz, Brandenburg und Jülich-Kleve, und von diesen der Kurfürst von der Pfalz zu den Präsidenten gehörte. Die Folge war, daß die Präsidenten sich zusehends uneiniger wurden. Mainz und Bayern blieben den Protestanten und Granvella gegenüber hart, die Pfalz und der Bischof von Straßburg verfolgten einen nachgiebigeren Kurs.

Die Aufspaltung der katholischen Partei bestimmte wesentlich den Verlauf des Wormser Konvents. Nur dem Friedenswillen und Verhandlungsgeschick Granvellas war es zu verdanken, daß über das Abstimmungsverfahren ein Kompromiß erzielt werden konnte und die Disputation überhaupt stattfand. Die Protestanten versuchten nämlich lange, die für sie so günstige Stimmenverteilung bei etwaigen Mehrheitsbeschlüssen auszunutzen.

---

1. Vgl. WA Br 9,256,9f.,Melanchthon an Luther, Jonas und Bugenhagen, 4.November 1540."Et pro Treuiro Moguntinus praeerit congressui. Ita tria habebit suffragia vnus.

Am 24.November[1]begannen die Präsidenten mit ihren Bemühungen
um den Entwurf einer Geschäftsordnung[2]. Sie baten die Protestanten, ihre Teilnehmer bekanntzugeben und den Präsidenten schriftlich die strittigen Artikel als Diskussionsgrundlage zu übergeben. Ferner wurde bestimmt, daß jeder Partei zwei Notare und
ein Schreiber zur Verfügung stehen sollten, die die Verhandlungen
aufzeichnen würden.

Am 28.November übergaben die Protestanten das Verzeichnis ihrer
Teilnehmer und als Verhandlungsgrundlage die CA Variata und die
Apologie. Sie einigten sich mit en Präsidenten über die Frage
der Zuhörer dahin, daß nur solche Zuhörer zum Gespräch zugelassen
werden sollten, die den beratenden Delegationen angehörten. Den
Notaren wurden zur Unterstützung Substitute beigegeben.

Am 2.Dezember übergaben die Katholiken ihre Teilnehmerliste[3] und
forderten Verhandlungen nicht über theologische Fragen, sondern
über die Restitution, was aber die Präsidenten als mit dem Hagenauer Abschied unvereinbar ablehnten. Als die Katholiken sich be-
schwerten, daß die CA abgeändert worden sei, antworteten die Präsidenten, das spiele keine Rolle für die Verhandlungen. Sie haben,
wie auch die Protestanten, offenbar die CA Variata nicht als etwas
prinzipiell Neues angesehen.

Am 6.Dezember traf der päpstliche Nuntius Tommaso Campeggio ein
und wünschte die Kopie aller Verhandlungsakten und die Gelegenheit, eine Ansprache an die Stände zu halten. Es sollte dies eine Friedensmahnung an beide Parteien sein, die zwischen den päpstlichen Vertretern abgesprochen war, um dem durch das Erscheinen
Morones in Wien (am 26.November) genährten Verdacht entgegenzu-
wirken, ihrer beider Tätigkeit habe nur das Ziel, ein Kolloquium
zu verhindern[4]. Am selben Tag wurde ferner bestimmt, die kaiserlichen, königlichen und päpstlichen Theologen denjenigen katholischen Deputationen zuzuordnen, die nicht mit drei Vertretern besetzt waren, um ein Gleichgewicht in der Beratung herzustellen[5].

---

1. Um einen Einblick in die mühseligen und zeitraubenden Verhandlungen zu geben, wird im Folgenden chronologisch vorgegangen.
   Vgl. das Präsidialprotokoll (19.November-18.Januar 1541),
   ARC 3,196ff.
2. Vgl. CR 3,1176.   3. Vgl. ARC 3,211.
4. Vgl. Ranke 6,146ff. und NB 6,55.   5. Vgl. ARC 3,219.

Am 8.Dezember hielt Campeggio auf der dritten Plenarversammlung
seine Rede vor den Ständen[1]. Er forderte zur Eintracht auf, schob
jedoch die Schuld an der Spaltung den Protestanten zu. Melanchthon
verfaßte am gleichen Tag eine Erwiderung[2], in der er den Vorwurf
zurückwies, die Protestanten seien von der Kirche abgewichen und
hätten durch falsche Lehren den Frieden in der Kirche zerstört.
Mit Entschiedenheit lehnte Melanchthon den Papst oder seine Legaten als Leiter des Kolloquiums ab. "Cumque profiteatur Pontifex
ipse se hostem esse nostrarum Ecclesiarum, non possumus eum facere
iudicem nec tribuere eius Legatis autoritatem gubernandi huius
colloquii aut similium Synodorum"[3].
Auch die Frage der Notare und deren Eid sowie die Überlassung der
Protokolle an die Parteien erforderten Verhandlungen, die vor
dem Beginn des Gesprächs abgeschlossen sein mußten. Die Präsidenten schlugen am 11.Dezember vor:
Die Notare sollten schwören, alle Verhandlungen getreulich zu
protokollieren und vor allen Nichtteilnehmern am Gespräch geheim-
zuhalten. Sie sollten die Akten und die von den Substituten angefertigten Kopien an sich nehmen und nach Ende des Gesprächs mit
den Unterlagen der anderen Notare vergleichen. Ebenso sollten
sich die Substitute eidlich verpflichten, über alle Verhandlungen
Stillschweigen zu bewahren. Am 17.Dezember stimmten die Parteien
allen Bedingungen zu[4].

Wichtiger als die Frage von Notaren und Eiden war die Auseinandersetzung über das Abstimmungsverfahren. Die Protestanten
wünschten freie Abstimmung jeder einzelnen Delegation im Gespräch "... ut singulorum suffragia in utraque parte diserte
audirentur et perscriberentur"[5]. Das bedeutete, daß jeweils
22 Stimmen abgegeben würden. Da drei katholische Stände dem
Protestantismus zuneigten, würde sich demnach möglicherweise

---

1. Vgl. CR 3,1192ff.
2. Vgl. ebd.,1195ff.
3. Ebd.,1198f.
4. Vgl. ebd.,1200ff.
5. ARC 3,299, 6.Dezember 1540.

ein Stimmenverhältnis von 14:8 für die Protestanten ergeben. Bei ihrer Forderung beriefen sich die Protestanten auf den Hagenauischen Abschied: da dort 22 Stimmen vorgesehen seien, hatte nach ihrer Meinung jeder Stand auch eine eigene Stimme[1]. Demgegenüber erklärten die Präsidenten, nur Kaiser und König seien befugt, einen Abschied auszulegen[2]. Granvella interpretierte den Abschied dahin, daß die elf Stände jeder Partei sich verglichen und dann nur eine Meinung, die der Mehrheit, vorbrächten. Der mainzische Präsidialvertreter drückte das so aus:"So were auch die recht mass und ordnung diss gesprechs, das ein yeder theil anfengklich sein meynung beratschlagt, ehe sie zur handlung kemen, wie dan die protestirenden ir confession und apologia by zehen jaren beratschlagt hetten"[3]. Die Protestanten fürchteten hinter diesem Abstimmungsmodus eine List und lehnten ihn hartnäckig ab.

Die Folge war, daß Granvella und die Präsidenten versuchten, statt eines Gesprächs einen Austausch von Schriften in die Wege zu leiten. Sie forderten am 10.Dezember die elf katholischen Stände auf, eine schriftliche Entgegnung auf die CA Variata auszuarbeiten. Trotz mehrmaliger Ermahnung, die Verhandlungen nicht zu behindern, lieferten die Katholiken ihre Schrift nicht ab, da sie sich nicht einigen konnten. Die Protestanten drängten dagegen, mit dem Kolloquium zu beginnen. Granvella und die Präsidenten waren in Verlegenheit. Am 15.Dezember gingen schließlich vier Gutachten ein, ein Mehrheitsgutachten von acht Ständen, das von Eck und Billick verfaßt war, und drei Einzelgutachten von Pfalz, Brandenburg und Jülich-Kleve, die sich im Sinne der Reformation äußerten. Granvellas Kommentar dazu:"Postquam deliberatum erat, ut aliquando initium aliquod fieret istius amicabilis colloquii... orator Caesareae Maiestatis certior factus est de catholicorum ipsorum inter se discordia et dissensione"[4]. Die Gutachten[5],

---

1. Vgl. ebd.,246, 18.Dezember 1540.
2. Vgl. ebd.,248, 18.Dezember 1540.
3. Ebd.,262,   28.Dezember 1540.
4. Ebd. 226,   16.Dezember 1540.
5. Vgl. den Abdruck des Mehrheitsgutachtens bei Lipgens, Theologischer Standort,45ff.

die zwischen dem 25.November und dem 14.Dezember verfaßt wörden
waren, gingen nach einer Einleitung auf einzelne Punkte der CA
ein[1].

   In den nächsten Tagen versuchten Granvella und die Präsidenten,
die Uneinigkeit unter den katholischen Ständen zu überwinden,
was daran scheiterte, daß Pfalz, Brandenburg und Jülich-Kleve
sich auf ihre Instruktionen zurückzogen: sie seien auf den Hagenauer Abschied hin ausgefertigt worden, der von 22 einzelnen
Stimmen spreche[2]. Am 20.Dezember wurden die innerkatholischen
Einigungsversuche ergebnislos abgebrochen.

   Am 22.Dezember machte Granvella den Präsidenten den Vorschlag,
da der Weg schriftlicher Verhandlungen nicht gangbar sei, aus
den katholischen und den protestantischen Theologen selbst je
drei auszuwählen, die in seiner Anwesenheit, der des päpstlichen
Nuntius und zwei bis drei Protestanten verhandeln sollten.
"Cumque hoc colloquium, ... non sit obligatorium secundum re-
cessum Hagenoensem, nihil aliud considerandum est"[3].
Die Präsidenten lehnten diesen Vorschlag defectu mandatus ab.
Sie seien auf den Hagenauer Abschied abgefertigt, in dem von
einem solchen Kolloquium keine Rede sei. Auch Morone und Campeggio brachten dem Gedanken stärkstes Mißtrauen entgegen[4],
nicht zuletzt vermutlich wegen der Gleichstellung mit den Vertretern der Protestanten; diese wiederum fürchteten eine Falle.

   Am 31.Dezember erklärte Granvella, er müsse seinen Plan eines
Sechsergesprächs aufgeben, da es von allen Seiten abgelehnt werde[5]. Er schlug nun vor, von jeder Partei einen Sprecher zu einem
Gespräch zuzulassen, der die Meinung der Mehrheit vertreten sollte. Abweichende Meinungen sollten bei den Präsidenten hinterlegt
und auf dem kommenden Reichstag vorgetragen werden. Nachdem die
Präsidenten diesem Vorschlag zugestimmt hatten, ergingen die
diesbezüglichen Anfragen an die Stände[6].

   Am 5.Januar erkärten die Protestanten:"...lassen wir auch geschehen, dass zwo personen als collocutores verordent werden,

1. Vgl. ebd., 35ff.
2. Vgl. ARC 3,245ff. und besonders 248, 19.Dezember 1540.
3. Ebd.,254.
4. Vgl. NB 6,87.
5. Vgl. ARC 3,268f.   6. Vgl.CR 4,5ff.,Nr.2114.

damit dester weniger unordnunq furfalle"[1]. Sie verlangten daher,
daß das Gespräch gemäß dem Hagenauer Abschied und dem kaiserlichen
Ausschreiben vorgenommen, d.h. die CA zuqrundegeleqt werde. Ferner forderten sie die Protokollierunq der gesamten Verhandlung,
nicht nur der Ergebnisse.
Auch die Katholiken bekundeten am 5.Januar ihr Einverständnis.
Es folgten ermüdende und zeitraubende Verhandlungen über den
Gesprächsmodus zwischen zwischen Granvella und den Präsidenten.
Mainz und Bayern versuchten, das Gespräch zu verschleppen und
entschuldigten ihre Ablehnung damit, erst die nötigen Instruktionen einholen zu müssen. Der Bischof von Straßburg und Pfalz
stimmten dagegen mit Granvellas Vorschlägen überein. Nach langem
Hin und Her gaben schließlich alle vier Präsidenten ihre Einwilligung zu den Vereinbarungen[2].
Am 13.Januar konnte Granvella den Präsidenten mitteilen, die
Protestanten hätten sich mit allen seinen Vorschlägen einverstanden erklärt. Er hoffte"salvis omnibus protestationibus ex utraque parte incipi possit dictum colloquium, salva semper meliori
sententia dominorum praesidentium"[3].

Als Mitte Januar eigentlich niemand mehr daran glaubte, kam es
zum eigentlichen Religionsgespräch, und Ecks Wunsch nach einer
fundierten wissenschaftlichen Debatte mit den Protestanten über
grundsätzliche dogmatische Fragen schien endlich in Erfüllung zu
gehen. Das Gespräch zwischen Eck und Melanchthon dauerte vier
Tage, vom 14.-18.Januar 1541. In ihm wurde der Versuch gemacht,
ein gemeinsam formuliertes Bekenntnis aufzustellen. Die Bedingungen waren äußerlich scheinbar günstig. Die Gesprächspartner
kannten sich gut. Beide waren der Verwischung von Glaubensfragen
abgeneigt, es ging ihnen darum, die Lehre von Bibel und Kirchenvätern zu vertreten und deren richtige Interpretation zu diskutieren. Der Inhalt des Gesprächs wurde protokolliert[4].

---

1. ARC 3,275; vql. auch CR 4,7ff.,Nr.2115 und 10ff., Nr.2116.
2. Vgl. ARC 3, 289f.
3. Ebd.,291, 13.Januar 1541.
4. Vgl. die Protokolle CR 4,33ff.,Nr.2132.

Hier haben wir eine wirkliche Disputation vor uns: Gesprächsgrundlage war der zweite Artikel der CA über die Erbsünde, und
zwei Theologen erörterten diesen Artikel in sechs halbtägigen
Sitzungen mit einem ungeheuren Aufwand an biblischen Texten und
Zitaten aus den Kirchenvätern[1]. Als am Sonntagnachmittag (16.Ja-
nuar) die Präsidenten erklären ließen, nun sei es genug, protestierte Melanchthon: so schwerwiegende Fragen müßten zu Ende diskutiert
werden[2]. Trotz zeitweiser sehr scharfer Auseinandersetzungen waren
sich die Kollokutoren näher gekommen. Es gelang ihnen auch, unterstützt von Bucer und dem Suffraganbischof Mensing, in der Woh-
nung Granvellas eine gemeinsame Definition der Erbsünde zu formulieren, die mit den feierlichen Worten beginnt "Fatemur unanimi
consensu"[3].

Am folgenden Tag machte Granvella von der in seiner Hand befind-
lichen Ordre Gebrauch und verschob das Gespräch auf den Reichstag, der wenige Wochen später in Regensburg zusammentreten sollte.
Damit war das Wormser Gespräch offiziell beendet.

Der Grund für die rasche Beendigung des Gesprächs beruhte auf
einem Mißverständnis[4]. Granvella hatte schon am 11.Januar, also
mitten in den Auseinandersetzungen um den modus colloquii, den
Kaiser um die Auflösung des Tages gebeten und ihn später dann
nicht von der Einigung und dem Gesprächsbeginn unterrichtet. Er
erhielt daher vom Kaiser die erbetene Auflösungsordre und machte
auch von ihr Gebrauch, weil er keine Hoffnung sah, auf der Basis der CA je zu einer Einigung zu kommen. Außerdem hatte er
bereits daran gearbeitet, eine neue befriedigendere Grundlage
für die Auseinandersetzung zu schaffen.

Noch während der ersten Periode der Tagung, am 14.Dezember,
war Granvella durch Gropper und den kaiserlichen Rat Veltwyk an
Bucer und Capito herangetreten und hatte sie zu einem geheimen
Kolloquium aufgefordert, das neben den offiziellen Verhandlungen
stattfinden sollte[5].

---

1. Vgl. Fraenkel,52ff.
2. Vgl. CR 4,63f.
3. Forma concordiae in doctrina de peccato Originali, CR 4,
   32f. vom 17.Januar 1541.

Am folgenden Tag verstärkte er seine Aufforderung mit dem Argument, diese Geheimverhandlungen seien die letzte Möglichkeit einer Einigung:"wa er dann kaiserlichen Majestät keinen Trost einer Vergleichung wüßt zu bringen, so wäre große Sorge dabei"[1]. Damit spielte er auf einen möglichen Religionskrieg an. Die beiden Straßburger ließen sich, vom hessischen Kanzler Feige und von Jakob Sturm beraten, auf den Vorschlag ein und erhielten nachträglich die Erlaubnis des Landgrafen[2].

Die Beratungen begannen am 15.Dezember auf Grund eines schon vorliegenden Entwurfs[3], und Gropper, Veltwyk und die Straßburger kamen einer Einigung über Erbsünde und Rechtfertigung sehr nahe. Am 31.Dezember einigten sich die vier trotz aller Schwierigkeiten auf einen theologischen Vergleichsentwurf, den Gropper vorlegte und Bucer geringfügig abänderte, das später so genannte "Regensburger Buch"[4].

Dieser theologische Entwurf war nun in Händen Granvellas und mit ihm gedachte er, den kommenden Reichstag als neuer Verhandlungsgrundlage zu überraschen. In der Hoffnung, daß erst das Regensburger Buch eine echte Möglichkeit der Gesprächseinigung biete, ließ er das Wormser Gespräch abbrechen und den Regensburger Reichstag ansagen.

Das Regensburger Buch war das wichtigste, wenn auch geheime Ergebnis in Worms. Der Ertrag der offiziellen Verhandlungen war dagegen gering: der einzige greifbare Erfolg war die Konsensformel über die Erbsünde. Die katholischen Theologen hatten nicht vermocht, die Einheit in der Lehre zu finden, die von den Protestanten in den Vorgesprächen im November erreicht worden war. Daher war es von Anfang an die Taktik des Nuntius und der Präsidenten Mainz und Bayern, das Gespräch zu verzögern. Granvella hat daneben immer wieder versucht, durch private Gespräche, deren Umfang nur schwer festzustellen ist, etwas zu erreichen[5]. Wir wissen von

---

(4). Vgl. Lippens, Theologischer Standort,34.
(5). Vgl. Stupperich, Der Humanismus,76ff.
1. Lenz 1,276.
2. Vgl. ebd., 280,282.
3. Vgl. Stupperich, Der Humanismus,88.
4. Vgl. Stupperich, Ursprung des Regensburger Buches,passim.

politischen Sonderverhandlungen mit Kursachsen, mit Hessen[1]
und von Privatgesprächen zwischen Melanchthon und Nausea[2]. Die
theologische Annäherung wurde erst im Regensburger Buch erreicht.

6. Der Regensburger Reichstag 1541.

Schon am 14.September 1540, also noch vor Beginn der Wormser
Verhandlungen, schrieb Karl V. gemäß dem Hagenauer Abschied und
dem Ausschreiben des Wormser Gesprächs auf den Dreikönigstag
1541 einen Reichstag nach Regensburg aus[3], den er selbst besuchen wollte. Als Verhandlungsgegenstände nannte er vor allem die
Vergleichung der Religion "durch wege aines rechtmessigen concilii oder sonst". Daneben sollten Verhandlungen über die Türken-
frage, das Kammergericht, die Handhabung von Friede und Recht,
Polizei, Münze u.a. geführt werden.

Inzwischen versuchte Granvella, das Regensburger Buch auf
allen Seiten als Verhandlungsgrundlage zur Anerkennung zu bringen.
Veltwyk erlangte die Zustimmung des Landgrafen[4], der sich den
Text von Bucer ins Deutsche übersetzen ließ. Von dort gelangte
das Buch am 10.Januar 1541 zu Kurfürst Joachim II. von Brandenburg[5], der es seinerseits an Luther schickte. Dieser erkannte
zwar den guten Willen der Verfasser an, hielt aber ihre Vorschläge für unannehmbar[6]. Joachim war über diese Ablehnung ungehalten,
er meinte, Luther sei einem Ausgleich deshalb so abgeneigt, weil
seine Reputation durch ein Nachgeben leiden könnte. Aber trotz
des geringen Entgegenkommens der Wittenberger führte Joachim
seinen Plan aus: das Buch mußte die Billigung des Kaisers finden,
um als Verhandlungsgrundlage dienen zu können. Dies gelang schließlich durch die Vermittlung Granvellas.

Über die Einigung vgl. zuletzt Vinzenz Pfnür:Die Einigung
bei den Religionsgesprächen von Worms und Regensburg 1540/
41 eine Täuschung? In:Müller, Religionsgespräche der Reformationszeit,55ff.
(5).Vgl. Neuser, Vorbereitung,24.
1. Vgl. Mentz 2,282.   2. Vgl. Cardauns, NB 5,XCVII.
3. Das Ausschreiben in Winckelmann, Pol. Corr. Strassburg 3,
96, Nr.95 vom 14.September.

Die Haltung der Stände zu den bevorstehenden Vergleichsverhandlungen war wiederum geteilt. Kurfürst Johann Friedrich von Sachsen erklärte, er wolle auch weiterhin nur auf der Grundlage der
CA verhandeln[1]. Die Instruktion für seine Gesandten auf dem Reichstag[2] enthielt die Anweisung, gegen jedes allzu bestimmte Auftreten
eines päpstlichen Legaten zu protestieren. Die beste Lösung sei
ein dauerhafter äußerer Friede. Wenn das Konzil zur Sprache käme,
sollte ein "rechtschaffen, frei, christlich und unparteiisch"
Konzil gefordert werden, bei dem der Papst und seine Geistlichen
nicht "Richter und Part seyn"[3]. Endlich sollten die sächsischen
Vertreter ein Auge auf Melanchthon haben und dafür sorgen, daß
er sich nicht in Sonderverhandlungen einlasse. Genau so ablehnend
wie Johann Friedrich äußerten sich die bayerischen Herzöge[4]. Sie
betonten zwar, die Religionsspaltung müsse auf dem Reichstag be-
seitigt werden, sahen aber als einzigen Weg die Rückführung der
Protestanten zum alten Glauben. Wie in Worms hielten sie ein erneutes Gespräch für verfehlt. Ohnehin sei durch den Papst und die
Konzilien verboten worden, über den Glauben öffentlich zu disputieren. Außerdem seien Zugeständnisse an die Protestanten auch
deshalb unmöglich, weil man damit zugebe, die Abgewichenen zu
Unrecht des Abfalls beschuldigt zu haben.

Abgesehen von diesen Gegnern des Unionsplans hatte Karl V. die
Mehrheit des Kurkollegs hinter sich: Brandenburg, Pfalz, Trier
und Köln. Der aktivste Schmalkaldener, Philipp von Hessen, suchte
aus privaten Gründen wegen seiner Doppelehe Anschluß an den Kaiser und schied damit aus der Front der unnachgiebigen Protestanten aus. Sein theologischer Ratgeber Bucer bemühte sich wie kein
zweiter protestantischer Theologe um die Union.

(4). Vgl. Stupperich, Der Humanismus,94f.
(5). Vgl. Lenz 2,529ff.
(6). Vgl. WA Br 9,329,Nr.3576 und 332,Nr.3578, 21.Februar 1541.
1. Vgl. Vetter,11f.
2. Vgl. CR 4,123ff.
3. Ebd.,130.
4. Vgl. ARC 3,358ff., bes. 362.

Von den rein politischen Voraussetzungen her gesehen, bestand
Hoffnung auf eine Verständigung. Die Kurie sandte auf besonderen
Wunsch des Kaisers den auf Übereinkunft und Ausgleich bedachten
Gasparo Contarini[1], einen genauen Kenner der protestantischen
Theologie. Obwohl er keinerlei Vollmacht besaß, in Regenburg
eine Konkordie abzuschließen oder auch nur Konzessionen in der
Lehre zu machen, lag in seiner Ernennung ein außerordentliches
Entgegenkommen des Papstes gegenüber den Unionswünschen Karls V.
Seine Anwesenheit bot die Gewähr dafür, daß die den Protestanten
verhaßten deutschen Kontroverstheologen Eck, Cochlaeus und Fabri
mit ihrem Anhang in Schranken gehalten wurden.

Contarini zog am 12.März 1541 in Regensburg ein und wurde begeistert begrüßt. Das Mißtrauen der Kurie offenbarte sich jedoch
bald darin, daß sie unmittelbar vor Beginn des Reichstages den
kaiserlich gesinnten Nuntius Poggio durch Morone ersetzte, der
die Politik der Religionsgespräche ablehnte und ein Gegengewicht
zu dem irenischen Contarini bilden sollte.

Am 20.Januar wurde das Reichstagsausschreiben wiederholt; die
Fürsten trafen bis Ende März allmählich ein, so daß Anfang April
der Reichstag eröffnet werden konnte. Eines stand fest: der Modus
von Worms, die Bildung eines konfessionell gemischten Ausschussen
sollte nicht aufgenommen werden, statt dessen sollte wieder ein
"enges Gespräch" stattfinden. Über die Religionsfrage hieß es in
der Proposition[2], die am 5.April 1541 verlesen wurde, der Kaiser
halte ihre Regelung für seine wichtigste Aufgabe und wolle daher
ein neues Gespräch abhalten lassen. Dazu sollten nur einige wenige Personen bestellt werden, die die strittigen Artikel prüfen
und vergleichen und dem Reichstag darüber berichten sollten.
Dieser werde daraufhin einen Beschluß fassen; Verhandlungen mit
der Kurie sollten sich anschließen.

Bei den Verhandlungen über die Proposition machten die Stände

1. Vgl. Jedin, Konzil 1,305f., Mackensen,Contarini's Theological Role und H.Jedin: Kardinal Contarini als Kontroverstheologe. Münster i.W.1949.
2. Vgl. CR 4.152ff.

zunächst einige Einwendungen gegen die Form des Gesprächs und die
Bestimmung der Teilnehmer, nahmen aber dann die kaiserlichen
Vorschläge an[1].

Am 21.April ernannte der Kaiser die Teilnehmer[2]. Von den drei
katholischen Kolloquenten waren der Kölner Johann Gropper und
der eben zum Bischof von Naumburg gewählte, von Kursachsen aber
in seinem Amt bestrittene Julius Pflug überzeugte Förderer der
Union[3], die Wahl Johann Ecks war dagegen ein Zugeständnis an die
streng katholische Partei. Von den protestantischen Kollokutoren
galt Bucer als für die Union gewonnen, während Melanchthon, der
in Augsburg 1530 ihr rastloser Förderer gewesen war, nun, durch
strenge Weisung seines Kurfürsten gebunden, sich ängstlich zurück-
hielt[4]. Der Hesse Johann Pistorius schied nach der Erkrankung
Ecks aus dem Kolloquium aus. Zu "Vermittlern", d.h. Präsidenten
des Gesprächs,wurden zwei Vertrauensleute des Kaisers bestimmt:
Pfalzgraf Friedrich und Granvella, der die eigentliche Gesprächsleitung innehatte. Ihnen wurden am 23.April sechs Vertreter der
Stände als Zeugen beigegeben[5]. Der päpstliche Legat Contarini
beteiligte sich nicht an den Verhandlungen, aber Granvella er-
laubte, daß die katholischen Kollokutoren sich jeden Morgen zur
Berichterstattung bei ihm versammelten.

Außer der Zusammensetzung der Teilnehmer bestimmte der Kaiser
auch den Gang des Gesprächs[6]. Zu Beginn des Gesprächs ermahnte
der Kaiser die sechs Kollokutoren zu aufrichtiger Arbeit, und
Granvella legte ihnen das Regensburger Buch[7] versiegelt und ohne
Titel vor. Den Gesprächsteilnehmern wurde erklärt, der Kaiser
habe es als Verhandlungsgrundlage gewählt, da die CA dazu ungeeignet sei[8]. Melanchthon und Eck waren überrascht, während
Gropper und Bucer es sehr wohl kannten. Granvella gab das Buch

---

1. Vgl. den Schriftwechsel zwischen dem Kaiser und den Prote-
   stanten/Katholiken CR 4,156ff.
2. Vgl. Caesar ad Ordines, ebd.,178f.
3. Über Pflug in Regensburg vgl. Pollet,Julius Pflug 2,197ff.
4. Vgl. Blatter,64ff.
5. Vgl. Roth,Zur Geschichte des Reichstages, Teil 2 in ARG 2,
   46.
6. Vgl. Stupperich, Der Humanismus,98ff.
7. Text des Liber Ratisbonensis in CR 4,190ff.Vgl. auch Augustijn,Religionsgespräch der vierziger Jahre,46ff.

nicht aus der Hand. Während des ganzen Kolloquiums brachte er es morgens und nahm es abends wieder mit sich[1]. Vorher hatte Granvella es schon Contarini vorlegen lassen, der es mit Morone und Gropper durchsah und an einigen Stellen leicht abänderte. Das Regensburger Buch war keine Lehrschrift wie die CA, sondern eine Sammlung aller Artikel, über die Differenzen bestanden.

Die Beratungen begannen am 27.April und wurden bis zum 22.Mai täglich von 7 bis 10^h fortgesetzt[2]. Die Verhandlungen waren geheim; während dieser Zeit fanden in Regensburg keine anderen Reichshandlungen statt. Da die Verhandlungen noch Mitte Mai ohne Ergebnis geblieben waren, versuchte Granvella, mit Drohungen und Versprechungen die Protestanten zum Nachgeben zu bewegen. Vor allem übte er Druck auf Melanchthon aus, der sich nun allein den Vertretern der "Mittelpartei" gegenübersah. Um die Verhandlungen nicht auseinanderbrechen zu lassen, betonte der Kaiser wiederum die Unverbindlichkeit des Gesprächs[3] als einer Privatverhandlung zur Anbahnung einer Einigung. Dennoch war an eine Einigung nicht zu denken.

Granvella sah endlich ein, daß der Plan des Kaisers, durch ein Religionsgespräch eine Einigung herbeizuführen, im Augenblick undurchführbar war. Es blieb nur übrig, auf die protestantischen Theologen durch ihre Fürsten Druck ausüben zu lassen oder diese durch Sonderverträge an die kaiserlichen Interessen zu binden und dadurch unschädlich zu machen. Zwar wurden auf ausdrücklichen Wunsch des Kaisers alle Artikel des Regensburger Buches einzeln vorgenommen, aber alle wichtigen blieben unverglichen und boten Anlaß zu scharfen Auseinandersetzungen. Beide Teile waren froh, als am 22.Mai die erste Lesung abgeschlossen war.

An diesem Tag wurden die Kollokutoren aufgefordert, die Summe aus den Verhandlungen zu ziehen. Daraufhin gingen sie am 24. und 25.Mai sämtliche Artikel noch einmal durch. Das Ergebnis war für den Kaiser enttäuschend, denn die Protestanten legten am 31.Mai eine Zusammenfassung ihrer abweichenden Meinungen hin-

(8). Vgl. CR 4,331.
1. Vgl. ebd.,338.
2. Zum Verlauf der Verhandlungen vgl. vor allem Vetter.
3. Vgl. CR 4,297.

sichtlich der Artikel vor[1], so daß neben dem Regensburger Buch
die kurze Liste der verglichenen und die lange der unverglichenen
Artikel stand.

Was würden die Stände mit den Ergebnissen der Theologenberatung
anfangen? Auf ihrer Entscheidung beruhte letztlich das Schicksal des ganzen Einigungswerks. Kurfürst Johann Friedrich stellte
sich schroff jeder Einigung entgegen[2], Philipp von Hessen erklärte, er wolle in keinem Punkt von der Meinung der protestantischen Theologen abweichen und riet zu einem äußerlichen Frieden.
Der Kaiser konnte nur am 8.Juni dieses Ergebnis den Ständen zu-
leiten und sie um ihr Urteil ersuchen[3].

Daneben unternahm Kurfürst Joachim im Einvernehmen mit der
kaiserlichen Kanzlei einen letzten Versuch, doch noch zu einer
Einigung zu kommen. Ohne Wissen der Kurie schickte er eine Gesandtschaft zu Luther, um diesen zur Annahme der verglichenen
Artikel und zur Tolerierung der unverglichenen zu bewegen, die
die protestantischen Theologen im Gespräch verweigert hatten[4].
Aber Luther lehnte dies ab.[5]

Der Gedanke einer zeitweiligen Tolerierung der verglichenen
Artikel wurde erwogen; Granvella hatte ihn auch in Rom zur Sprache gebracht, aber dort eine scharfe Ablehnung erfahren. Auch
die Stände gingen nicht darauf ein, die vereinbarten Artikel als
interimistische Lösung bis zur Entscheidung des Konzils gelten
zu lassen. Bei den katholischen Ständen lehnte die Fürstenkurie
dies einheitlich ab[6], ebenso urteilten die Kurfürsten von Mainz
und Trier mit der Begründung, daß nur der Papst oder das Konzil

1. Vgl. CR 4,348ff.
2. Vgl. ebd.,346.
3. Vgl. ebd.,390f.
4. Vgl. WA Br 12,309ff.; WA Br9,433ff. N.Müller, Reichstag von
   Regensburg,190ff.
5. WA Br 9,436ff., Nr.3629; CR 4,400, 406f.
6. Vgl. ARC 3,401ff., 17.Juli 1541.

solche Fragen entscheiden könnten[1]. Die übrigen Kurfürsten sprachen sich dafür aus, die verglichenen Artikel bis zu einem Konzil, einem Nationalkonzil oder auch einem Reichstag in Geltung
zu bringen[2].

So scheiterte die kaiserliche Unionspolitik 1541 am Widerstand
der Theologen und Politiker beider Parteien. Auch weitere Verhandlungen des Kaisers mit den Ständen brachten nicht das gewünschte
Ergebnis[3]. Der letzte Bescheid der Katholiken vom 1.Juli[4] enthielt
die Ablehnung des Regensburger Buches, eine Anklage gegen die
verfehlte Unionspolitik des Kaisers und die Forderung nach Hin-
zuziehung des päpstlichen Legaten, dessen Urteil über die Artikel
des Buches allein maßgeblich sei. Ferner forderten sie am 2.Juli[5]
die Abhaltung eines General-oder Nationalkonzils. Am 7.Juli[6]
versprach der Kaiser, den Legaten zuzuziehen, und bat die katholischen Stände, Mittel zu suchen, um einen beständigen Reichs-
frieden aufzurichten. Die Protestanten verwiesen am 12.Juli[7]
auf ihre früheren Erklärungen und rieten dem Kaiser, die verglichenen Artikel als für beide Teile gültige Lehre zu empfehlen.
Der Abschied vom 29.Juli[8] versuchte, das Beste aus der ver-
fahrenen Situation zu machen. Er bestimmte:
- die verglichenen Artikel gelten für beide Parteien bis zum
  Konzil, das die endgültige Entscheidung treffen wird;
- sollte es nicht in Kürze zusammentreten, wird dafür ein Nationalkonzil oder ein Reichstag abgehalten, zu dem der Papst
  einen Vertreter entsenden soll;
- bis dahin gilt der Nürnberger Friede in allen Punkten;
- gegenwärtig schwebende Kammergerichtsprozesse werden bis zum
  Konzil suspendiert.

---

1. Vgl. ebd.,400.
2. Vgl. ebd.,396ff.
3. Vgl. Vetter,128ff. und Pfnür, Die Einigung bei den Religionsgesprächen,55ff.
4. Vgl. CR 4,450ff.
5. Vgl. ebd.,455f.
6. Vgl. ebd.,465f.
7. Vgl. ebd.,476ff. lateinisch und 491ff.deutsch, 12.Juli 1541.
8. Der Abschied vgl. ebd.,626ff. 29.Juli 1541.

Der Augsburger Abschied wurde offiziell nicht aufgehoben, jedoch sicherte der Kaiser den Protestanten in einer geheimen "De-
klaration"[1] ihren Besitz zu, ließ die "christliche Reformation"
von landsässigen Klöstern und Kirchen zu und versprach ihnen
Parität am Reichskammergericht. Die Katholiken erhielten als
Ausgleich ebenfalls eine Geheimdeklaration, die ihnen den Besitz ihres Einkommens aus Renten und Zinsen sowie ihre Hoheiten
und Gerechtigkeiten garantierte[2].

Der Kaiser war in der Einigungsfrage nach zwei Jahren keinen
Schritt weitergekommen, im Gegenteil waren die Schwierigkeiten
einer solchen Einigung erst recht klar geworden.

7. Die Religionspolitik Karls V. 1541-1545.

Das Religionsgespräch hatte als Instrument der Reichspolitik
versagt, stattdessen wurde nun die gewaltsame Lösung des Schmalkaldischen Krieges vorbereitet. Schon auf dem Regensburger Reichstag 1541 begann der Kaiser, einzelne Fürsten aus dem protestantischen Lager auf seine Seite zu ziehen[3]. Kurfürst Joachim II.
von Brandenburg sagte gegen die Bestätigung seiner evangelischen
Kirchenordnung zu, dem Schmalkaldischen Bund nicht beizutreten.
Wichtiger war der Vertrag mit Philipp von Hessen[4], in dem sich
der Landgraf verpflichtete, einen festen Bund der Schmalkaldener
mit Frankreich und England zu verhindern und den Herzog von Kleve wegen Gelderns der Rache des Kaisers zu überlassen. Dafür
erhielt Philipp Verzeihung und Schutz vor den strafrechtlichen
Folgen seiner fatalen Doppelehe. Damit verlor der Schmalkaldische Bund seinen politischen Führer und büßte lange vor seiner
Niederlage seine politische Macht ein.

1. Vgl. ebd.,623ff., 28.Juli 1504.
2. Vgl. Lau-Bizer,124.
3. Vgl. Hartung, Karl V. und die deutschen Reichsstände,18f.,
   und Friedensburg, Karl V. und Paul III.,46ff.
4. Abgeschlossen am 13.Juni in Regensburg. Text Lenz 3,98;
   über die Verhandlungen vgl. A.Hasenclever: Johann von Naves
   aus Luxemburg, Reichsvizekanzler unter Kaiser Karl V. In:
   MIÖG 26 (1905),296ff.

Der Regensburger Abschied hatte für den 14.Januar 1542 einen
Ständetag in Speyer vorgesehen, auf dem die Fragen behandelt
werden sollten, die in Regensburg nicht erledigt worden waren.
Dieser wurde angesichts der Türkennot in einen Reichstag umge-
wandelt und am 9.Februar 1542 von König Ferdinand eröffnet[1].
Gegen die Bewilligung der Türkenhilfe erlangten die Protestanten die Verlängerung des Religionsfriedens um fünf Jahre und
das Versprechen der Visitation des Kammergerichts[2]. Von einem
Religionsgespräch war nicht die Rede.
Der Reichstag in Nürnberg im Sommer (24.Juli-26.August) 1542[3]
behandelte wieder die Probleme der Türkenhilfe und der Visitation des Kammergerichts. Auf dem nächsten Reichstag in Nürnberg
1542/43[4] forderte König Ferdinand Hilfe gegen die Türken und der
Kaiser, vertreten durch Granvella, gegen Frankreich und Kleve.
Diesmal wollten die Protestanten, anders als in Speyer, ohne Zu-
sagen über "Frieden und Recht" darüber nicht verhandeln. Als sie
gegen den Abschied protestierten, überzeugte diese Widerspenstig-
keit Granvella engültig von der Notwendigkeit eines Religions-
krieges[5]. Die Protestanten, so schrieb er dem Kaiser, würden
bald den Rest Deutschlands zu sich herüberziehen, wenn man sie
nicht daran hindere.
Auf dem Reichstag zu Speyer 1544 stand die Religionsfrage erneut auf der Tagesordnung. Karl V. hatte schon vorher dem Kardinallegaten Farnese mitgeteilt, daß die Beteiligung eines päpstlichen Vertreters dabei nicht vorgesehen sei[6].
In der Proposition am 20.Februar 1544 verlangte der Kaiser Hilfe
gegen Frankreich und die Türken. Die Protestanten standen unter

1. Über den Reichstag in Speyer vgl. Heidrich 1,54ff.
2. Zu den Verhandlungen vgl. ebd.,78ff.
3. Vgl. ebd.,88ff.
4. Vgl. ebd.,108ff.
5. Vgl. ebd.,153f.
6. Zum Speyerer Reichstag 1544 vgl.Heidrich 2,3ff; A.de Boor:
   Beiträge zur Geschichte des Speyerer Reichstags von 1544.
   Phil.Diss.Straßburg 1878; NB 7,XXXI; Jedin, Konzil 1,396ff.;
   Brandi, Karl V. 1,425ff.; die Unzufriedenheit der Städtevertreter mit den Fürsten zeigen die Berichte Sturms in Winckelmann, Polit.Corr.Strassburgs 3,452ff. und F.Roth: Aus dem
   Briefwechsel Gereon Sailers mit den Augsburger Bürgermeistern

dem Eindruck des kaiserlichen Sieges über Jülich-Kleve und waren
gefügig. Sie trennten sich von ihrem potentiellen Verbündeten,
dem französischen König, der am 12.März 1544 zum Reichsfeind erklärt wurde. Diesen Erfolg vergütete der Kaiser taktisch durch
weites Entgegenkommen gegen die kirchenpolitischen Forderungen
der Protestanten. Im Abschied vom 10.Juni wurde zur Regelung der
religiösen Frage "bis zu würcklicher Erlangung und Vollziehung
eines General-Concilii" für den kommenden Herbst oder Winter ein
neuer Reichstag in Aussicht gestellt "fürnemlich von wegen der
streitigen Religion und was derselben anhangt", auf dem "eine
Christliche Reformation" beschlossen werden sollte[1]. Bis zu diesem Reichstag wurden alle Friedstände erneuert, alle Reichsabschiede gegen die Protestanten und alle Prozesse weiter suspendiert. Der Genuß kirchlicher Einkünfte wurde allen Nutznießern
zugestanden, "ohngeachtet was religion die seien".Ausdrücklich
wurde zugesagt, daß der religiöse Zwiespalt "anders nicht dann
durch Christliche und freundliche Vergleichung eines gemeinen,
freyen Christlichen Conciliums, National-Versammlung oder Reichstag vermög voriger Reichsabschied und Friedshandlung hingelegt
werden soll"[2]. Damit waren alle Möglichkeiten zur Überwindung
der Konfessionsspaltung genannt.

Der Kaiser hatte sein politisches Ziel erreicht und die deutschen Fürsten von Frankreich getrennt. Dafür hatte er in der
Religionsfrage seine bisherige Haltung völlig aufgegeben und
zugesagt, daß die Religionsvergleichung, wenn das Konzil nicht
stattfand, in Bälde durch einen Reichstag, der ein deutsches
Nationalkonzil werden mußte, durchgeführt würde. Auf die Beschlüsse des Speyerer Reichstags antwortete die Kurie daher mit
einem Breve vom 24.August[3], das dem Kaiser vorwarf, seine Kom-

Georg Herwart und Lamprecht Hofer.In: ARG 1(1904),101ff.
1. Vgl. Koch 2,§80,510.
2. Ebd.,§82,511.
3. Text: Concilium Tridentinum 4,364ff.; vgl. Brandi 1,428,
   Friedensburg, Karl V. und Paul III.,66f. Zur Textgeschichte
   vgl. NB 7,XLff.und 579ff. und Joachim Müller: Die Politik
   Kaiser Karls am Trienter Konzil 1545. In:ZKG 44 (1925),
   399ff.; vgl. Jedin,Konzil 1,398ff.

petenz überschritten zu haben. Er habe versprochen, unter Ausschaltung des Papstes und unter Mitwirkung von Laien, auch von
Häretikern, auf einem kaiserlichen Konvent über die kirchlichen
Angelegenheiten Deutschlands zu bestimmen, er spreche sogar
von einem Nationalkonzil oder künftigem Generalkonzil, ohne
den Papst zu erwähnen. Darin liege ein Eingriff in die Rechte des
Apostolischen Stuhles. Der Papst forderte den Verzicht auf die
Behandlung kirchlicher Fragen auf dem Reichstag und die Verfügung
über die Kirchengüter.

Die Kurie hatte die Vorläufigkeit der Zugeständnisse und die
Haltung des Kaisers, der nicht daran dachte, sie wirklich ein-
zulösen, falsch verstanden. Sofort nach dem Reichstag beendete
er seinen französischen Feldzug, der am 14.September 1544 mit
dem Frieden von Crépy zu Ende gebracht wurde. Wichtig wurde der
Geheimvertrag vom 19.September[1], in dem Franz I. sich verpflichtete, das Konzil zu beschicken, seine Hilfe zur Rückführung der
Ketzer versprach und gestattete, seine Türkenhilfe auch gegen
die Protestanten zu verwenden. Dieser Geheimvertrag zeigte klar,
daß der Kaiser fest mit dem Religionskrieg rechnete, auf den
das Konzil folgen sollte.

8. Der Reichstag von Worms 1545 und das Religionsgespräch von

1546.

Der in Speyer angekündigte Reichstag, der schon auf den 1.Okto-
ber 1544 angesetzt worden war, wurde schließlich am 24.März 1545
durch Ferdinand eröffnet[2]. Er forderte, die in Speyer beschlossene Beratung der Religionsangelegenheiten mit Rücksicht auf
das angekündigte Konzil abzusetzen, die Religionsfrage auf dieses zu verweisen und nur politische Probleme zu behandeln. Die

1. Text bei A.Hasenclever in ZKG 45 (1927),418ff.
2. Zum Reichstag von Worms 1545 vgl. Heidrich 2,50ff.; Kannengiesser, Reichstag zu Worms; Hartung, Karl V. und die deutschen Reichsstände, 20ff. und 31.

Protestanten weigerten sich aber beharrlich, in dem Trienter
Konzil das ihnen versprochene anzuerkennen[1]. Jakob Sturm erklärte
in einer vertraulichen Unterredung mit Granvella und Naves am 8.
Juni, die Protestanten hielten "auch dis concilium weder fur frei
noch christlich, dohin si auch ir sachen nit bekommen oder setzen
möchten"[2]. Stattdessen forderten sie den Vollzug der Speyerer
Bestimmungen über Frieden und Recht und die Sicherheit, daß dieser
Friede durch das päpstliche Konzil nicht berührt werden sollte[3],
überhaupt die Sicherheit, daß sie das Konzil nicht anerkennen
brauchten[4]. Es war den Protestanten völlig klar, daß der Kaiser
das Konzil als das Ende aller Konzessionen an die Protestanten,
mithin auch aller Friedstände, ansah und von ihnen nun seine Anerkennung und die Unterwerfung unter seine Beschlüsse fordern
mußte. Deswegen versuchten sie sich dagegen zu wehren und zu si-
chern. Sie machten ihre weitere Mitarbeit am Reichstag von der
Erfüllung ihrer Forderungen abhängig.

Als Karl V. am 16.Mai in Worms eintraf, war er zum Krieg entschlossen[5] und verhandelte durch Farnese mit dem Papst über ein
Bündnis zum Krieg gegen die Ketzer[6]. Um aber Zeit für die notwendigen Rüstungen zu gewinnen und die letzte Verständigungsmöglich-

---

1. In der Straßburger Instruktion hieß es, das Trienter Konzil
   sei nicht das, was man 1524 auf dem Nürnberger Reichstag beschlossen, auf vielen Reichstagen begehrt und in Speyer
   schließlich zugesagt bekommen habe, nämlich "das es ein frei
   christennlich Concilium sein und in Teutscher Nation gehalten
   werden" sollte. Das jetzt vom Papst angesetzte Konzil sei von
   den Ständen der Augsburgischen Konfession abzulehnen. Vgl.
   Kannengiesser,36f.
2. Winckelmann, Polit.Corr.Strassburg 3,604.
3. Ein evangelischer Ausschuß erklärte,"das wir kein ander mittel
   wissen dann die erstreckung und erklerung des fridens, also
   das derselb durch den beschluss dis vermeinten bäpstlichen
   concilii nit aufgehoben sonder bis zu volkommener freundlicher
   und christlicher vergleichung weren soll". Jakob Sturm und
   Michael Han an den Rat, 3.Juni 1545, ebd.,602.
4. Vgl. die Antwort Granvellas und Naves auf diese Forderung der
   Protestanten"...das dises, so wir begeren, der kai.mt. nit
   möglich noch verantwortlich, das sie uns von dem beschluss des
   concilii frei machen und ein solichen friden geben, dadurch wir
   nit schuldig sein solten demselben zu gehorsamen ... dann wofür wer das concilium, das fürnemblich der irrung halb, so sich
   in teutscher nation erhebt, fürgenommen, wann die teutsch nation gefreit solt sein, demselben zu gehorsamen oder nit?" Ebd.,
   602.

keit nicht aus der Hand zu geben, verhandelte der Kaiser zugleich weiterhin mit den Protestanten; aber keine der beiden Seiten war bereit, in der Sache des Konzils nachzugeben.

Im Juni baten die Protestanten den Kurfürsten Friedrich II. von der Pfalz, einen Neffen des Kaisers, zwischen diesem und ihnen in der Religionsfrage zu vermitteln[1]. Karl V. ging darauf ein und ließ ihm durch Granvella mitteilen, er wünsche zu erfahren, wie sich die Protestanten die Beseitigung des religiösen Zwiespalts und die Erhaltung von Recht und Frieden im Reich vorstellten. Am 24.Juni übergab der Pfalzgraf die Antwort der Protestanten, in der nur die alten Forderungen wiederholt wurden; außerdem enthielt sie erneut eine Verwahrung gegen das päpstliche Konzil. Vor allem begehrten die Protestanten eine Garantie des Friedstands bis zu einer vollkommenen christlichen Vergleichung; zur Erreichung dieses Ziels sei ihnen jeder Weg angenehm, ein Nationalkonzil in Deutschland, eine Nationalversammlung oder ein Reichstag. Als der Kaiser erneut auf dem Trienter Konzil als dem zuständigen Gremium für die Behandlung der Religionsfrage beharrte, liefen die Verhandlungen fest.

Die Protestanten forderten den Pfalzgrafen nun auf, auf ein "anders Mittel" zu gedenken. Dieser schlug daraufhin dem Kaiser vor, den Protestanten eine Nationalversammlung zu gewähren und das dort Vereinbarte zur endgültigen Ratifizierung auf das Konzil zu verweisen[2]. Den Protestanten legte er diesen Zusammenhang nicht offen, sondern unterbreitete ihnen den Vorschlag, ein neues Religionsgespräch zu veranstalten, zu dem "ettliche geschickte gelerte fromme menner an ein gelegen malstatt verordnet"[3] werden sollten und das unabhängig vom Konzil stattfinden sollte. Würde im Gespräch ein Vergleich gefunden, so "werden fridens und Rechtens halber die weg auch wol gefunden werden, damit der sachen

---

(5). Vgl. den Brief an den König von Polen, in dem er diesen um Unterstützung bat. Lanz,Correspondenz 2,434.
(6). Vgl. u.a. Rabe, Reichsbund,47ff.
1. Zu den folgenden Verhandlungen vgl. Caemmerer,21ff.; Kannengiesser,68ff., NB 8,206.
2. Vgl. Seckendorf, Commentarius ... de Lutheranismo 3,545 (Compertum postmodo fuit...).
3. Zit. nach Kannengiesser,74.

abgeholffen vnnd rechte vergleichung eruolge"[1]. Er hielt es für
zweckmäßig, um des Kaisers willen das Konzil anzuerkennen, da ja
das Ergebnis des Kolloquiums vor Ende des Konzils feststehen würde. Sollte es ungünstig ausfallen, konnten die Protestanten dann
den Versuch unternehmen, das Ergebnis des Kolloquiums auf dem
Konzil zur Anerkennung zu bringen. Mißglückte dieser Versuch,
was vorauszusehen war, so war entweder das Ergebnis des Religionsgesprächs hinfällig oder aber es wurde gegen den Konzilsbeschluß
behauptet. Falls jedoch das Religionsgespräch ergebnislos verlau-
fen würde, müßten sich die Protestanten dem Konzil unterwerfen,
da sie es früher anerkannt hätten.

Die Protestanten wollten dieses gefährliche Zugeständnis nicht
machen, nahmen aber den Gedanken des Religionsgesprächs auf, das
sie für "nit vndienstlich" erklärten. Sie erwarteten, daß der
Kaiser die katholische Gegenpartei veranlassen würde, geeignete
Männer zu diesem Kolloquium zu bestimmen. Sie wünschten, daß
nicht nur Kaiser und König, sondern auch die Kurfürsten, Fürsten
und Stände des Reiches neben den Gelehrten noch "etliche frid-
liebende, guthertzige" Personen senden würden, ferner, daß der
Kaiser einen Reichstag ausschreiben lasse,"auf welchem Relation
gehaltner vnderredung vnnd wess man sich verglichen oder nit, beschehe. Wurde dann der allmechtig Gott gnad geben, das baid theil
auf demselben Reichstag zur vergleichung kämen, so hett es seinen
weg, wo nitt, das dann fürther auf demselben weiter mittel vnnd
weg gesucht, wie baid thail zu freundlicher christlicher vnnd
vollkomner vergleichung kommen möchten"[2]. Das konzipierte Gespräch sollte offenbar eine Kombination von Hagenau und Worms
darstellen, denn an ihm sollten nicht nur Gelehrte und Auditoren
mitwirken, sondern auch Abgeordnete der deutschen Stände. Das
Ergebnis sollte den Reichsständen mitgeteilt und auf dieser
Grundlage auf einem Reichstag der Vergleich versucht werden. Gelang er nicht, sollte auf dem Reichstag über neue Wege beraten
werden; auf alle Fälle sollten die auf dem Reichstag vereinbarten Artikel für alle verbindlich in Kraft gesetzt werden.

---

1. Zitiert nach Kannengiesser,74.
2. Zitiert nach ebd.,75.

Der Pfalzgraf stellte den Protestanten vor Augen, daß eine aus-
drückliche Ablehnung des Konzils beim Kaiser "alle handlung...
zerrütten" werde, und bat sie, in ihrem Vorschlag die darauf
bezüglichen Worte auszulassen. Darauf gingen die Protestanten
am 30.Juni ein, verwahrten sich jedoch mündlich beim Vermittler
dagegen, daß ihr Stillschweigen als Billigung des Konzils angesehen werde.

Karl V. hatte inzwischen den Feldzug gegen die Protestanten
auf das nächste Frühjahr verschoben; er war nun darauf bedacht,
die Zeit bis dahin unter Wahrung des friedlichen Scheins zu über-
brücken, wofür ihm der Vorschlag des Pfalzgrafen gut geeignet erschien. Einigte man sich in Worms auf ein Religionsgespräch und
einen neuen Reichstag, so war Zeit gewonnen; gleichzeitig konnte
er mit der Drohung, die Reform auf diesem Reichstag als eine
deutsche Sache zu behandeln, die Kurie unter Druck setzen[1]. Er
entschloß sich daher, auf das Religionsgespräch einzugehen und
setzte die Kurie von der Absicht in Kenntnis, ein Religionsgespräch nach Regensburg einzuberufen, freilich nur als Vorwand, um
die Protestanten hinzuhalten und um selbst unauffälliger nach Regensburg zu gelangen, das für die Eröffnung des Feldzugs günsti-
ger lag als Worms.

Von vornherein als aussichtslos erwies es sich, die katholischen
Stände für den Plan eines neuen Religionsgesprächs zu erwärmen.
Schon 1541 hatten sich die Herzöge von Bayern und Braunschweig,
der damalige Erzbischof von Mainz und andere katholische Fürsten
gegen einen derartigen Vermittlungsversuch gesträubt[2]. In Worms
forderten die katholischen Stände den Kaiser auf, die Religionsfrage an das Konzil als an das einzig zuständige Forum zu verweisen. Dementsprechend ließ Karl V. die Protestanten wissen,er
wolle das Religionsgespräch aus eigener kaiserlicher Machtvollkommenheit anordnen. Dazu werde er "fromme gelerte Gotsförchtige
schiedliche leuthe" von beiden Parteien in gleicher Anzahl berufen.
Er forderte sie auf, ihm geeignete Männer vorzuschlagen, aus de-

1. Vgl. ebd.,77ff.
2. Siehe oben S.155 und 141f.

nen er eine Auswahl treffen wollte. Der Kaiser wünschte einen
kleinen Teilnehmerkreis, da er der Meinung war,"das solchs durch
wenig personen was stattlicher vnnd fürderlicher dann durch vil
möcht gehandelt werden"[1]. Auf dem anschließenden Reichstag sollten
die Kolloquenten Kaiser und Reich über das Ergebnis berichten,
"weithers darauff sich zuuergleichen"[1]. Bis zu diesem Reichstag
sollten die Friedstände verlängert werden und die Abschiede und
Religionsprozesse suspendiert bleiben.

Die Protestanten waren sich im klaren, daß durch den Protest
der katholischen Stände das Religionsgespräch von vornherein be-
deutungslos sein würde[2]. Außerdem hatten sie die Hoffnung auf
eine baldige Vergleichung längst aufgegeben. Die Religionsgespräche in Hagenau, Worms und Regensburg 1540/41 hatten ihnen gezeigt, wie abhängig der Kaiser in seiner Religionspolitik vom
Papst und den vermittlungsfeindlichen katholischen Ständen war.
Sie hofften demgegenüber auf die Selbstdurchsetzungskraft ihrer
Lehre und durften gerade im Hinblick auf die Entwicklungen in
Köln und der Pfalz damit rechnen, daß ihr Bekenntnis bald das
ganze Reich durchdringen werde. Was ihnen am Herzen lag, war daher die Sicherung dieser Entwicklung durch einen dauerhaften
Friedstand, bis zu der fernen endgültigen "freundlichen Vergleichung". Dennoch willigten sie in das Kolloquium in der Form, wie
es der Kaiser vorsah, um sich nicht dem Vorwurf auszusetzen, an
ihrem Widerstand sei jeder Vermittlungsversuch gescheitert. Erfolg erwarteten sie so wenig wie der Kaiser. So meldeten Jakob
Sturm und Michael Han am 7.Juli dem Straßburger Rat, daß vom
Kolloquium wenig Erfolg zu erwarten und zu vermuten sei, "das
das gegenteil auf künftigem reichstag alle sachen in das concilium
wisen werde, so wölt doch solich colloquium disem teil nit wol
abzuschlagen sein. aber sovil den friden und recht belangt, werden sich diese stend unsers erachtens nit bald aus dem speiri-
schen abschid fueren lassen"[3].

---

1. Zitiert nach Kannengiesser,79.
2. Vgl. Caemmerer, 30: Heidrich 2,98f.; Kannengiesser,79ff.
3. Winckelmann,Pol.Corr.Strassburg 3,611; der Rat antwortete am
   11.Juli, er sei mit dem Kolloquium einverstanden, obwohl

Der Kurfürst von Sachsen wollte das Kolloquium als ganz unnütz
ablehnen[1]. Die Wittenberger Theologen durchschauten den Vorwand-
charakter des kaiserlichen Vorschlags:"Denn dieses Colloquium ist
allein zu einem schein angesetzt, Das der von Braunschwig in
mitler Zeit raum hatte, sich zu rusten etc.: So weiß der Keisar,
das die vnsern leichtlich mit dem sussen namen des Colloquii zu
stillen sind"[2]. Philipp von Hessen teilte die Meinung der Straßburger, es sei besser, darauf einzugehen, um nicht friedensunwillig zu erscheinen, obwohl das Ganze ein "vftzug" sei:"Vnns
gemant aber solche handlung nicht anders, dan wie man ein Jung
kinth mit einem apfell tzu tzerren pflecht, das man Ime den beut
vnnd gibt, vnnd doch wieder niempt"[3].

Beide Seiten spielten auf Zeit. Auch für die Protestanten konnte das Religionsgespräch einen wichtigen Zeitgewinn bedeuten,
da sie den Übertritt Kölns und der Pfalz für die nächste Zeit erwarteten. Daher gab Johann Friedrich seinen Widerstand auf.

Die Modalitäten des Religionsgesprächs wurden im Reichsabschied
vom 4.August 1545 bekanntgemacht[4]. Da auf dem jetzigen Reichstag
die Zahl der erschienenen Stände gering gewesen und besonders auch
die Religionsfrage ungelöst geblieben war, wurde der Reichstag
auf den 6.Januar 1546 nach Regensburg "erstreckt und verlegt".
Der Kaiser habe es "zur Beförderung angeregter Vergleichung für

_____

"...doch darauf nichts schliesslichs volgen werde ... und das
auch desto mer darumb, das sich die kei.mt. in irer gegebenen
antwurt vernemen lassen, das sie nit verhoft, bei dem wider-
tail bewilligung zu solichem gesprech zu erlangen. dieweil
es aber nit wol abzuschlagen, darmit man nit geacht werde,
als ob man das liecht wolte scheuhen, so will dannocht den
stenden von noten sein, dahien zu handeln, das si friden und
rechtens versichert werden".Ebd.,614.
1. "Was nu das Colloquium belanget, haben wir nie darfur gehalten,
das solichs ainichen oder großen nutzen bringen oder schaffen
mochte, Sondern hatten am liebsten gewolt und gesehen, das
dasselbig gentzlich verblieben were". Johann Friedrich an
Philipp von Hessen, 7.September 1545, Neudecker, Urkunden,736.
2. WA Br 11,221,9ff.Luther, Bugenhagen, Cruciger, Major, Melanchthon an Kurfürst Johann Friedrich 19./29.November 1545.
3. Neudecker, Akten,461.
4. Text bei Koch 2, §§7-10,519.

nützlich und gut angesehen, abermals ein Christlich Gespräch und
Colloquium von etlich frommen, gottsfürchtigen, gelehrten, guter
Gewissen, schiedlichen, Ehr-und Friedliebenden Personen, in geringer Anzahl zu halten und obberührtem Reichs-Tag vorgehen zu
lassen"[1].

Zu dem Religionsgespräch verordnete der Kaiser - "wir als das
Haupt" - einen oder mehrere Präsidenten, dazu vier Kolloquenten
und vier Auditoren der alten Religion ; die Protestanten sollten
ihrerseits bis zum 15.September die gleiche Zahl von Kolloquenten
und Auditoren benennen. Die Teilnehmer sollten sich am 30.Novem-
ber in Regensburg versammeln,"alsbald die Sachen und Puncten der
streitigen Religion mit Gott angreifen"[2] und diese,"so viel möglich, Christlich und freundlich vergleichen"[2]. Von den Verhandlungen sollte Kaiser und Reichsständen "vollkommene Relation" geschehen, "damit wir uns der Colloquenten verglichnen und unver-
glichnen Articul halben, mit gemeinen Ständen ferner vergleichen,
bedencken und erwegen mögen, was derhalben zu handeln und zu
thun sey"[3].

Bei dieser Regelung blieben mehrere Fragen ungeklärt: Das Protokoll, der Gegenstand der Verhandlung und der Grad der Verbindlich-
keit eines etwaigen Ergebnisses für das Reich. Würden die Ergebnisse des Religionsgesprächs Regelungen sein, die von der politischen Körperschaft des Reichstags zu bestätigen und in Kraft zu
setzen seien, wie die Protestanten forderten und wie in Regensburg verfahren worden war, oder aber sollten sie lediglich Material für einen Bericht liefern, den der Reichstag zur Kenntnis
nahm, aber dann an das zuständige Forum, das Konzil, verwies,
wie es der Auffassung der Katholiken entsprach? Zur vollständigen
Nutz- und Ergebnislosigkeit war das Religionsgespräch schließlich
von vornherein auch durch den Protest der katholischen Stände verurteilt, die es im Abschied ausdrücklich ablehnten[4]. Damit war ei-

---

1. Ebd.,§7,519.
2. Ebd.,§9,519.
3. Ebd.,§10,519.
4. "Und wir Churfürsten, Fürsten ... bekennen auch offentlich,
   ... vom Colloquio meldend, so die Römische Kayserl.Majestät,
   unser aller gnädigster Herr, für sich selbst geordnet, ...

ne neue Form von Religionsgespräch geschaffen worden. Durch die
Absage der katholischen Stände sank es zu einer Verhandlung zwischen kaiserlichen und protestantischen Teilnehmern herab, mit der
die katholischen Reichsstände von vornherein nichts zu tun haben
wollten.

Vorbereitungen zum Religionsgespräch traf der Kaiser während
seines Aufenthalts in Köln (10.-17.August) auf der Rückreise
von Worms in die Niederlande[1]. Er unterrichtet Granvella über die
in seinem Auftrag geführten Verhandlungen seines Vizekanzlers
mit Gropper und Billick. Gropper sei nicht zu bewegen, an einem
künftigen Kolloquium teilzunehmen[2]. Auch Julius Pflug schrieb
an Gropper, er würde es zwar begrüßen, wenn er hinzugezogen würde, "si spes esset protestantium theologos ad aequitatem flecti
posse colloquendo"[3], da aber nicht zu erwarten sei, die Protestanten auf diese Weise zum Glauben zurückzuführen, schien es ihm
der Mühe nicht wert. Der Kaiser bat den Karmeliter-Provinzial
in Köln Eberhard Billick, andere Theologen vorzuschlagen, ebenso wandte er sich mit diesem Wunsch an verschiedene geistliche
Fürsten (Trier, Salzburg, Mainz, Würzburg, Bamberg), an Ferdinand und den Herzog von Bayern. Die Fürsten zeigten wenig Entgegenkommen.
Am 2.November sandte der Kaiser gleichlautende Schreiben an
Julius Pflug, Michael Helding, Eberhard Billick und Johann
Hoffmeister, in denen er sie zusammen mit Malvenda zu Kolloquenten ernannte[4]. Er wünschte Pflug unter den Kolloquenten, da
dieser "dem nechstgehaltnen gesprechen beygewont hat (=Regens-
burg 1541) vnd one zweifel dieselbige handlung noch in frischer
gedechtnus hat"[5]. Außerdem werde die Sache nicht "zu solcher

wir Ständ, der alten Religion verwandt, nicht willigen, und
doch Ihrer Majest. darinn nicht Maß noch Ordnung geben kun-
ten". Ebd.,§18,520.
1. Zum Folgenden vgl. Caemmerer,33ff.; Hasenclever, Politik der
Schmalkaldener,Anhang: Verhandlungen über die Teilnehmer am
Regensburger Colloquium vom Jahre 1546,217ff.
2. Vgl. NB 8,689f. Karl V. an Granvella. Brüssel,30.8.1545.
3. Gropper Briefwechsel 1,364f.,Nr.144. Pflug an Gropper.
Mainz, 31.August 1545.

weitleuffigen disputierung gelangen", da die Kolloquenten "nichts
schließlichs zu hendlen noch sich weiter einzulassen haben da(nn)
was auf dem angesetzten Gesprech verglichen oder nit verglichen
wirdet, dasselb volgendts an vns vnd gemeine Reichsstende gelangen
zu lassen"[1]. Dennoch lehnte Pflug seine Mitwirkung wegen Krankheit und der Furcht ab, den Kurfürsten von Sachsen zu verstimmen[2].
Er schlug an seiner Stelle Cochläus vor und erbot sich, als Berater der Präsidenten nach Regensburg zu kommen[3].

Am 7.Dezember wurde Cochläus, der große Kontroverstheologe aus
den Anfangsjahren der Reformation, ernannt. Auch die anderen
drei katholischen Kolloquenten, Eberhard Billick, Johannes Hoffmeister und Petrus Malvenda, waren strenge Vertreter der alten
Lehre; sie sahen das Religionsgespräch als gefährliches Zugeständnis an die Protestanten, da nur das Konzil über die kirchlichen Fragen verhandeln durfte. Cervino schrieb am 6.September
aus Trient an Cochläus, er fürchte, das Religionsgespräch beein-
trächtige Autorität und Verlauf des Konzils[4]. Er bat ihn am 14.
Dezember, nach der Eröffnung des Konzils, im Hinblick auf dieses
dafür zu sorgen,"...ne fidei ac religionis sacrosanctaeque sedis
apostolicae authoritati aliquid detrimenti ac praejudicii affera-
tur neque de oecumenico concilio, quod universalem ecclesiam re-
praesentat, quicquam in isto colloquio statuatur"[5]. Alle Entscheidungen in der Religionsfrage müßten dem Konzil vorbehalten bleiben. Das Religionsgespräch könne nur den Zweck haben, die Pro-

---

(4). Vgl. das Schreiben an Pflug, in:Pollet, Pflug 2,631f.,Nr.
     313. Gent,den 2.November 1545.
(5). Ebd.,635,Nr.316. Karl V. an Pflug, 26.November 1545. Vgl.
     auch ebd., 650f.,Nr.323, Karl V. an Pflug, 16.12.1545.
1.   Wie vorige Anmerkung.
2.   Vgl. ebd.,633ff.,Nr.315, Pflug an Karl V.,18.11.1545.
3.   Vgl. ebd.,644f., Nr.319, Pflug an Karl V., 5.12.1545.
     Nr.320, Pflug an Moritz von Hutten, 6.Dez.1545; am 3.Februar
     ar 1546 ernannte Karl V. Pflug zum Mitpräsidenten, vgl. ebd.
     657, Nr.326, Karl V. an Pflug.
4.   "Nam praeter id quod tempus teritur et quod concilium impe-
     ditur ad tempus saltem, ei libertas adimitur, quod ipsum
     pro sese est indignissimum. accedit etiam illud incommodi
     ut quem tandem finem res sit habitura, non plane videam".
     Friedensburg, Briefwechsel der katholischen Gelehrten,459.
5.   Ebd.,599,Nr.84. Cervino an Cochläus,14.Dez.1545.

- 174 -

testanten zur wahren Kirche zurückzuführen, d.h. sie zur Unterwerfung unter die Konzilsbeschlüsse zu veranlassen:"spero equidem
colloquium istud ... fore foelicem praeparationem ad confundendos
finaliter per generale concilium haereticos"[1]. Von einem Willen
zum Ausgleich oder Kompromiß konnte damit auf katholischer Seite
keine Rede sein.

Die Protestanten wußten von den Rüstungen des Kaisers und sahen
den Zweck des Gesprächs klar vor Augen. Schon in Worms berieten
sie über die Teilnehmer. Kurfürst Johann Friedrich und Landgraf
Philipp trafen dann die Entscheidung und bestimmten Melanchthon,
Bucer, Schnepf und Brenz[2] zu Kolloquenten. Der Kurfürst bat
auch im Namen Philipps von Hessen die Fürsten und Städte, denen
die Teilnehmer untertan waren, diese rechtzeitig nach Regensburg
abzuordnen und sie zu ermahnen, auf der Wittenberger Konkordie
zu beharren[3]. Diese Ermahnung war besonders an die Adresse Bucers gerichtet, gegen den Luther und sein Landesherr wegen seiner
vermuteten Konzessionsbereitschaft sehr mißtrauisch waren[4], den
man aber wegen seines guten Verhältnisses zum Landgrafen nicht
einfach von der Liste streichen konnte. Als die Straßburger vor-
schlugen, nach einem ersten Mißlingen des Gesprächs die Verständigung nicht sofort aufzugeben, sondern "eine bessere Mass" des
Gesprächs vorzuschlagen, um nicht friedensunwillig zu erscheinen[5], sah der Kurfürst dahinter sofort die Machenschaften Bucers
und verwahrte sich gegen diesen Gedanken. Nach seiner Meinung
wollten die Straßburger es darauf ankommen lassen, daß die "Substanz der Konfession vermindert oder verändert" würde[6]. In einem

1. Ebd.,598,Nr.83,Anm.1, Cochläus an Cervino, 26.Nov.1545.
2. Brenz über die Aussichten des Kolloquiums in einem Schreiben
   an Maternus Wurzelmann,Regensburg, 21.Dez.1545:" Was nun schid-
   lichs im Colloquio gehandelt werden mög, und wie grossen lust
   man hierzu hab, ist darauf abzunemen, das zween unfletig streitig münch dazu verordnet seyen. Ich gedenck aber, es sei ein
   solcher handell, das sich sonst niemandt hierzu gebrauchen
   lassen will".In: Württembergisch Franken 49,N.F.39 (1965),17.
3. Vgl. Winckelmann, Pol.Corr.Strassburg 3,633f.,Nr.601; Seckendorf 3,620.
4. Vgl. das Gutachten der Wittenberger Theologen, CR 4,8ff.
5. Vgl. Winckelmann, Pol.Corr.Strassburg 3,629, Rat von Straßburg
   an Landgraf Philipp, 31.Oktober 1545.

solchen Fall war er gegen die Erneuerung des Gesprächs; sobald
sich zeigte, daß man nicht zu einem Vergleich kommen könne, sollten die Teilnehmer das Gespräch abbrechen und zusehen, wie man
der Komödie "mit Glimpf" ein Ende machen könne[1].

Die Präsidenten des Kolloquiums wurden vom Kaiser ernannt:
Moritz von Hutten, der Bischof von Eichstätt, und der katholische Graf Friedrich von Fürstenberg. Beide willigten nur mit Bedenken ein. Der Bischof von Eichstätt erbat sich von Cervino Rat
über sein Verhalten und erhielt die Antwort, der Papst habe das
Kolloquium zugelassen[2]. Die Präsidenten galten bei den Protestanten als gemäßigt[3], besonders Moritz von Hutten als friedliebend
in politischen Dingen, aber romtreu in der Sache der Religion[4].

Mitte Dezember kamen die protestantischen Teilnehmer nach Regensburg, die sächsischen trafen sogar erst am 21.Januar ein; an Melanchthons Stelle[5] kam Georg Major, ein junger Theologe des Wittenberger Kreises, der angewiesen war, sich ganz an Brenz und
Schnepf zu halten. Die katholischen Kollokutoren trafen im Dezember ein, der Bischof von Eichstätt am 31.Dezember, Graf Fürstenberg erst Mitte Januar.

---

(6). Neudecker, Akten,519ff.Johann Friedrich an Philipp von Hes-
    sen,29.11.1545.
1.   Vgl. Caemmerer, 37f.
2.   Vgl. Friedensburg, Briefwechsel der katholischen Gelehrten,
     598,Anm.1.
3.   "A Carolo autem moderatores colloquii ordinati sunt episco-
     pus Eistettensis Mauritius ab Hutten, qui partium evangeli-
     sorum fuit ante episcopalem characterem, alter Fridericus
     a Furstenberg frater Gulielmi nostri (Wilhelm von Fürsten-
     berg)". CR 40,246f. Hedio an Calvin, Januar 1546.
4.   "Praeses episcopus Eichstadensis apparet vir esse humanus
     et ad conciliandas controversias rerum civilium non incom-
     modus,„ sed quod ad religionem attinet hyspaniſɛⱢ kɑⱢ ſⱳμɑ-
     vⱢſ ɕⱢ .   Pressel, Anecdota Brentiana,252f.
5.   Am 7.Januar schrieb der Kurfürst an die Kolloquenten in Re-
     gensburg, er könne Melanchthon zur Zeit nicht an der Univer-
     sität entbehren; vgl. Neudecker, Aktenstücke,667; der ent-
     scheidende Anstoß, Melanchthon nicht nach Regensburg zu sen-
     den, kam von: Luther:"...aber er (Luther) wollt nimmermehr ra-
     then, daß man Philippum zu der Reise und vergeblichen unnoth-
     dürftigen Mühe sollt hinopfern;denn die Gegentheil wären böse,
     untreue Leute ... sollt man den Menschen aus der Universität
     verlieren, so würde die halbe Universität wohl durch seinen
     Abgang abgehen". CR 4,10. Vgl. auch WA Br 11,256 und Luthers

Die protestantischen Teilnehmer kamen vor Beginn des Kolloquiums
oft mit dem Bischof von Eichstätt zusammen, der ihnen bedeutete,
er sei gegen seinen Willen zum Präsidenten verordnet. Außerdem
beklagte er sich mehrmals,"er versteh der sachen nit, hab auch im
colloquium als ein bischoff zu Aistetten nit bewilligt". Schließlich sei er ohnehin der Meinung, "das dis(e) allgemeinen religionssachen nicht dann in einem allgemeinen concili konten recht erörtert und geschlichtet werden"[1].

Die Klagen über die Unfähigkeit und Passivität der Präsidenten
rissen auf Seiten der Protestanten nicht ab; im März berichtete
Bucer, "nun liegen wir aber alle hie mit ganz schweren kosten
und werden ja nichts fruchtpars mögen ausrichten, es werden dan
praesidenten geordnet von beiden theilen und die sich der sachen
mit ernst annemen und nit allein auditoren wollen sein, wie die
jetzigen gethan"[2].

Der Bischof von Eichstätt lehnte jede Stellungnahme zu den vorgebrachten Argumenten der Kolloquenten ab, von einer inhaltlichen
Auseinandersetzung über eine Vergleichung konnte keine Rede sein.
Er betonte, "er were nit da alß ein richter der Sachen"[3], sondern
hätte nur darauf zu sehen, daß alles ordentlich ablaufe und zur
Berichterstattung für Kaiser und Stände aufgezeichnet würde, darü-
berhinaus wären ihm "die sachen ... zu hoch"[3]. Vom Grafen von Fürstenberg war auch nichts zu erhoffen; er verstand kein Latein und
konnte den Verhandlungen gar nicht folgen, die für ihn übersetzt
werden mußten.

Die geringe Autorität der Präsidenten wirkte sich auch auf einem
anderen Gebiet verhängnisvoll aus: es gelang ihnen nicht, eine
praktikable Geschäftsordnung aufzustellen, sie mußten die Anordnungen des Kaisers abwarten. In Worms waren weder Geschäftsordnung noch Diskussionsthemen festgelegt worden[4], was zu Beginn der

.Instruktion für Major, WA Br 12,362.
1. Lenz 2,419f.Bucer an Philipp von Hessen,5.April 1546.
2. Harry Gerber, Pol.Corr.Strassburg 4,45.Bucer an die XIII,
   12.März 1546
3. Lenz 2,392.
4. "Es ist ... ubel versaumet worden, das man nit zu Worms, do
   man je ein colloquium bewilligen wolte, auch von rechter form
   und mass eines solchen colloquii ein gewisses bedacht und be-

- 177 -

Verhandlungen zu langen Diskussionen führte. Noch am 28.Januar
schrieb Major anach Wittenberg:"Sed quae sit eius futura ratio
et de qua re disputatio, adhuc plane ignoratur"[1]. Erst Ende
Januar traf endlich die kaiserliche Resolution ein, um die die
katholischen Kolloquenten nachgesucht hatten. Daraufhin fand
am 27.Januar die Eröffnungssitzung im Rathaus statt[2]. Dort waren

---

schlossen hat".Gerber, Pol.Corr.Strassburg 4,1,45.Bucer an
die XIII., 12.März 1546; " Dan nit uns, sonder der Key.Mat.
was in diesem colloquio vorzunehmen vorzuschreibenn geburẹn
wil,dweil im Wormbischenn abschied keiner form nocht process
des colloquii gedacht wirdt, sonder nur ein bloss colloquium".
Nebelsieck, ARG 32,274. Wolrad und Pistorius an Landgraf Philipp, 14.März 1546.
1. WA Br 11,271,12f.,Nr.4192;Bericht Majors an Luther, Bugenhagen,
Cruciger und Melanchthon, 28.Januar 1546.
2. Zum Verlauf des Kolloquiums vgl.:zeitgenössische Darstellungen:
Eberhard Billicks Epistel an die Kölner: Epistola E.B. conti-
nens progressum colloquii Ratisponensis ad cives Colonienses.
Dt.übersetzung bei Neudecker, Urkunden,787ff.; Bucers Antwort:
Ein warhaffter Bericht vom Colloquio zu Regenspurg diß Jahrs
angefangen und dem Abzug der Auditoren und Colloquenten die
von Fürsten und Ständen der Augspurgischen Confession dahin
verordnet waren, in :Hortleder, Von den Ursachen 1,Kap.41,602ff.
Georg Major: Kurtzer und warhaffter Bericht von dem zu Regenspurg anno 1546 in Religionsstreiten gehaltenem Colloquio, durch
D.Georgium Majorem. In:Hortleder, Von den Ursachen 1,Kap.40,
572ff.;Friedrich Roth: Der offizielle Bericht der von den Evangelischen nach Regensburg Verordneten 1546. In: ARG 5 (1907/8),
1ff.,375ff. Victor Schultze: Das Tagebuch des Grafen Wolrad II.
zu Waldeck zum Regensburger Religionsgespräch 1546. In: ARG
7 (1909/10), 135ff., 294ff.;Heinrich Nebelsieck: Elf Briefe
und Aktenstücke über das Religionsgespräch in Regensburg von
1546. In:ARG 32 (1935), 127ff., 259ff.; Adolf Hasenclever (Hg):
Martin Bucer als Verfasser eines bisher anonymen Berichts über
das Regensburger Colloquium vom Jahre 1546. In: ZGO 65,NF 26
(1911), 491ff.; The Colloqui of Ratisbon. A Protestant News-
letter. In: James Gairdner- R.H.Brodie (Hgg): Letters and
Papers, Foreign and Domestic, of the Reign of Henry VIII.
Bd.XXI/1. London 1908, Nr.501, 236ff. Der katholische Bericht:
Actorum colloquii Ratisponensis ultimi ... verissima narra-
tio.Ingolstadt 1546.
Bucers Bericht von 1548: Disputata Ratisbonae in altero colloquio anno 1546 et collocutorum Augustanae confessionis res-
ponsa, quae ibi coeperant, completa de iustificatione et lo-
cis doctrinae Evangelicae omnibus, quos doctrina de iustificatione complectitur. gedr.bei Hortleder, Ursachen 1, 392ff.
Vgl. ferner Caemmerer, Das Regensburger Religionsgespräch,
47ff.

drei Zimmer hergerichtet worden, "una (stuba) pro praesidenti-
bus, in qua peragendum est colloquium, dispositis tabulis et
sedibus satis apte"[1]. Außer den Präsidenten und den Kolloquenten
waren Auditoren und Adjunkten beider Parteien anwesend.

Die Präsidenten eröffneten das Gespräch mit der Verlesung
der kaiserlichen Artikel, die die Verfahrensordnung festlegten[2].
Danach sollte die CA den Verhandlungen zugrundegelegt werden. Die
ersten drei Artikel könnten übergangen werden, da sie schon in
Worms und Regensburg 1541 erschöpfend behandelt worden seien, so
daß die Verhandlungen mit der Lehre von der Rechtfertigung begonnen werden sollten. Nach einem Vorschlag der Präsidenten sollte
nur vormittags verhandelt werden und die Nachmittage frei bleiben,
"damit sich jeder thail des seinen desto besser zu bedencken
hete"[3].

Zunächst entstand eine lebhafte Auseinandersetzung über die Geschäftsordnung, die sich über mehrere Tage hinzog. Die Kolloquenten verhandelten nicht direkt miteinander, sondern über die Präsidenten, die die "Bedenken" der einen Partei jeweils der anderen
übermittelten. Zunächst ging es darum, daß die Protestanten die
vollständige Protokollierung der Verhandlungen verlangten; jede
Seite sollte Notare ernennen, deren Aufzeichnungen dann den Obrigkeiten zur Berichterstattung und später dem Kaiser und den Ständen auf dem Reichstag vorgelegt werden könnten[4]. Da aber im Abschied des Wormser Reichstags über die Frage der Protokollierung
nichts ausgesagt war, lehnten die katholischen Teilnehmer diesen
Vorschlag ab. Als deren Sprecher trat Malvenda auf, der später
auch die Präsidenten aus der Gesprächsleitung verdrängte. Er berief sich auf die kaiserliche Instruktion, nach der es des Kaisers Wille sei, daß die einzelnen Artikel frei diskutiert würden,
und lehnte schriftliche Verhandlungen überhaupt ab. Nur wenn ei-

1. Friedesburg, Briefwechsel der katholischen Gelehrten,600,Nr.
   87. Cochläus an Cervini, 1.Februar 1546.
2. Vgl. Caemmerer,47ff.
3. Roth, Der offizielle Bericht,9.
4. Vgl. Lenz 2,407f. Bucer an den Landgrafen,Nr.229.15.März 1546.

ne Einigung nicht zustandekäme, sollte jede Partei ihre Meinung
schriftlich vorlegen[1]. Ferner sollte über die Verhandlungen
strengstes Stillschweigen gewahrt bleiben, damit sie nicht vorzei-
tig an die Öffentlichkeit gelangen und das Einigungswerk behindern
könnten, wie es 1541 durch Bucers Veröffentlichung geschehen sei.
Der Streit ging über die Präsidenten hin und her. Die Protestanten, die sich nachmittags zur Beratung zusammenfanden, glaubten
mit Sicherheit vorherzusehen, daß man zu keiner Einigung kommen
werde. Sie hoben das Fehlen des Öffentlichkeitscharakters des Gesprächs hervor und die mangelhafte Bereitschaft der Gesprächspartner:"das es (das Kolloquium) nit solle vor allen denen stenden, die mit schließen sollen, sonder in einem winckel und bei
wenigen gehalten werden, und das mit den ontauglichsten leuten
darzu, alß man wol im deutschen lande finden mochte"[2]. Sie be-
zeichneten ihre Gegner als "vergiffte natergezicht"[3], die nicht
daran dächten, über die Artikel der CA mit den Protestanten zu
einem Vergleich zu kommen, sondern im Gegenteil auch die Artikel, "so auf den vorigen reichstagen und in den andern colloquiis
mit grossen uncosten, muhe und arbeit verglichen, umbstossen und
zuverwerffen und alle bebstische irthumb, so ye gewesen zuverthedi-
gen"[4]. Die Protestanten hatten sich das Einigungswerk so vorge-
stellt, daß die verglichenen Artikel von Kaiser und Ständen beraten, angenommen und im Reich gepredigt werden sollten und die unverglichenen bis zur Vergleichung durch ein freies Konzil, eine
Nationalversammlung oder einen Reichstag unter den Speyerer Friedstand fallen sollten. Nun aber schöpften sie Verdacht, daß die
katholischen Teilnehmer mit dem Kolloquium lediglich bezweckten,
"die acta dess vorigen colloquii zunicht zumachen ... und die vergleichung, so auff dieselben acta leichtlich geschehen mocht,
dodurch zuverhindern"[5], um stattdessen alles der Entscheidung
durch das Konzil zu überlassen. Entsprechend ließ sich Malvenda

---

1. Vgl. Friedensburg, Briefwechsel der katholischen Gelehrten,
   602f., Nr.88, Cochläus an Cervini, 21.Februar 1546.
2. Lenz 2,384. Bucer an den Landgrafen, 24.Dezember 1545.
3. Ebd.,410.
4. Nebelsieck,269.Vgl. auch die Charakteristik der katholischen
   Kolloquenten in WA Brll,297,42ff.
5. Nebelsieck,271.

denn auch vernehmen,"das uft diesem gespreche nichs solte entlich geschlossen, sonder alles ufts concili geschoben werden"[1],
da die Frage der Religion alle Nationen anginge.

In der Frage der Protokollierung gaben die Präsidenten schließlich den Protestanten nach, um das Gespräch nicht noch vor Beginn
scheitern zu lassen und weil die Bestimmungen des Wormser Abschieds
nicht eindeutig waren. Vorbehaltlich einer Entscheidung durch den
Kaiser, dem die Präsidenten am 31.Januar berichteten, sollte jede
Partei einen Notar und einen Assistenten ernennen, die die Reden
aufzeichneten. Dafür bewilligten die Protestanten zwecks besserer
Geheimhaltung, die drei angefertigten Protokolle nicht den Parei-
en auszuhändigen. Sie wurden nach jeder Sitzung kollationiert und
in einer Truhe mit drei Schlössern im Sitzungssaal aufbewahrt,
so daß keine Partei ohne Beisein der anderen Einsicht in die
Akten nehmen konnte. Es durften keine Abschriften genommen und
nichts nach außen getragen werden; ausgenommen davon war das
Recht der Protestanten, an ihre Auftraggeber zu berichten[2].
Als Verhandlungsgrundlage wurde die CA festgelegt, deren Artikel im Wechselgespräch durchgegangen werden sollten. Daraufhin
begann am 5.Februar endlich die Disputation mit einer vereinba-
rungswidrigen Rede Malvendas, in der er den katholischen Begriff
der Rechtfertigung entwickelte. Bucer protestierte sofort gegen
dieses Verfahren. In einer Protestatio verlangten die Protestanten am nächsten Tag, daß das Gespräch nach den Vorschriften des
Kaisers ablaufen solle, die katholischen Kolloquenten sollten
"unser confession-articul nach ordnung (=Artikel nach Artikel)
fur die hand nemen und antzaigen, was inen daran felet"[3], nicht
aber nach Art der alten sophistischen Disputationen die "schul
lehren" der katholischen Theologie vortragen.

Am 9.Februar begann Bucer mit seiner Erwiderung gegen Malvenda, die drei Tage in Anspruch nahm, am 12.Februar antwortete
Billick auf Bucers Ausführungen und bestritt, daß man sich vor

---

1. Lenz 2,390.Bucer an den Landgrafen,Nr.225, 18.Januar 1546.
   Vgl. auch CR 5,915f.:"De colloquio nihil fiet, sed apertum
   nunc est concilium Tridentinum, ad quod pertinet, de his
   rebus tractare". (Malvenda).

fünf Jahren über die Rechtfertigung geeinigt habe. Am 13. und
14.Februar gingen Malvenda und Billick auf die einzelnen Sätze
Bucers von der Rechtfertigung ein, am 17.Februar begann Bucer
mit seiner Erwiderung. Nach bald zwei Wochen war noch kein Erfolg zu sehen; die Katholiken machten die schwerfällige Verhandlungsführung dafür verantwortlich, Bucer hatte den Großteil seiner Ausführungen, Malvenda und Billick die ihren ganz diktiert,
so daß das Gespräch nicht vom Fleck kam[1].

Um guten Willen zu zeigen, erboten sich die Protestanten schließlich, den strittigen Artikel in freier Form ohne Protokollierung
zu behandeln; als aber dabei auch nichts herauskam, forderten sie
nach drei Tagen, wieder zur alten Weise zurückzukehren, und am
23.Februar begann Bucer erneut zu diktieren. Da die Protestanten
nicht auf einen Vergleich rechneten, wollten sie wenigstens ihre
Argumente in die Akten bringen und damit dem Reichstag unterbreiten. Die Gesprächsleitung hatte faktisch Malvenda übernommen. Die
Präsidenten erwiesen sich als unfähig, den Verlauf in der Hand
zu behalten[2].

Neben den offiziellen Verhandlungen fanden viele eher private
Unterredungen statt. Die Kolloquenten beider Parteien berieten
untereinander regelmäßig[3]; die Protestanten waren mit oder ohne
ihre katholischen Gegenspieler häufig beim Bischof von Eichstätt zu Gast.

Am 24.Februar erhielten die Präsidenten die kaiserliche Resolution über die strittigen Verfahrensfragen[4]. Sie richtete sich
ganz nach den Wünschen Malvendas und ordnete an, daß nur die
Präsidenten das Recht hätten, Notare zu ernennen. Damit war die
von den Teilnehmern getroffene Vereinbarung beiderseitiger Protokollierung hinfällig. Die Reden sollten nach dem Willen Karls
V. überhaupt nicht protokolliert werden, nur wenn über einen

(2).Vgl.Schultze, Wolrad,178; Roth,Der offizielle Bericht,13.
(3).Roth, Der offizielle Bericht,16.
 1. Vgl. Caemmerer,55ff.
 2. "Die sachen staund auch blöd der presidenten halben, weil
    sie beede des andern thails sind und der ain (Graf v.Fürsten-
    berg) kain wort der handlung verstadt, weil er nit latein
    kan".Roth, Der offizielle Bericht,20.
 3. "Conferimus enim inter nos fere quotidie".CR 6,39.Major an
    die Wittenberger Theologen,Nr.3378,10.Februar 1546.

Artikel keine Übereinkunft erzielt würde, sollte jede Partei ihre
Meinung zu Protokoll geben. Vor allem aber forderte der Kaiser,
daß sich Präsidenten und Kolloquenten mit einem Eid verpflichteten, über die Verhandlungen strengstes Stillschweigen zu wahren.

Am 2.März verlas Bucer die Antwort der Protestanten[1], in der
sie um die Bestätigung ihrer Notare baten. In der Frage der Protokollierung erboten sie sich zu mündlicher Disputation, bei unverglichenen Artikeln sollten die katholischen Kolloquenten
schriftlich darlegen, was ihnen in dem betreffenden Artikel der
CA unrichtig erscheine. Entscheidend wurde aber, daß die Protestanten sich weigerten, sich eidlich zum Stillschweigen zu verpflichten. Die Wittenberger Theologen bestärkten sie darin. Wenn die
Präsidenten auf der kaiserlichen Resolution bestünden, "ist Ursache und Bequemlichkeit genug, ganz vom Colloquio abzustehen mit
einer Protestation"[2], daß nämlich"der Gegentheil die vorigen verglichnen Artikel wiederum streitig machet" und "...daß ein ge-
fährlicher Eid gefordert, der in Religionssachen ganz nicht zu
thun ist". Außerdem würde eine Disputation aller Artikel, wie sie
vorgesehen war, etliche Jahre dauern, das ganze Unternehmen sei
also sinnlos. Die katholischen Kolloquenten erklärten sich dagegen
am 3.März bereit, den kaiserlichen Vorschriften zu folgen.

Der Bischof von Eichstätt bat die Protestanten am 4.März, von
ihrer Protesthaltung in der Eidfrage abzugehen, damit nicht"das
colloquium dardurch und volgends auch der reichstag, als der
uff das colloquium gehalten, und in dem von vergleichung der
religion man handlen solle, verhindert werden"[3]. Die Protestanten beharrten aber auf ihrem Protest, so daß sich die Präsidenten endlich erboten, dem Kaiser davom Mitteilung zu machen;
mittlerweile sollten die Parteien mündlich oder schriftlich
verhandeln, jedoch ohne Präsidenten. Die Protestanten lehnten
am 10.März eine "privat handlung" ohen Präsidenten ab, "dieweil
wir nicht sehen, was frucht daruß möchte erlangt werden"[4].

---

(4).Text gekürzt bei Caemmerer,71ff., Utrecht,3.Februar 1546.
1. Vgl. ebd.,58f.
2. CR 6.79,Nr.3413, Bedenken der Wittenberger Theologen, etwa
   10.März 1546.
3. Roth,Der offizielle Bericht,386.
4. Ebd.,396.

- 183 -

Daraufhin würde das Kolloquium bis auf weiteres eingestellt.
Schon am 12.März verließ der Bischof von Eichstätt Regensburg.
Am gleichen Tag baten die Protestanten in einem gemeinsamen
Schreiben an die Führer des Schmalkaldischen Bundes um ihre Ab-
berufung[1]. Der Kurfürst hatte allerdings, noch bevor er das
Schreiben erhalten hatte, seinen Abgeordneten den Befehl zu Ab-
reise erteilt, der am 17.März in Regensburg eintraf[1]. Danach sollten die sächsischen Verordneten sich mit den anderen Kolloquenten
einigen und bei den Präsidenten ihren Abschied nehmen. Die Präsidenten protestierten zwar und baten, die Antwort des Kaisers abzuwarten[2], aber die Protestanten hielten die ganze Sache nur noch
für ein "spiegelfechten"[3] und reisten ab, wobei sie sich erboten,
zurückzukehren, wenn der Kaiser ihre Beschwerden abstellen würde.

Der Reichstag war auf den 15.März verschoben worden, aber Karl
V. traf erst am 10.April in Regensburg ein. Von den protestantischen Ständen fande er keinen vor. Am 15.April erließ er ein neues
Ausschreiben an die Stände, in dem er den Protestanten die Schuld
am Scheitern des Religionsgesprächs gab und die Stände um ihren
Rat ersuchte, "wes von wegen der strittigen religion weiter für-
zunemen seie"[4].
Schon Ende März hatte der Kaiser bei einer Zusammenkunft in
Speyer mit dem Landgrafen über ein etwaiges neues Religionsgespräch verhandelt[5]. Philipp von Hessen erklärte, die Stände hofften, der Kaiser werde die Friedstände halten und die Religionssache durch ein Nationalkonzil beilegen lassen, das sich dafür
viel besser eigne als das Generalkonzil[6], da der Religionsstreit
ein genuin deutsches Problem sei. Granvella wollte das nicht zu-
geben, da zu einem Beschluß über Glaubenssachen das "ganze corpus der christenheit" gehöre. Er schlug dagegen vor,Religionsver-

---

1. Vgl. Neudecker, Akten,731f.
2. Vgl. ebd.,733ff.
3. Gerber,Pol.Corr.Strassburg 4/1,51,Nr.47. Ulrich Geiger an
   Bernhard Meyer (Basel),20.März 1546.
4. Ebd.,79,Nr.60.Karl V. an den Rat von Straßburg, 15.April
   1546.
5. Protokoll der Verhandlungen bei Druffel, Beiträge zur Reichs-
   geschichte 3,1ff.Vgl. Adolf Hasenclever: Die Politik Kaiser

handlungen ohne Theologen durchzuführen, die Stände beraten zu
lassen und "mittelarticul" zu machen[1]; Philipp gab dagegen zu
bedenken, daß die Theologen dann später vielleicht sagen könnten, die Mittelartikel seine "wider Gott", was die Sache nur ver-
schlimmern würde. Er sprach sich für einen äußeren Frieden aus,
"bis Gott weiter gnad verlihe zu fernerer vergleichung"[2]. Ein
Nationalkonzil lehnte Granvella ab, da ungeklärt sei,"wer da
richter oder part sein solt"; auch sei nach den bisherigen Erfahrungen ein Kolloquium kein gangbarer Weg, so daß man neue
Wege suchen müsse[3].

Die neuen Wege zu suchen, waren nun die Reichsstände aufgefordert.
Die Führer des Schmalkaldischen Bundes waren geteilter Meinung[4].
Philipp von Hessen schloß sich dem Bedenken der Straßburger an,
die für ein neues Religionsgespräch mit veränderten Modalitäten
eintraten[5]. Für die Straßburger war das Religionsgespräch immer
noch das geringste Übel. Wenn dagegen der Kaiser den Weg des
Kolloquiums aufgebe und neue Wege suche, konnte das nach der Meinung Sturms nur bedeuten, daß er die "sach uf das concilium zu
Trient wisen" werde[6]. Von dem Vorschlag Granvellas, ohne Theologen zu verhandeln, hielt er gar nichts. Er schug als einzige
Möglichkeit vor,"das ain stattlich gesprech im bysein der furnembsten stend des Reichs verordneten furgenommen wirdt, do her-
nach den stenden vollkommene relation beschehe" obwohl ihm klar
war, daß es der Gegenseite "nit ernst sey mit den colloquiis

Karls V. und Landgraf Philipps von Hessen vor Ausbruch des
schmalkaldischen Krieges. Marburg 1903,16ff.
(6)."Dan zu dem concilio trag ich wenig hofnung einer vergleichung, aber zu einer nationalversammlung hett ich pesser hofnung, also das Teutsche nation sich mochte dadurch under einander vergleichen".Druffel 3,6.
1. "Und fil darnach dahin, es were mit disen theologen nichts
  auszurichten, sy weren selzame leute, weren unter sich selbst
  irrig, schreiben lange dinge, man solt nemen darzu churfursten,
  fursten und andere personen und mittelarticul machen". Druffel 3,11.
2. Ebd.,12.
3. Vgl. ebd.,13.
4. Vgl. Heidrich 2,118.
5. Sechs Forderungen "umb ein rechte christliche und fruchtbare
  form und mass eines gesprächs".Gerber, Pol.Corr.Strassburg
  4,94f.Anm.2.   6. Ebd.,95.

ettwas vergleichung zu suchen"[1]. die Protestanten zeigten damit
guten Willen und gewönnen Zeit. Der sächsische Kurfürst war dagegen der Meinung, die von den Wittenberger Theologen unterstützt
wurde, "das man nicht weiter ansuchen soll umb volnziehung des
Colloquii, Auch nicht newe formen furschlagen"[2]. Eine neue Form
des Religionsgesprächs vorzuschlagen, sei vergebliche Mühe, da
die entscheidende Frage, wer der unparteiische Richter sein sollte, nicht gelöst werden könnte:"Denn als wenig wir sie zu Richtern leiden können, als wenig wollen sie uns leiden. So können wir
nicht Personen vorschlagen, die sie für unpartheiisch halten;
wie uns auch ihre Personen alle verdächtig sind"[3].

1. Neudecker, Akten,742f.
2. Ebd.,763. Vgl. auch die Bedenken der Wittenberger Theologen
   CR 6,120f. vom 29.April 1546 und CR 6,135. Mitte Mai 1546.
3. CR 6,136. Bedenken der Wittenberger Theologen.

VIII. Das Reichs-Religionsgespräch als politisches Mittel
nach 1546.

1. Die Religionsfrage bis zum Passauer Vertrag 1552.

Nach dem Scheitern des zweiten Regensburger Religionsgesprächs
forderte Karl V. von den in Regensburg zurückgebliebenen katholischen Kolloquenten ein Gutachten darüber, welcher Weg zur Wiederherstellung der religiösen Einheit einzuschlagen sei und vor
allem "si ad colloquium .... rediretur" oder welche Vorschläge
sie hätten, "si omnino inutile colloquium esse"[1]. Die Theologen[2] rieten von der Neuauflage des Gesprächs ab und beriefen
sich dabei auf die Erfahrungen der Kirchengeschichte, da schon
Irenaeus und Tertullian vor Disputationen und Kolloquien mit
Häretikern gewarnt hätten. Außerdem hätten die vier Religionsgespräche, die vom Kaiser veranstaltet worden seien, um die
Eintracht im Glauben zu retten und wiederherzustellen, trotz
großer Anstrengungen und Kosten keine Frucht getragen. Die
Schuld daran maßen die kaiserlichen Theologen natürlich den Protestanten zu, die die katholische Wahrheit einfach nicht erkennen wollten[3]. Was neue Wege für die Verhandlungen über die Religionseinigung (de statuenda religione) anbetreffe, so müßte man
statt theologischer Religionsgespräche Verhandlungen mit den
protestantischen Fürsten unter Ausschluß der Theologen führen.
Dies hatte schon Granvella Ende März 1546 in Speyer vorgeschlagen[4]. Die katholischen Kolloquenten schlugen dies in der wirklich-
keitsfremden Erwartung vor, daß Religion und Politik sich bei den
Evangelischen trennen ließen, indem die Fürsten von der engen
Verbindung zu ihren Theologen gelöst werden könnten. Dafür waren

1. ARC 6,148.
2. Text ebd.,148ff. Das Gutachten stammt vom 14.April 1546.
3. Vgl. ebd.,149.
4. Siehe oben S.183f.

nach ihrer Meinung drei Argumente geeignet: der Hinweis auf die Uneinigkeit der Evangelischen ("fere tot dogmata quot civitates aut principes"), die Unbeständigkeit ihrer Lehre, besonders bei der Verwaltung der Sakramente, und ihre falsche Lehre über die katholische Kirche. Diese Gründe sollten den evangelischen Fürsten so dargelegt werden, "ut in omni actione, quae ad pacem religionis pertineat, suorum contionatorum consilium aut tollant aut certe habeant suspectum"[1]. Die Religionseinigung sollte über die vermeintlich ununterrichteten und belehrbaren Politiker erfolgen, nicht über die Theologen.

Karl V. zog aus dem gescheiterten Gespräch und dem Rat seiner Theologen die Folgerung, das Religionsgespräch, das sich als nutzlos erwiesen hatte, als Weg zur Einigung von Kirche und Reich endgültig aufzugeben und in eigener Vollmacht "solche wege durch hulffe des almechtigen an die handt zu nemen und, sovil got gnad verleihet, in das werck zu furdern". Diese Ansicht ließ der Kaiser am 1.Mai 1546 Johann Gropper wissen, als er ihn aufforderte, nach Regensburg zu kommen, um hier an der "christlichen Reformation" mitzuwirken[2]. Weder der Kaiser noch Malvenda äußerten sich über die Wege, auf denen eine vom Kaiser verordnete Einigung durch eine "christliche Reformation" zustandekommen sollte. Aus taktischen Gründen sprachen sie aber auch nicht von den geplanten Gewaltmaßnahmen, die nun die eigentliche Alternative zum Religionsvergleich bildeten.

Diese "Reformation" konnte Karl V. in Regensburg nicht mehr ins Werk setzen, der Reichstag endete ergebnislos[3]. Der Kaiser hielt aber an dem Vorhaben über den Schmalkaldischen Krieg hinaus fest. Nach dem Sieg kehrte er auf dem Geharnischten Reichstag in Augsburg 1547/48[4] zu seiner früheren Politik zurück, den Religions-

- - - -

1. Ebd.,150.
2. Vgl. ebd.,151.
3. Vgl. Koch 2,524f. (Reichsabschied Regensburg 1546).
4. Vgl. Rabe, Reichsbund und Interim, 125ff.

streit durch kaiserliche Autorität zu entscheiden statt durch
Verhandlungen zwischen Theologen oder Politikern beilegen zu lassen. Die Konzilslösung schied erneut aus, da das Konzil nach Bologna verlegt worden war. Die unterworfenen Stände, aber auch
die evangelischen Bundesgenossen des Kaisers waren nur auf ein
Konzil in Trient verpflichtet, und dem Kaiser war klar, daß die
Protestanten niemals nach Bologna zu bringen waren.

Wie in den 30er und 40er Jahren galt es also, bis zu einem allgemeinen Konzil eine Übergangslösung zu finden. Aber nicht ein
Religionsfriede oder ein Religionsgespräch waren Ergebnis dieser
Bemühungen, sondern eine einseitige kaiserliche Religionsverord-
nung, das sogenannte Interim vom 15.Mai 1548[1]. Trotz der glänzen-
den äußeren Machtstellung des Kaisers wuchs allerdings bei den
Reichsständen und unter der evangelischen Bevölkerung die Gegner-
schaft gegen Karl V.[2]. Rasch stellte sich im gemeinsamen Interesse an der ständischen "Libertät" die ständische Solidarität über
die Konfessionsgrenzen hinweg wieder her. Moritz von Sachsen wech-
selte erneut die Fronten und schloß neben anderen evangelischen
Fürsten im Januar 1552 mit König Heinrich II. von Frankreich[3]
einen Bündnisvertrag zur Befreiung des Landgrafen und zur Wiederherstellung der alten "Libertät und Freiheit" Deutschlands[4].

Trotz dieser Aktivitäten der Kriegsfürsten blieb der Kaiser
völlig untätig. Er beauftragte Ferdinand mit den Verhandlungen
mit Moritz, als dieser auch schon nach Süddeutschland vorrückte.
Am 18.April traf Ferdinand in Linz mit Moritz von Sachsen zusammen. Dieser forderte dabei unmißverständlich die Liquidierung des

----

1. "Der Römisch-Kaiserlichen Majestät Erklärung, wie es der Religion halben im Hl.Reich bis zum Austrag des gemeinen Konzilii
gehalten werden soll". ARC 6,310ff.
2. Dem lagen mehrere Ursachen zugrunde: Der Widerstand richtete
sich gegen die gewaltsame Durchführung des Interims in Süd-
westdeutschland durch kaiserliche, nichtdeutsche Truppen, gegen den habsburgischen Sukzessionsplan, die Reichsbundorgani-
sation, die fortdauernde Gefangenschaft Philipps von Hessen
und des ehemaligen Kurfürsten von Sachsen.
3. Über das Verhältnis von Heinrich II. zur deutschen Opposition vgl. Lutz, Christianitas afflicta, 62ff.
4. Vgl. Karl Erich Born: Moritz von Sachsen und die Fürstenver-
schwörung gegen Karl V. In: HZ 191 (1960), 18ff.

Ergebnisses von 1548, d.h. in der Religionsfrage die Rücknahme
des Interims und einen unbeschränkten Religionsfrieden. Nach einem Vorstoß der Kriegsfürsten gegen Innsbruck, dem sich der Kaiser nur durch die Flucht entziehen konnte, verhandelten seit den
26.Mai Moritz, Ferdinand und eine Gruppe von katholischen und
protestantischen Vermittlern in Passau über die Beilegung des
Konflikts[1]. Der Vertragsentwurf vom 22.Juni sah einen beständigen Friedstand bis zur Vergleichung der Religion vor, der auch
dann in Kraft bleiben sollte, wenn die Vergleichung nicht erfolgen würde[2]. Die CA-Stände sollten unangetastet bleiben "und die
streitige Religion nicht anders denn durch freundliche, friedliche Mittel und Wege zu einhelligem Christlichen Verstand und
Vergleichung gebracht werden"[3]. Innerhalb eines halben Jahres
sollte ein Reichstag zusammentreten, auf dem über den Weg beraten würde, der zur Religionsvergleichung eingeschlagen werden
könnte. Der Kaiser lehnte am 30.Juni den Vertragsentwurf ab
und verlangte eine Reihe tiefgreifender Änderungen. Vor allem
stieß er sich an der Nichtbefristung der Religionsartikel. In den
Verhandlungen mit Ferdinand[4] setzte er im wesentlichen seinen
Willen durch: die Bestimmung des ewigen Religionsfriedens wurde
gestrichen.

Der Passauer Vertrag in seiner endgültigen Gestalt vom 2.Au-
gust 1552[5] sah vor, innerhalb eines halben Jahres einen Reichstag zu veranstalten, auf dem beraten werden sollte, "auff was
Wege, als nehmlich eines General- oder National Concilii, Colloquii oder gemeiner Reichs-Versamblung dem Zwyspalt der Religion
abzuhelffen, und dieselbe zu Christlicher Vergleichung zu bringen"[6]

----
1. Zum Passauer Vertrag vgl. Walther Kuhns: Geschichte des
   Passauischen Vertrages. Göttingen 1906; G.Wolf: Der Passauer
   Vertrag und seine Bedeutung für die nächstfolgende Zeit. In:
   Neues Archiv für sächsische Geschichte 15 (1894),237ff.;
   K.Brandi: Passauer Vertrag und Augsburger Religionsfriede. In:
   HZ 95 (1905), 206ff. Lutz, Christianitas afflicta, 88ff.
2. "Da aber die Vergleichung auch durch derselben Weg keinen
   würde erfolgen, daß alsdenn nichts destoweniger obgemeldter
   Friedstand bey seinen Kräfften, bis zu endlicher Vergleichung,
   bestehen und bleiben solle". Koch 3, §6,11.
3. Ebd., §1,11.
4. Vgl. dazu Lutz, Christianitas afflicta,91ff.
5. Abgedruckt Koch 3,3ff.

sei. Damit war das ganze Spektrum der Möglichkeiten genannt,
durch die die Religionsspaltung beigelegt werden konnte. Das
Religionsgespräch war nur eine von diesen. Zur Vorbereitung
der Vergleichung sollte zu Beginn des Reichstags "ein Außschuß
von etlichen schiedlichen verständigen Personen beyderseits Religionen in gleicher Anzahl geordnet werden"[1], der über den ein-
zuschlagenden Weg beraten sollte; der Reichstag hatte danach zu
beschließen. Der Religionsfrieden sollte "mittler zeit" gelten,
also nur bis zu diesem nächsten Reichstag.

2. Der Augsburger Reichstag 1555.

Im November/Dezember 1553 verfaßte der Reichsvizekanzler Georg
Sigmund Seld[2] in Brüssel im Auftrag des Kaisers eine umfangreiche Denkschrift[3] zur Vorbereitung des kommenden Reichstages. In
ihr erörterte er auch das Für und Wider der verschiedenen Möglichkeiten, die nach dem Passauer Vertrag für Verhandlungen über die
Religionsvergleichung offenstanden. Seld leitete seit 1551 die
Reichskanzlei und hatte seit 1552 erheblichen Einfluß auf die
Behandlung der Reichsangelegenheiten. In kirchlicher Hinsicht
wich er nicht vom Standpunkt des Kaisers ab und gab sich als
humanistisch gebildeter Katholik, der die konfessionelle Trennung
noch nicht als endgültig ansah. Seine Denkschrift ist nicht nur
dadurch wichtig, daß sie einen guten Einblick in die kirchenpolitische Stellung des Kaisers und seiner Umgebung bietet, sondern
weil sie im Januar 1554 unter Mitarbeit Selds und Hornungs in die
deutsche Instruktion für die Reichstagskommissare umgearbeitet
wurde[4].
   Die Denkschrift beginnt mit einer ausführlichen Erörterung
der Religionsfrage. Seld ist der Überzeugung, der Kaiser könne

----

(6).Ebd.§6,5; vgl. den entsprechenden Artikel im Vertragsentwurf
    ebd.,§4,11.
1. Ebd..§7,5, der entsprechende Artikel im Entwurf ebd.,§5,11.
2. Zur Biographie Selds vgl.Lutz-Kohler,23.
3. Veröffentlicht ebd.,163ff.
4. Vgl. dazu Lutz, Christianitas afflicta, 219ff.,325, und den
   Exkurs, 497f.

in dieser schwierigen Zeit in dieser Angelegenheit nichts Gutes
erreichen[1], die günstige Position von 1548 sei dahin und die wenigen katholischen Fürsten und Stände nur darauf aus, das Ihre
zu retten. Im Passauer Vertrag sei nur die Bildung eines Ausschusses festgelegt worden, "qui de modo componendae religionis"
beraten sollte. Wenn die Stände diesen Ausschuß wünschten, könne
der Kaiser es nicht abschlagen. In diesem Gremium würden dann erneut die vier Wege erörtert werden, die zwar oft im Munde geführt,
würden, aber doch zu nichts Gutem führten, nämlich das Generalkonzil, das Nationalkonzil, das Religionsgespräch oder ein Reichstag[2]. Seld erörtert jeden dieser vier Wege. Dabei erklärte er das
Universalkonzil für den theoretisch besten Weg, die Spaltungen in
der Religion aufzuheben. Nur stünden einem Konzil im Augenblick
zwei Hindernisse entgegen: zum einen wollen Papst und Kardinals-
kollegium das "negocium Christi et ecclesiae" gar nicht ernsthaft
betreiben, wenn sie nicht durch eine besondere Gefahr dazu gezwungen würden, und zum zweiten sei während des andauernden Krieges zwischen dem Kaiser und dem König von Frankreich nicht zu hoffen, daß ein Konzil die zur Bewältigung seiner Aufgaben erforder-
liche Autorität erhalten könne. Die Voraussetzung für ein Konzil
sei ein fester Friede, worauf es leicht fiele, "ut volente vel
nolente pontifice tamen ecclesiae subveniretur"[3]. Da es in der
Hand Gottes liege, wann dieser Friede geschlossen werde, gibt
Seld dem Kaiser den Rat, das Konzil zwar auf ruhigere Zeiten zu
verschieben, aber nicht aus dem Auge zu verlieren[4].

Bei der Erörterung des Nationalkonzils als Mittel der Religionsvergleichung weist Seld darauf hin, daß das größte Hindernis für
eine derartige Veranstaltung die völlige Uneinigkeit "de modo et
forma" sei. Er räumt in einem historischen Rückblick ein, daß vor

----

1. "Nulla profecto aut perexigua spes est, Caes. M[tem] hoc diffi-
   cillimo tempore aliquid boni in negocio religionis vel statuere vel impetrare posse."Lutz-Kohler,164.
2. "Verisimile est, si modo status volent accurate de religione
   tractare (de quo ego dubito), quod deinde venturi sint in
   specie ad illas vias, quae semper ore circumferuntur, nunquam tamen ad bonum effectum perducuntur, videlicet ut lo-

vielen Jahrhunderten einige "concilia particularia" abgehalten
worden seien, nur seien in ihnen mehr "haereses et schismata"
neu entstanden als aufgehoben worden. Nach dem kanonischen Recht
dienten "concilia provincialia et synodi episcopales" nicht dazu, einen Zwiespalt in der Religion aufzuheben, sondern nur zu
Beratungen über die Reform des Klerus und der Kirche nach der
Richtschnur der Beschlüsse der Universalkonzilien[1]. Seld erklärt
den Plan eines Nationalkonzils für aussichtslos, da man über
verschiedene Fragen wie das Stimmrecht für Weltliche, die Präsidentschaft durch einen päpstlichen Legaten und vor allem das Verhältnis des Papstes zu dieser Institution niemals werde einig
werden können. Auf die, freilich auch vagen, Vorstellungen der
Protestanten von einem Nationalkonzil als einer Mischung von
Reichstag und papstfreier Kirchenversammlung geht Seld nicht
ein. Er rät dem Kaiser, keinesfalls zuzugeben, daß die Religions-
angelegenheit vor ein so unbestimmtes und bedenkliches Forum gezogen werde[2]. Im ganzen rechnet er fest damit, daß ein Nationalkonzil aus reinen Formgründen niemals als ein von protestantischer und katholischer Seite annehmbarer Kompromiß zustandekommen werde.

Dem Religionsgespräch (colloquium) steht Seld grundsätzlich
positiv gegenüber[3]. Er referiert zunächst die geteilten Meinungen
auf katholischer Seite über diese Gespräche. Viele hielten ein
Colloquium für eine gefährliche Sache mit den übelsten Folgen[4],
da die Gegner dadurch nur immer hartnäckiger würden. Sie könnten
nämlich in den Gesprächen nicht widerlegt werden, da auf katholischer Seite ein zunehmender Mangel an Gelehrten zu verzeich-
nen sei, "ut vix unus aut alter nobis supersint, quos adversariis

----
quantur de concilio generali, nationali, colloquio vel alia
dieta". Ebd.,166.
(3).Ebd.,167.
(4)."Ut nec spes de concilio abiiciatur et tamen promotio eius-
dem in commodiora ac tranquilliora tempora differatur".
Ebd..167.
1. "Sacris canonibus consonum est, quod concilia provincialia
et synodi episcopales aliquando celebrantur; non tamen ad
tollendum religionis dissidium, sed principaliter ad reformationem cleri et ecclesiarum, ut reducerent negocium fidei
ad normam universalium conciliurum". Ebd.,168.

antagonistas possimus obiicere"[1]. Andere hielten dagegen, daß
sich die Protestanten in den Religionsgesprächen Zügel anlegen
müßten. Außerdem entstünde sofort Streit unter den verschiedenen Sekten, so daß die Widersprüche im protestantischen Lager in
der öffentlichen Verhandlung offen zutage träten. Lehnten die
Katholiken ein colloquium ab, so böten sie der Gegenseite nur
neue Agitationsmöglichkeiten mit der Begründung, die Anhänger
der alten Kirche könnten für ihren Glauben nicht Zeugnis ablegen
und scheuten das Licht.

Im Folgenden würdigt Seld überraschenderweise die bereits abgehaltenen Religionsgespräche in Augsburg, Worms und Regensburg
im wesentlichen positiv:"Non fuerint penitus sine fructu." Worin
dieser Nutzen bestanden habe, wird freilich nicht gesagt. Es
sei ferner zu bedenken, daß erfahrungsgemäß eine Häresie durch
ein Universalkonzil oder durch die Verfolgung mit Gesetz und
Waffen kaum mit einem Schlag getroffen werden könne,sondern
daß sie allmählich zurückgedrängt werden müsse, "ut tandem
evanuerit".
Seld hat nichts gegen ein colloquium einzuwenden, wenn die
Stände darauf bestehen, was zu vermuten ist. Die Gegner seien
zerstritten und zudem viele der Streitigkeiten so überdrüssig,
daß sie wohl einen erträglichen Weg zur Eintracht nicht verweigern werden. Nur müsse der Kaiser zwei Bedingungen stellen:
das Kolloquium dürfe späteren Konzilsentscheidungen nicht vorgreifen und die Wahl von Zeit und Ort sei derart zu treffen,
daß Präsidenten und Kolloquenten vom Kaiser abgeordnet werden
könnten. Auch den Fall des Scheiterns faßt Seld ins Auge: Selbst

----

(2)."...videtur nomine Caes. M^{tis} nequaquam admittendum, ut
   quoad religionis negocium determinandum huiusmodi aliqua
   obscura et suspecta instituatur ratio".Ebd.,169.
(3).Vgl. ebd.,169f.; Inhaltsangabe auch bei Druffel 4,416f.
(4)."Multi fuerunt in ea opinione, colloquia, ... rem esse
   perniciosam et pessimae consequentiae". Lutz-Kohler,169.
1. Ebd.,169.

wenn ein Religionsgespräch erfolglos bleiben würde, so sei
doch immerhin Zeit gewonnen, bis Gott zum Nutzen der Christenheit die Fürsten zur Einheit führe.

Von der vierten Möglichkeit, die Religionsfrage zu behandeln,
einem Reichstag, hält Seld nichts. Wollten die Stände sich darauf
einigen, so sei nur zu erwarten, daß die Behandlung des "negocium
religionis" wie bisher von einem Reichstag auf den anderen vertagt würde[1].

Die Seldsche Denkschrift zeigt die Erwartungen, die 1553/54 in
Brüssel in den künftigen Reichstag gesetzt wurden. Seld hielt es
für wahrscheinlich, daß der Reichstag in der Religionsfrage noch
keine Entscheidung brachte, und wünschte dies auch unter dem
Gesichtspunkt, daß ein Friede mit Frankreich dem Kaiser einen
besseren Handlungsspielraum einräumen würde. Er rechnete damit,
daß die Stände sich nicht mit den Fragen der theologisch-kirchli-
chen Konkordie befassen würden, sondern mit der Ausarbeitung
eines politisch-juristischen Provisoriums, das die bis zum Reichstag befristeten Passauer Vereinbarungen ablösen sollte[2]. Sollte
die Religionsfrage doch zur Sprache kommen, so betrachtete man
in Brüssel ein neues Religionsgespräch als das geringste Übel.
Nur sollte es keinesfalls auf dem Reichstag stattfinden, sondern
möglichst weit hinausgeschoben werden, um Zeit zu gewinnen.

Ferdinands Pläne für den Reichstag wichen beträchtlich von denen
des Kaisers ab[3]. Er hielt vor allem in der Frage des Landfriedens
und der Religion eine zielstrebige Reichstagspolitik für nötig.
Von den vier Mitteln der Religionsvergleichung schien auch ihm ein
Religionsgespräch am aussichtsreichsten. Nur sollte es nach seinem Willen nicht auf unbestimmte Zeit verschoben, sondern nach
Möglichkeit im Rahmen des Reichstags abgehalten werden, um dessen
Ergebnisse dann mit dem Kaiser und den päpstlichen Legaten beraten zu können. Zur Vorbereitung des Reichstags wünschte Ferdi-

----

1. Vgl. ebd.,170.
2. Vgl. Lutz, Christianitas afflicta,222.
3. Vgl. Wolf, Gegenreformation 1,660f. und Lutz,Christianitas
   afflicta,225f.

nand, das Kolloquium bereits in der Proposition anzukündigen.
Die Erzbischöfe sollten aufgefordert werden, sich mit ihren
Suffraganen oder Theologen zu beraten, der Papst war um die
Entsendung von nicht weniger als drei Kardinallegaten zu bitten.
Für Ferdinand hatte ein Hinausschieben des Religionsgesprächs
keinen Sinn; er war in seinen Erblanden jeder Veränderung der
kirchenpolitischen Situation unmittelbar ausgesetzt und wollte
nicht nur durch eine katholische Reform einer fortlaufenden
Schwächung der Position der alten Kirche entgegenwirken[1]. Zu dem
Reformwillen kam die Hoffnung auf die kirchliche Wiedervereinigung und das Vertrauen in die Möglichkeiten eines Religionsgesprächs, das in den Mittelpunkt des königlichen Reichstagspro-
gramms trat. Ferdinand begründete seine Wiederaufnahme der Gesprächspolitik der Jahre 1539/41 mit dem Hinweis auf die gestie-
gene Bereitschaft zur religiösen Versöhnung[2]. Diese Bereitschaft
war zugleich Ausdruck der damaligen verworrenen und unklaren
konfessionellen Lage. Was allerdings diese Hoffnung auf eine
Verständigung gegenüber 1539/41 zu einem völligen Anachronismus
werden ließ, war die inzwischen eingetretene institutionelle
Festigung der evangelischen Kirchen.
Anfang 1554 wurde mit der Niederlage des Markgrafen Albrecht
und der Krise des Heidelberger Bundes die Frage nach der religiösen Zukunft des Reiches wieder akut. Die Standpunkte der evangelischen Fürsten waren ganz unterschiedlich und bestimmt von deren
territorialer Situation. Die süddeutschen Fürsten, vor allem
Christoph von Württemberg und Pfalzgraf Ottheinrich wünschten
zunächst die theologische und kirchenpolitische Verständigung
aller Anhänger der CA, um die nach Luthers Tod ausgebrochenen
dogmatischen Differenzen aufzuheben und eine allgemein anerkannte
autoritative Lehrnorm zu schaffen[3]. Dagegen standen der religions-
politisch "saturierte" Kurfürst August von Sachsen[4] und Melanch-
----

1. Zu diesem Zweck arbeitete Ferdinand eng mit Ignatius von Lo-
   yola zusammen; vgl. Lutz, Christianitas afflicta,227.
2. "Dann die leuth sein numer ermessens des stritts in der
   religion zimblich muet, derwegen sy sich zueversichtlich zur
   verglaichung naigen und weisen lassen werden, wo anderst die
   sach mit stattlicher handlung angriffen und gefürdert wird"
   Ebd.,226.   3. Vgl. ebd.,237f.

thon, der von Theologenkonventen nur eine Zuspitzung der inner-
protestantischen Gegensätze befürchtete[1]."Nu ist jetzund kein
einiger oder zween, dadurch die andern im Zaum gehalten werden,
wie dennoch vor diesen Jahren viel ein Scheu hatten vor Luthero"[2].
Im protestantischen Lager fehlte die Integrationsfigur, die die
dogmatischen Streitpunkte hätte verbindlich klären können[3].Kur-
fürst August lehnte im Juli 1554 den letzten Versuch der süddeutschen Fürsten ab, zur Vorbereitung des Reichstags noch einmal einen Theologenkonvent zu veranstalten[4]. Ihm genügte wie vielen anderen protestantischen Fürsten die dauerhafte politisch-
rechtliche Sicherung der an der CA orientierten territorialen
Kirchenhoheit. Diese Sicherung wollten die Fürsten weder durch
ein Religionsgespräch noch durch ein Nationalkonzil erreichen,
sondern durch taktische Übereinstimmung bei politischen Verhandlungen auf dem Reichstag.

Auf katholischen Seite war die Lage noch uneinheitlicher. Seit
1552 breitete sich mit der "Kelchbewegung" am Niederrhein, in
Bayern, Österreich, Böhmen, Mähren und Schlesien zunehmend religiöse Unruhe aus[5]. Ferdinands Hoffnungen auf ein Religionsgespräch, mit dem er die Unentschiedenen in beiden Lagern zu gewinnen hoffte, stießen in Brüssel und im deutschen Episkopat auf
Desinteresse. In einem bayerischen Gutachten, das auf Ferdinands

----

(4).In Kursachsen fiel die politische Grenze mit der Konfessions-
   grenze zusammen.
1. Der Konvent in Naumburg, der im Mai 1554 gegen den Willen
   Melanchthons zusammentrat, brachte keinen dogmatischen Ausgleich, nur die erneute Verpflichtung der Teilnehmer auf die
   CA. Die Frage nach den Mitteln der Religionsvergleichung wurde nicht behandelt.
2. CR 8,75f.,Nr.5376, April 1553.
3. Auch der Gedanke eines Religionsgesprächs im protestantischen
   Lager wurde zurückgewiesen. So lehnte Nikolaus von Amsdorf
   schon 1551 ein Gespräch mit den Melanchthonianern ab:"Es ist
   überaus gefährlich, Colloquia und Gespräch zu halten, denn sie
   werden nit darum angefangen, daß man Grund und Ursach unsers
   Glaubens von uns fordere, sondern darum, daß man uns mit
   glatten Worten überreden will, daß wir weichen sollen und uns
   mit ihnen vergleichen, zu ihnen treten und unser Lehr und
   Religion verleugnen und widerrufen sollen. Solches habe ich
   gesehen und erfahren in allen Colloquiis, die man gehalten
   hat".Theodor Pressel:Nikolaus von Amsdorf. Elberfeld 1862,85f.

Wunsch Herzog Albrecht im Mai 1554 erstellen ließ[1], wurde ein
Kolloquium als untauglich abgelehnt. Ein Nationalkonzil erschien
bedenklich und ein Generalkonzil voläufig unmöglich. Empfohlen
wurde stattdessen in völliger Verkennung der realen Situation
eine Fordauer des Interims und der kaiserlichen Reformation, verbunden mit einem friedlichen Anstand und päpstlichen Konzessionen
für abweichende Glaubensübungen in katholischen Territorien.
In den geistlichen Territorien hatte die kaiserliche Religionspolitik nur Resignation und Bitterkeit hinterlassen. Eine Unterstützung Ferdinands war auch hier nicht zu erhoffen. Der Mainzer
Kurfürst Sebastian von Heusenstamm sprach sich in seiner Reichstagsinstruktion gegen das Interim und die kaiserliche Reformation
von 1548 aus und befürwortete stattdessen den Abschluß eines
immerwährenden Religionsfriedens[2].In Köln herrschte dagegen nach
dem Reformationsversuch Hermanns von Wied von 1546 eine scharfe
altkirchliche Reaktion. Erzbischof Adolf von Schauenburg ließ
Gropper ein Gutachten über die Religionspolitik auf dem Reichstag ausarbeiten[3]. Gropper lehnte unter Hinweis auf seine eigenen Erfahrungen das Religionsgespräch als Mittel zur Religionseinigung ab. Er verwies auf Tertullians Überzeugung, daß Disputationen "non solum schismata non finire, sed etiam haereses
ad maiorem contentionem adducere"[4]. Vor allem fehlte die gemeinsame Grundlage, die Verständigung über die Auslegung der Bibel.
Auch eine Einigung über den kompetenten Richter war nicht zu erwarten, da der Kirche allein das Urteil in diesen Fragen zustand.
Gropper verwarf daher grundsätzlich den Gedanken des Religionsgesprächs:"Insania est causas fidei colloquio velle finire"[5].

----
(4).Vgl. Frnst, Briefwechsel 2,616f.
(5).Zur Literatur über die Kelchbewegung vgl.Lutz, Christianitas
    afflicta,238f.,Anm.162; vor allem vgl.Franzen,Kelchbewegung
    am Niederrhein.
1. Perbingers Gutachten über die Religionsvergleichung vgl.
    Druffel 4,553ff.; vgl.Ernst, Briefwechsel 2,520,Anm.1.
2. Vgl.Wolf, Gegenreformation 1,662: über Heusenstamm vgl.jetzt
    Rolf Decot:Religionsfrieden und Kirchenreform.Der Mainzer
    Kurfürst und Erzbischof Sebastian von Heusenstamm.1545-1555.
    Wiesbaden 1980.
3. Zum Gutachten vgl. W.Schwarz: Römische Beiträge zu Joh.Grop-
    pers Leben und Wirken. In: Historisches Jahrbuch 7(1886),408ff.

Die gleichen Gründe sprachen für Gropper gegen ein Nationalkonzil, so daß er als einzige Lösung der religiösen Frage ein
Generalkonzil empfahl.

Auch ein irenisch gesinnter Mann wie der Passauer Bischof Wolfgang von Salm, der mit Christoph von Württemberg über die Her-
beiführung einer Konkordie durch den Reichstag korrespondierte[1],
resignierte schließlich angesichts der Tatsache, daß auf beiden
Seiten eine feste Kirchenverfassung sich entwickelt hatte, die
im Augenblick keine Vergleichung zuließe, und plädierte für einen
politischen Religionsfrieden als Übergangslösung[2].

Die Kurie schließlich nahm auf die Bitte nach der Entsendung
von Legaten zum Reichstag eine abwartende Haltung ein. Papst
Julius III. fürchtete, für die Aufrechterhaltung der kirchlichen
Ansprüche und Rechtsnormen ein Risiko einzugehen, wenn seine
Legaten an den Religionsverhandlungen teilnähmen, und legte
allen Nachdruck auf die Herstellung des politischen Friedens. Danach wollte er an der Wiederherstellung der religiösen Einheit
Deutschlands mithelfen[3]. Einen gewissen Einfluß auf die Entsendung des Legaten Morone hatten schließlich ein Schreiben und
eine Denkschrift des Augsburger Kardinals Otto Truchseß von
Waldburg an Julius III.[4]. Truchseß von Waldburg legte dar, daß
ein päpstlicher Legat zur Sammlung und Stärkung der Katholiken
auf dem Reichstag erforderlich sei. Dieser müsse sich im Namen
der Kurie strikt gegen jede Bestätigung des Passauer Vertrages
verwahren, sonst sei jede Hoffnung auf eine Rekatholisierung
Deutschlands illusorisch. Mit einem Hinweis auf die Fluktuatio-
nen zwischen den Konfessionen wies er ferner auf die Möglichkeit

----

(4).Fbd.,408, daher könne nur ein allgemeines Konzil den Reli-
    gionszwiespalt beilegen. Vgl. dieselbe Argumentation 1544
    oben S.162ff.
(5).Fbd.,409.
1. Vgl. Ernst, Briefwechsel 2,passim.
2. Vgl. Lutz, Christianitas afflicta,240f.
3. Vgl. Druffel 4,528f. Papst Julius III. an König Ferdinand,
   6.September 1554.
4. Schreiben Otto Truchseß' an Julius III. vgl. Lutz, Christianitas afflicta,242f.

hin, die Unentschlossenen zwischen den beiden Lagern, als deren
Haupt er Melanchthon ansah, durch Einigungsverhandlungen zu gewinnen.

Die Proposition zur Eröffnung des Reichstags legte Ferdinand
mit den kaiserlichen Kommissaren fest[1]. Wegen Ferdinands Forderung war die Religionsfrage im Augsburger Propositionsentwurf
vom Januar 1555 im Anschluß an die kaiserliche Reichstagsinstruktion[2] ausführlich berücksichtigt. Er enthielt die Erörterung der
verschiedenen Mittel zur Vergleichung der Religion und die Emp-
fehlung eines Kolloquiums.
Bei der letzten Prüfung der Fassung der Proposition, die aus
Brüssel zurückgeschickt worden war, schlug Hornung vor, den
ganzen Abschnitt über den "artikel der religion" wegzulassen
und damit die kirchlichen Einigungsverhandlungen vom Reichstags-
programm zu streichen. Vielleicht stand dieser Vorschlag in Zusammenhang mit den Auseinandersetzungen zwischen Karl V. und
Ferdinand um die Verantwortung für die Beschlüsse des Reichstags[3]. Hornung begründete seinen Vorschlag damit, daß "zu diser
beschwerlicher zeyt nit zu verhoffen, das in der streytigen religion etwas fruchtbarlichs auszurichten"[4], da die durch den
Passauer Vertrag, den Heidelberger Bund und den Frankfurter Exe-
kutionsentwurf gesicherte Rechtslage bei den protestantischen
Ständen die Bereitschaft zur Verständigung verringert habe[5].
----

1. Vgl. den Bericht im Protokoll Hornungs in Lutz-Kohler,34ff.
   Text der Proposition vom 5.Februar bei Lehenmann, 13ff. Die
   Stufen der Umarbeitung bei Lutz, Christianitas afflicta,323ff.
   und Lutz-Kohler,41f.
2. "Hat die Ko.Mt. uns berufen die proposition abzuhoren, das
   dan bescheen. Und dieweil dieselbig de verbo ad verbum vast
   aus der instruction gezogen, hat man in der substanz dorin
   nichts geendert". Hornungs Protokoll, 5.Januar, Lutz-Kohler,
   35.
3. Im Juni 1554 hatte der Kaiser Ferdinand die Leitung des
   Reichstags übergeben. Als Grund gab er "scrupule de la religion" an. Damit wollte Karl V. sich gewissensmäßig und politisch die Freiheit vorbehalten, zu einem späteren Zeitpunkt
   die Religionsfrage in Deutschland wieder nach seinem Willen
   zu behandeln. Für das zeitlich begrenzte Provisorium, das
   man in Brüssel vom Augsburger Reichstag erwartete, sollte

Ferdinand beharrte aber darauf, die Proposition unverändert
zu lassen, gestand jedoch zu, daß in dem Vortrag des Vizekanzlers Jonas, der der Verlesung der Proposition folgen sollte, die
Behandlung des Landfriedens vor der Erörterung der Religionsfrage empfohlen werden sollte[1]. Mit dieser Regelung war dann die
Gewichtung der Beratungsgegenstände gegenüber der Proposition
genau umgekehrt worden. Vor allem wegen der Zurückhaltung fast
aller Reichsstände rechnete Ferdinand schon im Februar nicht mehr
mit einem Religionsgespräch auf diesem Reichstag. Sein Ziel war
daher eine rasche Erledigung der Exekutionsordnung und eine Beschlußfassung des Reichstags über die baldige Veranstaltung eines Religionsgesprächs[2].

Die Stände waren durch das Nebeneinander von Proposition und
Vortrag bei der Reichstagseröffnung Anfang Februar 1555 verwirrt
und entschieden erst im März über den weiteren Verlauf des
Reichstags. Kurfürst August von Sachsen, der Kurbrandenburg und
Kurpfalz für seine Reichstagspolitik gewonnen hatte[3], wandte sich
durch seine Augsburger Vertreter unmittelbar an Ferdinand; er
erklärte, die "Vergleichung der religion" sei gegenwärtig unmöglich, es gelte daher nun, den Abschluß eines immerwährenden Religionsfriedens ins Werk zu setzen, dem Ferdinand bei den Passauer Verhandlungen ja schon zugestimmt habe.

Andere evangelische Fürsten bereiteten sich dagegen auf eine
Verhandlung vor, wie sie in Passau vorgesehen war. So instruierte Christoph von Württemberg seine Räte hinsichtlich der Religionsvergleichung, daß der beste Weg in einem "allgemeinen, frei-
en christlichen, oeconomischen, gleichmessigen concilii oder

Ferdinand die Verantwortung tragen. Vgl. Lutz, Christianitas
afflicta,232f.,330.
(4).Hornungs Protokoll, Lutz-Kohler,43.
(5).Vgl. ebd.,44.
1. Vgl. ebd.,44ff.
2. Vgl. Lutz, Christianitas afflicta,331.
3. Nach der Dresdner Abrede vom 6.Januar 1555 sollten auf dem
   Reichstag keinerlei Verhandlungen stattfinden, bevor nicht
   über einen "gemeinen, beständigen, unbedingten Frieden der
   Religion wegen" entschieden sei. Anfang März versammelten
   sich auf Anregung Kurfürst Augusts die Fürsten von Sachsen,
   Brandenburg und Hessen in Naumburg und verabredeten auch hier
   eine gemeinsame Reichstagspolitik. Vgl. Wolf Augsburger Re-

nationalversamblung... in Deutschland"[1] bestünde. Als nächst-
besten Weg empfahl Christoph von Württemberg das Religionsgespräch, zu dessen äußerer Organisation er gleichzeitig Vorschläge machte[2]:

Als Kolloquenten sollten je sechs Theologen von beiden Seiten
benannt werden, der Präsident sollte von Politikern beider Partei-
en unterstützt werden. Seine Aufgabe war es, die strittigen Artikel zu formulieren und die Kolloquenten darüber zu verhören. Die
Verhandlungen sollten von zwei Notaren aufgezeichnet werden. Über
das Ergebnis hatte der Reichstag zu entscheiden. Erst wenn das
Religionsgespräch kein Ergebnis bringen und auch der Reichstag
sich nicht einigen würde, sollte ein Religionsfrieden abgeschlossen werden.

Johann Brenz hielt dagegen ein Religionsgespräch vor Abschluß
eines Religionsfriedens für sinnlos. In einem Gutachten[3] vom
26. Februar 1555 über die Reichstagsproposition riet er seinem
Landesherrn, sich, wenn der in Passau zugesagte Ausschuß zusam-
mentrete und über die Wege zur Religionsvergleichung beriete,
nicht für ein Konzil oder Kolloquium auszusprechen, denn dann
würden die Gegner das Konzil von Trient wieder einberufen oder
aber ein neues Kolloquium vornehmen und sofort den geltenden
Friedstand aufheben. Brenz glaubte nicht an den Nutzen eines
Religionsgesprächs, denn es seien schon viele Kolloquia abgehalten worden "und gar nicht verhoffenlich, das zu diser zeit
der sach durch ein colloquium geholfen werden möcht."[4]. Alle
Kolloquia seien vom Kaiser veranstaltet worden und die Bischöfe
hätten niemals bewilligt, die Ergebnisse eines solchen Gesprächs
anzunehmen.

Die Grundvoraussetzung eines Vergleiches in der Religion ist
nach Brenz die gegenseitige Zusicherung eines beständigen Frie-

----

ligionsfriede,24ff.,36f. Der Abschied vom 12.März mit der
Festlegung der Politik auf dem Reichstag bei Lehenmann,119ff.;
vgl. Lutz, Christianitas afflicta,354ff.
1. Ernst,Briefwechsel 3,62.
2. Vgl. ebd.,62ff.
3. Vgl. ebd., 88ff.
4. Ebd.,91.

dens; erst danach könnten die CA-Stände in ein Konzil oder Religionsgespräch einwilligen[1]. Eine Vergleichung sei auf zweierlei
Weise möglich:

1. Die päpstliche Lehre und die Lehre des Evangeliums oder der
   CA könnten verglichen werden; aber das hält Brenz für ganz un-
   unmöglich "dann die zwo leer sein stracks wider einander"[2].

2. Eine der beiden Parteien nehme die Lehre der anderen an, was
   aber nicht zu hoffen sei bzw. was Gott verhüten möge.

Die einzig mögliche Lösung ist daher, daß "ie ein stand den andern bei seiner religion bleiben lass"[3]. "Müssen uns am flickwerk
begnügen lassen, bis wir in ienem leben das himelisch wesen erlangen"[3]. Darum ist es vergeblich, das Mißtrauen vollkommen aufheben zu wollen, sondern nötig, "das ein leidenlicher, weltlicher frid gemacht werde"[3]. "Dweil nun die sach dermassen gestalt,
das nicht ein concilium oder colloquium der weg und das mittel
zum bestendigen friden, sonder der bstendig frid der weg und das
mittel zu einem nuzlichen concilio oder colloquio sei"[3], gibt
Brenz Herzog Christoph den dringenden Rat, vor einem Kolloquium
zuerst den Religionsfrieden zu vereinbaren.

Aber Brenz berücksichtigte auch den Fall, daß ein Kolloquium
ohne vorhergehenden Frieden angesetzt würde[4]:
An einem solchen Religionsgespräch sollten je drei bis vier Theologen mit jeweils einem Adjunkten teilnehmen, dazu sollten je
drei bis vier weltliche Auditores und ein Notar kommen. Als Präsidenten sollten zwei bis drei Fürsten amtieren. Verhandlungsgrundlage hatte die CA zu sein. Eine andere Möglichkeit sah Brenz
darin, daß der König mit einigen Fürsten das Präsidium übernahm;
dieses sollte dann von jeder Seite zwei bis drei Theologen be-
stellen und über die strittigen Artikel der CA beraten lassen.

----

1. Vgl. ebd.93.
2. Ebd.,94.
3. Ebd.,95.
4. Vgl. zum Folgenden ebd.,97.

Nach Absprachen mit den anderen evangelischen Kurfürsten gelang es den kursächsischen Reichstagsgesandten, alle Erörterungen
über ein Religionsgespräch abzuschneiden und die Ausarbeitung
eines Entwurfs für einen "allgemeinen Frieden in Religionssachen"
durch die Stände als ersten Punkt auf die Tagesordnung zu setzen,
obwohl in Passau nur von der Religionsvergleichung als Aufgabe
des Reichstags die Rede gewesen war, nicht aber vom Religionsfrieden vor dem Versuch von Vergleichsverhandlungen[1].

Am 11.März verlas der Mainzer Kanzler den entsprechenden Ge-
schäftsordnungsbeschluß[2], in dem der Punkt des "gemeinen Friedens
in der Religion" im Vordergrund stand, der in der Proposition
gar nicht genannt war. Der in Passau vereinbarte ständische
Ausschuß für die Beratung der Religionsfrage wurde den Ständen
zwar in Aussicht gestellt, trat aber in Augsburg nie zusammen.

Ferdinand hielt sich bei den Verhandlungen zurück, bis ihm im
Juni die ständische Vorlage zum Religionsfrieden überreicht
wurde. Er nahm zu dem Vorschlag in einer Resolution[3] Stellung,
in der er die protestantischen Forderungen eindämmte. Am 9.Juli
übersandte er die Resolution an den Kaiser und entwickelte im
selben Schreiben den Plan, den Reichstag ohne Beschlußfassung
aufzulösen, einen neuen Reichstag einzuberufen und für die Zwischenzeit den Passauer Vertrag zu verlängern[4]. Er wünschte den
nächsten Reichstag in Regensburg nicht als eine Fortsetzung der
Augsburger Verhandlungen, sondern als Gelegenheit zu einem neuen
Lösungsversuch der Religionsfrage. Mittlerweile wollte er "ein
buch von der streitigen religion artikeln ... begreyfen lassen
und den stenden auf kunftigem reichstag lassen furlegen, daruber unverbundtlich beratschlagung furzunemen, inmassen dann zu
Regenspurg anno 41 auch bescheen were"[5]. Damit hielt Ferdinand
an der Wiederaufnahme der Gesprächspolitik von 1540/41 fest.

----

1. Vgl. Lutz, Christianitas afflicta,355ff.
2. Vgl. Lehenmann, 23f.
3. Gedruckt ebd.,71ff.
4. Vgl. Ferdinand an Karl V., Lanz, Corr.3,662ff.
5. Hornungs Protokoll, Lutz-Kohler,91.

Nach wochenlangen Verhandlungen brachte der Einspruch der Protestanten unter Führung Sachsens den Prorogationsplan zum Scheitern.
Ein nochmaliger Versuch des Fürstenrates, den Kurfürstenrat Anfang August zur Bildung des Ausschusses zur Religionsvergleichung
zu bewegen, endete ebenfalls mit einem Fehlschlag[1].

Im September fanden die Abschlußberatungen statt, und am 25.
September wurde der Abschied verlesen, der einen dauernden Religionsfrieden festsetzte, ohne die Hoffnung auf eine Einigung durch
ein Religionsgespräch aufzugeben. Aber der Religionsfrieden war
das Erste, die Einigung durch ein Religionsgespräch nur das Zweite
und in seiner Bedeutung weniger Wichtige. Artikel 12 des Religionsfriedens befaßte sich mit dem Verhältnis von Religionsfrieden
und Religionsvergleichung. Da eine "vergleichung der religion"
ohne einen dauerhaften Frieden nicht zustande kommen wird, wird
von allen Ständen der Frieden bewilligt "biß zu christlicher
freundlicher und endlicher vergleichung der religion und glaubenssachen"[2]. Wieder werden alle Möglichkeiten aufgezählt: Wenn die
Religionsvergleichung durch ein General- oder Nationalkonzil,
ein Kolloquium oder eine Reichsversammlung nicht möglich sein
sollte, bleibt der Frieden dennoch in Kraft.

Ferdinand, der zunächst den beständigen Frieden ablehnte, in
der Erwartung, die Stände auf einem neuen Reichstag leichter
zu einem Religionsgespräch bringen zu können[3], mußte schließlich, um nicht das ganze Friedenwerk zu zerschlagen, in diesem
Punkt nachgeben[4]. Wie schon in den Artikeln 3, 6 und 8 wurde der
Friede bis zum endgültigen Religionsvergleich gewährt - d.h.
auf Dauer, da schon in der Einleitung des Friedens zugestanden

----

1. Vgl. Ernst, Briefwechsel 3,277, Anm.3,278f.,280f. mit Anmerkung.
2. Text: Ernst Walder (Hg): Religionsvergleiche des 16.Jahrhun-
   derts 1. Bern 1960,52.
3. Darauf deutet seine Begründung, daß durch die Bewilligung
   des beständigen Friedens die Stände nur hartnäckiger würden
   und sich noch weniger durch Kolloquia, Nationalversammlung
   oder ein Generalkonzil weisen lassen würden. Vgl. Bucholtz
   7,205.
4. Am 10.September 1555 schrieb Ferdinand an den Kaiser, die
   Auslassung von Artikel 12, Absatz 2 hätte den ganzen Frieden zerschlagen. Die Geistlichen hätten ihn daher selbst gebeten, den Satz zu bewilligen. Deswegen und aus eigener Erwä-

wurde, daß "die endlich vergleichung dises trefflichen artickels (der Religion) in weniger zeit nit wol zu finden"[1]. Die "christliche vergleichung" der Religion sollte auf dem nächsten Reichstag 1556 in Regensburg erfolgen.

3. Das Wormser Religionsgespräch 1557.

Die Bestimmungen des Augsburger Religionsfriedens bedeuteten das Ende des Religionsgesprächs als sinnvollen Mittels in der Reichs- und Kirchenpolitik. Mit der reichsrechtlichen Bestätigung von zwei selbständigen Kirchenorganisationen waren Tatsachen geschaffen, an denen jedes Religionsgespräch, das von der Voraussetzung letztlicher Zusammengehörigkeit ausging, scheitern mußte. Vorrangig war jetzt - vor allem für die evangelische Seite - die Sicherung des Erreichten, das durch ein Religionsgespräch nicht wieder in Frage gestellt werden durfte. Das Interesse der Evangelischen galt seither weniger einem Religionsgespräch und einer möglichen Überwindung der Spaltung, sondern der Auslegung des Religionsfriedens im Sinne des status quo oder einer allgemeinen Freistellung. Damit stand das Religionsgespräch seither unter der Bedingung: Keine Aufhebung des Religionsfriedens bei Scheitern oder bei scheinbarem Erfolg.

Der Augsburger Reichstag von 1555 hatte festgelegt, daß auf der nächsten Zusammenkunft der Reichsstände, die auf den 1.März 1556 nach Regensburg einberufen wurde, "fürnemblich von christlicher vergleichung unserer heiligen religion und glaubenssachen" gehandelt werden sollte[2]. Der Weg dazu konnte nur durch ein neues Religionsgespräch geebnet werden. Wenn evangelische und katholische Stände einem neuen Religionsgespräch zustimmten, da dann nur zum geringsten Teil in der Erwartung, daß damit wirklich noch etwas zu erreichen sei. Für die meisten Stände war

----

gung der Zustände im Reich und in der Christenheit hätte er nachgegeben. Vgl. Druffel 4,719.
1. Walder, Religionsvergleiche,45.
2. Vgl. ebd.,56.

das Religionsgespräch endgültig aber seit 1555 nur noch wichtig
als Alibi zur Bekundung des eigenen guten Willens oder in der
Erwartung, es als Missionsforum nutzen zu können[1].

Das Religionsgespräch, das schließlich am 11.September 1557
in Worms begann, wurde von allen Seiten ohne Hoffnung auf Erfolg
vorbereitet. Es bestand weder die Erwartung auf eine Einigung
noch der Wille dazu. Allen war deutlich, daß ein Religionsgespräch
nach 1555 kein Mittel der Religionspolitik mehr war.

1555 war die evangelische Einheitsfront, wenn auch mühsam, noch
aufrecht erhalten worden: 1556/57 traten auch auf dem Reichstag
Risse und Spaltungen offen zutage, die seit Luthers Tod angelegt
waren, und führten zu ihrem Auseinanderbrechen. Gegenüber der
Situation vor den bisherigen Religionsgesprächen war die Lage
nun vollkommen verändert: die evangelische Seite war in zwei
Flügel aufgespalten. Das letzte Religionsgespräch von 1546 hatte
noch unter dem Schatten Luthers gestanden; nach dessen Tod fehlte
die übergeordnete Autorität im evangelischen Lager. Im Streit
um die Ergebnisse des Schmalkaldischen Krieges und um das Interim
war es zu vielfältigen dogmatischen Meinungsverschiedenheiten
gekommen, so daß die Evangelischen nicht mehr wie bisher in ge-
schlossener Front auftreten konnten. Im Gegenteil wurde es jetzt
nötig, vor der Konfrontation mit der Gegenseite erst einmal zu
versuchen, die inneren Gegensätze auszugleichen.

Deshalb bemühte sich Herzog Christoph von Württemberg um die
Einigung auf evangelischer Seite noch vor dem Religionsgespräch.
Zu diesem Zweck schlug er schon 1555 eine Zusammenkunft der evangelischen Fürsten vor; andererseits hielt Philipp von Hessen einen Theologenkonvent für nötig. Beide Projekte wurden verbunden,
als im Januar 1556 eine pfälzisch-württembergische Gesandtschaft
in Weimar dafür eintrat, zur Vorbereitung des Reichstags eine
Fürstenzusammenkunft und einen Theologenkonvent zu veranstalten,

----

1. Dies wird dann in geradezu rührender Weise sichtbar bei den
   Erwartungen, die Pfalzgraf Ludwig 1600 an das Religionsgespräch knüpfte, mit dem er den bayerischen Herzog Maximilian
   zu bekehren hoffte; vgl. dazu unten S.248 .

um hier eine größere Lehreinheit zu erreichen[1]. Die Weimarer Herzöge lehnten nach einem Gutachten der Gnesiolutheraner diesen Vorschlag ab und forderten stattdessen die Rückkehr zur CA und den Schmalkaldischen Artikeln unter gleichzeitiger namentlicher Verdammung von Zwinglianern, Majoristen, Osiandristen und Adiaphoristen[2]. Aber auch Kurfürst August von Sachsen war gegen einen Fürstentag, da dieser politischer Verdacht erregen könne; Melanchthon lehnte eine Synode ab[3] und wollte stattdessen eine Theologenzusammenkunft zur Vereinbarung der gemeinsamen Lehre[4]. Damit war der pfälzisch-württembergische Vorstoß gescheitert.

Bei der Vorbereitung auf den für 1556 angesetzten Reichstag wurde auch das Religionsgespräch als politisches und theologisches Mittel noch einmal ausführlich erörtert. Dabei verwarf Melanchthon[5] sowohl ein allgemeines Konzil wie ein Nationalkonzil zur Lösung der Religionsfrage. Einem Religionsgespräch stimmte er dagegen zu, wenn er es auch für unnötig hielt, da die Erfahrung gezeigt habe, daß derartige Beratungen mit den Katholiken gefährlich seien.

Kursachsen hielt es nach den Instruktionen für Besprechungen mit Brandenburg für das Beste, die Religionsvergleichung überhaupt nicht auf dem Reichstag zu diskutieren "dan es werde di Turckenhulf hindern, So wurde man auch Zu der vorgleichung schwerlich kommen"[6]. Falls doch Verhandlungen über die Religion stattfinden würden, sollte auf die Bildung eines Ausschusses[7] und dann auf ein Kolloquium gedrängt werden, auf keinen Fall ein allgemeines oder Nationalkonzil bewilligt werden.

Zur Zusammensetzung des Religionsgesprächs schlug Kursachsen vor: "Den Theologen solten leien (die schidtlich sein) zugeordnet werden, die in einsagten, domit die unsern nicht uber dem

----

1. Vgl. Wolf, Geschichte der deutschen Protestanten,8f.
2. Vgl. ebd.,9.
3. Vgl. CR 8,639.
4. Vgl. ebd.,690 und Bindseil,389.
5. Vgl. Bindseil,387, ca.4.-7.Juni 1556.
6. Wolf, Geschichte der deutschen Protestanten,226.
7. Für einen Ausschuß sprachen sich Kursachsen, Pfalz, Brandenburg, Sachsen, Brandenburg-Küstrin, Pommern, Württemberg und ein Städtevertreter aus; vgl. ebd.,226.

Werk vnd das gegenteil nicht über dem weiwassen zanckten. Dies
dinet dorzu, das man etwas thete vnd nicht schuldt geben werde,
das es alles unserstheils entstunde"[1]. Die Politiker sollten also die Theologen von unnützen Streitereien abhalten, das Ganze
sollte lediglich den guten Willen zur Einigung beweisen. Für eine Vergleichung bestand keine Hoffnung, aber "so weren wir doch
schuldig, unsers glaubens ursach vnd rechenschafft zu geben"[2].
Außerdem konnte man das Gespräch als Mittel zur Unterrichtung
und zur Ausbreitung des eigenen Glaubens einsetzen, wie dies
auch bei den vorhergehenden Religionsgesprächen geschehen war.

Das neue Religionsgespräch sollte technisch nach dem Muster
von Hagenau 1540 ablaufen. Auf keinen Fall sollte es auf dem
Reichstag stattfinden, sondern erst zu einem späteren Zeitpunkt:
"Dieweil in solcher eil von solchen wichtigen sachen nicht kann
grundlich gehandelt, ... werden"[3], außerdem sei dann nur Mißtrauen und Verbitterung der Gemüter zu erwarten. Zur Frage der
Verhandlungsbasis bestimmte die kursächsische Instruktion, auf
die CA und die Apologie als Verhandlungsgrundlage zu drängen,
falls Ferdinand wie in Regensburg 1541 Vermittlungsartikel vorlegen ließe.

Insgesamt zeigten die Anweisungen, daß Kursachsen jedenfalls
kein Interesse an einem Religionsgespräch hatte, sein Anliegen
war vielmehr die Aufrechterhaltung der Ergebnisse von 1555.

Die pfälzische Instruktion[4] für den Reichstag bezeichnete ein
Religionsgespräch zwar als " den furnembsten vnnd nutzlichisten
wege" zur Beilegung der Religionssache, dennoch wurden die Gesandten angewiesen, darauf zu drängen, daß auf dem Reichstag
selbst keine Religionsverhandlungen und kein Kolloquium statt-
fänden, da der Kurfürst nicht sähe, daß "dieses Reichstags, ...
etwas fruchtbarlichs in diesem hochwichtigen Puncten Religionis
solte oder möchte zu erhalten sein"[5]. Die Gesandten sollten vielmehr bemüht sein, vor jeder Erörterung der Religionsfrage die
allgemeine Freistellung in Religionssachen zu erreichen[6]. Erst

----

1. Ebd.,227.
2. Ebd.,231.
3. Ebd.,232.
4. Vgl. ebd.,234ff. Die Instruktion ist datiert von 25.Juli,

danach konnte nach Pfälzer Vorstellung über den Modus des künftigen Religionsgesprächs beraten werden[1]. Es sollte "vmb weihenach-
ten" in Straßburg, Nürnberg, Augsburg, Worms, Frankfurt oder an-
derswo stattfinden. Wenn die Religionssache aber doch auf dem
Reichstag zur Sprache kam, sollten sich die Gesandten zwar an
den Verhandlungen beteiligen, aber "auf dem ersten weg des Collo-
quij, mit allem ernnst vnnd vleis, damit derselbig furgenomen,
bestehn vnd beharren"[2] und sich nicht vom Religionsgespräch auf
ein National- oder Generalkonzil oder eine Reichsversammlung
drängen lassen.

Die Reichstagsinstruktion für die kurbrandenburgischen Gesandten
trat wie Sachsen für eine gemischte Zusammensetzung der Kolloquenten ein, derart, daß "etzliche gottfurchtige fromme schidli-
che vnd nicht zenckische noch eigensinnige personen beid.Reli-
gion in gleich anzal von gelerten Teologen vnd vorstendigen politischen leuthen geordnet"[3] werden, die die zwiespältigen Religionsartikel anhand der CA untersuchen sollen. Falls eine Vergleichung zustandekäme, sollte eine Reichsversammlung zu ihrer
Billigung einberufen werden. Kaiser und König sollten die Präsidenten verordnen und ihnen "etzliche verstenndige und beschei-
dene Leyen"[4] beigeben, die möglichst für eine Einigung sorgen
und"undienstliche Disputationes" verhindern sollten. Das Kolloquium sollte auf keinen Fall während des Reichstags stattfinden;
abgelehnt wurde wie in der sächsischen und pfälzischen Instruktion ein Konzil oder ein kaiserlicher oder königlicher Anspruch
auf das Richteramt über die strittigen Artikel.

----
    in Regensburg erst Ende August eingetroffen.
(5).Ebd.,240.
(6).Zum Problem der Freistellung nach 1555 vgl. Gudrun Westphal:
    Der Kampf um die Freistellung auf den Reichstagen zwischen
    1556 und 1576. Phil.Diss.Marburg 1975. Zum Reichstag von
    1555 vgl. ebd.,100ff.
  1. Auf der Grundlage der Hl.Schrift und schriftgemäßer Kirchen-
     väter sollten sich, "von allen theiln gotsforchtige vnzencki-
     sche, in der heiligen schrifft geübte vnd gelerte Personen"
     (Wolf, Protestanten,241) in nicht zu großer Zahl, um weit-
     läufige Disputationen zu verhindern, versammeln. Die Leitung
     sollten mehrere unparteiische, schriftkundige Präsidenten
     innehaben.
  2. Wolf, Protestanten,243.   3. Ebd.,243.   4. Ebd.,243.

Auch Brenz schlug in einem Bedenken ein Religionsgespräch vor,
für das "etzliche fromme Gotsfurchtige gelerte vnd fridlieben-
de schidtliche Menner von Theologen vnd politischen in gleicher
anzal beider Religion verwandten"[1] verodnet werden sollten. Für
viel wichtiger hielt er aber, daß nach den Verträgen von Speyer
und Passau und den Vereinbarungen in Augsburg 1555[2] der Religionsfrieden auch dann in Kraft bleiben solle, wenn die Vergleichung
der Religion nicht unternommen werde oder nicht gelinge.

Christoph von Württemberg instruierte seine Gesandten[3], bei
Beratungen der evangelischen Stände vor dem Reichstag darauf
hinzuweisen, daß nach aller Erfahrung keiner der drei 1555 ins
Auge gefaßten Wege zum Ziel führen werde. General- oder Nationalkonzil seien für Papst und Bischöfe nur akzeptabel, wenn sie das
Leitungs- und Entscheidungsrecht ausüben könnten. Das Religionsgespräch, das früher nützlich war, um Zeit zu gewinnen, "ne partes devenirent ad arma", konnte nun vom Gegner benutzt werden,
"um in den Religionsfrieden ein Loch zu reißen"[4]. Eine Einigungs-
möglichkeit sah Herzog Christoph nur darin, daß die evangelischen
Stände ihre Gegner wissen ließen, sie hätten "kain füeglicher,
besser und christlicher mittel zur vereinigung in der doctrina
de religione fürzuschlagen, dann da der allmechtig Gott gnad gebe, das die andern stende sich zu der oftgemelten wolgegrundten
CA bekennen und sich derselben anhengig machen wölten"[4]. Andererseits war Württemberg bereit, jeden der drei Wege mitzugehen,
falls die Gegner auf einem von ihnen bestanden, also auch an
einem Religionsgespräch teilzunehmen.

König Ferdinand hielt auch nach 1555 an seinen religionspoliti-
schen Zielen fest. Als Lösung des religiösen Zwiespalts stellte
er sich ein einiges und reformiertes Kirchenwesen in Deutschland
vor, im Verband einer universalen reformierten Kirche. Den Augsburger Religionsfrieden mit seiner Tendenz zur rechtlichen Fixie-

----

1. Ebd.,273.
2. Das Bedenken ist während des Augsburger Reichstags entstanden.
3. Nebeninstruktion für den Reichstag von Regensburg vom 2.Ju-
   ni 1556; vgl. Ernst, Briefwechsel 4,85f.
4. Ebd.,85. Kurfürst Ottheinrich von der Pfalz schloß sich am
   6.August 1556 der Meinung Württembergs über die drei Wege und

rung der bestehenden Spaltung lehnte er ab; ihm lag daran, die Situation in der Religionsfrage offen zu halten[1]. Nachdem er die Zustimmung der Stände zu einem neuen Reichstag in Regensburg erlangt hatte, forderte er die Stände zu Beratungen mit ihren Theologen, die sie nach Regensburg mitbringen sollten, auf, um hier gemäß dem Passauer Vertrag und dem Augsburger Reichstag über den Weg zur kirchlichen Verständigung beraten zu lassen[2].

Seit Dezember ließ Ferdinand mit den Fürsten verhandeln und versuchte, eine vorbereitende Theologenkonferenz zustande zu bringen[3]. Außerdem beauftragte er die Wiener Jesuiten und die Wiener Universität, die evangelischen Bekenntnisschriften zu prüfen und die Ausgleichsverhandlungen theologisch vorzubereiten. Der König berief auch den Konvertiten und Kontroverstheologen Georg Witzel, der ein umfangreiches Gutachten über die Problematik der Vermittlungsversuche vorlegte[4]. Auch mit der Kurie nahm er Verhandlungen auf; er bat Paul IV. um die Entsendung eines Legaten zum Reichstag. Im Januar brach denn auch Delfino nach Deutschland auf[5].

Philipp II. von Spanien war gegen jede Religionsdiskussion, entsprach jedoch der Bitte Ferdinands, ihm den Löwener Professor Rithoven für ein Religionsgespräch zur Verfügung zu stellen[6].

Albrecht V. von Bayern, der eine Zusammenkunft von Theologen des Königs und der katholischen Stände zur Vorbereitung der Religionsverhandlungen für nützlich gehalten hatte, war bereit, auf Ersuchen Ferdinands "der sachen mit vleis nachgedenken, auch etlichen dero theologen dergleichen ze tun und ainen ratschlag

----

die Einigung auf die CA an. Vor der Aussetzung des Geistlichen Vorbehalts sollte die evangelische Seite keine Religionsverhandlungen beginnen; vgl.ebd.,124f.
1. Vgl. Lutz, Christianitas afflicta,423f.
2. Vgl. Ernst, Briefwechsel 3,337; Lutz-Kohler,151f.,154; Koch 3,38f.
3. Vgl. Ernst, Briefwechsel 3,3f.,21f.; Goetz, Beiträge,1ff.
4. "Diaphora rei ecclesiastecae. Unterschid zwischen den unainigen Partheyen der strittigen religionssachen diser bösen zeit". Vgl. Trusen,31.
5. Vgl. Lutz, Christianitas afflicta,442.
6. Vgl. Pap.d'état de Granvelle, ed.Weiss 5,86.

darüber ze stellen mit ernst bevelhen, solchen alsdan zu anfang
des reichstags irer Mt. gehorsamblich fürbringen"[1].

Unter diesen Voraussetzungen wurde der Reichstag am 13.Juli
1556 in Regensburg eröffnet[2]. In Sonderverhandlungen setzte Kursachsen gegen die Pfalz seinen Standpunkt durch, den Religionsfrieden, auch mit dem Geistlichen Vorbehalt, unbedingt zu erhalten. Dementsprechend stimmte es einem Ausschuß über die Beratung
der Vergleichsverhandlungen nur unter der Bedingung zu, daß dadurch der Religionsfrieden nicht aufgehoben werde; die Mitwirkung
von Theologen im Ausschuß wurde für unnötig gehalten[3].

Die königlichen Reichstagsgesandten Zasius und Helfenstein berichteten am 11.September an König Ferdinand, die Protestanten
außer Kursachsen bestünden auf der Behandlung der Religionsfrage
und drohten, anderenfalls keine Türkenhilfe zu leisten. Die Reichstagsgesandten erörterten die drei Wege zu einer Religionsvergleig-
chung und empfahlen, Ferdinand möge "es zu ainem colloquio gera-
ten (lassen), durch welches dannoch die sach in verlengerung ge-
langt"[4]; ein Nationalkonzil sei dagegen für den katholischen Glauben höchst gefährlich, ein Generalkonzil derzeit unmöglich.

Die Reichstagsdiskussionen über die Frage, wie die Religionsfrage zu behandeln sei, knüpften direkt an die Übereinkunft im
Passauer Vertrag an[5]; dementsprechend wurde vor allem über die
Einsetzung eines Ausschusses verhandelt, der gemäß Passau "de
modo et via solle beraten, wie ain vergleichung der religion zu
finden sein möchte"[6]. Dabei war den Beteiligten durchaus bewußt,

----

1. Goetz, Beilagen 1f. und 2, Anm.1, 23.Januar 1556.
2. Die Reichstagsproposition vgl. bei Häberlin,Neueste teutsche
   Reichsgeschichte 3,145.
3. Vgl. Wolf, Protestanten,23. Zu den Verhandlungen über die Revi-
   sion des Augsburger Religionsfriedens auf dem Reichstag und
   unter den Evangelischen vgl.ebd. 30ff. und Westphal,50ff;
   Bericht über die Versammlung der CA-Stände vom 22.August bei
   Ernst, Briefwechsel 4,132ff.
4. Goetz, Beiträge,46f.
5. Siehe oben S.189f.
6. So Christoph von Württemberg in einer Aufzeichnung vom 21.
   September 1556, Ernst, Briefwechsel 4,164f.

- 213 -

daß ein solcher Ausschuß vor dem Religionsgespräch eine Neuerung
darstellte[1]. Kurfürsten- und Fürstenrat erklärten zudem überein-
stimmend, daß der Religionsfrieden in Kraft bleiben solle, unabhängig, welches Ergebnis die Beratungen haben würden[2].

Auf dieser Grundlage wurde im Dezember 1556 aus katholischen
und protestantischen Ständen ein Ausschuß gebildet, der vom 9.-
19.Dezember über den besten Weg für die Religionsvergleichung
beriet[3]. Das Votum war gespalten: die drei geistlichen Kurfürsten
und die Bischöfe von Salzburg und Augsburg sowie die Prälatenver-
treter sprachen sich für die Berufung eines Konzils aus, Pfalz
und Kursachsen für ein Religionsgespräch; diesen schlossen sich
Hessen und Bayern und Österreich mit Rücksicht auf die politische Lage in Europa an[4]. Der Antrag der evangelischen Stände
wurde durch Stimmenmehrheit zum Beschluß erhoben und dem König
vorgelegt. Ferdinand hatte schon im September 1556 durch seinen
Sohn, Erzherzog Maximilian, Herzog Christoph von Württemberg
wissen lassen, er sei entschlossen, daß "das Coloquium auf disem
raichtag sainen fortgang bekume";Maximilian sprach die Hoffnung
aus, daß sein Vater selbst die Leitung des Religionsgesprächs
übernehmen würde[5]. Dementsprechend bestätigte Ferdinand den Beschluß es Ausschusses; auch er hielt ein Religionsgespräch für
die beste Lösung, allerdings sollte das Kolloquium "nicht so wie
früher angestellt, sondern allein in Maß und Gestalt einer christlichen Consultation, daß nemlich die Stände des Ausschußes eigner
Person oder durch taugliche, in heiliger Schrift erfahrene fried-

----

1. So das Votum des sächsischen Kurfürsten, vgl. ebd.,211; über
   die Beratungen zur Bildung des Ausschusses ebd.,178 u.ö.
2. Vgl. ebd.,218.
3. Außer den Vertretern der Kurfürsten waren die Stände Salzburg, Augsburg, Österreich, Bayern, Brandenburg-Ansbach,
   Württemberg, Hessen, Abgeordnete der Prälatenbank, der wetter-
   auischen Grafen und der Städte Schwäbisch-Gmünd und Straßburg
   vertreten; vgl. Wolf, Protestanten 43f.,Anm.6; Heppe 1,136f.;
   zu den Beratungen vgl. Bucholtz 7,361ff.; Ernst, Briefwechsel
   4,219ff.
4. Vgl. Ernst, Briefwechsel 4,227f. und ebd.,230.
5. Vgl. ebd.,175 und Anm.4. Christoph von Württemberg begrüßte
   diese Absicht, die Präsidentschaft zu übernehmen:"Wo es zu
   einem colloquio komen solde, daz ir mt.gnedigist selbst pre-
   sidiere, wurde nit ain cleine befurderung der concordi sein";
   ebd.,185.

liche Räte und Gesandten von den streitigen Artikeln ratweise,
sanftmütig und vertraulich und mit gutherzigem Eifer beratschla-
gen und sich vergleichen, und dann ihr Gutachten mit Ausführung
der Ursachen, worin sie sich verglichen und worin nicht, an die
Reichsversammlung bringen mögen"[1].

Der Ausschuß legte außerdem den Modus des Religionsgesprächs
in sehr ausführlichen und umfänglichen Regelungen fest[2]. Das Religionsgespräch sollte am 24.August 1557 in Worms beginnen und
von einem fünfköpfigen Präsidium geleitet werden. Dem Vorsitzenden, einem Vertreter des Königs, wurden von jeder Partei ein
Kurfürst und ein Fürst als Assessoren beigegeben[3]. Das Präsidium
hatte die Aufgaben, die äußere Ordnung zu überwachen, die Verhandlungen zu leiten, die Notare zu vereidigen und die Akten zu
verwahren.Jede Seite sollte sechs Theologen als Kolloquenten verordnen, dazu sechs Adjunkten, sechs Auditoren und zwei Notare,
also insgesamt 20 Personen. Die Bestimmung der Beratungsgrundla-
ge blieb den Kolloquenten überlassen; außer den Präsidenten
waren alle Teilnehmer durch Eid zur Geheimhaltung der Verhandlungen verpflichtet. Die Akten sollten in vierfacher Ausfertigung
in einer Truhe mit drei Schlössern aufbewahrt werden, zu der der
Vorsitzende und die katholischen und evangelischen Assessoren einen Schlüssel besaßen. Diese Truhe sollte auf dem nächsten Reichstag eröffnet werden und die Akten dann dem König, den katholischen
und evangelischen Ständen sowie der Reichskanzlei ausgehändigt
werden, damit dieser Reichstag dann die Mittel, die zum Ausgleich
der bestehenden Differenzen erforderlich waren, nach den Ergebnissen des Gesprächs in Erwägung ziehen konnte.

----

1. Heppe 1,137f.; vgl. Wolf, Protestanten,47. Vgl. auch Ernst,
   Briefwechsel 4,245: Bedenken Christophs von Württemberg:
   Wenn der König die Sache anders als bei früheren Religionsgesprächen anordnen wolle, könne man sich auf diesem Wege keine Abhilfe des Religionsstreits versprechen.
2. Vgl. den Text im Reichsabschied vom 16.März 1557 in:Koch 3,
   §§10 - 40, 138ff.; zum Inhalt vgl. Heppe 1,139f.
3. Die Assessoren der katholischen Stände waren der Kurfürst
   von Trier und der Erzbischof von Salzburg, die der evangelischen Stände der Kurfürst von Sachsen und der Herzog von
   Württemberg; zu deren etwaiger Vertretung sollten noch substituierte Assessoren ernannt werden; vgl. Koch 3, §§16f.,
   139f.

Mit diesen detaillierten Regelungen verarbeitete der Ausschuß
die Erfahrungen der vorangegangenen Religionsgespräche; so wurden etwa die Teilnehmer von vornherein zum Stillschweigen verpflichtet, ein Punkt, der u.a. für das Scheitern des vorigen Kolloquiums in Regensburg 1546 verantwortlich gewesen war.
Neuerungen in der Geschäftsordnung gab es keine gegenüber den
bisher geübten Prozeduren. Der Einfluß der Theologen als Kolloquenten wurde zahlenmäßig gering gehalten. Ausdrücklich festgelegt wurde, daß das ganze Gespräch völlig unverbindlich bleiben
sollte:Ein Kolloquium, "darinn alle Handlungen, so fürgenommen,
unverbündlich und unvergreifflich seyen, und als solch Colloquium
kein Erkantnuß, Decision, Determination oder Definition auf ihm
trage(n)"[1]. Allein der Reichstag, also die politische Instanz,
sollte die Mittel zur Religionsvergleichung erwägen.

Vor Beginn des Religionsgesprächs war es für die Evangelischen von großer Wichtigkeit, die innere Geschlossenheit herzustellen. Zu diesem Zweck unternahm noch während des Reichstags
Württemberg einen neuen Anlauf zu einem Konvent der evangelischen
Fürsten[2]. Als Ergebnis vereinbarten die Gesandten der evangelischen Stände auf dem Reichstag, daß am 1.August eine Zusammenkunft der evangelischen Kolloquenten in Worms stattfinden sollte,
auf der man versuchen wollte, alle Mißverständnisse vor dem Religionsgespräch auszuräumen. Die CA und die Schmalkaldischen Artikel wurden als Grundlage der Verhandlungen festgelegt, die Diskussionen mit den Gegnern sollten nur auf der Basis dieser beiden Bekenntnisschriften geführt werden. Die Gesandten erklärten
es ferner für wünschenswert, daß die Theologen ohne vorherige
Genehmigung ihrer Obrigkeiten keine Druckschriften veröffentlichten[3].

----

1. Koch 3,139,§11.
2. Vgl. den Brief Christophs von Württemberg an Ottheinrich von
   der Pfalz, 22.Dezember 1556, Ernst, Briefwechsel 4,235f.
3. Vgl. Wolf, Protestanten,67f. Vgl. die Antwort Ottheinrichs
   an Christoph vom 30.Dezember, Ernst, Briefwechsel 4,240f.

Auch der Frankfurter Fürstentag[1], an dem Politiker und Theologen teilnahmen, wurde auf Betreiben Württembergs veranstaltet.
Hier sollte eine gemeinsame Instruktion für die evangelischen
Kolloquenten erarbeitet werden. Diese Instruktion war zunächst
gedacht zur Unterstützung der für den 1.August festgelegten Vor-
beratungen[2]. Sie bestimmte CA und Apologie zur Beratungsgrund-
lage, während von den Schmalkaldischen Artikeln nicht mehr die
Rede war. Die Ergebnisse früherer Religionsgespräche waren als
unverglichen anzusehen, so daß mit dem künftigen Religionsgespräch ein vollkommener Neuanfang gemacht werden sollte.

Da die Instruktion die Schmalkaldischen Artikel übergangen und
die Sakramentierer und die Anhänger Schwenckfelds nicht verdammt hatte, wurden ihre Unterzeichner von Flacius Illyricus
in einer Schrift bezichtigt, vom Glauben abgefallen zu sein[3].
Dagegen wandten sich wiederum die Theologen Christophs von
Württemberg; die namenliche Verdammung der Irrlehrer war ihnen
zufolge deshalb nicht erfolgt, um nicht die unter den Evangelischen bestehenden Zerwürfnisse vor den Katholiken bloßzulegen.
Der Ausgleich dieser dogmatischen Differenzen sollte auf einem
späteren Theologenkonvent versucht werden, nicht unter den Augen
der Gegner.

Am 6.August waren die Gesandten der evangelischen Stände mit
Ausnahme derer aus Kursachsen und Hessen in Worms anwesend. Die
Weimarer Deputierten[4] legten ihre Instruktion[5] vor, die, einem
Gutachten Flacius´ folgend, forderte, an der CA von 1530, der
Apologie und den Schmalkaldischen Artikeln als Verhandlungsgrund-
lage festzuhalten oder, wenn sich dies nicht durchsetzen lasse,
das Religionsgespräch zu verlassen[6]. Daneben wurde verlangt, alle
entgegenstehenden Sekten und die Anhänger anderer Meinungen aus-

----

1. Vgl. zum Folgenden Wolf, Protestanten,68ff.; Heppe 1,142ff.
2. Vgl. Heppe 1,152ff.
3. Vgl. ebd.,155f.
4. Es handelte sich um die Gnesiolutheraner Basilius Monner, Erhard Schnepf, Victorinus Strigel und Johannes Stössel; vgl.
   ebd.,159.
5. Vgl. den Text bei Wolf, Protestanten, 316ff.
6. Vgl. ebd.,79.

drücklich zu verdammen[1]. Schließlich wünschte sie, die Verfügung
über die Akten der Religionsgespräche von 1540/41, um sich danach
richten zu können.

Bei den folgenden Verhandlungen erwiesen sich die sächsischen
Deputierten, vor allem hinsichtlich der Verwerfung der Irrlehren
als völlig unzugänglich. Weimar wollte sich in keine Verhandlung
mit dem konfessionellen Gegner einlassen, bevor nicht die in den
letzten zehn Jahren entstandenen Sekten ausdrücklich und namentlich verdammt würden[2], d.h. es stellte eine neue Vorbedingung
für das Religionsgespräch, die bisher noch niemals erhoben worden
war und die das Gespräch schon vor seinem Beginn zunichte machen
mußte. Diese Forderung wurde denn auch von allen anderen Vertretern der evangelischen Stände zurückgewiesen.

Am 21.August berichteten die sächsischen Deputierten Herzog
Johann Friedrich dem Mittleren vom Scheitern ihrer Bemühungen,
vor der Eröffnung des Gesprächs die Verdammung der Irrlehren zu
erreichen; da sie also ihrer Instruktion nicht nachkommen könnten, bäten sie um weitere Anweisungen[3]. Nachdem Ende August die
restlichen evangelischen Deputierten in Worms eingetroffen waren,
übernahmen die Vertreter (substituierte Assessoren) der Assessoren die Leitung der Verhandlungen. Sie beriefen die weltlichen
und theologischen evangelischen Deputierten auf den 5.September.
Hier legten sie ihnen die Eidesformel zur Genehmigung vor und

----

1. Die Liste der Irrlehrer umfaßte: die Wiedertäufer, die Zwinglianer und Sakramentierer, Osianders Lehre von der wesentlichen Gerechtigkeit, Majors Lehre von der Notwendigkeit guter
   Werke zur Seligkeit, Schwenckfeld, die Servetianer und schließlich alle, die das Interim angenommen hatten.
2. Vgl. Wolf, Protestanten, 89.
3. Vgl. Heppe 1,160f. Die sächsischen Deputierten erhielten in
   der Tat neue Anweisungen. In einem Bedenken vom 6.September
   ordneten die Theologen unter Flacius an, daß ohne die Verdammung der Irrlehren kein Gespräch zu eröffnen, sondern abzurei-
   sen sei. Die Liste der Irrlehren wurde um vier erweitert: Irrlehrer seien, die dem Papst den Primat zugestehen und ihn nicht
   für den Antichrist halten wollten, die das Papsttum nicht in
   allen seinen Abstufungen verdammten, die Anhänger des alten
   und neuen Interims, die Antinomer und Adiaphoristen.

forderten sie auf, bei der CA und der Apologie zu bleiben und
sich über den Modus im Gespräch zu einigen[1]. Der sächsische
Deputierte Monner erhob sofort Einspruch gegen dieses Verfahren:
Es sei unumgänglich, alle Häresien der letzten zehn Jahre zu verdammen, um unter den evangelischen Ständen einen dauerhaften
Frieden zu begründen, sonst sei ein Kolloquium unmöglich. Da die
weltlichen Abgeordneten darauf ablehnend reagierten, ließen die
Assessoren diesen Angriff durch Melanchthon als das Haupt der ge-
mäßigten Theologen abwehren[2].

Die Assessoren und die weltlichen Räte der evangelischen Stände
beschlossen, da keine Diskussion über Häresien stattfinden würde
und es dem Herzog von Sachsen nicht zustehe, die Absonderung seiner Theologen von den übrigen zu veranlassen, nicht über inner-
protestantische Streitfragen wie die Mitteldinge und die Lehrwei-
se Majors zu verhandeln. Solche Fragen gehörten vor das Forum
einer evangelischen Synode. Obwohl die sächsischen Deputierten
wieder protestierten, wurden nach langem Hin und Her die Streitigkeiten zwischen den Flacianern und Melanchthonianern vorläufig
suspendiert[3]. Als der Präsident des Religionsgesprächs aber
die evangelischen Theologen aufforderte, die dogmatische Stellung,
die sie im Gespräch einnehmen wollten, klar zu definieren, verwiesen die sächsischen Deputierten wiederum auf ihre Instruktion.
Schließlich gaben sie nach und willigten in den Beginn des Religionsgesprächs gegen die Erfüllung folgender Bedingungen:

1. Sie erhielten die Erlaubnis, einen Abgesandten zum Herzog zu
   senden, um neue Instruktionen einzuholen.
2. Sie ließen sich ein Zeugnis darüber ausstellen, daß sie die
   Durchführung ihrer Instruktion versucht hatten.
3. Sie hinterlegten bei den evangelischen Notaren eine schriftliche Protestation, die vor den katholischen Ständen geheim gehalten werden sollte, in der sie sich gegen alle Irrlehren
   aussprachen.

----

1. Vgl. ebd.,164f.
2. Vgl. ebd.,167f.
3. Vgl. ebd.,170ff.

Bei der Eröffnung des Religionsgesprächs waren die in Worms
dazu bestimmten geistlichen und weltlichen Kurfürsten und Fürsten außer Kurbrandenburg durch Deputierte vertreten[1]. Den Vorsitz führte der Bischof von Naumburg Julius Pflug, dem der Bischof von Merseburg Helding als Assistent und der Vizekanzler
Ferdinands Seld als Adjunkt beigegeben waren. Als Assessoren
wirkten auf katholischer Seite Kurtrier und Salzburg, auf evangelischer Seite Kursachsen und Württemberg mit.
Während auf evangelischer Seite Melanchthon die bedeutendste Gestalt unter den Kolloquenten war, spielte auf katholischer Seite die entscheidende Rolle der Jesuit Petrus Canisius[2]. Canisius
nahm auf Ferdinands ausdrücklichen Wunsch am Religionsgespräch
teil. Paul IV. gestattete ihm die Reise nach Deutschland, obwohl
er wie Canisius wenig Hoffnung auf Erfolg sah[3]. Dieser suchte zunächst sich der Verpflichtung zu entziehen, erklärte sich aber
schließlich bereit, der Einladung Ferdinands Folge zu leisten,
zumal seine Oberen in Rom ihre Einwilligung gaben[4]. Vor dem Religionsgespräch beriet er mit den beteiligten zwei Löwener Theologen Tiletanus und Rittonius über Vorschläge für einen befrie-
digenden Modus. Seinen Ordensbruder Laynez ließ er wissen, er
sei nicht zuversichtlich bei den Vorbereitungen, die Katholiken
seien furchtsam und bange vor den Gegnern, dazu in geschäftli-
chen Dingen unerfahren und ungeschickt[5].

Das Religionsgespräch begann am 11.September 1557 mit der Ver-

----

1. Das Verzeichnis der Teilnehmer bei Heppe 1,173ff.
2. Petrus Canisius, 1521-1597, erster deutscher Jesuit, wirkte
   von 1549 als Professor und Prediger in Ingolstadt, Wien,
   Prag, Augsburg, Innsbruck und Freiburg. Er nahm 1547 und 1562
   am Konzil teil und widmete sich ganz der katholischen Erneuerung Deutschlands. Als Provinzial (1556-1569) schuf er durch
   die Errichtung von Kollegien die organisatorischen Voraussetzungen für das Wirken der Jesuiten in Deutschland; er verfaßte drei Katechismen. Zur Biographie vgl. James Brodrick
   S.J.: Petrus Canisius 1521-1597. 2 Bde.Wien 1950.
3. Vgl. Brodrick 1, 541f.
4. Vgl. Brodrick 2, 55f.
5. Vgl. Braunsberger 2,126ff.

lesung der Proposition[1]. Danach sollten sich die Parteien eine
Geschäftsordnung geben und den Eid leisten. Als Weimarer Abgeord-
neter war Erhard Schnepf, später Johann Morbach am Gespräch beteiligt; sie hielten ihre Vorbehalte zwar aufrecht, beugten sich
aber der evangelischen Mehrheit. Was die Geschäftsordnung betraf,
so forderte Melanchthon im Namen der Protestanten die Besprechung
der einzelnen Artikel der CA nach der Reihenfolge. In der zweiten
Sitzung am 13.September einigten sich die Kolloquenten über den
Eid dahingehend, daß dieser die Lehrfreihet nicht beschränken
dürfe, und verpflichteten sich zu Treue und Verschwiegenheit:
" Quod nemini cuiuscumque status et conditionis ille fuerit, quo-
cumque modo, palam vel in secreto, verbo vel scripto quicquam
sive maioris sive minoris momenti ex hoc colloquio vel universa
tractatione significabitis". Außerdem enthielt er das Versprechen,
" amice, pie ac confidenter iuxta formam, modum et ordinem, de
quo inter eosmet ipsos conveniet" zu disputieren[2]. Maßstab und
Ziel bei der Disputation seien gloria et honor Omnipotentis,
veritas christiana und communis concordia [2]. Am folgenden Tag
berieten sie über den Verhandlungsmodus. Dabei legte Melanchthon
drei mögliche Wege der Diskussion dar:
1. Man könne in vertraulicher und freundlicher Weise mündlich
   verfahren, bei einer Einigung eine gemeinsame Proposition auf-
   setzen, im anderen Fall die beiderseitigen Positionen gegenüberstellen.
2. Daneben gebe es die "iusta disputatio" und
3. den rein schriftlichen Verkehr, der aber aus dem "colloquium"
   ein "scriptoloquium" werden ließe.
Melanchthon sprach sich für ein mündliches Verfahren aus, Helding,
der katholische Kolloquent, für den schriftlichen Verkehr. Schließlich einigte man sich auf ein gemischtes Verfahren, gemäß dem
die Vorträge zuerst öffentlich verlesen, dann bei den Notaren de-
poniert werden sollten.

Erst in der vierten Sitzung am 15.September kam das grundsätz-

----
1. Zum Verlauf vgl. Wolf, Protestanten,92ff. und Heppe 1,175ff.,
   wo die Vorgänge der einzelnen Sitzungen ausführlich wiederge-
   geben sind.
2. Wortlaut des Eides bei Heppe 1,178, Anm.1.

lich wichtige Problem des Richters und der Urteilsnorm zur Sprache. Der Bischof von Merseburg betonte die Notwendigkeit der
Einigung über die beiderseits anzuerkennenden Autoritäten und
die wahren Quellen der religiösen Erkenntnis[1]. Die Schrift könne
nicht selbst Richter sein, "Cum sit ipsa materia litis, non vox
iudicis"; dagegen sei es richtig, die jeweils in Frage stehende
Schriftstelle durch die anerkannten Kirchenväter zu interpretie-
ren. Diese seien unparteiische Richter, da sie zu den gegenwärti-
gen Differenzen in keiner Beziehung stünden. Die Evangelischen
waren natürlich entgegengesetzter Meinung[2]. In ihrer Antwort lehnten sie die Tradition als Auslegungsmaßstab ab, da die Väter sich
widersprächen. Dagegen sei die Schrift in sich klar und damit
der einzige Richter. Eine Einigung wurde nicht erreicht.

Schon am 16.September, in der fünften Sitzung, wurde dann die
Besonderheit deutlich, unter der dieses Religionsgespräch stand,
daß nämlich in ihm eher eine innerevangelische als eine evange-
lisch-katholische Auseinandersetzung ausgetragen wurde; Anlaß
dazu bot Canisius, der auf die innerevangelischen Streitigkeiten anspielte und den wunden Punkt der Gegenseite traf, als er
die Protestanten ersuchte, alle Irrtümer ausdrücklich zu verdammen[3]. Melanchthons Antwort erschien in den Augen der Flacianer ungenügend, sie protestierten vor dem Notar. Auf einen neuer-
lichen Hinweis Canisius' auf Lehrstreitigkeiten in der sechsten
Sitzung hin, entschlossen sich die flacianischen Weimarer und
die Braunschweiger Deputierten, sich über Osiander und Major,
die Canisius erwähnt hatte, im Religionsgespräch zu äußern. Gegenüber den beschwörenden Appellen der übrigen evangelischen
Vertreter, nicht die Geschlossenheit der evangelischen Seite zu
zerbrechen, beriefen sie sich auf den status confessionis und
erklärten, sie könnten von ihrem Vorhaben nicht abstehen "darum
daß sie Theologi und nicht Politici und daß sie keiner Herrn

----

1. Vgl. ebd.,185f.
2. Vgl. ebd.,188f.
3. Vgl. ebd.,187ff.

und Fürsten Gunst darin ansehn, sondern solches auf ihr Abenteuer
thun und wagen wollten"[1]. Um den Katholiken geschlossen gegenübertreten zu können, schlossen daraufhin die übrigen evangelischen Vertreter die Flacianer aus und besetzten ihre fünf Stellen neu[2].

Gegen diese Maßnahme appellierten die Flacianer an den -katho-
lischen- Präsidenten und fragten an, ob ihr Ausschluß rechtens
sei, d.h. die entschiedenen Lutheraner riefen die Gegenseite
als Schiedsrichter über eine Handlung ihrer Glaubensbrüder an!
Gleichzeitig legten sie ein Bekenntnis vor und verwarfen, wie
von Canisius gewünscht, die Irrtümer[3]. Pflug bestritt erwartungs-
gemäß den Evangelischen das Recht, Teilnehmer am Religionsgespräch eigenmächtig ausschließen zu dürfen, worauf die evangelischen Assessoren erklärten, es sei Sache jeder Partei, die
Kolloquenten zu benennen und damit auch, sie unter Umständen
auszutauschen.

Nun übergaben die Weimarer die Protestation[4], die bei den evangelischen Notaren vor Beginn des Gesprächs hinterlegt worden
war, den katholischen Assessoren und Auditoren. Trotz eines
Appells der evangelischen Geistlichen von Worms, sich der Majo-
rität zu fügen und nicht die ganze Versammlung dem Gespött der
Papisten auszusetzen, reisten sie am 2.Oktober ab. Die Evangelischen hatten sich nicht in der Lage gezeigt, ihre internen Auseinandersetzungen zugunsten der gemeinsamen Sache ihrer Konfession zurückzustellen[4].

Nach dieser eklatanten Niederlage der Protestanten wollten die
Katholiken das Gespräch auflösen. Die Protestanten traten dagegen für eine Fortsetzung ein, um die schweren moralischen Folgen des Zwiespalts zu mildern. Dazu ließ es die Gegenseite jedoch nicht kommen. In den beiden folgenden Sitzungen zog sie
aus dem innerevangelischen Streit den größtmöglichen Nutzen[5].

----

1. Ebd.,196.
2. Vgl. Wolf, Protestanten,97.
3. Wortlaut bei Heppe 1,Beilagen, 26.
4. Vgl. Wolf, Protestanten,101.
5. Zum Verlauf dieser Sitzungen vgl. Heppe 1,205ff. und 207ff.
   Vgl. auch die Schreiben Selds an Herzog Albrecht V. von

Die Katholiken stellten zunächst den Antrag, die Weimarer Proteste und Schreiben als offizielle Tagungsdokumente zu betrachten, was die Evangelischen unter Protest ablehnten, da es sich nach ihrer Ansicht um Privatschreiben handelte. Dann erklärten sie, da die Protestanten die Mißbräuche und Sekten nicht verurteilen wollten, verließen sie den Boden der CA und seien für die Katholiken keine Gesprächspartner. Der Regensburger Reichsabschied befehle ihnen nämlich, nur mit Anhängern der CA zu verhandeln. Außerdem sei ein Ausschluß von Kolloquenten nicht zulässig. Die evangelischen Beteiligten verließen daraufhin am 6.Oktober den Saal.

Damit war das Religionsgespräch bereits gescheitert. Pflug wollte zwar zwischen den Parteien vermitteln, wurde aber von den Katholiken abgewiesen. Am 21.Oktober beschuldigten die Evangelischen in einer Protestationsakte[1] ihre Gegenspieler, sie hätten von Anfang an das Kolloquium nicht gewollt und benutzten den Abzug der Flacianer als willkommenen Vorwand, es abzubrechen. Außerdem sei ihre Behauptung, daß die Evangelischen uneinig seien, falsch, da die CA von allen anerkannt werde.Der Ausschluß der Flacianer gehe die Katholiken überhaupt nichts an. Dennoch erklärten die evangelischen Theologen ihre Bereitschaft, das Kolloquium fortzusetzen[2].

Auf Wunsch der katholischen Partei holte Pflug am 27.Oktober die Entscheidung Ferdinands ein und suspendierte das Religionsgespräch bis dahin. Ferdinands Resolution traf am 16.November in Worms ein[3]. Pflug wurde angewiesen, sich darum zu bemühen, die Differenzen beizulegen und eine Versöhnung herbeizuführen, die

----

Bayern: am 6.Oktober schrieb Seld, er glaube, daß bald alle das Kolloquium verlassen werden, am 13.Oktober, er hoffe, daß es an der jetzt entstandenen.Uneinigkeit scheitern werde. Goetz, Beiträge,92, Anm.2.
1. Vgl. Heppe 1,211f.
2. Zu den Verhandlungen über eine Fortsetzung des Religionsgesprächs und zu den gegenseitigen Beschuldigungen nach dem Ende der 8.Sitzung vgl. ebd.,209f.
3. Vgl. ebd.,216f.

Evangelischen sollten allerdings der Rückkehr der Weimarer zu-
stimmen.

Insgesamt war die Resolution unklar, so daß sofort Streitigkeiten um ihre Auslegung begannen. Dabei ging es nur noch darum,
dem Gegner die Schuld am endgültigen Scheitern zuzuschieben, wie
aus dem Bericht Selds am Albrecht V. von Bayern deutlich wird:
Alle Beteiligten wären für die Beendigung des Gesprächs, "allain
das niemands den unlust auf sich laden wil, das er ursach zu
der trennung gegeben. Und wirt doch zulezt etwar müssen der
katzen die schellen anhenken"[1].Die Katholiken erklärten, die
unerläßliche Vorbedingung für eine Fortsetzung des Religionsgesprächs sei die Rückberufung der Weimarer. Nachdem sich Pflug
vergeblich um eine Einigung bemüht hatte, wandten sich die Evangelischen schließlich am 24.November an ihn mit der Bitte, die
Katholiken zu fragen, ob sie an einer Fortsetzung des Religionsgesprächs überhaupt interessiert seien. Die katholische Partei brachte daraufhin vor, sie habe Bedenken, mit der gespaltenen Gegenseite zu verhandeln, denn schließlich erklärten auch die Weimarer, Anhänger der CA zu sein. Die Evangelischen möchten doch die
fünf ausgeschlossenen Theologen zurückrufen oder sich wenigstens
gleichfalls gegen die von diesen verworfenen Irrtümer ausspre-
chen[2]. Im übrigen sollten die Reichsstände entscheiden, was weiter zu tun sei. "Wir erklären und tun hiermit öffentlich kund,
daß wir das Religionsgespräch weder fortsetzen können noch
wollen"[3].

Am 28.November bestimmte Pflug, daß das Religionsgespräch nicht
fortgesetzt werden könne und bis zum nächsten Reichstag ausgesetzt werde, da die Katholiken nicht umzustimmen seien. Trotz
evangelischer Proteste[4] und katholischer Gegenproteste[5] war das
Religionsgespräch endgültig zu Ende - eine deutliche Niederlage
der Protestanten, die sie auch als solche empfanden.

----
1. Goetz, Beiträge,93, 24.November, Seld an Herzog Albrecht V.
   von Bayern.
2. Vgl. Heppe 1,221, Anm.1.
3. Wolf, Protestanten, 108.
4. Zum Wortlaut vgl. Heppe 1,97ff. (Beilage 5).
5. Vgl. ebd.,Beilagen, 52.

Mit Worms war das letzte offizielle Religionsgespräch auf Reichsebene gescheitert. Als verspäteter Nachklang der 40er Jahre war
es kein Mittel der Politik mehr gewesen; es diente den Parteien
nur noch als Alibi der eigenen Versöhnungsbereitschaft und dazu,
die eigene Unschuld an der Kirchenspaltung zu demonstrieren. Zugleich zeigte es aber die Unfähigkeit der Evangelischen, als
Einheit aufzutreten.

4. Das Schicksal des Reichs-Religionsgesprächs nach 1557: Der Augsburger Reichstag von 1559.

Auf dem Kurfürstentag[1] zu Frankfurt im Februar/März 1558, auf
dem Ferdinand die Kaiserwürde übertragen wurde, wurde auch ein
neuer Reichstag für November 1558 beschlossen. Hier sollte auch
über das Ergebnis des Wormser Religionsgesprächs beraten werden.
Der Reichstag wurde dann auf den 1.Januar 1559 ausgeschrieben
und am 3.März in Augsburg eröffnet[2]. Die Protestanten hatten
sich vergeblich bemüht, noch vorher einen Fürstenkonvent zu
veranstalten, um die Religionsfrage zu beraten. Die Proposition
sah die Prüfung des Ergebnisses des Religionsgesprächs von Worms
vor[3]. Die Truhe mit den Akten wurde herbeigeschafft, und es war
an den Ständen zu überlegen, wie die Religionsspaltung am besten
zu beseitigen sei. Die Katholiken drängten darauf, die Akten des
Religionsgesprächs zu publizieren,um die Schuld und den Zwiespalt
der Gegenseite offenkundig zu machen. Kursachsen sprach sich dagegen aus. Schließlich wurde nach Beratungen im Kurfürstenrat beschlossen, die Akten des Gesprächs in der Reichsversammlung zu
verlesen[4]. Als die Assessoren darüber hinaus auch die übrigen
Aktenstücke verlesen lassen wollten, also auch die Weimarer Pro-
testschriften, konnten die Evangelischen davon nur neue Zerwürfnisse und Verärgerungen erwarten. Mit Hilfe der Pfalz gelang es
ihnen zu verhindern, daß die Publikation auf die Schriften aus-

----
1. Vgl.ebd.,266.
2. Vgl. Wolf, Protestanten,144.
3. Vgl. ebd.,163f.,Anm.1.
4. Vgl. ebd.,173ff. und Ernst, Briefwechsel 4,623f.

gedehnt wurde. Entsprechend dieser Übereinkunft wurde am 30.März
1559 die Truhe geöffnet und, wie in Regensburg abgesprochen, die
vier Exemplare der Akten an den Kaiser, Mainz (2) und Pfalz aus-
gegeben. Die Nebenschriften gingen an Mainz[1].

Am nächsten Tag wurden die Schriften verlesen bis auf die letzte Schrift der Evangelischen, die erst am 7.Oktober, als die
Truhe bereits geschlossen war, eingereicht, vom Präsidenten aber
noch angenommen worden war. Gegen die Nichtverlesung dieser
Schrift protestierten die Evangelischen - daraus entstand ein
langer Streit, zumal die Schrift vom 7.Oktober noch eine katholische Gegenschrift hervorgerufen hatte, die aber gleichfalls nicht
in der Truhe lag. Da man zu keinem Ende kam, ging ein Bericht an
Kaiser Ferdinand, der zugunsten der Verlesung der evangelischen
Schrift entschied, was am 21.April geschah. Damit waren die Akten über das letzte Religionsgespräch endgültig geschlossen.

Die evangelischen Stände empfanden offenbar, daß ihnen das
Ergebnis von Worms zur Last gelegt wurde; deswegen arbeiteten
sie eine Rechtfertigungsschrift zum Scheitern des Religionsgesprächs aus, die sie am 2.Mai dem Kaiser übergaben[2].

Im Mai 1559 fanden im Kurfürstenrat Beratungen statt, wie in
der Sache des Religionsvergleichs weiter zu verfahren sei[3]. Man
war sich darin einig, daß das Wormser Religionsgespräch auf keinen Fall wieder aufgenommen werden sollte. Bei der Diskussion,
welcher Weg nun eingeschlagen werden sollte, erklärte Trier,
seit 20 Jahren nun seien alle Religionsgespräche ohne Erfolg geblieben. Ferdinand sollte stattdessen die Berufung des Konzils
befördern, nachdem der Frieden zwischen Frankreich und Spanien
wiederhergestellt sei[4]. Die Protestanten legten ihre Bedingungen

----

1. Zum Folgenden vgl. Wolf, Protestanten,176ff. und den Bericht
   der württembergischen Räte an Christoph von Württemberg vom
   4.April, Ernst, Briefwechsel 4,631ff.
2. Vgl. Wolf, Protestanten,167f.
3. Zum Folgenden vgl. ebd.,193ff. und Ernst, Briefwechsel 4,643.
4. Eine gleiche Haltung hatte der Bischof von Münster in seiner
   Reichstagsinstruktion vom 14.Januar 1559 eingenommen: Da kein
   strittiger Punkt verglichen worden sei "und weiter uf Maß und
   Ordnung sollte gerathschlagt werden, wardurch solcher hoch-
   schädlicher Irrthumb und verscheiden Meinung in Christliche
   Vereinbarung mochten gebracht werden" , so ist er der Meinung,

für ein Konzil dar. Sie waren bereit, ein allgemeines, freies, sicheres, christliches, unparteiisches Concilium oecumenicum in deutscher Nation zu dulden, wenn dort die Bibel als Richtschnur des Urteils angenommen würde, das geistliche Übergewicht bei Abstimmungen abgeschafft würde und der Papst sich den Konzils-beschlüssen unterwürfe[1]. Da sie selbst nicht daran glaubten, daß diese Bedingungen für die Kurie annehmbar seien, erklärten sie es für das Beste, die Regelungen von Passau und 1555 beizubehalten und keine weiteren Einigungsversuche mehr zu unternehmen[2].

Die Entscheidung traf Ferdinand. Er versprach, die Wiederberufung des Konzils zu befördern, ein Religionsgespräch sei nicht mehr statthaft. Mit diesem Bescheid waren allerdings die Protestanten nicht einverstanden und lehnten die kaiserliche Resolution ab[3].

Damit war die alte Konstellation wiederhergestellt: Die Katholiken wünschten zur Beilegung des Religionsstreits ein Konzil, die Protestanten verwarfen ein "päpstliches" Konzil und zogen

----

"daß uf allen vorigen Zusammenkumpften da man von Vergleichung dieses Punkts Handlung furgenommen nit allein keine Frucht daraus erfolgt, sondern auch daß mehrentheils allerhand Verbitterung daraus entstanden", v.a. neue Sekten; daher gebe es keinen anderen Weg zu einer christlichen Einigung als ein "allgemein frei christlich Concilium". Ludwig Keller(Hg): Die Gegenreformation in Westfalen und am Niederrhein. Teil 1 (1555-1585). Neudruck der Ausgabe 1881. Osnbrück 1965,351.
1. Vgl. Heppe 1,328f.
2. Christoph von Württemberg hatte sich in seiner Reichstagsinstruktion dagegen erneut zum Religionsgespräch bereit erklärt, falls dieser Weg eingeschlagen werden sollte; vgl. Ernst, Briefwechsel 4, 600. Andererseits hatte er Kaiser Ferdinand vorgeschlagen, als "das ordenlich und von Gott verordnet gemein haubt" (ebd.,597), der also nicht Partei sei, nach Bericht und Gegenbericht beider Seiten und nach Beratung mit den Abgeordneten der Stände, der Gelehrten und Teilnehmer von Worms zu entscheiden, welcher Teil seine Lehre aus der Heiligen Schrift begründen könne; vgl. ebd.,597. Christoph nahm also den Kaiser als Richter an und hielt diesen Weg für erfolgversprechender als ein neues Religionsgespräch, dem er gleichwohl nicht ausweichen wollte.
3. Vgl.ebd.,672f.

sich auf die Regelungen von 1555 zurück. Einigkeit bestand bei
beiden Parteien darin, daß ein neues Religionsgespräch völlig
unnütz sein würde. Entsprechend hieß es im kaiserlichen Entwurf
für den Reichsabschied vom 1.Juli 1559: "Nachdem der Weg der
Colloquien, den Spaltungen unserer christlichen Religion dadurch
abzuhelfen, diesmal nicht füglich vorgenommen werden möge, so
ist für ratsam angesehen, die Tractation der Religion auf andre
und bessere Gelegenheit einzustellen und daß nichtsdestoweniger
der Passauische Vertrag, auch der darauf erfolgte und allhie
a.55 beschlossene Religions- und Landfriede für und für kräftig
und beständig bleiben kann"[1].

Der Versuch, die Konfessionen zu vergleichen, wurde vorläufig
eingestellt, die politischen Regelungen von Passau und Augsburg
für ihr Zusammenleben als ausreichend angesehen. Als Konzession
an die Protestanten war im Reichsabschied der Begriff "Konzil"
vermieden. Gleichzeitig erneuerte Ferdinand die kaiserliche
"Formula Reformationis" von 1548, in der Hoffnung, vielleicht
durch eine innerkatholische Reform von Reichs wegen in Verbindung mit dem Konzil die kirchliche Einheit wiederherstellen zu
können[2].

----

1. Wolf, Protestanten,208. Im Reichsabschied Koch 3,164.
2. Vgl. Lutz, Christianitas afflicta,483.

IX. Fürstliche Religionsgespräche in der zweiten Hälfte
----
des 16.Jahrhunderts.

Das Scheitern von 1557 und die Resignation von 1559 bedeuteten
zwar das Ende des Religionsgesprächs als Reichsveranstaltung,
nicht aber das Ende des Religionsgesprächs überhaupt. Während
in Frankreich 1561 in Poissy[1] das Mittel des Religionsgesprächs
verwendet wurde, um zu einer für das ganze Land verbindlichen
Übereinkunft zwischen den calvinistischen Protestanten und den
Katholiken zu kommen, verlagerte sich im Reich das Religionsgespräch wie vor 1539 auf die territoriale Ebene zurück. Trotz
des offenkundigen Versagens wurden immer wieder Anläufe gemacht,
zwischen einzelnen Ständen, ja innerhalb der evangelischen Konfession zu Vergleichungen durch Religionsgespräche zu kommen.
Dabei wurden die Prozeduren auf Grund der jahrzehntelangen Erfahrungen immer weiter präzisiert und verfeinert, bis sie 1601
ihre wohl subtilste Zuspitzung erfuhren. Diese Entwicklung soll
abschließend an drei Religionsgesprächen nachgezeichnet werden:
Maulbronn 1564, Altenburg 1568/69 und Regensburg 1601.

Zunächst gehörte im Reich die Zukunft dem innerevangelischen
Religionsgespräch zur Beilegung dogmatischer Differenzen. Dabei
ging die Initiative zur Veranstaltung derartiger Gespräche von
den Fürsten aus. Schon während des Wormser Reichstags 1557 waren
sie mit Aufträgen an die versammelten Theologen herangetreten,
Konkordienartikel, Lehrnormen und Gutachten über die Abhaltung
einer Synode anzufertigen[2]. Der Protestantismus war bis 1576
durch die gnesiolutherischen Streitigkeiten, nach 1576 durch
den Gegensatz von Anhängern und Gegnern der Konkordienformel

----

1. Zu dem Religionsgespräch zu Poissy vgl. zuletzt Wolfgang
   Reinhard: Glaube. Geld. Diplomatie. Die Rahmenbedingungen
   des Religionsgesprächs von Poissy im Herbst 1561. In:Müller,
   Religionsgespräche,89ff. und Alain Dufour:Das Religionsgespräch von Poissy. Hoffnungen der Reformierten und der
   "Moyenneurs". In:ebd.,117ff.
2. über die Verhandlungen während des Religionsgesprächs und

gespalten. Dazu kam die Auseinandersetzung mit dem vordringenden Calvinismus und mit dessen Hauptvertreter, der Kurpfalz.

1. Das Maulbronner Religionsgespräch (10.-15.April 1564).

Die Kurpfalz war unter Friedrich III. zm Calvinismus übergetreten. Zur Bestätigung der schon getroffenen Entscheidung diente - wie in der Frühzeit der Reformation - ein Religionsgespräch, das am 3.Juni 1560 in Heidelberg stattfand[1]. In Anwesenheit der Fürsten verfochten die Heidelberger Theologen gegen die Theologen von Friedrichs Schwiegersohn, Johann Heinrich von Sachsen-Weimar, den calvinistisch-reformierten Sakramentsbegriff.

Durch seinen Übertritt zum Calvinismus geriet Friedrich III. in eine schwierige außenpolitische Lage: er lief Gefahr, vom Augsburger Religionsfrieden ausgeschlossen zu werden[2]. Bedrohlich wurde die Situation, als sich die streng lutherischen Fürsten gegen ihn wandten. Der Pfalzgraf erhielt zahlreiche Warnschreiben,die er ausführlich beantwortete. Wolfgang von Zweibrücken, Karl von Baden und Christoph von Württemberg baten ihn, er solle doch nicht "der erst sein ..., der vnnder den Stenden Aug(sburgischer) Confession ein außbruch mache vnd eine wuste vnwiederbringliche zerruttung anrichten thete"[3]. Sie schlugen ihm vor, über die strittigen Artikel auf einer Zusammenkunft der vier Fürsten und einiger Theologen "vermog der heiligen gottlichen schrifft freuntlich vnd Christenlich"[4] zu "conversiren". Friedrich lehnte ein Kolloquium mit den württembergischen und zweibrückischen Theologen zunächst ab.

Anfang 1564 erhielt Christoph von Württemberg von Friedrich eine Einladung zu einer vertraulichen Unterredung nach Hilsbach

----

danach vgl. Wolf, Protestanten,110ff: ebd.,116ff.
Gutachten von Melanchthon vgl. CR 9,365ff.
1. Vgl. Press,229 und Kluckhohn,Friedrich der Fromme,166ff.
2. Vgl. Press,236.
3. Heppe 2, Beilage 2, 10. Schreiben vom 4.Mai 1563; Antwortschreiben des Kurfürsten vom 14.September 1563 ebd.,12ff. Vgl. auch Kluckhohn, Friedrich der Fromme,143ff.
4. Heppe 2,Beilage 2,11.

bei Sinsheim, der er nach der dritten Wiederholung schließlich nachkam[1]. Friedrich III. empfing Herzog Christoph am 16.Februar in Hilsbach in herzlicher Weise und suchte ihm darzulegen, daß die kirchlichen Reformen in der Pfalz mit der Augsburgischen Konfession sehr wohl zu vereinbaren seien[1]. Die Fürsten kamen überein[2], am nächsten Sonntag Quasimodogeniti (9.April 1564) im Kloster Maulbronn mit je drei bis fünf Theologen und einigen politischen Räten zu einem "Christlich, freundlich vnd vnuerbundtlich gesprech"[3] zusammenzutreffen. Dort sollten die Theologen über die Lehren vom Abendmahl und die Frage der Ubiquität disputieren. Die politischen Räte sollten am Gespräch teilnehmen und bei etwaigen Zänkereien der Theologen sofort einschreiten; die Akten des Kolloquiums dürften nicht öffentlich bekannt gemacht werden, um "Condemnationen" zu vermeiden. Ein etwaiger Mißerfolg des Gesprächs sollte keine negativen Folgen haben[4].

Christoph wünschte die Teilnahme Wolfgangs von Zweibrücken. und Philipps von Hessen als des letzten aus der ersten Generation der Reformationsfürsten, der zudem alle bisherigen Religionsgespräche beschickt hatte, am Gespräch, was Friedrich ablehnte. Er erklärte sich dagegen bereit, sich später mit diesen Fürsten "in ein onuerbündtlich gesprech" einzulassen. Herzog Christoph, der bei Philipp von Hessen anfragte, fand diesen ohnehin nicht geneigt, am Gespräch teilzunehmen. Ebenso wie Herzog Wolfgang war er von der Vergeblichkeit solcher Verhandlungen überzeugt[5]. Auch die Heidelberger Theologen hatten von vornherein keinerlei Hoffnung auf eine Übereinkunft[6], erklärten sich aber auf Wunsch des Kurfürsten zur Teilnahme bereit in der Erwartung, "es möchte

----

1. Zum Treffen in Hilsbach vgl. Heppe 2,72f.; Kluckhohn,Friedrich der Fromme,166ff; Kugler, Christoph,456ff.
2. Im "Hilsbacher Rezeß" vom 16.Februar 1564, der mir leider nicht zugänglich war (nicht im Staatsarchiv Stuttgart).
3. Heppe 2,Beilage 4,26. Schreiben des Herzogs Christoph an Philipp von Hessen vom 27.Februar 1564.
4. "...vnnd vff den fall, da man sich solcher artickhell nit vergleichen wurde künden, So solte dadurch vnder vnns einicher missuerstand oder vnfreundschafft nit werden".Ebd.,27.
5. Vgl. Kluckhohn,167; Kugler,457f.
6. "Vnnd vns erinnert, mit was geringer frucht vnd nutz hiebeuor dergleichen Colloquia ... etwa abgangen, daß der streit dadurch nur grösser".Protokoll, 1^V.

bey anderen zuhörern nicht ohne nutz abgehen vnnd auffs wenigst
dem handel weiter nachzudencken vnd onschuldige leut nit gleich
zuuerdammen vrsach geben"[1], das heißt, sie hofften, das Religionsgespräch wenigstens als Möglichkeit zur Mission nutzen zu können.

Christoph von Württemberg und der Pfalzgraf trafen mit je fünf
Theologen, zwei politischen Räten und einem Notar in Maulbronn
ein[2]. Am 10.April begann das Gespräch, das mit 10 Sitzungen bis
zum 15.April dauerte[3]. Auf pfälzischer Seite führten die Profes-
soren Boquin, Ursinus und Olevianus die Auseinandersetzung v.a.
gegen den Propst und Kanzler der Tübinger Universität Andreä,
während Brenz im Hintergrund blieb.
Am 10.April verlas der pfälzische Rat Ehem im Namen der Fürsten
die Proposition. Als Grund für die Zusammenkunft wurde der seit
nun 40 Jahren währende "mißverstand" wegen des Abendmahls genannt, der "die Euangelischen Kirchen vnd Schulen hin und wider
Jämerlich zerrüttet"[4], die Gemüter verbittere und den Papst und
seine Anhänger ergötze. Nun hätten sich die Fürsten entschlossen,
zwischen ihren Theologen eine "vertrawte Christliche vnd Brüderliche Conuersation vnd collation fürgehen zulassen" um herauszufinden, "wie etwan eine Gottselige Concordia vnd vergleichung
anzustellen sein möchte"[5] auch "zu schrecken des Päpstlichen
hauffens"[6].
Die Theologen kamen überein, nach den Vereinbarungen des Hilsbacher Abschieds vorzugehen, wo "materia vnd forma" des Gesprächs
festgelegt worden waren[7]. Dementsprechend sollte über Abendmahls-

----

1. Ebd.,1[v]f.
2. Liste der Teilnehmer vgl.Heppe 2,73 und Protocoll, unbeziffer-
   tes Blatt am Anfang.
3. Zum Gang der Verhandlungen vgl. Kluckhohn,166ff. und Heppe 2,
   73ff., wo die einzelnen Sitzungen nachgezeichnet sind. Vgl.
   ferner: Protocoll, Das ist Acta oder Handlungen des Gesprechs,
   zwischen den Pfältzischen vnd Wirtembergischen Theologen von
   der Vbiquitet oder Allenthalbenheit des Leibs Christi vnd von
   dem buchstäbischen verstand der wort Christi, Das ist mein
   Leib etc. Im April des Jars 1564 zu Maulbrun gehalten. Heidelberg 1566.
4. Protocoll,1[v].
5. Ebd., 2[r]f.   6. Ebd.,3[r].   7. Vgl. ebd.,3[r].

lehre und Ubiquität in akademischer Manier und zwar in syllogistischer Form disputiert werden: "Wollen anfangen vnd es dahin richten, das beide theil opponens et respondens mögen werden"[1].

In der ersten Sitzung trug der Pfälzer Boquin ein erstes Argument in syllogistischer Form vor, Andreä wiederholte den Syllogismus und antwortete. Die Auseinandersetzung lief nun so ab,
daß entweder sofort über die Definition der Begriffe gestritten,
also dem logischen Aufbau des Arguments gar keine Beachtung ge-
schenkt wurde, oder die Obersätze in ihrer Gültigkeit bestritten
oder aber die Schlußfolgerungen für falsch erklärt wurden. Als
Verhandlungssprachen waren Latein und Deutsch vorgesehen. Die
Syllogismen und ihre formgerechte Diskussion sollten auf Latein
vorgetragen werden, aber da der Rezeß gestattete, deutsche Erklärungen abzugeben[2], führte diese Bestimmung bald zu endlosen
deutschen Vorträgen auf beiden Seiten. Der Kurfürst, der nicht
sehr gut Latein verstand, mischte sich häufig in die Auseinandersetzungen ein und wünschte dann meist die Wiederholung der ganzen Argumentation auf deutsch, so daß schließlich nur noch die
Schriftzitate lateinisch vorgetragen wurden. Schon in der dritten Sitzung fand keine Diskussion zwischen den Parteien mehr
statt, Ursinus und Andreä verlasen nur noch lange Ausführungen
in deutscher Sprache[3]. Als der Pfälzer Dathenus in der fünften
Sitzung am 12.April auf eine lange Vorlesung Andreäs hin kritisierte "hoc est Concionari, non Disputare"[4], widersprach der
Kurfürst, der dem Gespräch mit großer Aufmerksamkeit folgte:
"Wir haben mit predigen drey tage schon verzeret. Aber mich
schläffert nicht darbey. Dann ich bin darumb hie, das ich wölle
lernen, vnnd will mein lebenlang lernen. Habe meine geschäfft
auft ein ort gelegt vnd will jm (=dem Gespräch) außwarten, solte es auch vierzehen tage wären"[5].

----

1. Ebd.,6[v].
2. "Quia es recessu liceat Germanice explicari (Olevianus) in-
   tersatur Germanice". Ebd.,11[r]. "(Andreä) cupit eadem Germanice dicere, ut intelligatur, ubi haereat res". Ebd.,18[r].
3. Vgl. ebd.,31[v]ff.
4. Ebd.,61[r].   5. Ebd.,61[v].

Die endlosen Darlegungen des beiderseitigen Standpunktes brachten keinen Fortschritt. Die syllogistische Argumentation erwies
sich für die theologische Auseinandersetzung als unbrauchbar.
Mit Ironie und Spott wurden die Syllogismen der Gegner mit theologischer Argumentation auf unvergleichbare, empirische Gegen-
stände übertragen und logisch einwandfreie, aber unsinnige
Schlußfolgerungen gezogen, um damit die Argumentation der Gegner zu widerlegen und lächerlich zu machen[1].
Nach acht Sitzungen wurde auf Wunsch der Württemberger die
Diskussion über die Ubiquität abgebrochen. Der Pfälzer Diller
dankte den Fürsten für das Gespräch:"Das aber kein verhoffter
Consens erfolgt, ist vns hertzlich leid.Hoffn aber die schuld
sey nicht vnser"[2]. Auch die Württemberger lehnten die Schuld
an dem Mißerfolg ab[3]. Da die Fürsten den Versuch machen wollten,
sich doch noch über die Abendmahlslehre zu verständigen, wurde

----

1. Ein Beispiel: Andreä argumentiert folgendermaßen:
   "Die Rechte Gottes ist Allenthalben vnd zerstört die Menschliche Natur nicht.
   Der Mensch Christus sitzt zur Rechten Gottes.
   Ergo: Darumb ist er Allenthalben vnd sein Natur vnzerstört".
   Ebd.,24[v]. Olevianus widerlegt die Schlußfolgerung:
   "Maiorem (=den Obersatz),lassen wir, so viel jetzt belangt,
   passiren. Minor(der ander Spruch) ist auch war. Die erfol-
   gerung, dß die Menscheit Christi Allenthalben sey, erfolgt
   nicht. Ist eben also geschlossen: Des Keisers gebiet erstreckt
   sich allenthalben. Der Keiser hat dasselb gebiet. Ergo ist
   er in seiner Person allenthalben. Folgt nicht. Ia es folgte,
   wann der Keiser das gebiet selbst were. Also folgte auch
   diß: Wann Christus die Rechte Gottes selbst were. Item Oce-
   anus, vmlaufft die gantze Welt. An dem Oceano ligt Antorft
   (=Antwerpen). Ergo, gehet Antorft vmb die gantz Welt.
   Schleußt euer Syllogismus nicht".
   Andreä: " Ir laßt Maiorem ... jetzt passiren, Minorem ...
   bekent jhr lediglich. Leugnet die folge mit erklärung durch
   Exempel".
   Olevianus:"Habe allein die Schlußred wöllen zeigen, wie sie
   falsch, nicht die sach selbst zuuergleichen". Ebd.,25[r].
   Vgl. auch Kluckhohn, 168f.; über syllogistische Argumentation in Regensburg siehe unten S. 248, 256ff.
2. Ebd.,106[v].
3. Andreä:"Verhoffn C(hur) v(nd) F(ürstliche) G(naden) haben
   im werck gespüret, das es an vnser person nit erwunden".
   Ebd.,106[v].

in den letzten zwei Sitzungen am 15.April über diesen Punkt ver-
handelt[1]. Als aber auch dies zu nichts führte, schützten die
Fürsten dringende Geschäfte vor und brachen das Religionsgespräch
ab[2].
Friedrich III. versuchte in Sonderverhandlungen, Brenz und An-
dreä zum Nachgeben zu bewegen - vergeblich.
Die Protokolle wurdem am 17.April verglichen und unterschrieben.
Christoph und Friedrich III. tauschten in Maulbronn ihre Bekennt-
nisse über die strittigen Artikel aus und verließen dann das
Kloster[3].

Trotz der Hilsbacher Verabredung, das Ergebnis des Gesprächs
geheim zu halten, triumphierten die Heidelberger in Briefen über
die Niederlage der Württemberger[4], woraufhin Brenz einen Auszug
aus dem Protokoll veröffentlichte. Dies veranlaßte wiederum die
Pfälzer, das gesamte Protokoll herauszugeben[5] und dem württembergischen Bericht einen Gegenbericht gegenüberzustellen.
Die Auseinandersetzung zog bald weitere Kreise: Herzog Christoph
sandte die Protokolle und Schriften mit der Bitte um Stellungnahme an Kurfürst August[6]. Auch Philipp von Hessen wurde um Vermittlung gebeten, der meinte, die Theologen "seien in der Disputation nach beiden Seiten zu weit ausgelaufen" und dem Herzog
riet, seinen Theologen alle weiteren Zänkereien zu verbieten.
Dieser aber schickte die Protokolle und sämtliche gewechselten
Schriften 1565 an die evangelischen Fürsten und forderte sie auf,
sich mit ihm zum Schutz des evangelischen Glaubens gegen den gefährlichen Zwinglianismus zu verbünden. Das Ergebnis dieser
Aktivitäten des Herzogs war eine zunehmende politische Isolie-
rung Friedrichs III., die gefährlich wurde, als Kaiser Maximi-
- - - -
1. Vgl. Heppe 2,89ff. Protocoll, 107^{r}ff.
2. " Demnach ... aber mitler zeit ihren C.v.F.G. aller hand
   wichtige gescheft fürgefallen, also das sie demselbigen
   (=den Gespräch) weiters nicht außwarten können, So haben sie
   es dißmals bey solchem freundlichen vnd Christlichen gesprech
   bewenden lassen". Protocoll, 127^r.
3. Vgl. Kluckhohn, 170f.
4. Vgl. Heppe 2, 94ff. und Vorrede des Protokolls.
5. Das Protokoll lag mir in deutscher und lateinischer Fassung

lian II. diese Situation benutzen wollte, zusammen mit Württemberg und Zweibrücken auf dem Augsburger Reichstag 1566 eine
Front gegen den unbequemen Pfälzer zu bilden. Dieses Vorhaben
scheiterte allein am Widerstand des sächsischen Kurfürsten, der
nicht bereit war, durch den Ausschluß des Pfälzers aus dem
Religionsfrieden den status quo im Reich zu gefährden[1].

2. Das Religionsgespräch in Altenburg (21.Oktober 1568 bis

     März 1569)[2].

Nach seinem Regierungsantritt 1567 schlug der sächsische Herzog Johann Wilhelm einen streng lutherischen Kurs ein, was im
Herzogtum zu einer kirchlichen Säuberungswelle und darüber hinaus zu einem neuen schroffen Gegensatz zwischen dem Herzogtum
und Kursachsen führte, das die Glaubensflüchtlinge aus dem
Nachbarland aufnahm[3]. Schon Anfang 1568 begann eine erbitterte
literarische Auseinandersetzung zwischen den Jenaer Theologen
und denen aus Wittenberg und Leipzig.
   Kurfürst August trat mit dem Wunsch nach Einigungsverhandlungen
an den Herzog heran, der sich auch grundsätzlich dazu bereit
erklärte[4]. Ende 1567 jedoch ließ er den Kurfürsten wissen, seine Theologen hielten ein Kolloquium erst dann für ausführbar,
wenn die philippistischen Theologen alle ausgetrieben und recht-
gläubige Theologen ins Land gerufen seien. Da der Kurfürst nach
der völligen Durchführung einer Restauration des Flacianismus
im Herzogtum eine Verständigung für unmöglich hielt, drängte
er den Herzog zu einem Gespräch und schickte am 28.Dezember
1567 Gesandte nach Weimar. Nun endlich bevollmächtigte der Her-
----

     vor.
(6). Vgl. dazu RE 12 ([3]1903),444.
  1. Vgl. Press,237, Kugler,460,ff. und Walter Hollweg: Der Augs-
      burger Reichstag von 1566 und seine Bedeutung für die Ent-
      stehung der Reformierten Kirche und ihres Bekenntnisses.
      Neukirchen-Vluyn 1964 (Beiträge zur Geschichte und Lehre
      der Reformierten Kirche, 17). 241ff., bes. 355ff.
  2. Zum Altenburger Religionsgespräch vgl. vor allem die Akten;
      mir lagen vor: Acta colloquii Aldenburgensis bona fide abs-

zog einige Räte zu Verhandlungen mit den kursächsischen Gesandten, die mit diesen den Weimarer Abschied aushandelten, der die Bedingungen für das künftige Religionsgespräch enthielt[1]: Danach sollten zur Herstellung einer "pia concordia" beide Fürsten je sechs Theologen, drei politische Räte und einen Notar auf den 1.Mai nach Zeiss schicken. Die Theologen, die "sine ulla instructione"[2] abgefertigt werden sollten, sollten im Beisein der Räte über die strittigen Artikel der Rechtfertigung, der guten Werke und des freien Willens verhandeln "secundum normam verbi Dei, sepositis omnibus affectibus, tantum eruendae veritatis gratia, pie et placide"[3]. Eine wichtige Funktion erhielten die Räte. Sie sollten den ordnungsgemäßen Ablauf des Religionsgesprächs regeln[4]. Sie spielten bei den späteren Verhandlungen die entscheidende Rolle. Nach der Erörterung der Artikel sollten die Theologen zu einer Übereinkunft kommen und schriftlich erklären, wie "ad vitandas discrepantes opiniones et iudicia" nach dem Wort Gottes und der CA in den Schulen und Kirchen zu lehren sei[5]. Damit lag der praktische Zweck des Gesprächs in der Festsetzung der Lehrnorm für Gottesdienst, Schule und Universität. Über die Publikation der von den Theologen getroffenen Vereinbarungen wollten die Räte dann das Nähere zusammen mit den Fürsten festlegen. Unverglichene Artikel sollten den Fürsten zur Entscheidung vorgelegt werden, die entscheiden würden "de piis et legitimis mediis, quibus controversi articuli quoque componi et concordia pia iniri possit"[6]. Mittlerweile hatten sich die Theologen "sermone vel scripto" jeglicher Polemik zu enthalten.

----

que omni adiectione ex Originali descripta. Leipzig 1570; vgl. daneben Heppe 2,206ff.; Artikel "Philippisten" von Laudert (G.Kawerau) in RE 15 (²1904),327.
(3).Vgl. dazu Heppe 2,205ff.
(4).Vgl. zum Folgenden ebd.,107ff.
1. Zum Weimarer Abschied vgl. ebd.,209f. und Acta colloquii Aldenburgensis, 453ff.
2. Acta colloquii Aldenburgensis,454.
3. Ebd., 454.
4. "Quae vt rite atque ordine fiant a Collocutoribus vtriusque partis, diligenter prouidebunt Consiliarii". Ebd.,454.
5. Vgl. ebd., 454.
6. Ebd., 454.

Der Gesprächsbeginn verzögerte sich durch den Kriegszug des
Herzogs nach Frankreich und seine überraschende Forderung am 1.
Juli 1568, die Weimarer Vereinbarungen umzustoßen und neu fest-
zusetzen, "mit was Maße und welchergestalt der Proceß solchs
Colloquii anzustellen und vorzunehmen"[1]. Dies lehnte Kurfürst
August ab,und endlich trafen am 20.Oktober 1568 die Theologen
und Räte beider Parteien statt in Zeiss in Altenburg ein[2]. Herzog Johann Wilhelm, der an den ersten Sitzungen teilnahm und
dann abreiste, rief am 21.Oktober die Teilnehmer auf dem Rathaus zusammen und eröffnete selbst das "negotium".
In seiner Eröffnungsrede[3] betonte der Herzog, er habe zusammen mit Kurfürst August die Theologen hier versammelt, um über
"erroribus et corruptelis doctrinae" verhandeln zu lassen; er
ermahnte die Theologen zur Eintracht und verbot ihnen Beschimp-
fungen und persönliche Angriffe. Außerdem untersagte er, Nach-
richten von den Verhandlungen auszugeben. Danach wies der herzogliche Rat Lindemann in einer Ansprache warnend darauf hin,
daß die Uneinigkeit zwischen den Theologen der sächsischen Lande schon zum Scheitern des Wormser Kolloquiums geführt habe
"cuius dissipatio dici non potest"[4]; auch habe der Zwist den
Lauf des Evangeliums insgesamt und besonders in Österreich
sehr behindert[5] und den Zusammenschluß aller evangelischen Stände vereitelt[6], denn "esse nimirum Confessionem Augustanam non
confessionem, sed confusionem"[7].

----
1. Heppe 2,211.
2. Die Liste der Teilnehmer in Acta colloquii Aldenburgensis,451.
3. Eröffnungsrede ebd.,452.
4. Ebd.,452.
5. "Celsitudo ipsius (=der Herzog), quod haec ipse dissensio
   nostrorum, impedire etiam animadvertitur cursum Euangelij,
   et propagationem verbi coelestis in Austria, cum tamen Caesa-
   rea Maiestas non obscure significarit, se subditis suis eo
   loco vsum Confessionis Augustanae permissuram esse, iam autem metuendum sit, ne propter discordiam, quae inter nostros
   homines viget, res ipsa minime procedat".Ebd.,453.
6. "Adhaec novit Celsitudo ipsius, contentiones et certamina
   haec, exorta inter Theologos, impedimenta esse, quominus
   religui status Imperii nobis sese adiungant". Ebd.,452f.
7. Ebd., 452.

Um die Theologen an die von den Räten getroffenen Vereinbarungen
und Pflichten zu erinnern, wurde danach der Weimarer Rezeß verlesen. Sofort kam es zu einem ersten Konflikt, als der herzogliche Theologe Wigand gegen die Geltung des Rezesses Verwahrung
einlegte. Es ginge nicht an, daß die politischen Räte den Theologen Ziel und Maß des Gesprächs vorschrieben; vor allem wünschten die Weimarer Theologen, bei der Behandlung der einzelnen Artikel nicht nach den Bestimmungen des Rezesses von der These
auszugehen, sondern von der Antithese, d.h. von der Verurteilung aller einschägigen Häresien und der namentlichen Verdammung
deren Vertreter[1].

Auch die zweite Sitzung am 22.Oktober verstrich mit der Beratung der Verfahrensordnung. Die kursächsischen Theologen wollten nicht von der "praescripta forma" abweichen. Die herzoglichen Theologen wiesen nochmals auf die Gefahren eines Kolloquiums
grundsätzlich hin: Bei einer Nichteinigung entstehe großer
Schaden, bei einer Einigung dagegen bestünde die Gefahr einer
Mischung richtiger und falscher Lehren, denn ein Kompromiß könne nur um den Preis der Verunreinigung der Lehre erreicht werden[2]. Mit dieser Einstellung war von der Seite der herzoglichen
Theologen auf eine Übereinkunft nicht zu hoffen. Die Theologen,
die durch die Räte mit dem Herzog verhandelten, einigten sich
endlich, gleichzeitig mit den Thesen auch die Antithesen vor-
zutragen[3]: Jede Partei sollte der anderen einen Aufsatz übergeben, in dem der betreffende Artikel thetisch und antithetisch
genau behandelt war. Über die eingereichten Schriften sollte so
lange disputiert werden, bis Einhelligkeit erzielt sei.

----

1. "Cognoverimus institutum esse hoc Colloquium, ut indicetur,
   quid una pars in alterius doctrina desideret". Ebd.,455;
   vgl. auch Heppe 2,211ff.
2. "Ac simul cogitamus, si is (consensus in doctrina), quod
   Deus avertat, impediatur, multum inde incommoditatis et
   detrimenti rebus communibus importatum iri. Nec minus pericu-
   li fore, si talis quaedam concordiae reconciliatio fiat, in
   qua verae et falsae opiniones commisceantur, et aliquid po-
   natur manifestae veritati palam repugnans". Ebd.,459f.
3. "Utque non solum propositio de quolibet articulo, sed etiam
   alterum scriptum et Replica, ut vocant, utrinque exhibere-
   tur". Ebd.,461; vgl. Heppe 2,213.

In der dritten Sitzung am 23.Oktober endlich begann das Gespräch mit der Verlesung der kursächsischen Erklärung über Rechtfertigung und gute Werke, die in deutscher und lateinischer
Sprache vorgelegt und deutsch verlesen wurde; darauf folgte der
Vortrag der herzoglichen Theologen zum selben Thema[1]. Als diese
ihre Hypothesen vortrugen, um nachzuweisen, welche Irrlehren
seit Luthers Tod in Kursachsen aufgekommen seien, legten die
Kursachsen gegen die Fortsetzung des Vortrags Verwahrung ein und
verließen den Saal. Die Räte vermittelten. Erst am 26.Oktober
fuhren die herzoglichen Theologen in ihrem Vortrag fort, nachdem die Kursachsen endlich in die Verlesung der Hypothesen ge-
willigt hatten[2]. In der sechsten Sitzung am 29.Oktober tauschten
beide Parteien ihre Vota über die verlesenen Deklarationen aus[3].

Die kursächsischen Kolloquenten waren überzeugt, daß der fort-
gesetzte Schriftwechsel keine Verständigung, sondern höchstens
eine weitere Abgrenzung und Verhärtung der Standpunkte ergeben
werde, und schlugen am 29.Oktober vor, die Verhandlungen von nun
an mündlich fortzusetzen, worüber am 30. und 31.Oktober beraten
wurde. Als die Weimarer Theologen mündliche Verhandlungen endgültig ablehnten, erklärten die Kursachsen, das Kolloquium einst-
weilen unterbrechen und die Entscheidung des Kurfürsten einholen
zu müssen. Dieser entschied am 3.November, den Gegnern nachzugeben, um das Gespräch nicht scheitern zu lassen. Daraufhin wurden am 8.November die endgültigen Verhandlungsbedingungen festgelegt[4]. Die Verhandlungen sollten in der Übergabe von Schriften
so lange fortgesetzt werden, bis man genau wisse, worüber die

----

1. Vgl. Acta colloquii Aldenburgensis, 461f., Heppe 2,214f.
2. Die kursächsischen Räte und Theologen kamen zu dem Schluß,
   daß eine Protestatio nicht angebracht sei, da ja ein ordent-
   licher Richter fehle und das Ansehen des Kurfürsten Schaden
   leiden würde: "Praesenti negotio protestationem non satis
   convenire, quandoquidem nullus adsit ordinarius Iudex, nec
   fieri illam posse sine quadam Illustriss.Principis Electoris
   existimationis et reputationis laesione, ideo relinqui illam
   oportere. Et posse alias indicari causas, cur videantur re-
   pudiandae, non suo tempore prolatae hypotheses". Acta colloquii Aldenburgensis,462.
3. Vgl. Heppe 2,218f.
4. Vgl. ebd.,219f.

Parteien einig und worüber sie geteilter Meinung seien. Jede
Seite könne zur Verteidigung oder Erläuterung ihrer Sätze drei,
vier oder auch mehr Schriften vorlegen; keine Partei dürfe das
Gespräch abbrechen, bevor nicht alle Artikel erörtert seien,
alle Kränkungen und Abschweifungen hätten zu unterbleiben.
Damit war das "Gespräch", vielmehr der Schriftenwechsel wiederhergestellt. Bei diesem Modus konnte es nicht zu einer Auseinandersetzung mit dem Gegner kommen, sondern nur zur Darstellung des dogmatischen Gegensatzes zwischen beiden Seiten[1]. Ein
eigentliches Gespräch fand denn auch gar nicht mehr statt; die
Parteien trafen sich in immer größeren Abständen, um immer um-
fangreichere Erklärungen vorzulegen, deren Verlesung halbe Tage in Anspruch nahm[2]. Der dogmatische Gegensatz war in allen
Schriften derselbe - eine stetige Wiederholung[3].

Im Januar/Februar kam es zum letzten großen Konflikt: am
21.Januar legten die Kursachsen ihre Lehrnormen dar, am 8.Febru-
ar warfen ihnen die Weimarer Theologen in scharfer Form Verfäl-
schung in der CA Variata und im Corpus doctrinae Melanchthons
vor[4]. Nach einer heftigen Entgegnung der Kursachsen am 5.März
war die Versammlung zur Fortsetzung der Verhandlungen nicht mehr
in der Lage, und am 9.März brachen die kursächsischen Theologen
das Gespräch ab und verließen Altenburg, ohne den Herzog von
ihrem Entschluß in Kenntnis zu setzen. Als Hauptgrund nannten
sie ihren Räten die Angriffe auf Melanchthons Lehre.

Kurfürst August geriet in nicht geringe Verlegenheit, als seine Theologen ihm ihre Gründe für den Abbruch des Kolloquiums
vortrugen und fragten, ob er die Fortsetzung des Gesprächs
wünsche. Er berief seine Superintendenten und Landräte, die am

----

1. Die Akten spiegeln diesen Sachverhalt wider. Von den 490
   Seiten nehmen die ausgetauschten Thesen und Erklärungen 450,
   der Bericht über die Verhandlungen nur 50 Seiten ein.
2. Am 11., 15. und 22.November wurden Schriften ausgetauscht,
   dann erst wieder am 7. und 22. Dezember.
3. Vgl. Heppe 2,221.
4. Vgl. ebd., 221f.

18. und 19.März das Verhalten der Kolloquenten billigten. Auch
das Altenburger Religionsgespräch war damit ohne die erhoffte
Einigung zu Ende gegangen, obwohl immer wieder vor der Wiederholung der Ereignisse von Worms 1557 gewarnt worden war[1].

Der Ablauf des Gesprächs und seine Beurteilung wurden zum Anlaß einer neuen scharfen Auseinandersetzung zwischen Flacianern
und Philippisten. Jede Seite beanspruchte durch die mehrfache
Herausgabe und Interpretation der Protokolle[2] den Sieg für sich
und verurteilte die Gegner als überführte Häretiker.

Das Altenburger Religionsgespräch war keineswegs das letzte
seiner Art. Bis zum Ende des Jahrhunderts fanden immer wieder
derartige Veranstaltungen auf territorialer Basis und über un-
terschiedliche Materien statt[3]. Der Höhepunkt dieser Bewegung
ist das Religionsgespräch von Regensburg 1601. Dagegen wurde
die Konkordienformel von 1580 durch viele Erörterungen und theologische Diskussionen, nicht aber durch ein eigentliches Religionsgespräch erreicht[4].

3. Das Religionsgespräch in Regensburg 1601.

Das Regensburger Religionsgespräch kam als "private" fürstliche
Veranstaltung des Neuburger Pfalzgrafen Philipp Ludwig und des
bayerischen Herzogs Maximilian zustande[5].
----

1. Vgl. u.a. Acta colloquii Aldenburgensis,461: wenn die Regeln
   nicht eingehalten würden "nullum alium expectandum eventum
   Colloquii quam qualis Wormatiae ... ex quo deinceps multo
   maiora dissidia sint in Ecclesia oritura". So die kursächsische Partei am 22.Oktober; vgl. auch ebd.,452.
2. Zu den Protokollen vgl. Heppe 2,227, Anm.1.
3. Zur Übersicht über die Religionsgespräche vgl. Schottenloher
   4, Nr.41 280 a ff., 528ff.; 5, Nr.52 075 ff., 491; 7, Nr.
   63 965ff., 463. Zu den Religionsgesprächen in der zweiten
   Hälfte des 16.Jahrhunderts vgl. auch Scheib, Religionsgespräche in Norddeutschland, 68ff.
4. Zur Entstehung der Konkordienformel vgl. die Einleitung von
   E.Wolf in den Bekenntnisschriften und zuletzt: Gerhard Müller: Das Konkordienbuch von 1580. Geschichte und Bedeutung.
   In:Zeitschrift für bayerische Kirchengeschichte 49 (1980),
   161ff.
5. Zum Regensburger Religionsgespräch 1601 vgl. Acta colloquii

Philipp Ludwig[1], der in seiner 45jährigen Regierung die Pfalz-
grafschaft in einen lutherischen Musterstaat verwandelte, war ein
Freund von Religionsgesprächen. Trotz aller Mißerfolge in den
vergangenen Jahrzehnten glaubte er an ihren Nutzen und ihre Wirkung, die Wahrheit ans Licht zu bringen und den "verirrten" Gegner
von seinem Irrtum zu heilen. So veranstaltete er 1593 mit seinem
Bruder Johann von Pfalz-Zweibrücken, der zum Calvinismus übergetreten war, ein Religionsgespräch zu Neuburg.

Mit Herzog Maximilian von Bayern, dem führenden politischen
Kopf der Gegenreformation pflegte Philipp Ludwig gute verwandt-
schaftliche und nachbarliche Beziehungen. Maximilian hielt seinen Vetter für das Opfer seiner protestantischen Umgebung und
glaubte, ihn leicht für den katholischen Glauben zurückgewinnen
zu können. Nach verschiedenen literarischen Gefechten zwischen
bayerischen und neuburgischen Theologen erörterten Maximilian
und Philipp Ludwig seit 1599 den Plan, ein Religionsgespräch zu
veranstalten[2].

Dem bevorstehenden Gespräch wurde von beiden Seiten große Bedeutung beigemessen; daher konsultierte der Neuburger bei den
vorbereitenden Verhandlungen konfessionsgleiche Reichsstände und
bat sie um Gutachten. Der damit verbundene Zeitverlust führte zur
Verzögerung der Vorbereitungen und einleitenden Verhandlungen.
1600 unternahm Maximilian bei Philipp Ludwig wegen des Religionsgesprächs einen neuen Vorstoß[3]. Die Neuburger Theologen unterbreiteten daraufhin einen Vorschlag, der Modus und Thema des Kollo-

----

Ratisbonensis de norma doctrinae catholicae et controversiarum religionis iudice. München 1602. Adam Hirschmann, Das Religionsgespräch zu Regensburg; Felix Stieve, Briefe und Akten
zur Geschichte des Dreißigjährigen Krieges; Wilhelm Herbst,
Das Regensburger Religionsgespräch von 1601; Barbara Bauer,
Das Regensburger Kolloquium 1601. Eine Abbildung des Regensburger Religionsgesprächs vgl. Propyläen Weltgeschichte -
Bilder und Dokumente. Frankfurt 1965,386, Abb.Nr.65.
1. Zur Politik Philipp Ludwigs vgl. Erika Kossol: Die Reichspolitik des Pfalzgrafen Philipp Ludwig von Neuburg (1547-1614).
Göttingen 1976.
2. Vgl. dazu Hirschmann, 1ff.
3. Zum Folgenden vgl. Herbst,44ff.

quiums in 15 Punkten regeln sollte[1]:

- Als Richter gilt der Heilige Geist, wie er im Alten und Neuen
  Testament offenbart worden ist, daher ist die Bibel die einzige Beweisquelle jeder Partei.

- Die Diskussion der wichtigsten Religionsartikel soll auf der
  Grundlage des Zeugnisses der Heiligen Schrift unternommen werden; dabei sollen alle Argumente zugleich schriftlich eingereicht werden, um das Nachschreiben zu ersparen. Wenn die Argumente vorgebracht worden sind, "soll den anwesenden praesidi-
  bus und auditoribus das judicium, welcher Teil recht oder unrecht habe, heimgestellt und zu den nächstfolgenden Punkten
  fortgeschritten werden"[2].

- Jedem Teil soll es gestattet sein, seine Meinung zu veröffentlichen - damit soll der Zwang zur Geheimhaltung, der für das
  letzte Reichs-Religionsgespräch von 1557 gegolten hatte, ab-
  gewehrt werden.

- Jede Seite soll zwei Theologen als Unterredner bestimmen, die
  sich in der Diskussion an die jeweilige Materie halten müssen.
  Als Unterredner sollen Konvertiten ausgeschlossen bleiben "zu
  desto mehrer und gewisser Vollziehung". Diese Bestimmung richtete sich gegen die Teilnahme von Johannes Pistorius[3], des
  "grimmigen Feinds Luthers und der lutherischen Theologen" wie
  die Neuburger Theologen in einem späteren Bedenken zugaben[4].

- Zur Aufzeichnung der Reden sollen beide Seiten Notare ernennen;
  das Protokoll soll am Ende von den Unterrednern beider Parteien
  und von anderen abgeordneten Theologen und Politikern unterschrieben und beiden Seiten zugestellt werden. Die Protokoll-
  frage sollte also gleichfalls anders gehandhabt werden als bei
  den Reichs-Religionsgesprächen; dort war zuletzt in Worms 1557
  das Protokoll für den Reichstag unter Verschluß gehalten worden.

  Als Diskussionsgrundlage schlugen die Neuburger Theologen 20
  Glaubensfragen vor, die in der Tat die wichtigsten Kontroverspunkte enthielten[5].

----

1. Vgl. ebd.,50ff.   2. Ebd.,51.
3. Über ihn vgl. ebd.,46ff.   4. Vgl. ebd.,63.
5. Vgl. die Aufzählung ebd.,52ff.

Maximilian ernannte sofort Pistorius zum Hauptsprecher der katholischen Seite, obwohl die Neuburger Theologen ausdrücklich den Ausschluß von Konvertiten verlangt hatten. Johannes Pistorius, der vom Luthertum zum Calvinismus und von dort zum Katholizismus übergetreten war, sah mit Maximilians Auftrag seine große Stunde gekommen. 1600 war seine Schrift "Wegweiser für alle verführten Christen"[1] erschienen. In der dem Kölner Kurfürsten Ernst von Bayern gewidmeten Vorrede hatte Pistorius diesen aufgefordert, in Deutschland ein Nationalkolloquium zu betreiben, an dem möglichst viele Kurfürsten, Fürsten und Städte teilnehmen sollten. Er erbot sich, als ein zweiter Luther, dort die katholischen Lehren aus der Schrift zu beweisen. Könnte der Kurfürst ein Nationalkolloquium nicht zustande bringen, so sollte er wenigstens ein Privatgespräch versuchen. Jetzt glaubte er, das bayerisch-neuburgische Religionsgespräch für seine Zwecke nutzen zu können.

Maximilian schlug dem Neuburger Pfalzgrafen am 20.Juli 1600 Regensburg als Diskussionsort vor, da dort beide Religionen vertreten seien. Das Religionsgespräch sollte am 18.Oktober beginnen. Zugleich übersandte er zu den Neuburger Vorstellungen über den Modus eine Stellungnahme der bayerischen Theologen[2]. Diese sprachen sich gegen die alleinige Geltung der Heiligen Schrift als Urteilsnorm aus, da die Schrift nicht Regelungen zu allen Fragen enthalte. Vor allem erklärten sie den Begriff der Heiligen Schrift für uneindeutig. Nach ihrer Auffassung seien mehr Bücher für kanonisch zu halten als von den Lutheranern zugestanden. Die Auslegung der Schrift sei zwar - wie die Neuburger erklärten - nur durch den Heiligen Geist möglich, aber "niemand kann den Heiligen Geist haben, er sei denn in der rechten Kirche Christi und lebe in deren Geist und Gehorsam". Mit dieser Zurückweisung des Schriftprinzips und der Betonung, wie unverzichtbar Tradition und Autorität der katholi-

----

1. "Wegweiser für alle verführten Christen mit Anerbieten gegen alle Kurfürsten, Stände und Städte, solches mündlich vor ihnen wider alle Praedikanten ferner zu beschützen". Herbst,48, Anm.2.
2. Vgl. ebd.,55ff.

schen Kirche zur Schriftauslegung sei, berührten die bayerischen Theologen den Kern der Differenzen und kündigten von
vornherein jede Übereinstimmung auf. In diesem Zusammenhang
legten sie auch einen neuen Katalog von Disputationsgegenstän-
den vor.

Weiter betonten sie die Notwendigkeit, den Inhalt aller theologischen Termini vor der Diskussion zu klären, z.B. seien in
dem Satz "fides iustificat" die Begriffe fides, iustificatio,
opera und meritum eindeutig zu bestimmen. Unklar verschwommene
Formulierungen, wie sie in den 30er und 40er Jahren gefunden
worden waren, um eine Übereinkunft zu erreichen, sollten damit unmöglich gemacht werden.

Mit den den Prozedurfragen waren die bayerischen Theologen im
wesentlichen einverstanden, außer mit dem Ausschluß von Konvertiten. Nach ihrer Meinung hätten dann auch Luther, Zwingli und
Calvin und die ganze erste Generation der Protestanten nie gegen Rom disputieren dürfen,da alle von der Kirche abgefallen
seien.

Am selben Tag wandte sich Maximilian an Clemens VIII. mit
der Bitte, das Religionsgespräch zu gestatten[1].

Die Antwort aus Neuburg[2] enthielt ein erneutes Gutachten über
die bayerischen Vorschläge und Bedenken zur Prozedur. Mittlerweile bezog der Pfalzgraf die Lutheraner Deutschlands in seine
Verhandlungen mit ein, indem er die führenden lutherischen
Reichsstände, Württemberg und Sachsen, um Gutachten in causa
colloquii bat. Friedrich von Württemberg riet zu festen Disput-
tationsgesetzen und einem ausführlichen Protokoll und bestand
auf der Schrift als oberstem Richter. Friedrich Wilhelm von
Sachsen erklärte, er wolle noch Gutachten aus Wittenberg, Leipzig und Jena einholen, wobei sich Jena dann gegen ein Kolloquium aussprach[3]. Im weiteren Briefwechsel Maximilians und
Philipp Ludwigs ging es wieder um Fragen des Modus, wobei jeweils Gutachten der Theologen beigefügt waren[4]. Der Streit kon-

----
1. Vgl. Stieve,591,Anm.1.
2. Vgl. Herbst,60ff.
3. Die Gutachten ebd.,256ff.   4. Vgl. dazu ebd.,65ff.

zentrierte sich auf vier Punkte: Den Umfang des Kanons der Bibel und der Tradition, die vorherige explicatio terminorum, die forma syllogistica im Religionsgespräch und die Teilnahme von Konvertiten, vor allem Pistorius'[1].

Maximilian lenkte schließlich in der Frage der Teilnahme Pistorius' ein und zog diesen zurück. Am 25.Februar 1601 machte er den Vorschlag, die schriftlichen Verhandlungen nun abzubrechen und endlich in Regensburg zusammenzukommen.

Der einzige Diskussionspunkt auf dem Religionsgespräch sollte nach seinen Vorstellungen lediglich die Frage sei: "Ob die heilige Schrift und Wort Gottes die einzige Regel und Richtschnur der Lehr und demnach der Richter aller und jeder fürfallender Controversien in Glaubenssachen sei"[2]. Er habe, so schrieb Maximilian, großes Verlangen nach dem Kolloquium, da ihm Philipp Ludwigs Seelenheil sehr am Herzen liege.

Daraufhin trat eine Verhandlungspause von fünf Monaten ein. Der Streit ging jetzt nur noch um das Schriftprinzip, das die Katholiken zum Diskussionsgegenstand machen wollten, während es für die Protestanten die Grundlage jeder Diskussion schlechthin war. Philipp Ludwig fragte wieder in Württemberg und Sachsen um Rat. Die Württemberger warnten vor den Jesuiten, die Theologen aus Wittenberg und Leipzig hingegen billigten ein Kolloquium über das Thema der Schrift[3].

Schließlich wurde zwischen Bayern und Neuburg vereinbart, das Kolloquium am 14.November 1601 in Gegenwart der beiden Fürsten in Regensburg zu eröffnen.

Der Pfalzgraf bat nun Sachsen, Württemberg, Brandenburg-Ansbach und Braunschweig um die Entsendung von Theologen, eine Bitte, der diese protestantischen Fürsten auch entsprachen[4]. In Neuburg wurde ein allgemeines, von Heilbronner verfaßtes Kirchengebet zur Unterstützung des Kolloquiums angeordnet, was die Wich-

----

1. Weitere Gutachten zu diesen vier Punkten vgl. ebd.,66ff., 73ff., 81ff., 86ff.
2. Ebd.,80.
3. Vgl. das Referat des Gutachtens ebd.,266f.
4. Vgl. ebd.,88ff.

tigkeit unterstreicht, die Philipp Ludwig dem Religionsgespräch
beimaß.

Letzte Schwierigkeiten entstanden beim Streit um die Verhandlungssprache und das methodische Vorgehen in der Diskussion. Die
Bayern forderten, nach den Regeln der Dialektik und in lateinischer Sprache zu disputieren. Nach Ansicht der jesuitischen Theologen, die am Religionsgespräch teilnahmen und die die Verteidigung der katholischen These übernahmen, eignete sich zur Ermittlung der Wahrheit am besten die syllogistische Form, die an den
jesuitischen Schulen den Theologiestudenten im Dialektikunterricht
vermittelt wurde. Die Jesuiten fürchteten, die Prädikanten könnten
das Kolloquium in eine Propagandaveranstaltung umwandeln und versuchen, in deutscher Sprache und in freier Rede ohne die Beschrän-
kung durch die syllogistische Form die Zuhörer für ihren Glauben zu gewinnen[1]. Daß diese Sorge nicht unberechtigt war, zeigt
ein Blick auf die erklärte Absicht, die Philipp Ludwig mit dem
Religionsgespräch verfolgte: Er hoffte ganz im Ernst, daß Maximilian durch das Religionsgespräch für die lutherische Sache gewonnen werden könne. Noch gegen Ende der Vorverhandlungen erklärte er in einer Kirchenratssitzung am 1.November 1601, man solle
sich darauf einrichten, falls Maximilian nach dem Kolloquium seine Irrtümer einsehen und über die sonstigen Dogmen um Aufschluß
begehren würde, ihm sofort alle Fragen aus der Schrift zu beantworten[2]. Das Religionsgespräch war für ihn nicht nur Mittel zum
Zweck öffentlicher Propaganda, sondern eine hervorragende Möglichkeit zu gezielter Mission. Ähnlich sahen auch die Württemberger und ansbachischen Theologen noch während des Religionsgesprächs die Möglichkeit einer "Erleuchtung" des Herzogs.

Um das Religionsgespräch nicht von vornherein scheitern zu lassen, stimmten die Evangelischen auch der syllogistischen Form
der Gesprächsführung zu, obwohl sie diese bei weitem nicht so
gut beherrschten wie ihre Gegner[3].

----

1. Vgl. Bauer, Regensburger Kolloquium,91.
2. Vgl. Herbst,97.Anm.1.   3. Vgl. ebd.,102ff.

Am 18.November schließlich konnte das Religionsgespräch eröffnet werden. Jede Seite hatte zwei Kollokutoren ernannt; Philipp
Ludwig bestimmte den Wittenberger Professor Aegidius Hunnius und
den Neuburger Hofprediger Jakob Hailbronner, Maximilian zwei
jesuitische Theologen, den Vizekanzler der Universität Ingolstadt Albert Hunger und den dortigen Theologieprofessor Jakob
Gretser. Mit der vierten Sitzung kam auf katholischer Seite der
Ingolstädter Theologieprofessor und Jesuit Adam Tanner und auf
evangelischer Seite der Wittenberger Professor David Rungius
hinzu[1]. Der überragende Kopf in der Diskussion war Tanner, der
als Schüler des berühmten jesuitischen Scholastikers Gregor de
Valencia seinen Gegnern aufgrund seiner logisch-dialektischen
Schulung in der Argumentation überlegen war. Maximilian hatte
es nicht für nötig erachtet, außerhalb seines Territoriums nach
Theologen zu suchen, war die Universität Ingolstadt doch das
theologische Zentrum der Gegenreformation. Auf katholischer
Seite gab es denn auch nur zwei beigeordnete Theologen. Ganz
anders hatte Philipp Ludwig von überallher Theologen erbeten, so
daß neben den drei Kolloquenten zwölf beigeordnete Theologen teilnahmen.

Bei den Vorverhandlungen über den Modus des Gesprächs hatte
sich Maximilian in wesentlichen Fragen durchgesetzt[2]. Es wurde
lateinisch verhandelt, in syllogistischer Disputierform argumentiert und dem Gespräch wurde ein von katholischer Seite vor-
geschlagenes Theme zugrunde gelegt[3]. Mit der Diskussion über
die Heilige Schrift als Norm der Lehre und Richter in Glaubensdingen[4] waren die Lutheraner gezwungen, ihr Schriftprinzip zu
beweisen, und zwar in der Argumentationsform der Syllogistik,
die ihnen fremd war: sie verlangte einen Beweis durch Vernunft-

----

1. Über die Teilnehmer am Kolloquium, sowohl die Kolloquenten
   als auch die beigeordneten Theologen vgl. die Angaben bei
   Herbst,110ff. Über die Ernennung der dritten Kolloquenten
   ebd.,136. Zur Biographie Tanners vgl. jetzt auch Bauer,97,
   Anm.15.
2. Vgl. die negative Beurteilung der Neuburger Politiker und
   des dortigen Verhandlungsgeschicks bei Herbst,108f.
3. Vgl. ebd.,107.

schluß und Philosophie und hatte sich in den vorhergegangenen
Religionsgesprächen als für die theologische Diskussion unfrucht-
bar erwiesen[1].

Das Religionsgespräch wurde unter elf Disputationsregeln gestellt, die sich im Protokoll gleich in der ersten Session hinter der deutschen Proposition finden[2]. Es handelte sich bei
ihnen zugleich um eine Geschäftsordnung wie um Verhaltensmaß-
regeln für die Teilnehmer, die ermahnt wurden "leges et propositiones, vnter wehrender disputation vnd gespraech ... stricte
zu observieren"[3].

I. In der ersten Regel wird als Ziel und oberstes Gesetz der
   Disputation genannt die Ehre Gottes, das Heil der Kirche,
   die Erforschung der Wahrheit und die Untersuchung der aufgestellten Fragen.

In der Proposition erklärten Maximilian und Philipp Ludwig, sie
wollten "in Religions vnnd glaubenssachen ein freund- vertrew-
lich colloquium vnd gespräch ... zwischen ... Theologis anstellen
vnd fürgehen lassen" und zwar "auch ainig vnnd allein zu der ehr
deß Allmächtigen Gottes vnd erbawung seiner thewr erkaufften
Kirchen"[4], wobei davon ausgegangen wurde, daß es noch eine einheitliche Kirche gäbe, dazu noch zur "vermehrung Christlicher
Gott wolgefälliger ainigkait"[5].

Das Religionsgespräch wird mit einer Fülle von Bezeichnungen
angesprochen, wie dies bei den vielen Religionsgesprächem immer
der Fall war: Es soll sich handln um ein Gespräch unter Theologen, ein "freund -vertrewlich colloquium vnd gespräch"[6], eine
"collocution vnd gespräch" (2^V), ein "Christlich gespräch vnd
vnterredt in Religions- vnd glaubenssachen" (2^r), eine "freundliche disputation" (2^V), eine "disputation oder gespräch" (2^V),
ein "geistlich colloquium vnd gespräch" (3^r), eine "disquisitio"

----

(4). "De norma doctrinae et de controversiarum fidei iudice".
1. Vgl. die Situation beim Maulbronner Gespräch 1564, oben
   S. 234.
2. Vgl. Acta colloquii Ratisb. 4^{rv} Capita instructionis
   pro Collocutoribus, unten S.265ff(Beilage).
3. Ebd.,2^V.   4. Ebd.,1^V.
5. Ebd.,3^r.   6. Ebd.,1^V, vgl. auch 1^r, 3^r.

(4^r), einen "conventus et congressus" (5^r) u.ä. Im Gegensatz
dazu werden die Reichsgespräche von Regensburg 1546 und Worms
1557 nur mit dem Begriff "colloquium" bezeichnet, der sich für
disen Typus herausgebildet hatte. Es handelte sich also in Regensburg auch von der Terminologie her um eine "private" Veranstaltung auf territorialer Ebene, die von einer politischen
Obrigkeit getragen wird. Dafür spricht auch, daß nur Theologen
als Kolloquenten auftreten, die Politiker, die bei den Reichs-
gesprächen mitzuwirken pflegten, fehlen hier.
    Das Ziel ist, gemessen an den Religionsgesprächen der Anfangs-
jahre der Reformation, anders und bescheidener gesteckt. Ganz
fehlt der Anspruch und die Hoffnung, mit dem Religionsgespräch
einen Kompromiß zwischen den Konfessionen herstellen zu können.
Die Fürsten lassen disputieren zur Ehre Gottes und zur Erbauung
der Kirche. In dem Wunsch, zur "vermehrung Christlicher Gott
wolgefälliger ainigkait" beitragen zu wollen, findet sich ein
letzter bescheidener Abglanz des einst so hochgesteckten An-
spruchs der 40er Jahre. Das Religionsgespräch hat seine Ziel-
setzung verändert. Aus einem Forum theologischer Auseinandersetzung mit der Absicht unmittelbarer theologisch-kirchlicher und
politischer Folgen wie bei den Religionsgesprächen in Oberdeutschland und in Zürich wird es zu einem Instrument theologischer Propaganda und zur Missionsveranstaltung, denn
II. das Thema, "de norma doctrinae et cultus deque controversi-
    arum religionis Iudice" ist im Grunde keine Frage, die über-
haupt diskutierbar ist. Für die Protestanten ist sie als Schriftprinzip Fundamentalprinzip, für die Katholiken mit entgegenge-
setztem Inhalt zuletzt durch die Beschlüsse in Trient verbindlich
geregelt. Für das Religionsgespräch stellen die Jesuiten dazu eine,
die Neuburger Theologen zwölf Thesen auf, die in den Sitzungen
zu beweisen sind.
III. Nach einer kurzen Erörterung der theologischen Begriffe sol-
    len die Thesen und Argumente ohne Umschweife untersucht wer-
    den und zwar sollen
IV. die Kollokutoren ihre Argumente in einem Syllogismus oder
    "alia in Logicis probata argumentandi forma" vorbringen.

- 252 -

Die Klagen, daß die Protestanten dieser Regel nicht nachkommen, werden im Verlauf des Religionsgesprächs zu einem
Dauerthema der Jesuiten.
V.-VII. Die Forderung, "modeste et placide" zu verhandeln, lang-
sam und deutlich zu sprechen, sophistische Reden zu vermeiden, nicht vom Thema abzuschweifen, den Fortgang der Diskussion nicht zu hindern, den Gegner nicht zu beschimpfen, nicht
zu lärmen oder unpassende Einwürfe, Unterbrechungen und un-
nütze Deklamationen zu unterlassen u.s.w., d.h. die Forderung,
sachlich und zügig zu verhandeln, war aus der Erfahrung aller
anderen Religionsgespräche eine bittere Notwendigkeit. Auch
in Regensburg häuften sich trotz der Regeln die Klagen beider
Seiten über Regelverletzungen; daher läßt sich dieser Katalog
von Verboten als getreuer Spiegel der Realität betrachten.
VIII.Nach der achten Regel soll es dem Kolloquenten gestattet
sein, mit seinen Kollegen über die richtigen Antworten auf
die vorgelegten Argumente zu beraten, denn diese disputatio
sei nicht eingesetzt "ingenii ostentandi, sed veritatis inquirendae et illustrandae". Hiermit soll das Wesen der Disputation als Mittel der Wahrheitsfindung betont werden, nicht
als Forum zur Demonstration von Witz und Beredsamkeit.
IX. Die Aufsicht über den Ablauf des Gesprächs, d.h. die Rolle
von Präsidenten, sollen die Fürsten übernehmen. In ihrer
Hand liegt auch die Entscheidung darüber, wann ein Argument
genügend untersucht ist und zum nächsten übergegangen werden soll. Diese Regel beschränkt die Fürsten nicht nur auf
die äußere Geschäftsführung, sondern überträgt ihnen auch die
sachliche Entscheidung über den Abschluß der theologischen Diskussion zu einem Gegenstand. Sie werden damit zu Schiedsrichtern.
Tatsächlich wohnten die Fürsten dem ganzen Kolloquium bei. Auf
evangelischer Seite erschienen Philipp Ludwig und sein Sohn
Wolfgang Wilhelm, auf katholischer Seite Herzog Maximilian und
sein Bruder Herzog Albrecht VI. Sie griffen regelmäßig in die
Auseinandersetzungen ein; meist wurden sie von den Kolloquenten
in formalen Fragen um Entscheidung gebeten, wenn der Gegner
wegen der Verletzung einer Disputationsregel verklagt wurde.

Aber auch in theologischen Fragen sprachen sie bei einer Auseinandersetzung oder einer Stockung der Verhandlungen das klä-
rende und entscheidende Wort.

X. Die zehnte Regel betraf die Aufgabe der Notare. Wie üblich,
ernannte jede Partei zwei Notare, die vereidigt wurden. Sie
sollten das Gesagte getreulich nachschreiben und ein Protokoll herstellen. Nach jeder Sitzung sollen "in praesentia
Theologicorum et Politicorum partis utriusque" die Nachschriften verbessert, besiegelt und ausgetauscht werden. Am
Ende des Kolloquiums wurde aus den vier Vorlagen ein amtli-
ches Protokoll hergestellt, von dem beide Seiten eine beglaubigte Kopie nahmen und diese veröffentlichten[1].

XI. Abschließend wird bestimmt, daß keine Seite willkürlich das
Gespräch abbrechen dürfe; vielmehr sollen sich beide Parteien
bemühen, das vorgegebene Thema abschließend zu behandeln.
Die Entscheidung darüber liegt wieder bei den anwesenden
Fürsten. Durch diese Regelung sollte einem vorzeitigen Ende
des Religionsgesprächs vorgebeugt werden, es sollte verhindert
werden, daß, wie etwa in Worms 1557 eine Seite einfach das Gespräch abbrach, alle Mühen vergeblich waren und die Streitfrage
unerledigt blieb.

Das Religionsgespräch dauerte vom 28.November bis zum 7.Dezem-
ber 1601. Die 14 jeweils halbtägigen Sessionen fanden vor- und
nachmittags im Regensburger Rathaus[2] vor einer großen Zuhörer-
zahl statt[3]. Zur ersten Sitzung waren weit über 500 Zuhörer im
Saal, und die fürstlichen Trabanten und Regensburger Bürger,
die zur Wache verordnet waren, konnten der andrängenden Menge

----

1. Zu den Protokollen vgl. Herbst,24 und Bauer,97,Anm.12 und
   98, Anm.17.
2. Der große Saal, in dem die Reichsversammlungen abgehalten
   wurden, wurde extra eingerichtet und mit Öfen versehen. Es
   wurden Bänke für Zuhörer aufgestellt, "das sich also vil
   hundert Personen gar wol mit vnd beyeinander hetten be-
   tragen vnd accomodiren mögen". Bericht des Augenzeugen
   Stephan Sebald, Herbst,229.
3. Zum Verlauf des Religionsgesprächs vgl. die genaue Nach-
   zeichnung der Sitzungen bei Herbst,123ff. und die Acta

kaum Herr werden; bei den weiteren Sitzungen warem immer 300 -
400 Zuhörer anwesend[1].

In der ersten Sitzung erklärten Albert Hunger und Jakob Hailbronner für sich und ihre Kollegen, daß sie mit den "leges
disputationis" einverstanden seien und sich danach richten wollten. Hunger machte allerdings die Einschränkung, die Katholiken
wollten mit dieser Disputation keine Entscheidung in der Sache
des katholischen Glaubens treffen, sondern nur dazu beitragen,
die Wahrheit mehr ans Licht zu bringen[2]. Auch damit wurde das
Religionsgespräch entgegen den Regeln zum reinen Deklamations-
akt für beide Seiten.
Nach der Verlesung der Thesen durch Gretser (eine katholische
These) und Jakob Hailbronner (zwölf Thesen der Lutheraner) begann die Disputation. Nach mündlicher Vereinbarung sollten die
Lutheraner in den ersten acht Sitzungen ihre Thesen beweisen,
in den folgenden acht Sitzungen dann die Jesuiten die ihrige.
Zuerst jedoch forderten die Lutheraner dringlich die Ergänzung
der katholischen These, da der oberste Richter nicht genannt
und die Traditionen nicht nominatim aufgezählt seien. Erst
nach langem Hin und Her griffen die Fürsten ein, worauf Gretser
als den obersten Richter den Papst angab[3].
Darauf begann Hailbronner zu "proponirn" und die erste protestantische These zu "defendiren". Gretser führte die Auseinandersetzung als "respondens" auf katholischer Seite, die als Disputation pro und contra hin und her lief, häufig von den Fürsten,
die eifrig folgten, mit sachlichen oder organisatorischen Ein-
würfen unterbrochen.
In der fünften Sitzung am 1.Dezember kritisierte Tanner das

----

colloquii Ratisb.,passim. Zu den äußeren Bedingungen vgl.
den zeitgenössischen Bericht Stephan Sebalds, Herbst,223ff.,
bes.,228ff.
1. Vgl. Herbst,235f. An dieses Publikum appellierten die Kolloquenten öfters bei ihren Ausführungen. Z.B.
Hunnius:"Ego iudicium committo toti Auditorio".
Tanner: "Et ego iudicium permitto Auditoribus, an recte res-
ponderis". Acta colloquii Ratisb.,164^v, vgl.u.a.69^v.
2. "Ante omnia autem protestamur ego et collegae mei nihil nos

Verfahren und erklärte, nichts liege ihm mehr am Herzen als die
Beachtung der Disputationsregeln, vor allem, "vt ... in forma
et quidem syllogistice procedatur"[1]. Dagegen sei in den Disputationsregeln nicht enthalten und dem Fortgang der Disputation nicht förderlich, daß alles, was "in disputatione a
Collocutoribus vtrinque opponenda et respondenda sunt, ad calamum tanquam in schola dictentur"[2]. Aber da die protestantischen Kolloquenten von diesem modus procedendi nicht abzubringen
seien, würden nun auch er und seine Kollegen diktieren, da es
sich gezeigt habe, daß das Protokoll die katholischen Ausführungen nicht genau enthalte. Dementsprechend wurde diese
Sitzung zur langatmigsten von allen. Tanner disputierte allein
gegen Hailbronner und Hunnius; die beiden kamen mit ihren
langen Ausführungen je einmal, Tanner zweimal zu Wort, seine
abschließende Rede, vielmehr sein Diktat dauerte zwei Stunden!
Da somit die Auseinandersetzung nicht mehr in freier Wechselrede geführt wurde, sondern überlange Diskussionsbeiträge den
Notaren in die Feder diktiert wurden, ergänzten die Fürsten
am 2.Dezember die Disputationsordnung, indem sie fünf neue
"leges" erließen[3]; vor allem verboten sie, weiterhin in die
Feder zu diktieren und schärften die Einhaltung der alten und
neuen Regeln bzw. die dialektische Argumentationsform und das
Gebot, maßvoll und klar zu disputieren, ein. Die neuen Regeln
halfen aber nicht; weiterhin diktierten Lutheraner und Jesuiten in die Feder[4]. Der Lutheraner Runge verlas in der achten
Sitzung am 3.Dezember lange, vorbereitete testimonia, Zusammen-

----

velle hac disputatione praejudicare communi causae fidei
catholicae, sed hoc tantum laboraturos facturosque, vt veritas magis patescat et elucescat". Ebd.,4[r-v].
(3)."Iudex generalis, ordinarius omnium controversiarum, quae-
cunque possunt oriri in negocio religionis, est Pontifex
Romanus; sive solus definiat aliquid, sive definiat cum
Concilio generali. Iste Iudex semper est infallibilis,
quando ex cathedra definit". Ebd.,12[r].
1. Ebd.,43[r].   2. Ebd.,43[r].
3. Vgl. ebd.,63[r]. Die neuen Regeln als Beilage unten S.266f.
4. Vgl. den Streit über Diktat und Wechselrede zwischen Hunnius
   und Tanner in der 7.Sitzung. Es handelte sich darum, wer in
   der Diskussion das letzte Wort haben sollte; Hunnius lehnte

stellungen von Zitaten aus den Kirchenvätern und dem Kanonischen Recht[1], nach der Sitzung übergaben die Jesuiten schriftlich ihre responsiones[2]. Damit war der erste Teil der Disputation abgeschlossen, die Positionen beider Parteien waren unverändert. In der neunten Sitzung am 4.Dezember wechselten die
Rollen; nun begannen die Jesuiten, ihre These zu beweisen[3].
Tanner zerlegte sie in fünf Beweispunkte, die nacheinander behandelt werden sollten.

Die Auseinandersetzung zwischen beiden Gesprächsparteien arte-
te bis zum Ende des Religionsgesprächs immer wieder in einen
Streit über die Disputierform aus; die Jesuiten bestanden auf
der forma syllogistica[4] und Tanner kritisierte die Ausführungen
Hunnius' als Predigten. Die Klage der Jesuiten, die Protestanten könnten nicht formgerecht disputieren, kehrten immer wieder[5]. Die dialektische Methode, die die Jesuiten als den ge-
eigneten Weg zur Wahrheitsfindung ansahen, galt den Lutheranern
als Sophistik. Hunnius, den Tanner wegen formaler Verstöße
dauern unterbrach, bezeichnete die syllogistische Form als einem Knaben angemessene Schulübung, die aber der Wahrheitsfindung nicht dienlich sei[6]. Zudem könne er nicht erkennen, daß
die geforderte Form jemals "ex vniversa antiquitate et praxi
omnium Colloquiorum de religione omniumque Conciliorum"[7] angewendet worden sei. Dem konnte Tanner mit Recht entgegenhal-
ten, daß nicht zur Debatte stünde, ob die syllogistische Form
in anderen Kolloquien benutzt worden sei; jetzt hätten jedenfalls die vereinbarten Regeln Geltung. In den innerevangeli-

----

es ab, wenn er auch Opponent war, sich mit Tanners Antwort
zufrieden zu geben. Vgl. ebd.,63[v],64[r].
1.Im Protokoll vgl. ebd.,73[r]-86[v].
2.Vgl. ebd.,88[r]-100[v].
3.Tanner:"Alteram partem Colloquii aggredimur...nunc nostram
quoque Thesin probandam suscipiamus". Ebd.,101[r].
4.Vgl. dazu die immer wiederkehrende Forderung Tanners: "fac
Syllogismum".Ebd.,70[r].
5.Vgl. in der 10.Session Tanner:"Nunquam in forma potuit respondere D.Hunnius ad illum Syllogismum".Ebd.,119[r]. Zu den
Auseinandersetzungen vgl. auch 117[v] u.a.
6.Vgl. Bauer,94.
7.Acta colloquii Ratisb.,146[r].

schen Kolloquien, bei denen dieser Modus nicht beachtet worden
sei, habe es kein Ergebnis gegeben, während das Badener Kolloquium von 1526, bei dem die jetzt geübte "forma" eingehalten
worden sei, zum Erfolg geführt hätte[1]. Darauf ging Hunnius nicht
ein, sondern fragte nur unter betontem Rückbezug auf die Heilige Schrift, warum Christus und die Apostel denn diesen Modus
nicht eingehalten hätten, was aber Tanner ebenfalls bestritt[2].

Die syllogistische Methode erwies sich für die Auseinandersetzung zwischen Gegnern mit grundsätzlich verschiedenen theologischen Standpunkten als ungeeignet. Die Protestanten bestritten regelmäßig die Richtigkeit der theologischen Ober- und
Untersätze, um die Schlußfolgerung als falsch zu verwerfen. Die
Jesuiten mußten dann für die Ober- und Untersätze einen Beweis
liefern, der aber empirisch nicht zu führen war. Die Protestanten waren ungehalten, daß die Jesuiten, die in der formalen
Argumantation überlegen waren, ihnen Formfehler im Disputations-
gang vorwarfen, ohne sich aber inhaltlich mit ihren Äußerungen
auseinanderzusetzen.

Nach der 14.Session am 7.Dezember trennten sich die Parteien,
um am nächsten Tag wieder zusammenzukommen. Am nächsten Morgen
wurde allerdings bekannt, daß das Religionsgespräch abgebrochen sei. Maximilian nannte eine Reihe von Gründen für den Abbruch: Er sei nicht bereit, die Beleidigungen des Papstes weiter anzuhören[3]; zudem seien die Hauptgegenstände hinreichend
erörtert; außerdem sei er aus gesundheitlichen Gründen nicht in
der Lage, dem Gespräch weiter zu folgen, und erwarte den Besuch
----

1. Vgl. Tanner:"Sive hic modus fuerit usitatus in aliis colloquiis, sive non; illud nos non attinet, quia nos habemus
   nostras peculiares regulas. Legi ego colloquia inter vestros
   habita, ubi cum hic modus non fuerit servatus, nullus fructus
   inde secutus est, ut testantur colloquia vestra Altenburgi,
   Mompelgardi, et in Saxonia habita: In Badensi vero cum haec
   forma observaretur, aliquis fructus secutus".Ebd.,146[r].
2. Vgl. ebd.,146[r].
3. Maximilian an Clemens VIII.:" Ut disputatio citius abrumpe-
   retur prorsusque finiretur quam putaram, inter alia effecit
   praedicantium impudens temeritas et audacia, quae eo usque

des Herzogs von Mantua. Offenbar wollte er verhindern, daß in
den beiden letzten Sitzungen vereinbarungsgemäß der Hauptpunkt
der jesuitischen These, das Problem der katholischen Kirche und
des Papstes , erörtert wurde und damit nach der Debatte über das
Schriftprinzip der Protestanten nun auch das jesuitische Grund-
prinzip in einer öffentlichen Disputation in Frage gestellt
und diskutiert würde[1].

Mit dem Abbruch verstieß Maximilian gegen die mit Philipp
Ludwig vereinbarten Gesprächsregeln, die eine einseitige Beendigung des Religionsgesprächs ausdrücklich verboten. Vermutlich
war ihm klar geworden, daß ein Ergebnis ohnehin nicht mehr zu
erwarten war.

Die protestantischen und jesuitischen Kolloquenten erklärten
jeweils den Gegner als für den Abbruch des Kolloquiums verant -
wortlich. Demgemäß wurde die zeitgenössische Berichterstattung
in beiden Lagern zur Polemik gegen die Glaubensgegner ausge-
nutzt[2]. Ohne Rücksicht auf den unentschiedenen Ausgang werteten
Tanner und der jesuitische Historiker Adam Flotto das Regensburger Religionsgespräch als Ereignis, das in der Reihe der
Glaubenskontroversen von Augustin über Luther und Eck 1519
stand und praktischen Nutzen hatte. Insbesondere wurde das Kolloquium mit der Konversion Wolfgang Wilhelms zum katholischen
Glauben 1613 in Verbindung gebracht.

----

processit, ut in mea praesentia sedem apostolicam contumelio-
sissimo nomine nuncupare non erubuerunt, fueritque necesse, ut
ego palam impudentia ora coarguerem, de insigni iniuria cum
eis expostularem ac silentium eisdem imponerem". 21.Dezember
1601, Stieve,595, Anm.2.
1. Zum Abbruch des Gesprächs vgl. Herbst,166ff., Bauer,93.
2. Eine Übersicht über die zeitgenössische Berichterstattung bei
Herbst, 5ff.; die Berichte der Kolloquenten und Abgeordneten
ebd.,26ff., die Streitliteratur, 31ff.

X. Zusammenfassung und Ausblick.

Das Religionsgespräch beginnt in Deutschland als akademische Disputation und wird bei der Reformation der Städte ausgebildet, aber damit zugleich auch als politisches Mittel benutzt. In den Reichs-Religionsgesprächen von 1530 und 1540/41 erfährt es durch die Verbindung mit dem Reichstag seine spezifische Ausprägung, die dann - mit leichten Veränderungen 1546 und 1557 - als das "colloquium" verbindlich geworden ist. Mit dem Religionsfrieden 1555 wird das Reichs-Religionsgespräch im Grunde überflüssig, da der Zwang zur religiösen Einigung als Voraussetzung der politischen Einheit wegfällt. Die Aufgabe, mit dem Kontrahenten zu Kompromiß und Einigung zu kommen, wird endgültig abgelöst durch den Vorsatz beider Parteien, das Forum des Reichs-Religionsgesprächs zu Propaganda und Mission zu benutzen.

Auch die Religionsgespräche auf territorialer Ebene in der zweiten Hälfte des 16.Jahrhunderts gehen denselben Weg. Bemühungen zum Ausgleich der Gegensätze zwischen Lutheranern und Calvinisten, zwischen Gnesiolutheranern und Philippisten oder zwischen Evangelischen und Katholiken sind zwar bei einzelnen Beteiligten gelegentlich noch vorhanden, können sich aber durch den unterdessen voll ausgebildeten Konfessionalismus nicht auswirken. Jeder Kompromiß ist Verunreinigung der jeweils reinen Lehre und damit Sünde. Die Auseinandersetzung durch Diskussion wird ersetzt durch reine Deklamation unter Aufbietung auch rhetorischer Finessen, obwohl sich diese als für eine theologische Erörterung ganz unbrauchbar erweisen, oder durch bloßen Austausch umfangreicher Schriftsätze, die dazu bestimmt sind, die Aktensammlungen zu füllen. Nicht mehr Übereinkunft soll erreicht werden, sondern, wenn nicht der Gegner, so doch der unentschiedene Zuhörer oder spätere Leser überredet und bekehrt werden. Mission und Propaganda sind mithin der einzige Zweck dieser Religionsgespräche, die durch die Anwesenden, umfangreiche Korrespondenzen und den Druck der Protokolle bzw. Schriftsätze - möglichst auch in Übersetzung - ein zahlreiches Publikum erreichen.

Das deutsche Muster des Religionsgesprächs wird sowohl in
West- wie in Osteuropa aufgenommen. Der Dimension des Reichs-
Religionsgesprächs entspricht in Frankreich das berühmte Religionsgespräch von Poissy 1561, das von der Krone aus rein politischen Gründen veranstaltet wird[1]. Auch in Polen bilden die
Religionsgespräche einen Teil des politischen Lebens[2]. Immerhin
führten die zwischen 1555 und 1570 abgehaltenen Religionsgespräche zum Vergleich der verschiedenen evangelischen Richtungen
im Consensus von Sandomir 1570[3].

Ein "schriftliches" Religionsgespräch findet zwischen württembergischen Theologen und dem Patriarchen Jeremias von Konstanti-
nopel auf der Basis der von Melanchthon 1559 ins Griechische
übersetzten CA statt, die die Tübinger Theologen 1579 nach Kon-
stantinopel geschickt hatten. Der Patriarch antwortete mit einem Versuch, parallel dem Inhalt der CA den Glauben der orthodoxen Kirche darzustellen. Auf seine Aufforderung an die Tübinger
Theologen zum Anschluß an den orthodoxen Glauben gingen diese
nicht ein, so daß das "Religionsgespräch" 1581 ein Ende fand[4].

Auch im 17.Jahrhundert wird das Religionsgespräch trotz der
negativen Erfahrungen der Reformationszeit von verschiedenen
Fürsten als Möglichkeit angesehen, wenigstens zwischen den bei-
----

1. Vgl. zu Poissy an neuerer Literatur die Angaben oben S.229,
   Anm.1.
2. Wie Tazbir,136f. zeigt, waren sie gelegentlich sogar ein
   Bestandteil des gesellschaftlichen Lebens und dienten zur
   Belustigung bei Gastmählern der Magnaten.
3. Zu den polnischen Religionsgesprächen vgl. zuletzt Tazbir,
   127ff. und Wrzecionko, 145ff.; zum Thorner Religionsgespräch von 1645 siehe unten S.262f.
4. Zur Auseinandersetzung zwischen deutschen Protestanten und
   orthodoxer Kirche vgl. E.Benz: Wittenberg und Byzanz. 2.Aufl.
   München 1971,94ff. Über die CA Graeca vgl. jetzt: A.Kallis:
   Confessio Augustana Graeca. Orthodoxie und Reformation in
   ihrer theologischen Begegnung 1579-1581. In:Iserloh,668ff.

den evangelischen Konfessionen einen Ausgleich herbeizuführen
und dadurch in ihrem jeweiligen Territorium kirchlichen Frieden
zu stiften[1]. Die theologischen Grundlagen dafür formulierte der
Helmstedter Lutheraner Georg Calixt, indem er eine Ausgleichs-
theologie auf der Basis des "consensus quinquesaecularis" und
der Definition der heilsnotwendigen Glaubensartikel lehrte[2].

Unter dem Druck des Restitutionsedikts von 1629 und der Furcht
vor Gustav Adolf steht das Leipziger Religionsgespräch vom
März 1631. Hier verhandeln während des Leipziger Fürstenkon-
vents lutherischer und reformierter Reichsstände Theologen aus
Brandenburg, Kursachsen und Hessen-Kassel auf Befehl ihrer
Herren, aber in einer "Privat-Conferentz", über einen Ausgleich
zwischen den beiden Konfessionen, um das geplante Defensiv-
bündnis durch ein gemeinsames Bekenntnis zu untermauern. Da eine Einigung an der intransigenten Haltung Kursachsens scheitert,
werden weitere Religionsgespräche ins Auge gefaßt, die aber
durch den Kriegsverlauf nicht zustandekamen[3].

1661 veranstaltet Landgraf Wilhelm von Hessen-Kassel zwischen
je drei Theologen der reformierten Landesuniversität Marburg
und der ihm 1648 mit den gräflich-schaumburgischen Landen zuge-
fallenen lutherischen Universität Rinteln ein Religionsgespräch
in Kassel[4]. Die Theologie Calixts wurde dabei durch seinen Schüler Henichius vertreten. Acht Tage wird täglich sechs Stunden
über die wichtigsten Lehrunterschiede zwischen beiden Konfessionen disputiert. Dabei kommt es zwar zu keiner dogmatischen Einigung, aber doch zur gemeinsamen Feststellung, daß die Differenzen nicht das Fundament des Glaubens betreffen und gegenseitiges
Verketzern unangebracht sei. Gegen den Protest der lutherischen
Orthodoxie Kursachsens wird durch das Ergebnis des Kasseler
Religionsgesprächs für Hessen-Kassel ein konfessioneller Fried-

1. Zur Entwicklung der Einigungsbestrebungen nach der Reformation vgl. zusammenfassend RGG II, 382ff. Vgl. auch F.W.
   Kantzenbach:Protestantisches Christentum im Zeitalter der
   Aufklärung. Gütersloh 1965.
2. Über Calixt als Unionstheologen vgl. Hermann Schüssler:
   Georg Calixt. Theologie und Kirchenpolitik. Wiesbaden 1961.
3. Zum Leipziger Religionsgespräch 1631 vgl. O.Ritschl:Dogmen-

stand erreicht.

Weniger erfolgreich ist bei demselben Versuch der Große Kurfürst[1]. Nach dem Kasseler Religionsgespräch fordert Landgraf Wilhelm ihn auf, ein Religionsgespräch zwischen brandenburgischen, braunschweigischen und hessischen Theologen zu veranstalten. Friedrich Wilhelm beschränkt sich aber auf ein innerbrandenburgisches Religionsgespräch zur Befriedung der konfessionellen Auseinandersetzungen in der Mark und in Pommern. Zu den Teilnehmern des Berliner Religionsgesprächs bestimmt er die beiden lutherischen Ministerien von Berlin - darunter Paul Gerhardt - und Cölln sowie die reformierten Hofprediger und den Rektor des Joachimsthaler Gymnasiums. Ganz im Stil des 16.Jahrhunderts ernennt er kurfürstliche Kommissare für beide Parteien, die Leitung hat der Oberpräsident von Schwerin. In 17 Sitzungen findet das Religionsgespräch von September 1662 bis Mai 1663 statt. Es wird abgebrochen, als die Berliner Theologen erklären, daß sie ohne Zustimmung der ganzen lutherischen Kirche keine Beschlüsse fassen können.

Das "Colloquium charitativum" von Thorn im August bis November 1645 schließlich ist der letzte große Versuch, in der Tradition des 16.Jahrhunderts durch ein offiziell angesetztes Religionsgespräch zu einer Versöhnung aller drei Konfessionen zu kommen[2]. Veranstaltet vom polnischen König, debattieren 26 katholische, 28 lutherische und 24 reformierte Theologen unter Leitung des Kongreßkanzlers. Die königliche Proposition hat drei Schritte für die Verhandlungen vorgesehen: Darlegung der Lehrmeinungen durch jede Seite, Debatte über den Ausgleich einzelner Kontroversfragen, brüderliche Einigung. Über den ersten Schritt kommt das Religionsgespräch allerdings nicht hinaus.

----

geschichte des Protestantismus IV.Göttingen 1927,261ff. Der Ausdruck "Privat Conferentz" wird in der "Relation" des brandenburgischen Theologen J.Bergius (Berlin 1635) benutzt.
(4).Zum Kasseler Religionsgespräch vgl. Heppe, Kirchengeschichte beider Hessen 2,161f.
1.Zum Folgenden vgl. Lackner,128ff.
2.Vgl. dazu zusammenfassend RGG IV,871f.; J.Weinberg: Die Kirchenpolitik des Großen Kurfürsten in Preußen. Würzburg 1963(Beihefte zum Jahrbuch der Albertus-Universität Königs-

Das Schauspiel des 16.Jahrhunderts wiederholt sich: Gegen die
katholischen Kolloquenten, die zumeist Jesuiten sind, kommt
keine evangelische Einheit zustande , vielmehr sind die Lutheraner unter dem Danziger Rektor Abraham Calov vor allem bemüht,
sich von den Reformierten abzugrenzen. Calixt, der als Vertreter des brandenburgischen Kurfürsten (als Herzogs von Preußen)
an den Verhandlungen teilnehmen will, wird von ihnen nicht zugelassen und fungiert daher als Berater der Reformierten[1]. Nach
der 36.Sitzung wird das Religionsgespräch abgebrochen - statt
einer Annäherung hat es weitere Entfremdung gebracht.

Auch im 17.Jahrhundert hat sich also - mit Ausnahme von Hessen-Kassel - das Religionsgespräch als untaugliches Instrument
erwiesen, die Gegensätze zwischen den Konfessionen abzubauen.
Eine neue Möglichkeit dazu ergibt sich erst mit der Relati-
vierung der Konfessionsunterschiede und dann der Religion überhaupt im Vorfeld der Aufklärung seit dem Ende des 17.Jahrhun-
derts[2].

Literarisch ist allerdings die Frage der Einigung der Religionen durch ein Religionsgespräch schon in der Mitte des 17.
Jahrhunderts von Grimmelshausen gelöst worden, der ein Radikal-
mittel vorsieht[3]:
" Alsdann wird er (=der Held, der den Universalfrieden schafft)
die allergeistreichste, gelehrteste und frömmste Theologos von
allen Orten und Enden her aus allen Religionen zusammenbringen
und ihnen einen Ort ... in einer lustigen, doch stillen Gegend,
da man wichtigen Sachen ungehindert nachsinnen kann, zurichten
lassen, sie daselbst mit Speis und Trank, auoh aller anderer

----

berg, Pr.23), 59ff; Lackner,159ff.
1. Der Delegation der Reformierten schloß sich, aus Elbing
   kommend, auch Comenius als Vertreter der Böhmischen Brüder
   an.
2. Vgl. für diesen Zusammenhang Ernst Benz: Leibniz und die
   Wiedervereinigung der christlichen Kirche. In:Zeitschrift
   für Religions- und Geistesgeschichte 2 (1949/50),97ff.
3. Johann Jakob Christoffel von Grimmelshausen: Der abenteu-
   erliche Simplicissimus Teutsch. 3.Buch,5.Kapitel.

Notwendigkeit versehen und ihnen auflegen, daß sie, sobald immer möglich und jedoch mit der allerreifsten und fleißigsten Wohlerwägung, die Strittigkeiten, so sich zwischen ihren Religionen enthalten, erstlich beilegen und nachgehends mit rechter Einhelligkeit die rechte, wahre, heilige und christliche Religion, der Hl. Väter Meinung gemäß schriftlich verfassen sollen ... Mein tapferer Held wird auch nicht feiern; er wird, solang dieses Concilium währet, in der ganzen Christenheit alle Glocken läuten und damit das christlich Volk zum Gebet an das höchste Numen ohnablässig anmahnen und um Sendung des Geistes der Wahrheit bitten lassen. Wenn er aber merken würde, daß sich einer oder ander von Plutone einnehmen läßt, so wird er die ganze Kongregation wie in einem Konklave mit Hunger quälen; und wenn sie noch nicht dran wollen, ein so hohes Werk zu befördern, so wird er ihnen allen vom Henken predigen oder ihnen sein wunderbarlich Schwert weisen und sie also erstlich mit Güte, endlich mit Ernst und Bedrohungen dahin bringen, daß sie ad rem schreiten und mit ihren halsstarrigen falschen Meinungen die Welt nicht mehr wie vor alters foppen. Nach erlangter Einigkeit wird er ein groß Jubelfest anstellen und der ganzen Welt diese geläuterte Religion publizieren".

XI. Beilage:Disputationsregeln für das Regensburger Religions-
----
        gespräch 1601.

I.   Gloria Dei, Ecclesiae salus, veritatis inquisitio et pro-
     positae quaestionis illustratio, collocutoribus suprema
     lex et unicus in disputando scopus esto.

II. Sententiam suam de norma doctrinae et cultuum deque contro-
     versiarum religionis Iudice affirmativis et negativis thesi-
     bus comprehensam pars utraque perspicue proponat.

III. Ubi ad ipsum disputationis actum et in arenam descensum
     fuerit, post terminorum Theologicorum ad praesentem dis-
     quisitionem pertinentium brevem et necessariam declaratio-
     nem, ab adversa parte requisitam, recta sine ambagibus ad
     examen thesium et argumentorum procedatur.

IV. Collocutores argumenta syllogismo, vel alia in Logicis pro-
     bata argumentandi forma includant.

V.   Agant modeste et placide, loquantur clare et perspicue, ut
     intelligi, tarde, ut dicta percipi possint. Ad quaesita
     respondeant diserte, affirmando vel negando vel distinguen-
     do.

VI. Fugiant Sophisticam a scopo propositae quaestionis, declinan-
     tem, neque rectopede ad cuiuslibet argumenti veram confir-
     mationem, vel confutationem procedentem.

VII. Vitent convitia, clamores, Strepitus, intempestivas inter-
     pellationes, quibus necessaria rerum explicatio interrumpi-
     tur et otiosas et inutiles declamationes.

VIII. Proposito argumento liceat collocutori paucis deliberare
     cum collegis de vera et solida responsione; haec enim dis-

putatio non ingenii ostentandi, sed veritatis inquirendae
et illustrandae gratia est instituta.

IX. Excusso quantum satis videbitur argumento authoritate Principum progressus fiat ad alia.

X. Notarii iurati bini ex utraque parte deligantur, qui acta
fideliter excipiant et singulis sessionibus finito colloquio
in praesentia Theologorum et Politicorum partis utriusque
Protocolla conferant, eaque conformatis per omnia exemplari-
bus reciproce facta subscriptione et obsignatione permuten-
tur.

XI. Neutra pars privato arbitrio conetur abrumpere colloquium,
sed eo potius elaboret utraque, ut propositum thema de norma fidei et iudice controversiarum cunctis suis partibus ex-
cutiatur et illustretur. Atque sic colloquio non nisi de
voluntate Principum suprema manus imponatur.

Acta Colloquii Ratisbonensis, 4^{r-v}.

Cum Serenissimis et Illustrissimis Principibus consultum videre-
tur ut redimendi temporis gratia, deinceps a dictando abstinere-
tur, sequentes leges sunt consignatae. 2.Dezember 1601.

I. Ne imposterum ad calamum dictetur, tarde tamen et distincte,
ut dicta percipi possint, loquantur.

II. Singula argumenta in forma Dialectica singulatim et seorsim discutiantur, quo discusso, ad alterum modo iam dicto
procedatur.

III.Lec quinta priori instructione proposita accurate obser-
vetur.

IV. Qui proponit argumentum non confirmet illud, donec responsio data sit.

V. Transgressores legum pro arbitrio Principum in ordinem re-
    digantur.   Acta Colloquii Ratisbonensis,63[r].

- 268 -

XII. Abkürzungen.

ARC	Acta Reformationis Catholicae
ARG	Archiv für Reformationsgeschichte
CCath	Corpus Catholicorum
CR	Corpus Reformatorum, Melanchthon
CT	Concilium Tridentinum
HZ	Historische Zeitschrift
LThK	Lexikon für Theologie und Kirche
MIÖG	Mitteilungen des Instituts für österreichische Geschichtsforschung
NB	s.Friedensburg, Nuntiaturberichte
NDB	Neue deutsche Biographie
QFIAB	Quellen und Forschungen aus italienischen Archiven und Bibliotheken
QFRG	Quellen und Forschungen zur Reformationsgeschichte
RE	Realencyklopädie für protestantische Theologie und Kirche
RGG	Die Religion in Geschichte und Gegenwart
RTA	Deutsche Reichstagsakten, jüngere Reihe, Bd.3 Gotha 1901, Bd.4 Gotha 1905.
SVRG	Schriften des Vereins für Reformationsgeschichte
TA El,2	s.Krebs-Rott, Quellen zur Geschichte der Täufer
WA	Luther, Werke, Abt.Schriften
WA Br	Luther, Werke, Abt.Briefwechsel
WA Tr	Luther, Werke, Abt.Tischreden
ZGO	Zeitschrift für die Geschichte des Oberrheins
ZKG	Zeitschrift für Kirchengeschichte
ZW	Zwingli Werke

XIII. Quellen- und Literaturverzeichnis.

(enthält nur die mehrfach (abgekürzt) zitierten Titel).

Acta Colloquii Aldenburgensis bona fide absque omni adiectione
ex Originali descripta. Leipzig 1570.

Acta Colloquii Ratisbonensis de norma doctrinae catholicae et
controversiarum religionis iudice. München 1602.

Acta Reformationis Catholicae ecclesiam Germaniae concernantia
saeculi XVI. Die Reformationsverhandlungen des deutschen
Episkopats von 1520-1570. Hg. von Georg Pfeilschifter.
Bd. 1-6, Regensburg 1959ff.

Albert,R: Aus welchem Grunde disputierte Johann Eck gegen Martin Luther in Leipzig 1519? In:Zeitschrift für die historische Theologie 43 (1873),382ff.

Arend,H.C: Dissertatio historico-theologica de Colloquiis
charitativis seculo XVI. per Germaniam irrito eventu
institutis. Jena 1719.

Augustijn,C: De Godsdienstgesprekken tussen Rooms-Katholieken
en Protestanten van 1538 to 1541. Haarlem 1967.

-        Die Religionsgespräche der vierziger Jahre. In: G.Mül-
ler, Religionsgespräche der Reformationszeit,43ff.

Bainton,R.H: Erasmus, Reformer zwischen den Fronten. 1972.

Barge,H: Andreas Bodenstein von Karlstadt. Bd.1,Leipzig 1905.

-        Luther und Karlstadt in Wittenberg. In: HZ 99 (1907),
256ff.

-       Der Streit über die Grundlagen der religiösen Erneuerung
        in der Kontroverse zwischen Luther und Karlstadt 1524/25.
        In: Studium Lipsiense. Ehrengabe Karl Lamprecht darge-
        bracht. Berlin 1909,192ff.

Baron.H: Religion and Politics in the German Imperial Cities
        during the Reformation. In: English Hist. Rev. 52 (1937),
        405ff., 614ff.

Bartmann,H: Die badische Kirchenpolitik unter den Markgrafen
        Philipp I. Ernst und Bernhard III. (1515-1536). In:
        ZGO (1960),1ff.

Bauer,B: Das Regensburger Kolloquium 1601. In: Um Glauben und
        Reich, Kurfürst Maximilian I.Wittelsbach und Bayern II,1.
        München 1980,90ff.

Bauer,W.- Lacroix,R: Die Korrespondenz Ferdinands I. 2Bde.
        Wien 1912/1938.

Baumgarten,H: Karl V. und der Katholische Bund vom Jahre 1538.
        In: Deutsche Zeitschrift für Geschichtswissenschaft 6
        (1891),273ff.

Baur,A. Die erste Züricher Disputation vom 29.Januar 1523. Zü-
        rich 1883.

-       Zwinglis Theologie. Ihr Werden und ihr System. 2 Bde.
        Halle 1885/1889.

Die Bekenntnisschriften der evangelisch-lutherischen Kirche.
        Göttingen ^{4}1959.

Bender,H.S: The Anabaptists and Religious Liberty in the 16th
        Century. In: ARG 44 (1953),32ff.

Beumer,J: Das Religionsgespräch und die ihm eigene Problematik. In: Theologie und Glaube 54 (1964),321ff.

-       Zwei "Vermittlungstheologen" der Reformationszeit. Philipp Melanchthon und Georg Witzel. In: Theologie und Philosophie 43 (1968),502ff.

Bindseil,H.E.(Hg): Philippi Melanchthonis epistolae, iudicia, consilia, testimonia aliorumque ad eum epistolae, quae in Corpore Reformatorum desiderantur. Halle 1874.

Bizer,E: Studien zur Geschichte des Abendmahlsstreits im 16. Jahrhundert. Darmstadt, 2.Aufl. 1962.

-       Die Wittenberger Theologen und das Konzil. Ein ungedrucktes Gutachten. In: ARG 47 (1956),77ff.

Blake,F: Brüder in Christo, die Geschichte der ältesten Täufergemeinde (Zollikon 1525). Zürich 1955.

Blatter,A. Die Tätigkeit Melanchthons bei den Unionsversuchen 1539-1541. Bern 1899.

Bornkamm,H: Martin Bucers Bedeutung für die europäische Reformationsgeschichte. Gütersloh 1952.(SVRG 169).

Borth,W: Die Luthersache (causa Lutheri) 1517-1524. Die Anfänge der Reformation als Frage von Politik und Recht. Lübeck-Hamburg 1970.(Historische Studien 414).

Brandenburg,E: Herzog Heinrich der Fromme von Sachsen und die Religionsparteien im Reiche (1537-1541). In:Neues Archiv für Sächsische Geschichte und Altertumskunde 17 (1896), 121ff., 241ff.

-       Politische Korrespondenz des Herzogs und Kurfürsten Moritz von Sachsen. 2 Bde, Leipzig 1900/1904.

Brandi,K: Kaiser Karl V. Werden und Schicksal einer Persönlich-
keit und eines Weltreiches. 2 Bde.München [4]1942.

Braunsberger,O.(Hg): Petrus Canisius Epistulae et acta. Bd.2
(1556-1560). Freiburg 1898.

Brieger,Th: De formulae concordiae Ratisbonensis origine atque
indole. Halle 1870.

- Über die handschriftlichen Protokolle der Leipziger Disputation. In: Beiträge zur Reformationsgeschichte. D.
Köstlin gewidmet. Gotha 1896,37ff.

Brodrick,J. S.J.: Petrus Canisius 1521-1597. 2Bde. Wien 1950.

Brück,A.Ph: Die Instruktion Albrechts von Brandenburg für das
Hagenauer Religionsgespräch 1540. In: Archiv für mittelrheinische Kirchengeschichte 4 (1952),275ff.

Brunner,O: Souveränitätsprobleme und Sozialstruktur in den
deutschen Reichsstädten der frühen Neuzeit. In: ders:
Neue Wege der Verfassungs- und Sozialgeschichte. Göttingen
[2]1968,294ff.

Bubenheimer,U: Consonantia Theologiae et Jurisprudentiae. Andreas Bodenstein von Karlstadt als Theologe und Jurist zwischen Scholastik und Reformation. Tübingen 1977.

Buck,H.-Fabian,E: Konstanzer Reformationsgeschichte in ihren
Grundzügen 1 (1519-1531). Tübingen 1965.

Bucholtz,F.B.v.: Geschichte der Regierung Ferdinands des Ersten.
9 Bde. Wien 1831-1838.

Heinrich Bullingers Reformationsgeschichte, hg. von J.J.Hottinger
und H.H.Vögeli. 3 Bde. Frauenfeld 1838/1840.

Burgdorf,M: Johann Lange, der Reformator Erfurts. Phil.Diss.
Rostock. Kassel 1911.

Caemmerer, H.v.: Das Regensburger Religionsgespräch im Jahre
1546. Phil.Diss. Berlin 1901.

Cardauns,L: Berichte Tomaso Campeggios vom Wormser Kolloquium
1540/41. In: Nuntiaturberichte I,6 (1910),1ff.

- Zur Geschichte der kirchlichen Unionsbestrebungen 1538-
1542. Bibl.d.kgl.Preuß.Hist.Inst. Rom 5. Rom 1910.

- Zur Kirchenpolitik Herzog Georgs von Sachsen. QFIAB 10
(1907),144ff.

- Von Nizza bis Crepy.Rom 1923.(Bibl. d. Preuß.Hist.Inst.
Rom 15).

- Ein Programm zur Wiederherstellung der kirchlichen Einheit aus dem Jahre 1540. In: QFIAB 9 (1906),140ff.

Clasen,C.P: Anabaptism. A Social History, 1525-1618. Ithaca-
London 1972.

Clemen,O: Ein gleichzeitiger Bericht über die Leipziger Disputation 1519. In: Neues Archiv für sächsische Geschichte und
Altertumskunde 51 (1930),44ff.

- Litterarische Nachspiele zur Leipziger Disputation. In:
Beiträge zur sächsischen Kirchengeschichte 12 (1898),56ff.

- Vergleichsartikel für das Religionsgespräch, das am 1.Au -
gust 1539 in Nürnberg beginnen sollte. In: Zeitschrift für

Bayerische Kirchengeschichte 15 (1940),229ff.

Deppermann,K: Melchior Hoffman. Soziale Unruhen und apokalypti-
sche Visionen im Zeitalter der Reformation. Göttingen 1979.

Deutsche Reichstagsakten. Jüngere Reihe. Hg. von der Hist. Kommission bei der Bayer.Akademie der Wissenschaften. Bd.3
und 4, hg. von A.Wrede. Gotha 1901/1905. Neudruck
Göttingen 1963.

Ditsche,M: Das "Richtscheit der Apostolischen Kirche" beim Leipziger Religionsgespräch von 1539. In: Reformata Reforman-
da. Festgabe für H.Jedin, hg. von E.Iserloh und K.Repgen.
Bd.1, Münster 1966,466ff.

Dittrich,F: Zu Artikel V des Regensburger Buches von 1541. In:
Historisches Jahrbuch 13 (1892),196ff.

Döllinger,J.J.I: Beiträge zur politischen, kirchlichen und Cul-
turgeschichte der sechs letzten Jahrhunderte. Bd.3,
Regensburg 1882.

Druffel, A.v.(Hg): Briefe und Akten zur Geschichte des sechzehnten Jahrhunderts. Bd. 1-4. München 1873-96.

-    Karl V. und die römische Curie. 4 Teile. München 1877-
1891. (Abhandlungen der Münchener Akademie der Wissenschaften, Hist.Kl. 13,2, 145ff.; 16,1, 1ff; 16,3, 181ff;
19,2, 445ff.

Dufour,A: Das Religionsgespräch von Poissy. Hoffnungen der Reformierten und der "Moyenneurs". In: Müller, Religionsgespräche der Reformationszeit, 117ff.

Duller,E: Neue Beiträge zur Geschichte Philipps des Großmüthigen, Landgrafen von Hessen. Darmstadt 1842.

Eells,H: Thee origin of the Regensburg Book. In: The Princeton
Theological Review 26 (1928), 355ff.

Die Eidgenössischen Abschiede aus dem Zeitraume von 1521 bis
1528. Hg. v. J.Strickler. Der amtlichen Abschiedesamm-
lung Bd. 4, Abtheilung 1 a(1) und 1 a(2). Brugg 1873 .
(Amtliche Sammlung der ältern Eidgenössischen Abschiede).

Enders,E.L.(Hg): Martin Luthers Briefwechsel. Bd.2, Calw-
Stuttgart 1887.

Endriss,J: Das Ulmer Reformationsjahr in seinen entscheidenden
Vorgängen. 2.durchgesehene Auflage. Selbstverlag 1931.

Engelbert,E: Die Anfänge der lutherischen Bewegung in Breslau
und Schlesien 1.In: Archiv für Schlesische Kirchengeschichte 18 (1960),121ff.; Teil 2, in: ebd.,19 (1961),
165ff.

Engelhardt,A: Die Reformation in Nürnberg. Bd.1.Nürnberg 1936,1ff.
(Mitteil. d. Vereins f.Gesch. der Stadt Nürnberg 33).

Egli,E.(Hg): Actensammlung zur Geschichte der Zürcher Reformation in den Jahren 1519-1533. Neudruck der Ausgabe Zürich
1879. Aalen 1973.

Ernst,V.(Hg): Briefwechsel des Herzogs Christoph von Wirtemberg.
Bd. 1-4, Stuttgart 1899-1907.

Finsler,G.(Hg): Die Chronik des Bernhard Wyss 1519-1530. Basel
1901.(Quellen zur schweizerischen Reformationsgeschichte 1).

Fischer-Galati,S: Ottoman Imperialism and German Protestantism
1521-1555. Cambridge/Mass. 1959.(Harvard Historical Mono-
graphies 43).

Förstemann, C.E.(Hg). Neues Urkundenbuch zur Geschichte der evangelischen Kirchen-Reformation. Bd.1, Neudruck der Aus-Ausgabe Hamburg 1842. Hildesheim-New York 1976.

- Urkundenbuch zu der Geschichte des Reichstages zu Augsburg im Jahre 1530. 2 Bde.,Halle 1833/35.

Fraenkel,P: Einigungsbestrebungen in der Reformationszeit. Zwei Wege - Zwei Motive. Wiesbaden 1965.

Franz,G: Urkundliche Quellen zur hessischen Reformationsgeschichte. Bd.2, 1525-1547, Marburg 1954.(Veröffentlichungen der Hist.Komm. für Hessen und Waldeck 11,2).

Franzen,A: Die Kelchbewegung am Niederrhein im 16.Jahrhundert. Ein Beitrag zum Problem der Konfessionsbildung im Reformationszeitalter. Münster 1955. (Katholisches Leben und Kämpfen im Zeitalter der Glaubensspaltung 13).

-(Hg): Um Reform und Reformation. Münster 1968.

Friedensburg, W: Beiträge zum Briefwechsel zwischen Herzog Georg von Sachsen und Landgraf Philipp von Hessen 1525 bis 1527. In: Neues Archiv für Sächsische Geschichte und Altertumskunde 6 (1885),94ff.

- Beiträge zum Briefwechsel der katholischen Gelehrten Deutschlands im Reformationszeitalter. In: ZKG 18 (1898), 106ff., 233ff., 420ff., 596ff.

- Zur Geschichte des Wormser Konvents 1541. In: ZKG 21 (1901), 112ff.

- Kaiser Karl V. und Papst Paul III. (1534-1549). Leipzig 1932. (SVRG 153).

Friedensburg, W. und Cardauns,L.(Hg): Nuntiaturberichte aus Deutschland nebst ergänzenden Actenstücken. Abt.1, Bd. 1-8. Gotha 1892-1912.

Friedensburg, W.(Hg): Politische Correspondenz der Stadt Strassburg im Zeitalter der Reformation. Bd.5 (1550-1555). Heidelberg 1928.

- Das Protokoll der auf dem Augsburger Reichstag von 1555 versammelten Vertreter der freien und Reichsstädte über die Reichstagsverhandlungen. In: ARG 34 (1937), 36ff.

Fuchtel,P: Der Frankfurter Anstand vom Jahre 1539. In: ARG 28 (1931), 145ff.

Gerber,H: Politische Correspondenz der Stadt Strassburg im Zeitalter der Reformation. Bd.4 (1546-1549), 1.und 2. Halbband, Heidelberg 1931/1933.

Gess, F:(Hg): Akten und Briefe zur Kirchenpolitik Herzog Georgs von Sachsen. 2Bde., Leipzig-Berlin 1905/1917.

Gmelin : Die Versammlung zu Hagenau 1540 und Markgraf Ernst von Baden. In: ZGO 27 (1875), 166ff.

Goertz,H.J.(Hg): Umstrittenes Täufertum 1525-1975. 2.Aufl. Göttingen 1977.

Goetz,W.(Hg): Beiträge zur Geschichte Herzog Albrechts V. und des Landsberger Bundes 1556-1598. München 1898. (Briefe und Akten zur Geschichte des 16. Jahrhunderts,5).

Grabmann,M: Die Geschichte der scholastischen Methode. Bd.2, -Neudruck Berlin 1957.

Johannes Gropper Briefwechsel hg. von R.Braunisch. Bd.1 (1529-

1547). Münster 1977. (Corpus Catholicorum 32).

Grundmann, H.(Hg): Valentin v.Tetleben. Protokoll des Augsburger
Reichstages 1530. Göttingen 1958.(SVRG 177).

Guggisberg,K: Bernische Kirchengeschichte. Bern 1958.

Gussmann, W: Quellen und Forschungen zur Geschichte des Augsburgischen Glaubensbekenntnisses 1/1. Leipzig-Berlin 1911.

Häberlin, F.D: Neueste teutsche Reichs-Geschichte vom Anfang des
Schmalkaldischen Krieges bis auf unsere Zeiten. Bd.2,
Halle 1775.

Hammer,G: Militia Franciscana seu militia Christi. Das neugefun-
dene Protokoll einer Disputation der sächsischen Franziskaner mit Vertretern der Wittenberger theologischen Fakultät am 3. und 4.Oktober 1519. Teil 1 in:ARG 69 (1978),51ff.,
Teil 2 in ebd.,70(1979), 89ff.

Hartung,F: Karl V. und die deutschen Reichsstände von 1546-1555.
Halle 1910.(Historische Studien 1).

Hasenclever,A: Die kurpfälzische Politik in den Zeiten des
schmalkaldischen Krieges. Heidelberg 1905.

-       Die Politik der Schmalkaldener vor Ausbruch des Schmalkaldischen Krieges. Berlin 1901. (Historische Studien 23).

Hasselblatt,A.-Kaestner,G.(Hg): Urkunden der Stadt Göttingen
aus dem XVI.Jahrhundert. Göttingen 1881.

Hatzfeld,L: Staatsräson und Reputation bei Kaiser Karl V. In:
Zeitschrift für Religions- und Geistesgeschichte 11 (1958),
32ff.

Hauswirth, R: Landgraf Philipp von Hessen und Zwingli. Ihre
    politischen Beziehungen von 1529 bis 1530 (1531). Phil.
    Diss. Zürich 1963.

Hecker, A: Religion und Politik in den letzten Lebensjahren
    Herzog Georgs des Bärtigen von Sachsen. Leipzig 1912.

Heidrich, P: Karl V. und die deutschen Protestanten am Vorabend
    des Schmalkaldischen Krieges. 2 Bde.,Frankfurt/Main
    1911/12. (Frankfurter Historische Forschungen 5/6).

Helbling, L: Dr.Johann Fabri. Generalvikar von Konstanz und
    Bischof von Wien 1478-1541. Münster/W. 1941.(Reformations-
    geschichtl. Studien und Texte 67/68).

Heppe,H: Geschichte des deutschen Protestantismus in den Jahren
    1555-1581. 2 Bde., Marburg 1852/53.

-    Kirchengeschichte beider Hessen. Bd.2, Marburg 1871.

Herbst,W: Das Regensburger Religionsgespräch von 1601. Güters-
    loh 1928.

Hergang,K.Th: Das Religions-Gespräch zu Regensburg im Jahre
    1541 und das Regensburger Buch, nebst andren darauf be-
    züglichen Schriften jener Zeit. Cassel 1858.

Hering,C.W: Geschichte der kirchlichen Unionsbestrebungen von
    der Reformation bis auf die neuste Zeit. 2 Tle., Leip-
    zig 1836/38.

Hermelink,H: Geschichte der evangelischen Kirche in Württemberg
    von der Reformation bis zur Gegenwart. Stuttgart-Tübingen
    1949.

-    Die religiösen Reformbestrebungen des deutschen Humanismus. Tübingen 1907.

Hinschius,P: System des katholischen Kirchenrechts mit besonderer Rücksicht auf Deutschland. 6 Bde.,Berlin 1869-1897. Neudruck Graz 1959.

Hirschmann,A: Das Religionsgespräch zu Regensburg 1601. In: Zeitschrift für katholische Theologie 22 (1898),1ff., 212ff., 638ff.

Hofmann, K: Die Konzilsfrage auf den deutschen Reichstagen von 1521-1524. Theol.Diss. Heidelberg 1932.

Holl,K: Luther und die Schwärmer. In: ders.:Gesammelte Aufsätze zur Kirchengeschichte. Bd.1 Luther. Tübingen 1932, 420ff.

Horn,E. Die Disputationen und Promotionen an den deutschen Universitäten vornehmlich seit dem 16.Jahrhundert. Leipzig 1893.

Hortleder,F. Der Römischen Keyser-vnd Königlichen Maiesteten, Auch deß Heiligen Römischen Reichs, Geistlicher vnd Weltlicher Stände, Churfürsten, Fürsten, Graven, Herren, Reichs-vnd anderer Städte, zusampt der heiligen Schrifft, Geistlicher vnd Weltlicher Rechte, Gelehrte Handlungen vnd Außschreiben ... Von den Vrsachen deß Teutschen Kriegs Kaiser Carls des Fünfften. wider die Schmalkaldische Bunds-Oberste, Chur- vnd Fürsten, Sachsen vnd Hessen vnd Ihrer Chur- vnd F.G.G. Mitversandte. Anno 1545 vnd 47. Bd.1, Frankfurt 1617.

Immenkötter,H: Um die Einheit im Glauben. Die Unionsverhandlungen des Augsburger Reichstags im August und September 1530. Münster 1973. (Kath.Leben und Kirchenreform im Zeitalter der Glaubensspaltung 33).

- Reichstag und Konzil. Zur Deutung der Religionsgespräche
des Augsburger Reichstags 1530. In: G.Müller, Religionsgespräche der Reformationszeit, 7ff.

- Der Reichstag zu Augsburg und die Confutatio. Münster
1979. (Katholisches Leben und Kirchenreform im Zeitalter
der Glaubensspaltung 39).

Iserloh,E.(Hg): Confessio Augustana und Confutatio. Der Augsburger Reichstag 1530 und die Einheit der Kirche. Münster
1980. (Reformationsgeschichtl. Studien und Texte 118).

Jahns,S: Frankfurt, Reformation und Schmalkaldischer Bund. Die
Reformations-, Reichs- und Bündnispolitik der Reichs-
stadt Frankfurt am Main 1525-1536. Frankfurt/M. 1976.
(Studien zur Frankfurter Geschichte 9).

Jannasch,W: Reformationsgeschichte Lübecks vom Petersablaß bis
zum Augsburger Reichstag 1515-1530. Lübeck 1958. (Veröffentlichungen zur Geschichte der Hansestadt Lübeck 16).

Jedin,H: An welchen Gegensätzen sich die vortridentinischen
Religionsgespräche zwischen Katholiken und Protestanten
gescheitert? In: Theologie und Glaube 48 (1958),50ff.

- Geschichte des Konzils von Trient. Bd.1, Freiburg 1949.

- Kardinal Contarini als Kontroverstheologe. Münster 1949.

Joachimsen,P: Loci communes. Eine Untersuchung zur Geistesgeschichte des Humanismus und der Reformation. In:Luther-
Jahrbuch 8 (1926),27ff.

- Die Reformation als Epoche der deutschen Geschichte.
Hg. von O.Schottenloher. Aalen 1970.

Junghans,H: Der Laie als Richter im Glaubensstreit der Refor-
    mationszeit. In: Luther-Jahrbuch 39 (1972), 31ff.

Kaehler,E: Beobachtungen zum Problem von Schrift und Tradition
    in der Leipziger Disputation von 1519. In:Hören und Han-
    deln. Festschrift f. Ernst Wolf. München 1962,214ff.

Kalkoff,P: Zu Luthers Römischem Prozeß. Der Prozeß des Jahres
    1518. Gotha 1912.

Kannengiesser,P: Der Reichstag zu Worms vom Jahre 1545. Strass-
    burg 1891.

Kantzenbach, F.W: Das Ringen um die Einheit der Kirche im Jahr-
    hundert der Reformation. Stuttgart 1957.

Wes sich Doktor Andreas Bodenstein von Karlstadt mit Doctor
    Martino Luther beredet zu Jena, und wie sie wider einan-
    der zu schreiben sich entschlossen haben. Item die Hand-
    lung Doctor Martini Luthers mit dem Rat und Gemeine der
    Stadt Orlamünde, am Tag Bartholomäi daselbst geschehen.
    1524. WA 15, 323ff.

Kaufmann, G: Die Geschichte der deutschen Universitäten. Bd.2,
    Stuttgart 1896.

Kawerau, G: Berichte vom Wormser Religionsgespräch 1540. In:
    ARG 8 (1910/11),403ff.

-      Art. Hagenauer Religionsgespräch 1540. RE ^{3}7 (1899),333ff.

-      Art. Wormser Religionsgespräch 1. Das Religionsgespräch
    1540/41. RE ^{3}21 (1908), 489ff.

-      Die Versuche, Melanchthon zur katholischen Kirche zurück-
    zuführen. Halle 1902. (SVRG 73).

- 283 -

Keim, C.Th: Die Reformation der Reichsstadt Ulm. Stuttgart 1851.

Kirn,P: Friedrich der Weise und die Kirche. Leipzig-Berlin 1926.
(Beiträge zur Kulturgeschichte des Mittelalters und der
Renaissance 30).

Klaiber,W.(Hg): Katholische Kontroverstheologen und Reformer
des 16.Jahrhunderts. Münster 1978.

Kluckhohn, A: Friedrich der Fromme, Kurfürst von der Pfalz,
der Schützer der reformierten Kirche 1559-1576. Nörd-
lingen 1879.

(Koch, E.A.)·Neue und vollständige Sammlung der Reichs-Abschiede.
Teil 2 und 3, Frankfurt 1747.

Köhler,W: Huldreych Zwingli. Leipzig 1943.

-      Das Marburger Religionsgespräch 1529. Versuch einer Rekonstruktion. Leipzig 1929. (SVRG 148).

-      Das Religionsgespräch zu Marburg 1529. Tübingen 1929.
(Sammlung gemeinverständlicher Vorträge und Schriften aus
dem Gebiet der Theologie und Religionsgeschichte 140).

-      Zwingli und Luther. Ihr Streit über das Abendmahl nach
seinen politischen und religiösen Bezeihungen. Bd.1, Die
religiöse und politische Entwicklung bis zum Marburger
Religionsgespräch 1529. Leipzig 1924.
Bd.2, Vom Beginn der Marburger Verhandlungen 1529 bis zum
Abschluß der Wittenberger Konkordie von 1536. Gütersloh
1953.

Kolde,C.A.J: Dr.Johann Hess, der schlesische Reformator. Breslau 1846.

Kolde,Th: Art. Regensburger Religionsgespräch und Regensburger
    Bueh 1541. RE ^{3}16 (1905), 545ff.

Korte,A: Die Konzilspolitik Karls V. in den Jahren 1538-1543.
    Halle 1905. (SVRG 85).

Krebs,M.-Rott,H.G.(Hgg.): Quellen zur Geschichte der Täufer.
    Bd.7.Elsaß 1.Teil.Stadt Straßburg 1522-1523. Güters-
    loh 1959.(QFRG 26).

-        Quellen zur Geschichte der Täufer. Bd.8.Elsaß 2.Teil.
    Stadt Straßburg 1533-1535. Gütersloh 1960. (QFRG 27).

Kroon, M.de - Krüger,F.(Hgg.): Bucer und seine Zeit. Forschungs-
    beiträge und Bibliographie. Wiesbaden 1976.

Kugler,B: Christoph, Herzog zu Wirtemberg. Bd.2,Stuttgart 1872.

Lackner,M: Die Kirchenpolitik des Großen Kurfürsten. Witten
    1973.

Laemmer,H: Monumenta Vaticana historiam ecclesiasticam saeculi
    XVI   illustrantia. Freiburg i.Br.1861.

Landgraf,A.M: Zur Technik und Überlieferung der Disputation.
    In:Collectanea Franciscana 20(1950),173ff.

Landwehr,H: Joachims II. Stellung zur Konzilsfrage. Forsch. zur
    brandenburgisch-preuß. Geschichte 6 (1893), 529ff.

Lanz,K: Correspondenz des Kaisers Karl V. 2 Bde. Leipzig 1844/45.
    (Hg)

Lau,F. und Bizer,E: Reformationsgeschichte Deutschlands bis 1555.
    In: Die Kirche in ihrer Geschichte, Bd.3, Lieferung K.
    Göttingen 1964.

Laug, W: Johannes Hess und die Disputation in Breslau von 1524. In:Jahrbuch für schlesische Kirche und Kirchengeschichte N.F. 37 (1958), 23ff.

Lecler, J: Geschichte der Religionsfreiheit. Bd.1, Stuttgart 1965.

Lehenmann, C: De pace religionis acta publica et originalia, das ist Reichshandlungen, Schrifften und Protokollen über die Constitution des Religions-Friedens. Frankfurt ^{2}1707ff.

Lenz,M: Briefwechsel Landgraf Philipp´s des Großmüthigen von Hessen mit Bucer. 3 Bde.,Leipzig 1880-1891.(Publikationen aus dem Kgl. Preuß. Staatsarchiven 5, 28, 47).

Lipgens,W: Kardinal Johannes Gropper, 1503-1559, und die Anfänge der katholischen Reform in Deutschland. Münster 1949.(Reformationsgeschichtl. Studien und Texte 75).

-       Theologischer Standort fürstlicher Räte im sechzehnten Jahrhundert. Neue Quellen zum Wormser Vergleichsgespräch. In: ARG 43 (1952), 28ff.

Locher,G.W: Die Berner Disputation 1528 - Charakter, Verlauf Bedeutung und theologischer Gehalt. In:Zwingliana 14/10 (1978),542ff.

-       Die Zwinglische Reformation im Rahmen der europäischen Kirchengeschichte. Göttingen-Zürich 1979.

Löscher,V.E: Vollständige Reformations-Acta und Dokumenta. Bd. 1-3. Leipzig 1720.

Lohse,B: Luther als Disputator. In:Luther 34 (1963),97ff.

Lortz,J: Die Reformation in Deutschland. Bd.2, Freiburg 1941.

Lutz,H: Christianitas afflicta. Europa, das Reich und die päpst-
    liche Politik im Niedergang der Hegemonie Kaiser Karls V.
    (1552-1556). Göttingen 1964.

Lutz,H.- Kohler,A.(Hgg.): Das Reichstagsprotokoll des Kaiserli-
    chen Kommissars Felix Hornung vom Augsburger Reichstag
    1555. Wien 1971.

Lutz,H: Karl V. und Bayern - Umrisse einer Entscheidung. In:
    Zeitschrift für bayerische Landesgeschichte 22 (1959),
    13ff.

Mackensen,H: Contarini´s Theological Role at Ratisbon in 1541.
    In: ARG 51 (1960),36ff.

-       The Debate Between Eck and Melanchthon on Original Sin
        at the Colloquy of Worms. In: The Lutheran Quarterly
        11 (1959), 42ff.

Mathyssen, J: The Bern Disputation of 1538. In: Mennonite Quar-
    terly Review 22 (1948), 19ff.

Maurenbrecher,W. Geschichte der katholischen Reformation. Nörd-
    lingen 1881.

Maurer,W: Confessio Augustana Variata. In: ARG 53 (1962), 97ff.

-       Historischer Kommentar zur Confessio Augustana. Bd.1,
        Gütersloh 1976.

-       Theologie und Laienchristentum bei Landgraf Philipp von
        Hessen. In: Humanitas-Christianitas. Walther Loewenich
        zum 65.Geburtstag. Witten 1968, 84ff.

Mayer,E.W: Forschungen zur Politik Karls V. während des Augs-
    burger Reichstages von 1530. In: ARG 13 (1916), 40ff.,
    124ff.

Mehlhausen,J: Die Abendmahlsformel des Regensburger Buches. In:
    Studien zur Geschichte und Theologie der Reformation.
    Festschrift Ernst Bizer. Neukirchen 1967,189ff.

Meisen,K.- Zoepfl,F.(Hgg.): Johannes Eck. Vier deutsche Schrif-
    ten gegen Martin Luther, den Bürgermeister und Rat von
    Konstanz, Ambrosius Blarer und Konrad Sam. Münster 1929.
    (Corpus Catholicorum H.14).

Mentz,G: Johann Friedrich der Großmütige 1503-1554. Bd.2 und 3,
    Jena 1908.(Beiträge zur neueren Geschichte Thüringens Bd.
    1, 2.und 3.Teil).

-   Über ein 1525 und 1526 geplantes Religionsgespräch zur
    Beseitigung des Gegensatzes zwischen Ernestinern und Alber-
    tinern. In: Zeitschrift des Vereins für Thüringische Ge-
    schichte und Alterthumskunde 22 (1904), 229ff.

Moeller,B: Johannes Zwick und die Reformation in Konstanz. Güters-
    loh 1961.

-   Scripture, Tradition and Sacrament in the Middle Ages and
    in Luther. In: E.F.Bruce- G.Rupp (Hgg.): Holy Book and
    Holy Tradition. Manchester 1968,113ff.

-   Zwinglis Disputationen. Studien zu den Anfängen der Kir-
    chenbildung und des Synodalwesens im Protestantismus.
    1.Teil in: Zeitschrift der Savigny-Stiftung f.Rechtsge-
    schichte. Kan.Abt. 56 (1970), 275ff.
    2.Teil in ebd. 60 (1974), 213ff.

-   Die Kirche in den evangelischen freien Städten Oberdeutsch-
    lands im Zeitalter der Reformation. In: ZGO 112 (1964),
    147ff.

-   Reichsstadt und Reformation. Gütersloh 1962.(SVRG 180).

Moses,R: Die Religionsverhandlungen zu Hagenau und Worms 1540
    und 1541. Jena 1889.

Müller,G: Franz Lambert von Avignon und die Reformation in
    Hessen. Marburg 1958.

-(Hg.):Andreas Osiander d.Ä. Gesamtausgabe. Bd.1,Gütersloh 1975.

-        Die römische Kurie und die Reformation 1523-1534. Kirche
    und Politik während des Pontifikats Clemens'VII. Güters-
    loh 1969. (QFRG 38).

-        Landgraf Philipp von Hessen und das Regensburger Buch.
    In: Kroon (Hg), Bucer und seine Zeit,101ff.

-(Hg): Die Religionsgespräche der Reformationszeit. Gütersloh
    1980. (SVRG 191).

-        Zur Vorgeschichte des Frankfurter Anstands 1539. Ein
    Nachtrag zu Aleanders dritter Nuntiatur in Deutschland.
    In: QFIAB 39 (1959), 328ff.

-        Zur Vorgeschichte des Tridentinums. Karl V. und das Kon-
    zil während des Pontifikates Clemens VII. In:ZKG 74
    (1963),83ff.

-        Zwischen Konflikt und Verständigung. Bemerkungen zu den
    Sonderverhandlungen während des Augsburger Reichstages
    1530. In: ders.,Religionsgespräche der Reformationszeit,
    21ff.

Müller,K: Luthers römischer Prozeß. In: ZKG 24 (1903),46ff.

-        Luther und Karlstadt. Tübingen 1907.

Müller,N: Zur Geschichte des Reichstags von Regensburg 1541.

In: Jahrbuch f. Brandenburgische Kirchengeschichte 4 (1907), 190ff.

Muralt,L.v.: Die Badener Disputation 1526. Leipzig 1926.(Quellen und Abhandlungen zur Schweizerischen Reformationsgeschichte II.Serie,3).

- Das Gespräch mit den Wiedertäufern am 22.Januar 1528 zu Bern. In: Zwingliana 5/9 (1933/1),409ff.

- Stadtgemeinde und Reformation in der Schweiz. In: Zeitschrift für schweiz. Geschichte 10 (1930),349ff.

Muralt,L.v.-Schmid.W. (Hgg.): Quellen zur Geschichte der Täufer in der Schweiz. Bd.1, 2.Aufl. Zürich 1974.

Naujoks,E: Obrigkeitsgedanke, Zunftverfassung und Reformation. Studien zur Verfassungsgeschichte von Ulm, Eßlingen und Schwäbisch Gmünd. Stuttgart 1958. (Veröff. der Kommission für geschichtliche Landeskunde in Baden Württemberg, Reihe B,Bd.3).

Nebelsieck,H: Elf Briefe und Aktenstücke über das Religionsgespräch in Regensburg von 1546. In: ARG 32 (1935),127ff.; 259ff.

Neudecker,Chr.G: Merkwürdige Aktenstücke aus dem Zeitalter der Reformation. Nürnberg 1838.

- Urkunden aus der Reformationszeit. Kassel 1836.

Neuhaus,H: Reichstag und Supplikationsausschuß. Ein Beitrag zur Reichsverfassungsgeschichte der ersten Hälfte des 16. Jahrhunderts. Berlin 1977.(Schriften zur Verfassungsgeschichte 24).

Neuser,W: Calvins Beitrag zu den Religionsgesprächen von Hagenau, Worms und Regensburg (1540/41). In: Studien zur Geschichte und Theologie der Reformation. Festschrift f. Ernst Bizer. Neukirchen 1967,213ff.

- Calvins Urteil über den Rechtfertigungsartikel des Regensburger Buehes. In: Reformation und Humanismus. R.Stupperich zum 65.Geburtstag, hg. von M.Greschat und J.F.G.Goeters. Witten 1969,176ff.

-(Hg): Die Vorbereitung der Religionsgespräche von Worms und Regensburg 1540/41. Neukirchen 1974.(Texte zur Geschichte der evangelischen Theologie 4).

Oberman,H.A: Werden und Wertung der Reformation. Vom Wegestreit zum Glaubenskampf. Tübingen 1977.

Oestreich,G: Zur parlamentarischen Arbeitsweise der deutschen Reichstage unter Karl V. (1519-1556). Kuriensystem und Ausschußbildung. In: ders.: Strukturprobleme der frühen Neuzeit. Hg. von Brigitta Oestreich. Berlin 1980,201ff.

Ohling,G: Junker Ulrich von Dornum. Ein Häuptlingsleben in der Zeitwende. Aurich 1955.

Pastor,L.v.: Geschichte der Päpste seit dem Ausgang des Mittelalters. Bd.5, Freiburg 1909.

- Die kirchlichen Reunionsbestrebungen während der Regierung Karls V. Freiburg 1879.

- Die Korrespondenz des Kardinals Contarini während seiner deutschen Legation 1541. In: Hist. Jahrbuch 1, 1880, 360ff.

Paulus,N: Der Augustiner Bartholomäus Arnoldi von Usingen,

Luthers Lehrer und Gegner. Ein Lebensbild. Freiburg 1893.
(Straßburger Theologische Studien I,3).

- Die deutschen Dominikaner im Kampfe gegen Luther (1518-
1563). Freiburg 1903.

Pfeiffer, G: Der Augsburger Religionsfrieden und die Reichsstädte.
In: Zeitschrift des hist.Vereins f. Schwaben 61 (1955),
213ff.

-(Hg): Quellen zur Nürnberger Reformationsgeschichte. Nürnberg
1968. (Einzelarbeiten aus der Kirchengeschichte Bayerns
45).

Pfnür,V: Die Einigung bei den Religionsgesprächen von Worms
und Regensburg 1540/41 eine Täuschung? In: G.Müller,
Religionsgespräche der Reformationszeit,55ff.

Plöchl,W: Geschichte des Kirchenrechts. Bd.1-3, 2.Aufl.Wien
1960-1970; Bd. 4-5, Wien 1966/1969.

Pollet,J.V. O.P.(Hg):Julius Pflug, Correspondance. Bd.2,Lei-
den 1973.

Press,V: Calvinismus und Territorialstaat. Regierung und Zentral-
behörden der Kurpfalz 1559-1619. Stuttgart 1970.

Pressel,Th: Anecdota Brentiana. Tübingen 1868.

Protocoll, Das ist Acta oder Handlungen des Gesprechs zwischen
den Pfältzischen vnd Wirtembergischen Theologen von der
Vbiquitet oder Allenthalbenheit des Leibs Christi vnd
von dem buchstäbischen verstand der wort Christi: Das ist
mein Leib etc. Im April des Jars 1564 zu Maulbronn gehalten. Heidelberg 1565.

Protocollum hoc est, Acta Colloquii inter Palatinos et Wirteber-
    gicos Theologos, de Vbiquitate sive Omnipraesentia
    corporis Christi, Et de sensu verborum Christi, Hoc est
    corpus meum, etc. Anno MDLXIIII. Mulbrunnae habiti.
    Heidelberg 1566.

Rabe, H: Reichsbund und Interim. Die Verfassungs-und Religions-
    politik Karls V. und der Reichstag von Augsburg 1547/48.
    Köln- Wien 1971.

Ranke,L.v.: Deutsche Geschichte im Zeitalter der Reformation.
    6 Bde.(Akademie-Ausgabe), München 1925.

Rassow,P: Die Kaiser-Idee Karls V. dargestellt an der Politik
    der Jahre 1528 bis 1540. Berlin 1932. (Historische Studien
    217).

    -    Die politische Welt Karls V. München 1943.

Rauch,K.(Hg): Traktat über den Reichstag im 16.Jahrhundert.
    Eine offiziöse Darstellung aus der kurmainzischen Kanz-
    lei. Weimar 1905.(Quellen und Studien zur Verfassungsge-
    schichte des deutschen Reiches 1).

Rauscher,J: Württembergische Reformationsgeschichte 1500-1559.
    Stuttgart 1934.(Württembergische Kirchengeschichte 3).

Redlich,O.R: Staat und Kirche am Niederrhein zur Reformations-
    zeit. Leipzig 1938. (SVRG 164).

Reimer,H: Die Einwirkung der Reformation auf Coblenz im 16.
    Jahrhundert. In: Monatshefte für Rheinische Kirchenge-
    schichte 5 (1911),267ff.

Reinhard,W: Glaube. Geld. Diplomatie. Die Rahmenbedingungen
    des Religionsgesprächs von Poissy im Herbst 1561. In:

G.Müller, Religionsgespräche der Reformationszeit, 89ff.

Reitz,G: Luthertum und Wiedertäufertum in Koblenz im 16.Jahrhundert. In: Pastor bonus 42 (1931), 202ff.

Rezel,A. Eine Unterredung der böhmischen Brüder mit Dr.Johannes Hess im Jahre 1540. In: Zeitschrift d. Vereins für Geschichte und Alterthum Schlesiens 18 (1884), 287ff.

Riezler,S: Die bayerische Politik im schmalkaldischen Kriege. München 1895.

Ritter,G: Die geschichtliche Bedeutung des deutschen Humanismus. In: HZ 127 (1923), 442ff.

- Die Heidelberger Universität. Ein Stück deutscher Geschichte. Bd.1, Heidelberg 1936.

Rosenberg, W: Der Kaiser und die Protestanten in den Jahren 1537-1539. Halle 1903. (SVRG 77).

Roth,F: Die Einführung der Reformation in Nürnberg 1517-1528. Würzburg 1885.

- Der offizielle Bericht der von den Evangelischen nach Regensburg Verordneten 1546. In: ARG 5 (1907/08),1ff., 375ff.

- Augsburgs Reformationsgeschichte 1517-1555. Bd.2,München 1904.

- Zur Geschichte des Reichstages zu Regensburg im Jahre 1541. In: ARG 2 (1904/05), 250ff.; ARG 3 (1905/06),18ff.; ARG 4 (1906/07),65ff., 221ff.

Rotscheidt,W: Propositionen zu einer Disputation über Luthers

Lehre im Dominikanerkloster zu Coblenz aus dem Jahre
1524. In: Monatshefte für Rheinische Kirchengeschichte
1 (1907), 433ff.

Rublack,H.C: Die Einführung der Reformation in Konstanz von
den Anfängen bis zum Abschluß 1531. Gütersloh 1971.
(QFRG 40).

Rückert,H: Die Stellung der Reformation zur mittelalterlichen
Universität. In: Öffentl. Vorträge der Universität Tübingen WS 1932/33, 63ff.

Sander,F: Bremens Vertretung bei den deutschen Religionsgesprächen von 1540 und 1541. In: Bremisches Jahrbuch 26
(1916),1ff.

Sauter,G: Die "dialektische Theologie" und das Problem der Dialektik in der Theologie. In: Studium Generale 21 (1968),
887ff.

Schaefer,H: De libri Ratisbonensis origine atque historia. Diss.
Bonn. Euskirchen 1870.

Schattenmann, J: Die Regensburger Religionsgespräche von 1541
und 46 in der Schau von heute. In: Zeitwende 19 (1947/48),44f
44ff.

Scheib,O: Die Breslauer Disputation 1524 als Beispiel eines
frühreformatorischen Religionsgesprächs eines Doktors
der Theologie. In: Festschrift f. B. Stasiewski. Köln-
Wien 1975,98ff.

-       Die Auslegung der Augsburgischen Konfession auf den
Religionsgesprächen. In: Iserloh, Confessio Augustana
und Confutatio. 652ff.

- Das Problem der Toleranz und Intoleranz im Lichte der neuzeitlichen Religionsgespräche in Ostdeutschland und Osteuropa. In: Trierer Theologische Zeitschrift 1975, 271ff.

- Die Reformationsdiskussion in der Hansestadt Hamburg 1522-1528. Zur Struktur und Problematik der Religionsgespräche. Münster 1976.

- Die Religionsgespräche in Norddeutschland in der Neuzeit und ihre Entwicklung. In: Jahrbuch der Gesellschaft für Niedersächsische Kirchengeschichte 75 (1977),39ff.

- Die Rolle der theologischen Diskussion bei der Einführung der Reformation in den vorpommerschen Hansestädten Stralsund und Greifswald. In: Wichmann-Jahrbuch 21-23 (1967-1969),17ff.

- Die theologischen Diskussionen Huldreych Zwinglis. Zur Entstehung und Struktur der Religionsgespräche des 16. Jahrhunderts. In: Von Konstanz nach Trient. Festgabe f.August Franzen. München 1972,395ff.

Schirrmacher,F.W: Briefe und Akten zur Geschichte des Religionsgesprächs zu Marburg 1529 und des Reichstags zu Augsburg. Gotha 1876.

Schmitt,W: Die Synode zu Homberg und ihre Vorgeschichte. Homberg 1926.

Schottenloher,K: Bibliographie zur deutschen Geschichte im Zeitalter der Glaubensspaltung 1517-1585. Bd. 4 und 5, Leipzig 1938/39; Bd. 7, Stuttgart 1966.

Schottenloher,O: Erasmus und die Respublica Christiana. In: HZ 210 (1970),295ff.

Schubert,F.H: Die deutschen Reichstage in der Staatslehre der frühen Neuzeit. Göttingen 1966.(Schriftenreihe der Hist. Kommission bei der Bayerischen Akademie der Wissenschaften 7).

Schultze,V: Das Tagebuch des Grafen Wolrad II. zu Waldeck zum Regensburger Religionsgespräch 1546. In: ARG 7 (1909/10), 135ff., 294ff.

Schulze,W. Reich und Türkengefahr im späten 16.Jahrhundert. Studien zu den politischen und gesellschaftlichen Auswirkungen einer äußeren Bedrohung. München 1978.

Seckendorf, V.L.v.: Commentarius historicus et apologeticus de Lutheranismo. Leipzig ^{2}1694.

Seebaß,G: Der Nürnberger Rat und das Religionsgespräch vom März 1525. In: Jahrbuch für fränkische Landesforschung 34/35 (1974/75), 467ff.

- Das reformatorische Werk des Andreas Osiander. Nürnberg 1967. (Einzelarbeiten aus der Kirchengeschichte Bayerns 44).

Sehling,E: Die evangelischen Kirchenordnungen des XVI.Jahrhunderts. Bd. 1-5, Leipzig 1902-1913; Bd.6/1ff. 1955ff.

Seidemann.J.K.F: Die Leipziger Disputation im Jahre 1519. Leipzig 1843.

- Theologischer Briefwechsel zwischen Landgraf Philipp von Hessen und Herzog Georg von Sachsen aus den Jahren 1525-1527. In: Zeitschrift für die historische Theologie (1849),175ff.

Seitz,O.(Hg): Der authentische Text der Leipziger Disputation (1519). Berlin 1903.

Selge,K.V: Der Weg der Leipziger Disputation zwischen Luther
    und Eck im Jahre 1519. In: Bleibendes im Wandel der
    Kirchengeschichte. Festschrift f.H.v.Campenhausen, hg.
    v.B.Moeller u.G.Ruhlsach. 1973.

Skalweit,S: Reich und Reformation. Berlin 1967.

Spitzer,J: Hamburg im Reformationsstreit mit dem Domcapitel.
    Ein Beitrag zur Hamburgischen Staats- und Kirchengeschich-
    te der Jahre 1528-1561. In: Zeitschrift des Vereins für
    Hamburgische Geschichte 11 (1903), 430ff.

Staehelin, E: Briefe und Akten zum Leben Oekolampads. Hg. von
    der theologischen Fakultät der Universität Basel. 2 Bde.,
    Leipzig 1927/34. (QFRG 10 und 19).

-       Das theologische Lebenswerk Oekolampads. Leipzig 1939.
    (QFRG 21).

Stalnaker,J.C: Residenzstadt und Reformation. Religion, Politics
    and Social Policy in Hesse 1509-46. In: ARG 64 (1973),
    113ff.

Steck,R.-Tobler,G.(Hgg): Aktensammlung zur Geschichte der Berner
    Reformation 1521-1532. Bd.1,Bern 1923.

Steinmüller,P: Die Einführung der Reformation in der Kurmark
    Brandenburg durch Joachim II. Halle 1903. (SVRG 76).

Steinruck,J: Johann Baptist Fickler. Münster 1965.

Stieve,F.(Hg): Briefe und Akten zur Geschichte des 30jährigen
    Krieges. Bd.5,München 1883.

Stupperich,R.(Hg): Martin Bucers deutsche Schriften. Bd.5,
    Gütersloh 1978.

- Der Humanismus und die Wiedervereinigung der Konfessionen. Leipzig 1936. (SVRG 160).

- Der Ursprung des "Regensburger Buches" von 1541 und seine Rechtfertigungslehre. In: ARG 36 (1939),88ff.

Tazbir,J: Die Religionsgespräche in Polen. In: G.Müller, Religionsgespräche der Reformationszeit, 127ff.

Trusen,W: Um die Reform und Einheit der Kirche. Zum Leben und Werk Georg Witzels. Münster/W. 1957.(Katholisches Leben und Kämpfen im Zeitalter der Glaubensspaltung 14).

Tschackert,P: Antonius Corvinus' ungedruckter Bericht vom Kolloquium zu Regensburg 1541. In: ARG 1 (1904),84ff.

- Magister Johann Sutel, Reformator von Göttingen, Schweinfurt und Northeim. In: Zeitschrift f.d. Gesellschaft f. niedersächs. Kirchengeschichte 2 (1897),1ff.

Turba,E.(Hg): Venetianische Depeschen vom Kaiserhof. 3 Bde., Wien 1889-96.

Vetter,P: Die Religionsverhandlungen auf dem Reichstag zu Regensburg 1541. Jena 1889.

Virck,H. u.a.(Hg): Politische Correspondenz der Stadt Strassburg im Zeitalter der Reformation. Bd. 1-3, Straßburg 1882-1898. (Urkunden und Akten der Stadt Straßburg Abt.2).

Vögeli,A.(Hg): Jörg Vögeli, Schriften zur Reformation in Konstanz 1519-1538. Bd. 1-2/2, Tübingen 1972/73.

Völker,K: Toleranz und Intoleranz im Zeitalter der Reformation. Leipzig 1912.

Vossler,O: Herzog Georg der Bärtige und seine Ablehnung Luthers.
    In: HZ 184 (1957), 272ff.

Walch,J.G.(Hg): Dr.Martin Luthers Sämmtliche Schriften. Bd.17,
    St. Louis o.J.

Weigel, M: Der erste Reformationsversuch in der Reichsstadt
    Kaufbeuren und seine Niederwerfung. In: Blätter für bay.
    Kirchengeschichte 21 (1915), 145ff., 193ff., 241ff.

Wartenberg, G: Die Leipziger Religionsgespräche von 1534 und
    1539. Ihre Bedeutung für die sächsisch-albertinische
    Innenpolitik und für das Wirken Georgs von Karlowitz.
    In: G.Müller, Religionsgespräche der Reformationszeit,35ff.

Weiss,C.(Hg): Papiers d´état de Cardinal de Granvelle d´après
    les manuscripts de la bibliotheque de Besancon. Bd. 3,
    Paris 1842.

Weisz,L: Schweizerquellen zur Geschichte des Regenburger Reichs-
    tages von 1541. In: Zeitschrift für Schweizerische Kirchen-
    geschichte 28 (1934), 51ff., 81ff.

Weizsäcker,J: Der Versuch eines Nationalkonzils in Speyer, den
    11.November 1524. In: HZ 64 (1890), 199ff.

Welck,H.v.: Georg der Bärtige, Herzog von Sachsen. Ein Beitrag
    zur Deutschen Reformationsgeschichte. Braunschweig 1900.

Westphal,G. Der Kampf um die Freistellung auf den Reichstagen
    zwischen 1556 und 1576. Phil.Diss.Marburg 1975.

Wiedemann,Th: Dr.Johann Eck, Professor der Theologie an der
    Universität Ingolstadt. Regensburg 1865.

Winckelmann,O.(Hg): Politische Correspondenz der Stadt Strass-

burg. Bd.2 (1531-1539). Strassburg 1887.
Bd. 3 (1540-1545). Strassburg 1898.

Wolf,E: Zur wissenschaftsgeschichtlichen Bedeutung der Disputationen an der Wittenberger Universität im 16.Jahrhundert. In: ders. Peregrinatio, Bd.2, München 1965, 38ff.

Wolf,G: Der Augsburger Religionsfriede. Stuttgart 1890.

- Die bayerische Bistumspolitik in der ersten Hälfte des sechzehnten Jahrhunderts mit besonderer Rücksicht auf Salzburg. Erlangen 1900.(Beiträge zur bayerischen Kirchengeschichte 6).

- Deutsche Geschichte im Zeitalter der Gegenreformation. Bd. 1, Berlin 1899.

- Zur Geschichte der deutschen Protestanten 1555-1559. Berlin 1888.

Wolgast,E: Die Wittenberger Theologie und die Politik der evangelischen Stände. Studien zu Luthers Gutachten in politischen Fragen. Gütersloh 1977. (QFRG 47).

Wolter,H. S.J: Die Haltung deutscher Laienfürsten zur frühen Reformation. In: Archiv f. mittelrheinische Kirchengeschichte 24 (1972),83ff.

Wrzecionko, P: Die Religionsgespräche in Polen unter dem Aspekt ihrer Unionsbestrebungen. In: G.Müller, Religionsgespräche der Reformationszeit, 145ff.

Yoder,J.H: Täufertum und Reformation in der Schweiz.
I. Die Gespräche zwischen Täufern und Reformatoren, 1523-1538. Karlsruhe 1962.
II. Täufertum und Reformation im Gespräch. Dogmengeschicht-

liche Untersuchungen der frühen Gespräche zwischen
schweizerischen Täufern und Reformatoren. Zürich 1968.

Zeeden,E.W: Die Entstehung der Konfessionen. Grundlinien und
Formen der Konfessionsbildung im Zeitalter der Glau-
benskämpfe. München-Wien 1965.

Huldreich Zwingli. Sämtliche Werke, hg. von Emil Egli- Georg
Finsler. Bd.1, Berlin 1905 (CR 88); Bd. 8, Leipzig 1914
(CR 95); Bd. 9, Leipzig 1925 (CR 96).

Nachtrag:

Seebaß,G: Die Reformation in Nürnberg.In:Mitteilungen des
Vereins f.Geschichte d.Stadt Nürnberg 55 (1967/68),
252ff.

Strickler siehe oben S.275 Die Eidgenössischen Abschiede...

LANGE, JOSEPH
DIE STELLUNG DER ÜBERREGIONALEN KATHOLISCHEN DEUTSCHEN
TAGESPRESSE ZUM KULTURKAMPF IN PREUSSEN (1871–1878)

Frankfurt/M., Bern, 1974. 446 S.
EUROPÄISCHE HOCHSCHULSCHRIFTEN: Reihe 3, Geschichte und
ihre Hilfswissenschaften. Bd. 40
ISBN 3-261-01462-8   br. sFr. 55.20 *)

Stellung der überregionalen katholischen deutschen Tagespresse zum Kulturkampf
in Preußen vom Beginn 1871 bis zur Wahl Papst Leos XIII, 1878 (Wende im Kulturkampf). Die Untersuchung schließt die Beziehungen Staat – Kirche, Liberalis-
mus – Katholizismus, Bismarck – Zentrum – sonstige Parteien mit ein und weist
die Auffassung der katholischen Presse vom Kulturkampf primär als Auseinandersetzung mit den Mitteln staatlicher Macht zwischen weltanschaulichem Liberalis-
mus und Katholizismus sowie Bismarck und der parlamentarische Prinzipien und
Freiheit der Kirche verteidigenden Zentrumspartei auf.

Aus dem Inhalt: Beginn des Kulturkampfes – Kölnische Volkszeitung – Germania,
Berlin – Mainzer Journal – Augsburger Postzeitung – Badischer Beobachter, Karlsruhe – Deutsches Volksblatt, Stuttgart – Kath. Tagespresse u. Zentrum – Konsequenzen des Kulturkampfes.

KESSEL, JÜRGEN
SPANIEN UND DIE GEISTLICHEN KURSTAATEN AM RHEIN WÄHREND
DER REGIERUNGSZEIT DER INFANTIN ISABELLA (1621-1633)

Frankfurt/M., Bern, Las Vegas, 1979. 476 S.
EUROPÄISCHE HOCHSCHULSCHRIFTEN: Reihe 3, Geschichte und
ihre Hilfswissenschaften. Bd. 113
ISBN 3-261-02583-2   br. sFr. 69.-- *)

Der Autor untersucht am Beispiel der drei geistlichen Kurfürsten, Inhaber von
Schlüsselpositionen im Reich und Eckpfeiler der rheinischen 'Pfaffengasse', einen
Aspekt der bisher vernachlässigten Rolle Spaniens als Interventionsmacht in Mit-
teleuropa. Es werden im einzelnen die Probleme aufgeführt, die im Rahmen des
'30jährigen deutschen' und des '80jährigen spanisch-holländischen' Krieges für
die angrenzenden geistlichen Kurstaaten als eine Gruppe von Betroffenen bestimmend waren.

Aus dem Inhalt: Der Regierungswechsel 1621 in Madrid – Die Wiederaufnahme des
holländischen Krieges – Die 'nordische' Politik Spaniens – Die Pfalz-Exekution und
der Landweg von Mailand nach Brüssel – Das Verhältnis der geistlichen Kurfürsten
zu Spanien zwischen 1621 und 1633.

---

*) unverbindliche Preisempfehlung
Auslieferung: Verlag Peter Lang AG, Jupiterstr. 15, CH-3015 Bern